LA SUISSE DES RÉSIDENCES

CHRISTIAN RENFER
EDUARD WIDMER

LA SUISSE DES RÉSIDENCES

CHÂTEAUX
MANOIRS
MAISONS DE MAÎTRE

Avec des textes de Romana Anselmetti, Henriette Bon,
Doris Fässler, Thomas Freivogel, Paul Müller,
Christiane Oppikofer

EDITIONS
24 heures

TABLE DES MATIÈRES

Photographie de couverture:
Le château de Preux, à Villa, près de Sierre. Vue du sud-est.

Verso de la couverture:
L'«Altes Gebäu», à Coire. La cage d'escalier.

© 1989 Editions 24 heures, Lausanne
La version originale allemande de cet ouvrage est parue en 1985 aux Editions Ex-Libris, Zurich

Adaptation française de Michel Thévenaz, Béatrice Wyssa et Yvan de Riaz
Adaptation graphique: Katrin Pfister, Studiopizz, Lausanne
Photolithographie: Pesavento AG, Zurich
Impression de la couleur: Roto-Sadag SA, Genève
Composition et impression du noir: IRL Imprimeries Réunies Lausanne s.a.

ISBN 2-8265-1048-7
Imprimé en Suisse

INTRODUCTION	6
L'ancienne Confédération	6
Edifices seigneuriaux et société aristocratique	8
La seigneurie, fondement du château dans l'ancienne Confédération	8
La résidence noble, modèle du château de l'époque moderne	10
De la défense au prestige	11
Châteaux à douves et châteaux de plaisance	12
Résidences nobles et maisons fortes	13
Châteaux et renouveau des formes	13
La maison bourguignonne ou «Höchhus»	14
L'édifice à pignon du gothique tardif	15
Ensembles de plan rectangulaire cantonnés de tours	15
Ensembles à deux tours ou «Türmlihäuser»	16
Ensembles en U (trois ailes)	17
Les édifices de plan allongé	18
Le manoir de l'aristocratie helvétique	19
Le rêve campagnard	19
Les origines économiques et sociales du manoir	19
Domaine et agriculture	20
Les domaines d'exploitation agricoles	20
Les vignobles patriciens	22
Alpages seigneuriaux et alpages patriciens	24
Les pavillons de chasse	26
Les manoirs du clergé	27
Manoirs et entreprises: la minoterie, le siège commercial et la manufacture textile	29
Les expériences pilotes du mouvement économique	35
Les résidences bourgeoises des petites villes	37
Pavillons de jardin et résidences de faubourg	40
La maison de maître dans l'ancienne démocratie rurale	42
L'environnement du manoir	46
La persistance d'une tradition	46
Les débuts du baroque ou la transition des formes	48
La maison de campagne baroque à l'apogée du 18e siècle	50
LA SUISSE ROMANDE	54
Genève	54
Vaud	55
Fribourg	56
Neuchâtel	57
Le Valais	58
La Principauté épiscopale de Bâle (Jura)	59
Dardagny, le château	60
Creux-de-Genthod, la maison de Saussure	62
Genève, la résidence La Grange	63
Genève, la maison Rigot ou Varembé	64
Mex, le château d'en bas	66
L'Isle, le château	66
Prangins, le château	67
Coppet, le château	68
Vincy, le château	70
Rennaz, le château Grand Clos	71
Saint-Légier, le château de Hauteville	72
Crans, le château	74
Mathod, la résidence	75
Lausanne, le château de Beaulieu	76
Lausanne, L'Elysée	78
Cressier, le château	80
Fenin, le château	81
Bevaix, le château	82
Colombier, Le Bied	84
Neuchâtel, l'hôtel DuPeyrou	86
Vermes, le château de Raymontpierre	89
Fontenais, le château	91
Corbières, le château	91
Balliswil, la maison seigneuriale	92
Cressier-sur-Morat, le château	96
Fribourg, La Poya	99
Givisiez, le château	101
Léchelles, le château de la famille de Gottrau	102

Delley, le château	102
Vogelshus, le château de Lenzbourg	104
Seedorf, Pré-vers-Noréaz, la résidence von der Weid	105
Sierre, le château de Preux à Villa	106
Collombey, le château de Châtillon	107
Brigue, le palais Stockalper . .	108
Sierre, la maison Pancrace de Courten	112

Le Nord-Ouest 114

Berne	114
Argovie	115
Soleure	116
Bâle	116
Jegenstorf, le château	118
Berne, le château de Wittigkofen	120
Toffen, le château	121
Oberdiessbach, le nouveau château	124
Zollikofen, le château de Reichenbach	125
Bienne, la résidence de Rockhall	128
Thunstetten, le château . . .	130
Hindelbank, le château . . .	132
Gümlingen, le château	135
Gümlingen, Hofgut	137
Tschugg, la maison Steiger . . .	140
Kehrsatz, la résidence du Lohn	142
Schafisheim, le château . . .	144
Oberflachs, le château de Kasteln	144
Schlossrued, le château	146
Beinwil, le château de Horben .	147
Brugg, la maison Fröhlich . . .	148
Lenzbourg, Bleicherain	150
Lenzbourg, Burghalde	150
Zuchwil, le petit château d'Emmenholz	152
Soleure, la résidence d'été de Vigier	153
Feldbrunnen, le château de Waldegg	154
Soleure, le château de Steinbrugg	158
Soleure, le château de Blumenstein	160
Bâle, la maison Thomas-Platter .	162
Riehen, les maisons Wettstein . .	162
Bottmingen, le château	165
Riehen, Bäumlihof (Klein-Riehen)	166
Riehen, Wenkenhof (Neuer-Wenken)	167
Bâle, Sandgrube	168
Bâle, la maison Wildt	170
Münchenstein, Bruckgut . . .	172
Sissach, Ebenrain	173

La Suisse centrale 174

Lucerne	174
Unterwald	175
Zug	176
Schwyz	176
Uri	177
Glaris	178
Altishofen, le château	180
Ettiswil, le château Wyher . . .	182
Buttisholz, le château	183
Gelfingen, le château de Heidegg	184
Alberswil, le château de Kasteln	186
Pfaffnau, le presbytère	186
Lucerne, le château de Steinhof	188
Lucerne, Himmelrich	189
Lucerne, Oberlöchli	190
Zug, Zurlaubenhof	192
Stans, Rosenburg	196
Sarnen, Grundacher	198
Wolfenschiessen, Höchhaus . . .	199
Grafenort, Herrenhaus	202
Stans, Breitenhaus	203
Schwyz, la maison Ital-Reding .	204
Schwyz, Schmiedgasse	207
Schwyz, Immenfeld	208
Schwyz, Waldegg	211
Schwyz, Maihof	212
Schwyz, le palais Weber	214
Schwyz, Ab Yberg	215
Seelisberg, le manoir de Beroldingen	218
Seedorf, le château A Pro . . .	218
Bürglen, la maison In der Spielmatt	219
Altdorf, Eselmätteli	220
Glaris, la maison In der Wies . .	223
Mollis, Haltli	224
Näfels, le palais Freuler . . .	226

La Suisse orientale 230

Zurich	230
Thurgovie	231
Saint-Gall	232
Schaffhouse	234
Appenzell	234
Flaach, le château	236
Waltalingen, le château de Schwandegg	237
Wülflingen, le château	238
Elgg, le château	240
Uitikon, le château	241
Herrliberg, Schipf	242
Küsnacht, Seehof	245
Horgen, Bocken	247
Meilen, Seehalde	250
Winterthour, la maison Zur Pflanzschule	252
Winterthour, Balustergarten . .	252
Zurich, Stockargut	254
Zurich, Beckenhof	256
Zurich, Rechberg	260
Zurich, Freigut	262
Weinfelden, Schwärzihof . . .	266
Märstetten, le château d'Altenklingen	266
Stettfurt, Sonnenberg	268
Hauptwil, le château	270
Gachnang, le château	271
Egelshofen, la maison Zur Rosenegg	272
Salenstein, le château d'Arenenberg	272
Appenzell, le château	274
Trogen, le double palais In der Nideren	274
Zuckenriet, le château	276
Thal, le petit château de Greifenstein	277
Berg, Kleiner Hahnberg	278
Berg, Pfauenmoos	279
Rheineck, Löwenhof	280
Schaffhouse, Belair	282
Schaffhouse, Vorderer Stokarberg	282

Grisons et Tessin 284

Grisons	284
Tessin	285
Malans, le château de Bothmar .	286
Maienfeld, Salenegg	287
Zernez, le château de Wildenberg	288
Zizers, le château supérieur . . .	290
Zizers, le château inférieur . . .	292
Flims, Schlössli	292
Coire, la maison Schwarz auf dem Sand	294
Coire, Altes Gebäu	296
Soglio, Casa Battista	300
Bondo, Palazzo Salis	302
Brione, Castello dei Marcacci . .	304
Cevio, Casa Respini	305
Castagnola, Villa Favorita . . .	306
Castel San Pietro, Palazzo Turconi	308
Mendrisio, Palazzo Pollini . . .	311
Brissago, Palazzo Branca	312
Comologno, Palazzo della Barca	314

Index des noms	316
Bibliographie	319
Source des illustrations	320

INTRODUCTION

A droite. La Diète fédérale siégeant à Frauenfeld. Représentation d'époque illustrant la carte de Suisse d'H. L. Muoss, parue en 1710.
A l'extrême-droite. La société aristocratique manifestait jusque dans la vie privée le souci de tenir son rang. La famille du bailli zurichois Hans Konrad Bodmer, peinture exécutée en 1643.

L'ANCIENNE CONFÉDÉRATION

La Confédération helvétique était en pleine gestation lorsque le bas Moyen Age imposa à ses structures politiques de profonds bouleversements. La noblesse connut le début d'une irréversible perte d'influence sur ses domaines et se vit peu à peu contrainte de céder le pouvoir aux villes d'Empire et aux démocraties rurales toujours plus puissantes. Les tensions politiques contraignirent bon nombre de lignages féodaux à s'exiler ou à s'intégrer dans les villes. Or, dès qu'une famille seigneuriale entrait en possession de la bourgeoisie — par achat ou octroi — elle se trouvait aussitôt rangée sous la juridiction des villes. La bataille de Sempach (1386) révéla l'ampleur du conflit: théâtre de la terrible saignée infligée à la noblesse, elle marqua un tournant d'influence en faveur de la bourgeoisie. Nombreux furent les lignages de chevaliers qui d'un seul coup s'éteignirent, alors que d'autres s'appauvrissaient sous l'effet économique et politique de la guerre. Pendant ce temps, dans les villes, la classe dirigeante tirait un profit politique du sang neuf que les familles nobles des environs lui apportaient contre l'acquisition de la bourgeoisie.

Ainsi donc, par suite de conquête, de nantissement, d'aliénation et surtout à cause de l'extinction de nombreux lignages nobles, d'importants droits féodaux passèrent aux mains des villes et des cantons ruraux qui n'avaient de cesse d'étendre leur influence. En effet, il n'était pas de territoire acquis ou conquis dont ils ne s'octroyaient le pouvoir comtal. Voilà comment, peu à peu, ils entraient en possession du droit seigneurial. Cette lutte tenace pour le pouvoir politique se solda, au milieu du 15ᵉ siècle, par un arrondissement notable des territoires des Treize Cantons souverains ainsi que par l'élimination de tous les anciens privilèges qui jusqu'alors étaient restés inviolés comme autant de reliques du système féodal moyenâgeux. Les cantons confédérés s'efforcèrent dès lors d'unifier leurs formes juridiques et l'administration des campagnes sujettes, sans pour autant parvenir à abolir toutes les formes particulières de l'ancien droit, telles par exemple que les multiples pouvoirs de ban et de juridiction. Mais la souveraineté territoriale, et partant l'autorité de l'Etat, s'imposèrent solidement et ne furent plus guère remises en cause.

Dans la période comprise entre le début du 16ᵉ siècle et l'année 1798 — date de la proclamation de la République helvétique — la Confédération des Treize Cantons et ses pays alliés avaient su trouver une certaine unité formelle sur un périmètre défini. Au cœur d'une Europe en pleine ascendance absolutiste, où les Etats princiers s'organisaient sur un mode toujours plus centralisé, la Confédération suisse constituait un fait politique exceptionnel, se comprenant d'ailleurs comme tel. On aimait, dans la jeune Confédération, à se référer aux traditions de la Rome antique, et les autorités se comparaient volontiers au Sénat romain, incarnation même de la grandeur politique.

A l'époque de l'helvétisme, alors qu'un sentiment d'identité nationale gagnait tous les domaines, Rousseau écrivit au maréchal de Luxembourg en 1763: «La Suisse entière est comme une grande ville, divisée en treize quartiers, dont les uns sont sur les vallées, d'autres sur les coteaux, d'autres sur les montagnes. Genève, Saint-Gall, Neuchâtel sont comme les faubourgs.»

Abstraction faite des multiples particularités locales que la liquidation du régime féodal par les cantons souverains ne parvint à effacer, l'Alliance fédérale sous l'Ancien Régime se divisait en trois ordres de constituants: les Treize Cantons souverains, établis depuis 1513 en un ordre de préséance présidé par un canton directeur (ou *Vorort*), Zurich; les Pays alliés — désignation qui chapeautait l'abbaye de Saint-Gall, les villes de Saint-Gall, Bienne, Mulhouse et Genève, la République du Valais, les Trois Ligues rhétiques, le comté de Neuchâtel et l'évêché de Bâle; enfin, les bailliages communs, autrement dit les pays sujets, administrés soit par l'ensemble des Treize Cantons soit par l'un ou l'autre d'entre eux, de même que les territoires sujets des Pays alliés. On distinguait les bailliages communs allemands (Argovie, Thurgovie, Rheintal, Sargans) et les bailliages italiens ou transalpins (Lugano, Mendrisio, Locarno, val Maggia). Plus tard furent adjoints les bailliages communs transalpins de Bellinzone, du val Blenio et de la Riviera soumis à Uri, Schwyz et Nidwald, ainsi que les bailliages rattachés à deux cantons, Berne et Fribourg par exemple (Schwarzenbourg, Orbe-Echallens, Grandson et Morat) ou Schwyz et Glaris (Uznach, Gaster et Gams). Quant aux territoires sujets des Pays alliés, ils comprenaient le Bas-Valais (sujet de la fédération républicaine des dizains valaisans), la Valteline, Bormio, Chiavenna et Maienfeld (sujets des Trois Ligues des Grisons) et le plateau de Diesse au-dessus de Bienne (sujet de Berne et du prince-évêque de Bâle). Par la suite, la conquête de l'Argovie en 1415, de la Thurgovie en 1460 et enfin la confirmation des bailliages transalpins lors de la paix de Dijon de 1516 marquèrent trois étapes majeures dans l'expansion territoriale de la Confédération. En dépit de toutes les disparités politiques, sociales et linguistiques et malgré les déchirements des guerres de religion, la Suisse, tant face au dehors qu'au-dedans, passait dans le contour de ses frontières pour une nation, un corps politique uni et inviolable appelé «Corpus Helvetiae» ou «Corps helvétique». Evidemment, les antagonismes belliqueux éveillés par les guerres de religion en France, la guerre de Trente Ans et les coalitions de grandes puissances qui leur succédèrent menacèrent temporairement des territoires frontière comme Neuchâtel ou l'évêché de Bâle. Mais sur le plan diplomatique, leur appartenance à la Confédération ne fut jamais longtemps contestée. L'intégrité de la Confédération et sa neutralité s'imposèrent, pour l'essentiel, sur tout le territoire de la Suisse actuelle jusqu'en 1798.

Au cours de l'histoire, les structures politiques de l'ancienne Confédération nourrirent de vifs antagonismes politiques qui furent parfois à l'origine d'alliances séparées. A certaines époques, ces rivalités mirent la Confédération en péril et sapèrent fortement sa cohésion

interne. Elles offraient une prise dangereuse aux intérêts des puissances étrangères et faillirent même, à plus d'une reprise, conduire l'alliance à l'éclatement politique.

Le fait que la Confédération, toute déchirée par ces querelles intestines, parvint à se maintenir jusqu'à la Révolution française paraît tenir du miracle. Mais c'est oublier que, depuis les guerres d'Italie, la Suisse était soumise à l'étroite dépendance de la monarchie française et qu'elle avait vu aussitôt ses marges de manœuvre réduites à néant.

En fin de compte, la Confédération dut sa survie davantage à la constellation des puissances européennes et à sa fonction de réserve de mercenaires qu'à un front politique extérieur uni ou à une cohésion interne.

Si, aux premiers temps de la Confédération, une volonté d'indépendance partagée par les villes et les campagnes dictait l'action commune des Confédérés, en revanche, dès le 15e siècle, les manœuvres d'expansion territoriale entreprises par l'ensemble de la Confédération suscitèrent une opposition politique fondamentale entre les cantons urbains et campagnards. Cette hostilité éclata au grand jour avec l'intervention de Berne contre la Bourgogne entre 1474 et 1477 et elle se cristallisa sur la scène politique avec l'alliance des villes en 1477. En 1481, le Convenant de Stans réussit encore à concilier les Confédérés. Mais à peine quelques années plus tard, la Réforme jetait à nouveau la Confédération dans des dissensions qui allaient durer des siècles. A moins d'une très grave menace extérieure, telle que pendant la guerre de Trente Ans, aucun accord ne parvint à lier l'ensemble des cantons souverains, et ceci jusqu'à l'effondrement de 1798.

L'opposition ville-campagne se doubla d'un différend confessionnel, et dès lors le conflit mit aux prises deux camps politico-confessionnels. Berne et Zurich en tête guidaient les réformés vers des objectifs intérieurs et extérieurs qui s'éloignaient largement de ceux des cantons catholiques rassemblés sous la houlette de Lucerne. Cette divergence d'intérêts se manifesta d'abord dans les affaires intérieures. On la vit sous-tendre tantôt des luttes confessionnelles dans certains cantons souverains comme Glaris et Appenzell qui avaient su résister à la division politique, tantôt des conflits qui secouaient les bailliages communs. En Thurgovie notamment, l'opposition entre Zurich et les Waldstaetten prit des proportions dramatiques. On la vit encore à l'œuvre dans la lutte d'influence menée autour des Pays alliés comme le comté de Neuchâtel qui devint définitivement le protégé de Berne au partage de l'héritage dynastique de 1707; ou l'évêché de Bâle qui dès 1564 s'assura la protection des cantons catholiques pour reconvertir ses terres à la foi de Rome; ou encore le conflit qui opposa l'abbaye de Saint-Gall et ses sujets lors des troubles du Toggenbourg de 1699 à 1712 et au cours duquel chaque camp confessionnel mit toutes ses forces à faire valoir son influence.

Ainsi en alla-t-il. La balance politique pencha en faveur des catholiques après la seconde guerre de Kappel (1532), puis s'en écarta alors que les réformés reprenaient le dessus au lendemain de la seconde guerre de Villmergen en 1712.

Au long de ces siècles, la politique extérieure de la Confédération fut marquée par une très nette emprise française. Les seuls écarts notables à cet état de fait se produisirent en relation avec les fluctuations de la dominance confessionnelle (pendant les guerres de religion, par exemple) ou dans l'attitude de certains cantons. Dès le début du 16e siècle, la Suisse centrale accorda un soin tout particulier à engager ses mercenaires au service de puissances catholiques autres que la France, qui par moments même lui étaient hostiles, comme le pape, l'Empire et les Habsbourg, l'Espagne, la Savoie et Venise. De leur côté, les réformés commencèrent, dès le début du 18e siècle, à tisser des liens politiques et militaires avec la Hollande et certaines principautés protestantes de l'Empire. Quant au camp catholique, poursuivant une attitude résolument confessionnelle, il cherchait sciemment à saper la politique de ses partenaires d'alliance réformés, notamment lorsqu'en 1587 il s'allia avec la Savoie contre Berne.

Désunie, la Confédération s'ouvrit, selon les camps confessionnels, à différents héritages culturels. Tandis que la Suisse catholique, sitôt le Concile de Trente, s'imprégnait de l'esprit militant et réformateur de la Contre-Réforme, les échanges spirituels entre les divers centres réformés d'Europe, notamment les contacts avec la Hollande et l'Angleterre, pénétraient les cantons réformés. Ici, les collèges de jésuites donnaient le ton; là, les universités réformées imposaient leur diktat. L'influence directe que détenait l'Eglise sur les régions catholiques trouvait son pendant, de l'autre bord, dans les étroites relations culturelles théologiques, commerciales ou dans les liens tissés au service étranger.

Il fallut attendre le Siècle des lumières et l'épanouissement des contacts intellectuels qu'il suscita pour que se développent, sous le signe du renouveau politico-économique et de l'helvétisme, les bases d'un sentiment national, sentiment, pourrait-on dire, confédéral. Ce changement d'attitude spirituelle stimula, au cours des dernières décennies de l'Ancien Régime, des efforts d'unification au nom et en faveur de l'identité nationale suisse. Dans le même temps, on pouvait constater dans les rangs de l'aristocratie un élan grandissant de solidarité, ignorant des barrières confessionnelles, pour défendre une position politique menacée. Mais en vain, toutes ces tentatives panhelvétiques s'effondrèrent brusquement dans la tempête de la Révolution française et durent s'incliner devant l'unification forcée. Néanmoins, elles dotèrent de bases solides le nouvel ordre qui devait s'instaurer au 19e siècle.

Jusqu'en 1798, la Diète fédérale constitua l'organe délibérant de la Confédération. Elle siégea à Baden jusqu'en 1712, puis à Frauenfeld. Il s'agissait d'un organe strictement consultatif, puisque chaque canton constituait dans le cadre de sa politique intérieure et extérieure un état parfaitement indépendant. Dès lors, les consultations ne portaient que sur des questions d'intérêt confédéral comme l'exercice de la souveraineté sur les bailliages communs ou les alliances communes. Les délégués agissaient sur mandat de leur gouvernement. C'est ainsi que, par moments,

Personnages de haut rang à travers des portraits d'époque.
A l'extrême-gauche. Leonhard Werdmüller von Elgg (1635–1709), hobereau zurichois et seigneur justicier.
A gauche. Félix Platter (1536–1614), médecin de la Ville de Bâle et savant.
A droite. Le chevalier de la Renaissance est un bourgeois anobli: Wilhelm Tugginer (1526–1591) de Soleure, colonel au service étranger.
A l'extrême-droite. Le domaine du seigneur justicier d'Elgg. Le château d'habitation avec, à l'avant, les communs tels qu'ils existaient au 18ᵉ siècle. Reproduction parue dans la Herrliberger Topographie *en 1754.*

au milieu des tensions confessionnelles, la convocation de la Diète ne put avoir lieu. Dans l'administration des bailliages communs, les baillis obéissaient aux volontés de leur canton plus qu'aux décisions fédérales.

Les antagonismes politiques et sociaux qui, à l'origine, modelèrent la structure gouvernementale des cantons urbains et campagnards — en général sous forme d'un double conseil soumis au contrôle d'une assemblée communale souveraine, ou parfois d'une *Landsgemeinde* élisant ses autorités — perdirent de leur virulence avec l'ascension aristocratique du 16ᵉ siècle. A tel point que, dès le 17ᵉ siècle, le pouvoir réel avait passé, chez les uns comme chez les autres, aux mains d'une oligarchie constituée de quelques familles riches et bien en vue. L'oligarchie rurale déterminait l'essentiel des décisions des *Landsgemeinden*, tandis que l'aristocratie urbaine contrôlait les deux Chambres — le Petit Conseil surtout, organe exécutif de fait — de sorte que l'assemblée communale était réduite depuis longtemps à une simple Chambre d'enregistrement. Ces familles privilégiées étaient plusieurs fois alliées par mariage, entre elles non seulement, mais aussi avec les couches dirigeantes des cantons voisins ou politiquement proches. Aux relations commerciales et aux contacts politiques s'ajoutait enfin le service étranger qui consolida, sous les mêmes drapeaux, de vastes relations au sein de l'aristocratie helvétique. Mais ici encore, les différences confessionnelles faisaient obstacle aux intérêts communs. Il fallut des attaques politiques de l'ampleur de la grande guerre des Paysans en 1653 ou une situation de crise exceptionnelle pour que l'oligarchie, dans un sursaut de solidarité, parvienne à unir ses forces pour sauver la situation. Pour le reste, le fossé qui séparait les couches dirigeantes catholiques et réformées demeura un facteur politique déterminant jusqu'aux derniers jours de l'ancienne Confédération.

ÉDIFICES SEIGNEURIAUX ET SOCIÉTÉ ARISTOCRATIQUE

L'aristocratie de l'ancienne Confédération des 17ᵉ et 18ᵉ siècles telle qu'elle se dessine à travers ses résidences luxueuses — reflet de son prestige — n'est en réalité qu'une copie provinciale de la société absolutiste des grandes cours européennes. Au nombre des commandes privées passées sous l'Ancien Régime, le château seigneurial et le manoir prennent, au regard de l'histoire de l'architecture, une importance bien plus remarquable que l'hôtel particulier, rigoureusement fidèle aux normes de l'architectonique urbaine, ou la maison de maître sise sur un coin de terre en canton campagnard. Œuvres d'art intégrées au paysage autant que manifestations sociales typiques de l'identité aristocratique et du besoin de prestige qui lui est intimement lié, le château et le manoir sont les deux genres les plus représentatifs de l'architecture seigneuriale privée. En vue de maintenir son rang dans le petit monde politique de la Confédération, le maître de l'ouvrage helvétique se devait d'adapter ses désirs personnels aux valeurs collectives. Aussi le provincialisme helvétique de l'époque aristocratique se traduit-il par un mélange de fidélité consciente aux traditions familiales et locales et d'influence des grandes cours européennes. La conception des édifices seigneuriaux en porte la marque. Le respect des modèles républicains à l'honneur dans le pays s'affronte en permanence aux conceptions sociales, délibérément intégrées, de l'absolutisme étranger. En proie à cette contradiction, les maîtres de l'ouvrage aristocratiques des cantons suisses ne savent que sacrifier, d'une certaine réserve architecturale ou du prestige ostentatoire. En outre, ils doivent perpétuellement concilier une certaine modération des dépenses à laquelle ils se sentent tenus et l'exploitation illimitée des ressources financières à disposition. En Suisse, de nombreux édifices seigneuriaux de l'époque aristocratique font sentir le mélange, l'équilibre à chaque fois particulier de ces valeurs contradictoires. Certains vont même jusqu'à déployer toute une palette — pleine de charme — de traits empruntés à des édifices aussi différents que la ferme locale ou la résidence mondaine. Ce provincialisme vieux-suisse se reconnaît essentiellement au dualisme qui s'instaure entre la référence aux traditions établies et l'ouverture professionnelle au monde.

C'est la raison pour laquelle le jugement qu'à l'étranger on se fait de la Suisse, dès le 16ᵉ siècle, tient tantôt de l'estime pour la culture intacte de ce peuple de bergers, tantôt du mépris pour une société corrompue par l'argent du service étranger. De ce point de vue, le noble officier du service étranger et le grand marchand incarnent à merveille le type même de l'aristocratie helvétique. A ce propos, il est intéressant de noter que la tapisserie commandée par le roi de France pour illustrer le Pacte d'alliance de 1663 semble souligner ces traits de caractère dans le portrait qu'elle donne des envoyés de la Confédération.

LA SEIGNEURIE, FONDEMENT DU CHÂTEAU DANS L'ANCIENNE CONFÉDÉRATION

Au Moyen Age, la seigneurie, siège des pouvoirs banaux, constituait l'échelon inférieur de la hiérarchie politique établie par le régime féodal. Sur son petit domaine, souvent réduit à quelques villages, le seigneur exerçait les pouvoirs de basse, moyenne et exceptionnellement de haute justice que lui conféraient ses suzerains.

Vers la fin du Moyen Age, les seigneuries s'étaient imposées au point de constituer des unités territoriales aux contours bien arrondis, variant par l'importance et l'étendue. Le pouvoir de juridiction conférait à son détenteur le

prestige social d'un seigneur, son autorité fût-elle infime, voire limitée aux seules compétences d'arbitrage judiciaire. A l'instar des grandes principautés, les petites seigneuries auraient dû, elles aussi, accéder à l'autonomie territoriale au moment de l'effondrement du système féodal à la fin du Moyen Age. Mais ce sort ne leur était pas réservé; elles tombèrent sous la coupe des cantons confédérés qui ne demandaient pas mieux que d'arrondir leurs territoires et se virent dépossédées de toute signification politique. En revanche, le nouvel appareil d'Etat ne toucha ni à leur statut juridique, ni à leurs domaines, en sorte que ces seigneuries conservèrent, avec leur caractère de pouvoir local, un dernier trait de leur splendeur féodale d'antan. La seigneurie banale survécut plus longtemps dans les campagnes qui avaient été fortement marquées du sceau du régime féodal, notamment en Thurgovie et dans le Pays de Vaud, ou encore dans les campagnes bernoise et zurichoise et en Argovie bernoise. Ailleurs, et surtout dans les cantons de Suisse centrale, à Soleure, sur le domaine de l'abbaye de Saint-Gall ou sur le petit territoire de la ville de Bâle, leur nombre était très réduit. La période de transition du Moyen Age à l'époque moderne apporta de profonds remaniements au sein des couches dominantes de l'ancienne Confédération. L'évolution politique et économique transmit définitivement l'héritage d'une noblesse rurale affaiblie aux mains de la bourgeoisie urbaine et des couches dominantes des démocraties campagnardes. Les anciens nobles qui détenaient au long du Moyen Age les pouvoirs fonciers et banaux des seigneuries tombèrent dans la misère et de nombreux lignages s'éteignirent. On vit apparaître à leur place, aux 14e et 15e siècles, les familles à qui profitait l'essor de la bourgeoisie. C'était un temps de fondation de villes. Des seigneurs en grand nombre accédèrent à la bourgeoisie, de plein gré ou sous pression politique. Ce faisant, ils scellaient alliance non seulement avec l'ancienne noblesse de robe, mais aussi avec les familles bourgeoises qui investissaient les couches dirigeantes. L'accès des Bubenberg, seigneurs de Spiez, à la bourgeoisie de Berne ou des Hertenstein von Buona

à celle de Lucerne, deux familles influentes, marqua un tournant dans l'histoire politique de ces deux villes.

Seuls, ici ou là, sur fond d'ascension bourgeoise, quelques rejetons de vieilles souches nobles menaient, au 16e siècle encore, un train de vie de grand seigneur dans leurs châteaux et l'agrémentaient selon leur rang de voyages d'études et de séjours auprès de cours européennes. Or, dès cette époque, la fraîche aristocratie urbaine, bientôt suivie des familles dirigeantes des cantons ruraux, s'investit — progressivement et grâce à l'acquisition des seigneuries — du statut de seigneur et des droits de juridiction qui lui étaient attachés. Ce fut notamment le cas des von Beroldingen et des von Roll à Uri, des Reding à Schwyz.

En passant de la société féodale à la société aristocratique, le rang seigneurial ne perdit pas une once de son prestige. Il joua même dans l'ascension de l'aristocratie un rôle grandissant.

Dès le 15e siècle, les lettres de noblesse impériales ou royales constituèrent un moyen d'ascension sociale. Dans les cantons suisses comme partout ailleurs, les familles dirigeantes s'avisèrent de les solliciter et, avec le temps et surtout grâce au service étranger, obtinrent leurs quartiers de noblesse. En Suisse, l'un des moteurs de l'ascension aristocratique fut assurément cette possibilité qu'offrait le service étranger d'acquérir la noblesse. A vrai dire, le titre ne faisait pas tout. Depuis toujours, le fondement de la noblesse reposait sur la propriété d'une terre privilégiée. La conscience étatique ne concevait la réalisation de l'idéal du hobereau que dans la possession d'une seigneurie et dans l'exercice de ses droits de juridiction. Aussi les familles qui s'étaient hissées au pinacle de la hiérarchie politique et sociale se lancèrent-elles, dès le 16e siècle, dans l'achat de seigneuries. Les autorités furent même contraintes par la suite d'en créer de nouvelles afin de répondre à la demande croissante. La seigneurie fournissait la base et le cadre d'une nouvelle forme de noblesse, une noblesse de hobereau et de finance.

Il y a plus. L'acquisition d'une seigneurie dotait son propriétaire d'un attribut précieux

et indispensable pour l'accession aux titres de noblesse: la particule. Signe de noblesse que de pouvoir compléter, parachever son nom. Qu'il suffise de rappeler le rôle capital qu'elle joua aux 17e et 18e siècles. Les familles aristocratiques, qui de la bourgeoisie urbaine, qui de l'oligarchie rurale, introduisirent par une communauté de vue quasi unanime une particule seigneuriale à leur branche familiale. Ainsi les Blarer von Wartensee, Sprecher von Bernegg, Zollikofer von Altenklingen, Schmid von Bellikon, Reding von Biberegg, Pfyffer von Altishofen, Escher von Berg, Effinger von Wildegg, von Roll von Emmenholz ou Guiguer de Prangins, autant de noms de grande pompe qui se gravèrent dans l'histoire suisse. Et les anciennes résidences féodales acquises en pareilles circonstances se convertirent en châteaux de famille légués si possible de génération en génération, voire mis à l'abri de l'aliénation par un tour de passe-passe juridique qui consistait à transformer l'édifice en fondation familiale (l'opération porte le nom de fidéicommis).

Issues pour la plupart des régiments urbains, ces familles seigneuriales continuaient d'entretenir des relations avec la ville soit par une branche de la famille soit par des liens de mariage. Les seigneurs de l'aristocratie ne se défirent jamais de la bourgeoisie des villes ou de leur citoyenneté des démocraties rurales. C'était pour eux une façon de préserver leur droit d'intervention politique dans le régiment, une prérogative synonyme, sous l'Ancien Régime, de pouvoir et de considération sociale. Heinrich Escher, seigneur de Schwandegg et Girsberg, fut bourgmestre de Zurich, Hieronymus von Erlach, seigneur de Thunstetten et d'Hindelbank, fut avoyer de Berne, enfin Johann Konrad Beroldingen, seigneur de Sonnenberg, et Johann Peter von Roll, seigneur de Böttstein, furent tous deux *Landamman* d'Uri.

L'évolution économique et politique ne resta pas sans incidences sur la hiérarchie sociale: dans le contexte d'essor bourgeois que nous venons de tracer, de nombreux individus s'évertuèrent à obtenir le statut de hobereau. Et en premier lieu ceux que l'on appelle les «arrivés», autrement dit les familles qui

avaient accédé depuis peu à la considération sociale et à l'influence politique grâce à une gestion habile de leurs affaires; mais il y avait aussi les «parvenus» ou nouveaux riches. Voilà comment, dès la fin du 16e siècle, les vieilles familles de hobereaux et de patriciens et les dynasties campagnardes au long règne durent partager leur rang avec des officiers aristocratiques de grand talent et de riches marchands. Les premiers, formés au service étranger, achetaient des résidences seigneuriales en vue de leur retraite. Quant aux seconds, ils parvinrent au cours du 17e siècle à se hisser au-dessus de leur statut d'artisan grâce au service accompli dans les régiments urbains. Cette nouvelle aristocratie regroupait aussi bien des industriels locaux comme les Zollikofer de Saint-Gall ou les Werdmüller de Zurich que des immigrés, les Orelli à Zurich, les Turrettini à Genève ou les Socin à Bâle. L'accès au statut de hobereau, et donc au plus haut rang social, transformait la destinée d'une famille. La branche seigneuriale se détachait de celle qui était restée liée aux affaires et, forte de ses rentes, cherchait à tenir son rang, tout en se consacrant parallèlement au service étranger.

Toute royale qu'elle était, cette voie n'était pas l'unique. Une carrière politique ou scientifique menait pareillement au sommet de la hiérarchie sociale. Des politiciens, diplomates ou hommes de lettres se joignirent à cette noblesse de fraîche date, acquérant eux aussi titres et seigneuries.

Les généalogies offrent quantité d'exemples significatifs qui permettent de suivre l'ascension sociale de grands marchands devenus hobereaux ou officiers. Aux 17e et 18e siècles, les seigneuries passèrent souvent aux mains de châtelains d'un nouveau genre, des marchands et des banquiers que les affaires avaient enrichis et qui jouissaient de la considération sociale. Toutefois, dès le 16e siècle, la grande majorité des seigneuries entra en possession de hauts officiers qui se distinguèrent au service étranger.

La persécution des huguenots en France et la guerre de Trente Ans provoquèrent un vaste afflux d'étrangers vers la Suisse, au nombre desquels figuraient beaucoup de nobles et d'officiers réfugiés politiques. Certains trouvèrent aussitôt asile en Suisse et échappèrent aux menaces, alors que d'autres n'y parvinrent qu'après de longues pérégrinations et parfois seulement après la seconde ou même la troisième génération. D'autres encore n'ont cherché qu'un asile provisoire. Tous, craignant pour leur vie, s'imaginaient attendre en Suisse un revirement politique dans leur pays. Accueillis avec force honneurs, ils purent mener une vie digne de leur rang. Pourtant ils ne s'intégrèrent jamais autant que ces premières familles italiennes qui, persécutées pour leur religion, vinrent en Suisse au milieu du 16e siècle. Berne offrit aux émigrés aristocratiques du 17e siècle l'asile sans doute le plus chaleureux.

Cela dit, quelques très anciennes familles seigneuriales parvinrent à sauvegarder leur seigneurie pendant une durée remarquablement longue. Mentionnons par exemple les Breitenlandenberger qui furent seigneurs de Turbenthal du 14e siècle à 1796 ou les Meyer de Knonau, seigneurs de Weiningen, dans la vallée de la Limmat, de 1432 à 1798, ou encore les Effinger, originaires de Brugg et par la suite bourgeois de Berne, qui achetèrent les seigneuries de Wildegg, Möriken et Holderbank en 1484. Ces derniers jouissaient du bénéfice ecclésiastique de l'église d'Holderbank où un tombeau familial accueillit onze générations, soit jusqu'à l'extinction de la famille en 1912. Ces exemples soulignent assez l'importance qui fut accordée au titre d'une seigneurie jusqu'au terme de l'Ancien Régime.

LA RÉSIDENCE NOBLE, MODÈLE DU CHÂTEAU DE L'ÉPOQUE MODERNE

On ne peut monter le décor où se jouera la représentation du château privé de l'ancienne Confédération sans mettre en scène les rapports sociaux de l'après Moyen Age, tels qu'ils se développèrent dès le milieu du 16e siècle. Le siècle précédent fut pour notre pays un temps de transition. Transition politique, sociale, culturelle entre deux époques, le Moyen Age et l'époque moderne. Ce 15e siècle vit non seulement la noblesse perdre définitivement son pouvoir politique dans les cantons urbains et campagnards, mais aussi le système féodal se dissoudre largement dans le nouvel ordre territorial. Sur le plan social, l'influence croissante de quelques familles dirigeantes aux conseils des villes ou aux charges honorifiques des démocraties rurales annonçait déjà la domination oligarchique de l'absolutisme.

Ce siècle vit enfin s'accomplir, dans la transformation des rapports politiques, militaires et sociaux, le passage définitif du château fort à la résidence seigneuriale. Le prestige prenait le pas sur la défense.

Non moins que la noblesse féodale en son temps, l'aristocratie absolutiste aspirait elle aussi à une architecture digne de son rang. Pour cette raison et malgré quelques différences architectoniques, l'ancien château fort et le château présentent beaucoup de points communs. Du château féodal en tant que siège de la cour des chevaliers au château aristocratique comme centre de la vie mondaine, une même tradition se poursuit qui tient avant tout du choix des relations sociales par lesquelles la bourgeoisie s'affirme comme une nouvelle forme de noblesse. L'édifice hérité de la féodalité et le château de l'époque moderne entretiennent à bien des égards une certaine continuité. Le second est impensable sans le modèle du premier et le château moderne perdrait ses traits essentiels s'il ne conservait les symboles traditionnels du rang — la tour, les créneaux, la salle d'armes et la galerie des ancêtres, le cérémonial d'inféodation et la symbolique des armoiries, l'écurie, les jeux équestres et les trophées de chasse. Le rappel du féodalisme — de sa forme et de son essence — perpétue jusque tard dans l'époque aristocratique la tradition du rang et de ce fait assure la reconnaissance des titres de noblesse, même à une époque où ils ne sont presque plus liés à une naissance mais à une fonction. Puisque le château était un privilège de noble, les bourgeois achetaient et allaient même jusqu'à reconstruire des ruines ou des écuries de château fort pour confirmer leur ascension sociale.

A gauche. Transformé, puis remanié aux 17e et 18e siècles, le château féodal de Goldenberg est devenu une résidence avenante. Vue d'époque publiée dans la Herrliberger Topographie en 1754.
A droite. A Wildegg en revanche, la transformation opérée dans l'esprit baroque de 1700 a peu entamé le caractère défensif et féodal de l'édifice. Eau-forte coloriée de Caspar Wyss, 1777–1779 environ.

Au 16e siècle, le prestige du rang se perpétua et s'exprima à l'aide de formules architecturales qui évoquent la seigneurie féodale. Ici, un château sur l'eau, libéré de toute fonction militaire, incarnait l'idéal du château fort à douves. Là, bien en vue comme la forteresse des anciennes dynasties, une résidence seigneuriale se perchait au sommet d'une colline ou au flanc d'une montagne. De manière générale, la volonté de renouer avec l'époque féodale s'exprima, tout au long du 16e siècle, par une sorte de romantisme du château fort. Jusqu'aux débuts du baroque, tours, encorbellements, créneaux et remparts affirmèrent le caractère seigneurial des premiers châteaux aristocratiques.

Cette continuité architecturale du Moyen Age à l'époque moderne confirma les anciennes résidences féodales encore habitées dans leur rôle traditionnel de résidence noble. Il est certain que dans le contexte de démembrement général qui entourait l'avènement des Etats territoriaux au 15e siècle, le château fort avait irrémédiablement perdu sa fonction politique et militaire de place stratégique. Aussi, bien des châteaux dynastiques tombèrent-ils définitivement en ruine au terme du Moyen Age. Or, comme le système juridique du nouvel Etat territorial conservait les droits banaux de la propriété foncière, plusieurs anciens châteaux forts furent restaurés en résidences seigneuriales. D'autres furent démolis, mais le nouvel édifice reprenait volontairement le même emplacement, en signe du maintien des privilèges féodaux. Voilà comment des situations juridiques héritées du passé se perpétuèrent. Et le nouveau château devint l'emblème des anciens droits seigneuriaux. Même les petites résidences nobles dotées des seuls droits de juridiction sur leur propre domaine conservèrent dans le nouvel Etat territorial leur statut particulier hérité de la féodalité et devinrent dès lors un objet très convoité des bourgeois qui, au début de l'époque moderne, cherchaient à renouer avec la tradition.

De la défense au prestige

La fin du Moyen Age, en Suisse, scella le destin de nombreuses forteresses en nid d'aigle. On connaît l'histoire de ces familles de magistrats venues, à l'aube de l'époque moderne, s'établir dans leur nouvelle résidence de plaine. Les guerres du 14e siècle entre la noblesse et les villes contraignirent ceux des nobles qui avaient pris les armes et n'avaient pu empêcher la destruction de leur château fort à se retirer dans une nouvelle résidence, non fortifiée. On vit aussi bien des dynasties seigneuriales, ruinées et dépouillées de tout, abandonner volontairement leur château fort ou leur tour d'habitation pour construire une maison d'allure modeste au pied même de la colline où trônait leur ancien château. Il s'en trouve un exemple à Uster: la nouvelle résidence fut construite à quelques pas seulement de l'ancien château, sur la même colline. Le château fort ne fut restauré et rendu habitable qu'au 19e siècle, dans la vague d'engouement romantique pour les châteaux forts.

Un destin tout différent était réservé au château de Wildenstein près de Bubendorf, la seule forteresse en nid d'aigle de Bâle-Campagne aujourd'hui encore occupée. Les maîtres bourgeois habitèrent la tour dans des conditions très inconfortables, jusqu'à un jour de 1693 où Sophie Planta von Wildenstein déménagea dans l'aile baroque qu'elle avait fait construire sur le côté. Aux 15e et 16e siècles, la façon la plus simple — et certainement la moins coûteuse — d'adapter ces anciens châteaux aux exigences de l'habitat consistait à adosser au bas de la tour un bâtiment d'un étage de construction légère — bois ou colombage. On retrouve de nombreuses tours médiévales ainsi aménagées à Mammertshofen, Steinach, Frauenfeld ou Maur am Greifensee (avant la transformation).

Le beffroi, ou donjon, et le corps de logis formaient dans la plupart des ensembles féodaux les parties les plus massives, s'imposant l'un par sa hauteur, l'autre par sa largeur. D'ordinaire, on s'abstenait de les démolir entièrement. C'est ainsi que le beffroi resta le cœur du nouveau château, symbole visible de noblesse, de considération et d'ancienneté de la résidence dynastique. Souvent la grande tour médiévale — qui disait toute la puissance du seigneur — dominait ailes et dépendances groupées tout à l'entour qui, à l'inverse du beffroi, subirent de fréquentes restaurations ou transformations. Le seul motif de la tour suffisait à donner au château une physionomie médiévale, à preuve celui de Spiez sur le lac de Thoune ou d'Ortenstein dans le Domleschg. Les châteaux bernois, de Schlosswil et de Jegenstorf, rénovés à l'époque baroque, ou le château de Herdern en Thurgovie ont restitué au beffroi une fonction centrale; le château d'Uster en fit de même, d'abord dans l'aspect romantique qu'il reçut en 1853 puis de manière plus marquée encore, après la restauration de 1917. Ailleurs, à Worb ou Wildegg, la restauration laissa beffroi et corps de logis influencer pareillement la nouvelle physionomie. Tant la rénovation d'un ancien château que la construction d'un nouvel édifice dans un ensemble déjà existant apportaient une modification du style architectural notable et teintée de particularités régionales. Ainsi, le gothique tardif a développé une espèce d'attrait romantique pour le château fort que l'on retrouve aussi bien dans le gothique de cour d'origine burgonde des châteaux de Suisse romande que dans le gothique d'origine souabe des châteaux de Suisse orientale.

Le château de Worb, transformé entre 1469 et 1472 et reconstruit après l'incendie de 1535, ou encore l'aile occidentale du château de Burgistein, reconstruite en 1535, offrent des exemples typiques de ces restaurations romantiques du gothique tardif d'origine burgonde. L'aile orientale du château de Spiez, transformée en 1599, est de même inspiration. Dans les constructions de Suisse orientale du 16e siècle, le même «romantisme du château fort» se profile au travers du goût marqué pour les pignons à redans, les petites tours en encorbellement et les créneaux, comme en témoignent les adjonctions apportées aux châteaux de Schwandegg bei Waltalingen et de Liebenfels bei Mammern. Cette conception s'exprima sans doute plus fort encore dans le «style des Zollikofer» à Altenklingen et Sonnenberg,

La résidence construite sur le deuxième des quatre domaines de Gundeldingen fut, jusqu'à la moitié du 17ᵉ siècle, cernée d'un étang. Les bâtiments prenaient pied sur une île murée accessible par un pont-levis. Gravure sur cuivre de Johann Heinrich Glaser, 1640.

peut-être aussi à Bürglen. L'architecte Mattias Höbel, originaire de Kempten, conçut en 1587 puis en 1595, sur commande du hobereau Leonhard Zollikofer puis de Jost Zollikofer de Saint-Gall, deux résidences dans le genre château fort en jouant adroitement de tous les motifs architecturaux qui symbolisent le pouvoir. A Altenklingen, la réalisation, entièrement nouvelle, aboutit à deux maisons de maître, le «grand» et le «petit» château, tandis qu'à Sonnenberg elle tira habilement parti d'un vieux mur réchappé d'un incendie.

L'ascension aristocratique stimula fortement le goût pour les ensembles architecturaux organisés, ainsi qu'en témoignèrent toujours davantage les transformations d'anciennes résidences féodales. Cette évolution commença au 16ᵉ siècle. Au 17ᵉ siècle, avec l'apparition du style baroque, la tendance à une organisation d'ensemble s'accrut encore. Le général Johann Ludwig von Erlach, grand voyageur et gouverneur impérial de la forteresse de Breisach, transforma le château de Kasteln (Argovie) en résidence baroque (1642–1650); il intégra si bien l'ancienne structure dans le nouvel édifice à pignon de quatre étages qu'elle ne se remarque plus.

A l'époque baroque, la juxtaposition de la tour et du corps de logis devient le motif d'un jeu de contrastes entre le haut et le long qui efface presque tout souvenir des fonctions militaires du Moyen Age. Cette relégation dans l'oubli vint encore renforcer l'usage toujours plus fréquent du dôme «romand» bulbeux et du lanterneau à la Mansart accommodé à l'habitat. Le château d'Aubonne fut presque entièrement reconstruit sur ce modèle. Entre 1670 et 1680, le joaillier Jean Baptiste Tavernier érigea un corps de logis de plan trapézoïdal encadrant une grande tour ronde; peu après, de 1685 à 1701, son successeur, l'amiral Henri Duquesne, agrémenta la cour intérieure d'une colonnade et de façades intérieures ajourées de fenêtres rustiques. Au 18ᵉ siècle enfin, l'enfilade des transformations aboutit, malgré l'intégration de la structure initiale, à un ensemble typiquement résidentiel qui ne gardait plus mémoire de la fonction féodale de l'ancien édifice. Le château d'Eppishausen en Thurgovie, transformé en 1760, en fournit un autre exemple.

Châteaux à douves et châteaux de plaisance

En fin de Moyen Age, parfois plus tôt encore, les châteaux forts furent déchargés de toute fonction militaire. Aussi s'avisa-t-on de les transformer en résidences nobles. Ce fut un coup fatal porté à leur caractère fortifié. Les châteaux de Jegenstorf et de Landshut devinrent tous deux dès le 14ᵉ siècle la résidence d'été le premier des von Erlach, le second des von Ringoltingen, deux familles bernoises de haut rang et bourgeoises de la ville qui continuaient d'exercer les droits seigneuriaux sur leurs terres. Le château de plaisance peut être considéré comme le premier état du manoir conçu pour le prestige. L'historique de la propriété des châteaux bâlois par exemple (Binningen, Pratteln, Bottmingen) retrace clairement l'importance sociale que revêtaient ces édifices pendant la période de transition du Moyen Age à l'époque moderne tant pour la noblesse que pour la bourgeoisie. Le château de plaisance du bas Moyen Age se composait en général d'une grande maison de maître flanquée d'une tour d'escalier et de tours d'angle sur le modèle de Binningen. Bottmingen est par excellence l'édifice de plan carré: l'ensemble, dominé par un corps de logis, s'étire en ailes plus basses encadrées de tours rondes.

Le type idéal de la maison de maître, isolée sur une île artificielle et garnie de tours d'angle, est par ailleurs présenté dans des livres d'architecture postérieurs au Moyen Age. Joseph Furttembach décrit dans son *Architectura civilis* un palais Renaissance à trois corps, ouvert sur des jardins d'agrément, et dépose l'ensemble sur une île bordée de bastions et de tours rondes. Un lavis anonyme du 17ᵉ siècle exposé à Zurich représente de même une maison gothique ornée d'un pignon à redans et enveloppée d'un mur à figure rectangulaire construit sur l'eau et encadré de tours d'angle rondes.

Le modèle du château médiéval à douves connaît encore des exécutions aux 16ᵉ et 17ᵉ siècles. Elles prenaient place dans ce courant d'idéalisation romantique du château fort par laquelle aristocrates et bourgeois en quête d'identité cherchaient à renouer avec l'architecture féodale et, à travers elle, avec l'expression même de la noblesse. L'une de ces premières réalisations fut le château de plaisance que Jakob A Pro, officier uranais engagé au service étranger, fit construire en 1555–1558 aux abords de Seedorf. Les circonstances de la vie du maître de l'ouvrage expliquent probablement l'élégance imposante de l'édifice — une construction à pignon, massive et de style gothique tardif, cernée d'eau et d'un mur créné aux angles renforcés de bastions saillants. Le château de Wyher près d'Ettiswil, entièrement restauré à l'exception d'un bastion, a conservé pour l'essentiel l'aspect qu'il reçut à la suite des différentes transformations exécutées par les familles Feer et Pfyffer de Lucerne après 1510 et 1590.

Revenons, à ce propos, sur l'agencement baroque du château de Bottmingen dont nous avons déjà dit quelques mots. Après plusieurs changements de mains au cours du 16ᵉ et au début du 17ᵉ siècle, la résidence médiévale fut remise en état aux premières années de 1600, puis une fois encore après 1641. Au long de cette période, plusieurs hobereaux et bourgeois de Bâle habitèrent le château. En 1645, il tomba en possession de Johann Christoph von der Grün, noble du Palatinat, portant titre de colonel et gouverneur de Thann, directement subordonné dans l'armée du duc de Weimar au général Hieronymus von Erlach auf Kasteln. Il transforma le château à douves en un ensemble de plan carré cantonné de tours, qu'un riche spéculateur du nom de Johannes Deucher de Steckborn agrandit encore et acheva vers 1720. Dans sa version finale, il ressemble à une véritable résidence princière, avec ses splendides jardins, ses allées et ses jeux d'eau. Désormais, Bottmingen est l'un des meilleurs exemples d'un château de plaisance baroque.

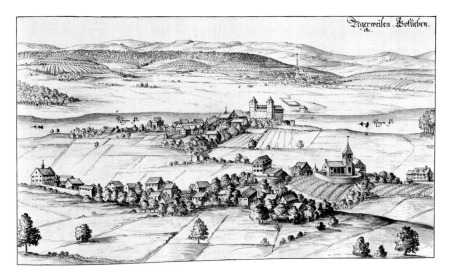

Le village thurgovien de Tägerwilen et ses deux remarquables manoirs: Pflanzberg, sis non loin de l'église, et, en bordure de l'agglomération, Hertler. Lavis sur traits de plume, 18e siècle.

Résidences nobles et maisons fortes

En raison de l'extrême complexité du droit féodal, un nouveau genre d'édifice se développa aux côtés du château seigneurial, lequel, voué à une fonction tant dynastique que stratégique, exigeait en général de vastes proportions. Ainsi naquit la résidence noble ou résidence libre — construite sous forme de maison «forte» (en latin *domus lapidae*, maison de pierre). Ce type d'édifice était, dans ses termes mêmes, muni d'un double privilège: féodal d'abord puisqu'il affranchissait le propriétaire de toute soumission à une basse justice étrangère (résidence libre), et architectural ensuite, à savoir le droit de construire en pierre, prérogative qui, selon une vieille codification médiévale, était réservée à la noblesse. Or, comme le privilège d'un fief — appelé généralement «fief chevaleresque» — ne pouvait être accordé qu'à des individus de sang bleu, ces édifices revêtirent une importance sociale particulière.

Non loin de Berne, deux des plus splendides édifices de style gothique tardif et postgothique proviennent, selon toute vraisemblance, d'un ancien fief chevaleresque: il s'agit du château d'Holligen, édifié en 1470 puis agrandi en 1550, et celui de Wittigkofen, réalisé en plusieurs étapes de 1577 à 1617, puis transformé selon le goût baroque après 1720. Constitués au Moyen Age, ces deux domaines restèrent depuis le 13e siècle entre les mains de familles siégeant au Conseil bernois. Les termes de «maison forte», de «résidence noble ou libre» et de «fief noble ou chevaleresque» se recoupent souvent lorsqu'il s'agit de résidences de magistrat. Ceci dit, ils ne sont nullement identiques, chacun désignant un statut particulier et pouvant se combiner aux deux autres. Ainsi, bien des résidences libres n'étaient pas des fiefs féodaux mais des terres allodiales.

Quant à la construction en pierre, elle avait probablement une valeur militaire, notamment au début du Moyen Age. On imagine sans peine qu'au milieu des vicissitudes amenées par les guerres territoriales du 15e siècle sur un pays à découvert, les maisons fortes devaient constituer une base relativement sûre, ne serait-ce que par leur structure massive, les murailles et le fossé. Aussi les premières résidences libres ressemblent-elles à des tours d'habitation ou à des constructions fortifiées juchées au sommet d'une colline ou sur un promontoire. La résidence du châtelain de l'abbaye de Saint-Gall à Zuckenried, devenue de nos jours un édifice à colombage de deux étages garni d'un toit en demi-croupe, est à l'origine de ce type d'ouvrage: bâtie sur un socle médiéval en pierre de taille, elle offre un exemple typique de résidence noble du 15e siècle. A la fin du Moyen Age, dans un contexte d'essor bourgeois de vaste envergure, la résidence noble n'était plus seulement convoitée par les hobereaux issus de la noblesse de robe, mais aussi par les bourgeois des villes qui y voyaient une façon de légitimer leur rang. Nombreuses sont les résidences nobles datant de cette époque qui toutes, maisons fortes, châteaux de plaisance ou résidences protégées par une enceinte, semblent encore faites pour la défense; de fait, cet aspect défensif doit d'abord être compris comme l'expression architecturale du rang élevé des propriétaires. A noter que les maisons fortes de la région genevoise constituent un cas particulier, car elles eurent incontestablement une fonction de défense, surtout lors des conflits qui, jusqu'au 17e siècle, opposèrent Genève au duc de Savoie. Les maisons fortes de Laconnex, Bardonnex ou Vésenaz, bâties au 15e siècle surtout, sont des bâtisses simples et massives montées sur plan presque carré, garnies d'un toit en croupe et d'une tour d'escalier attenante.

L'enceinte, pièce caractéristique des résidences et des fiefs nobles en général, troquait peu à peu sa valeur militaire contre une valeur juridique. A l'origine, elle servait à délimiter un domaine protégé, en d'autres termes une zone jouissant d'un statut particulier. Même si la plupart des résidences seigneuriales se sont au cours des siècles tout ou en partie défaites de cette étouffante ceinture de pierre, de nombreuses illustrations du passé la signalent. Le Schwärzihof de Weinfelden, par exemple, maison de maître de style gothique tardif du milieu du 16e siècle, était entouré d'une enceinte carrée cantonnée de petites tours rondes. En revanche, dès cette époque, les meurtrières n'eurent plus qu'une fonction décorative.

Voyez l'effort que déployèrent, au 16e siècle surtout, nombre de marchands aisés, pour que leur domaine fût formellement déclaré «résidence libre» ou pour obtenir que leur manoir fût élevé au rang de résidence noble. C'est assez souligner toute l'importance sociale que revêtait la résidence noble dans l'ascension aristocratique et dans le courant d'anoblissement qui marqua l'époque moderne. Pareilles requêtes, confirmées par lettres de la Diète, furent nombreuses, notamment en Thurgovie, pays sujet des Confédérés où le pouvoir judiciaire et la résidence libre bénéficiaient d'une importance particulière. Sur les rives du lac de Constance, Arenenberg et Wolfsberg constituent deux exemples de domaines élevés en résidences libres sitôt après leur acquisition par des familles de hobereaux.

CHÂTEAUX ET RENOUVEAU DES FORMES

Nous avons jusqu'ici situé le château dans la lignée des résidences nobles, ce qui nous a permis d'éclairer son rôle symbolique dans l'architecture seigneuriale de l'époque moderne et d'en préciser les particularités propres à la Confédération. Il est temps maintenant de passer à l'étude des nouvelles constructions et de mettre en valeur quelques traits fondamentaux du château privé tel qu'on le conçut en Suisse entre la fin du 15e et la fin du 18e siècle. Notre description des édifices se bornera à la physionomie générale par laquelle l'architecture seigneuriale cherchait à produire un effet marquant. A chaque époque, les nouvelles constructions représentent toujours les conceptions architecturales dans leur expression la plus pure et manifestent clairement les principes d'aménagement en vigueur. En général, la construction d'un

nouvel édifice fait suite à un important changement de propriétaire ou à un héritage. Dans le cas des châteaux, ce changement coïncida avec l'avènement d'une nouvelle génération, d'une nouvelle époque. Occasion rêvée pour le nouveau propriétaire d'affirmer sa personnalité. Dès lors, les nouveaux édifices traduisirent avec une vigueur particulière tant la personnalité du maître de l'ouvrage que l'esprit de l'époque et l'influence étrangère.

Soulignons à ce propos que le château et le manoir de l'époque aristocratique suivirent largement la même évolution architecturale, à tel point que, typologiquement, ils se distinguaient à peine, puisqu'on les devait aux mêmes maîtres de l'ouvrage. La dimension et l'importance de l'édifice seigneurial ne tenaient plus compte du fait qu'il s'agissait, par définition, d'un château de juridiction autonome. Aussi pouvait-on voir en mains de propriétaires riches et influents des manoirs qui, bien que situés sur des terres dépourvues de privilèges, surpassaient en ampleur, en richesse et en qualité de construction plus d'un château seigneurial. Très souvent d'ailleurs, le château et le manoir d'une même famille se complétaient, puisqu'aussi bien les deux genres d'édifices répondaient à des fonctions sociales distinctes.

Les maisons fortes, les châteaux de plaisance et les résidences nobles, que nous avons décrits au chapitre précédent comme bâtis d'un seul tenant et entourés d'une enceinte, incarnent cette transition de l'édifice féodal à l'édifice patricien bourgeois. La signification juridique traditionnelle de ces édifices, que perpétuaient délibérément le choix du même emplacement et la conservation d'éléments de l'ancien bâtiment, explique en partie la diversité des formes et les irrégularités de construction de l'époque. Mais dès la fin du 15e siècle, une nette tendance s'affirma en faveur d'ensembles clairs et d'un seul tenant, complétés de motifs connus de l'architecture seigneuriale — toit en pavillon élevé, pignons à redans, tour en colimaçon, tour d'angle et encorbellement, lanternon à cloche ou portique de pierre. Dès la naissance, dans l'ancienne Confédération, d'une architecture patricienne, deux courants stylistiques s'imposèrent clairement. Ils trouvaient probablement une justification dans les différences politiques et culturelles qui opposaient Suisse romande et Suisse alémanique à cette époque. En Basse-Bourgogne — entendez la Suisse romande soumise aux influences successives de la France, de la Bourgogne et de la Savoie — la résidence noble du 15e et du début du 16e siècle est un ouvrage cubique couronné d'un haut toit en pavillon ou un édifice de plan carré à toit en croupe droit ou brisé.

En Suisse orientale, deux courants aboutirent à la maison patricienne du 16e siècle. L'un, celui de la maison à colombage avec toit en demi-croupe, tirait son origine de l'architecture rurale dominante en Souabe et en Suisse orientale. L'utilisation décorative du colombage et la disposition d'une salle de réception à l'un des angles de l'étage supérieur suffisaient à mettre en évidence le caractère noble de la maison de maître et à la distinguer d'une simple maison. L'autre courant remontait aux immeubles mitoyens qu'occupait la bourgeoisie des villes. Extraits de leur contexte urbain et placés dans un espace libre, ils devinrent tout naturellement des maisons de maître arborant sur le mur latéral un pignon à redans. Dès la fin du Moyen Age, ces deux styles modelèrent les anciens châteaux forts à la faveur des transformations. Ainsi, dès la fin du 15e siècle, puis de manière ininterrompue jusqu'au milieu du 17e siècle, un style très uni régentait l'architecture des châteaux, caractérisé par le toit à pans avec pignon à redans ou le toit en demi-croupe et la tour d'escalier adossée au mur.

La maison bourguignonne ou «Höchhus»

Les conflits politiques et culturels qui éclatèrent entre le roi de France et la maison ascendante du duc de Bourgogne communiquèrent une forte impulsion culturelle à toute l'architecture patricienne de Suisse romande pendant la seconde moitié du 15e siècle. L'art postgothique importé de France et de Bourgogne s'exprima notamment au travers d'une forme architecturale dont le charme s'échappe du jeu entre le toit en croupe — très rehaussé avec effet de clarté — et les combles pointus, de forme et d'impulsion variable, qui coiffent des tours carrées, rondes ou polygonales et des tourelles en encorbellement. On en trouve de nombreux exemples parmi les édifices bernois et neuchâtelois et tout particulièrement le château d'Echandens avec ses multiples petites tours et encorbellements construits aux 15e et 16e siècles. Celui de Colombier, vaste ensemble articulé autour d'une imposante maison de maître, ressort de la même conception. Successivement développé par les de Chauvirey en 1488, et les Watteville en 1511, il fut finalement achevé en 1564 par la maison d'Orléans-Longueville. On ne peut manquer de signaler, le concernant, la tour fichée en 1543 à l'entrée de la cour, une construction typique ornée de mâchicoulis «savoyards». Berne put recenser un grand nombre de «maisons hautes» (Hochhüser) toutes inspirées de l'art de la cour burgonde. La plus grande des deux «maisons hautes» de Steffisburg, que fit bâtir vers 1480 le futur avoyer de Berne Heinrich Matter, frappe par son aspect modeste. De nombreux châteaux d'habitation bernois datant des années 1470 à 1540 reproduisent le même modèle, ainsi Alt-Toffen ou, plus ancien, le château de Reichenbach (à côté des châteaux de Burgistein et de Worb). Avec ses quatre arêtes polygonales en encorbellement, le petit château des Diesbach à Holligen (1475 environ) est typiquement «bourguignon». De la même façon, la maison de maître de Saint-Christophe dans le canton de Vaud, construite en 1540 par Jost von Diesbach, puis vers 1703 flanquée d'une singulière tour frontale à l'avant du toit, peut être qualifiée de «maison haute bourguignonne». En Suisse romande, la forme architecturale de la «maison haute» bourguignonne semble avoir cédé la place, déjà vers le milieu du 16e siècle, au toit en demi-croupe. On conserva néanmoins jusqu'au 17e siècle le souvenir des combles raides et élevés du gothique de cour burgonde qu'on retrouve jusque dans l'architecture des châteaux français.

A l'extrême-gauche. Le château fort d'Alt-Reichenbach près de Berne, au 17e siècle. Le bâtiment principal apparaît ici avec un haut toit en croupe «bourguignon». Peinture à l'huile d'Albrecht Kauw, 1670 environ.
A gauche. Construit vers la moitié du 16e siècle, le château du seigneur justicier d'Hüttlingen est une maison de maître de maçonnerie simple avec pignons à redans.
A droite. Le château de Marschlins tel qu'il se présente depuis 1633 permet de bien saisir la parenté architectonique entre l'ensemble architectural à quatre ailes des temps modernes et le château fort quadrangulaire du Moyen Age. Peinture à l'huile de Wolfgang Wanner, 1775 environ.

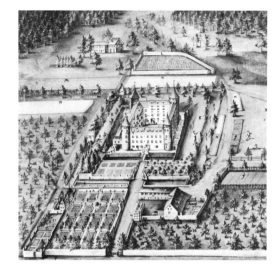

L'édifice à pignon du gothique tardif

Le pignon à redans de Suisse orientale n'apparaît qu'à la fin du 15e siècle sur des châteaux nouvellement construits et disparaît déjà dès 1650. L'une de ses premières apparitions remonte à la réfection du château de Bischofszell, détruit par un incendie en 1494. Par la suite, le concept d'une maison de maître, simple et rectangulaire avec pignon à redans de part et d'autre, inspirera les châteaux d'habitation de Knonau (1500), d'Hüttlingen (milieu du 16e siècle), Oberneunforn (fin du 16e siècle) et plus tard encore à Teufen (1638), Berg am Irchel (1642) et Wülflingen (1644). Le type du château d'habitation néogothique se présente comme un édifice de pierre couvert d'un toit en demi-croupe avec tour adjacente en colimaçon. Dès le 16e siècle et dans toute la Confédération, ce modèle incarne — à côté de deux formes secondaires, savoir le toit en croupe du gothique tardif de Suisse romande et le pignon à redans introduit à la même époque en Suisse orientale — la forme idéale de l'édifice patricien des hobereaux. Même la Suisse romande, après la brève parenthèse de la «maison haute» bourguignonne, finit par adopter l'édifice d'un seul tenant surmonté d'un toit en demi-croupe, l'ornant souvent de nombreuses tours en saillie ou en colimaçon dans le style gothique tardif. Vers 1500 déjà, la maison forte d'Arare près de Genève intègre à l'ensemble une tour d'escalier coiffée d'un toit à pans rabattus. Toute une lignée de châteaux et manoirs en Suisse romande lui succédèrent au cours du siècle suivant dans les cantons de Neuchâtel, Fribourg et Berne, à Ueberstorf par exemple (vers 1505), Givisiez (1539), Auvernier (1559), Peseux (aile orientale, 1574) et Cressier (vers 1609). Dans les édifices du gothique tardif, de plan massé et souvent dressés sur toute la hauteur de leurs murs nus, l'ordonnance des façades, que rythment la forme et l'agencement des fenêtres, géminées, superposées ou à croisillon, mobilisait le plus grand soin. Elle permettait de reconnaître de l'extérieur les salles de réception, de fête ou d'apparat. Pareils moyens d'expression restaient évidemment très limités dans les petits châteaux d'habitation comme celui du hobereau von Schönau à Œschgen (1598). Mais les fastueuses résidences patriciennes de la fin du 16e siècle ne manquaient pas d'user des artifices de la différenciation, ainsi la résidence de campagne du colonel et avoyer de Lucerne Ludwig Pfyffer à Altishofen (1575). Le motif de la tour d'escalier fut repris jusqu'au milieu du 17e siècle. Au château de Schöftland, la demi-croupe de style gothique tardif (1660 environ) est déjà transposée en demi-croupe baroque, appuyée aux jambes-de-force lambrissées (appelées *Berner Ründi* ou arrondi bernois). Le château de Turbenthal, érigé à la même époque (1666), édifice dans le genre gentilhommière, fut enrichi d'une tour en colimaçon sur la façade frontale et de fenêtres disposées en triplet de style postgothique; pour le reste, le pignon baroque avec son toit simple à deux versants s'était déjà imposé.

Le château d'Hauptwil, exemple typique de la résidence d'un entrepreneur du textile des années 1664/1665, est bâti selon une structure claire, avec un pignon simple et l'ouverture des sept fenêtres vers le sud, côté murgouttereau. La façade principale, absolument régulière, ne comporte qu'un balcon de la largeur d'une fenêtre garnissant le centre du premier étage et une double lucarne à pignon occupant deux étages. Le château de Thurberg (1643–1645), édifice à pignon du même genre, fut, quant à lui, rehaussé en ses murs-gouttereaux de tours géminées en encorbellement et coiffées de bulbes bien renflés. La formule eut d'ailleurs son heure de gloire comme composante baroque du «style des Zollikofer». Ces deux types de résidence patricienne, celui d'Hauptwil et de Thurberg, s'abritent encore derrière une enceinte carrée à l'ancienne façon; à Hauptwil, on s'est même permis d'y introduire une porte cochère fichée d'un clocher. On retrouve donc ici des motifs seigneuriaux qui étaient déjà le propre de la résidence noble du gothique tardif.

Vers 1650, on vit se mêler les principes architecturaux du gothique tardif et du baroque primitif. Si l'édifice à pignon érigé d'un seul tenant domine encore, le pignon à redans en revanche tend à disparaître pour laisser place au pignon non découpé et au toit débordant. La demi-croupe postgothique est transposée sur le mode baroque. On passe progressivement du colimaçon extérieur en pierre à la cage d'escalier intégrée, tandis que l'étagement irrégulier des fenêtres fait place à la division claire de fenêtres uniques disposées au même aplomb. A l'un des étages supérieurs, de très hautes fenêtres rappelant celles du rez-de-chaussée sont la marque architecturale de l'immanquable salle de fête. On recense, pour cette période de transition, les châteaux de Böttstein, Uitikon, Thurberg, Hauptwil, Schöftland et Turbenthal. Ils marquent, chacun à sa manière, le passage, progressif mais direct, du style postgothique ou gothique tardif de la résidence noble au château d'habitation baroque modelé dans les grandes lignes sur un style d'importation française et qui finira par aboutir au type idéal du «château entre cour et jardin».

Ensembles de plan rectangulaire cantonnés de tours

En Suisse, la première moitié du 17e siècle marque une période de transition dans l'architecture patricienne et dans la conception des châteaux. Des décennies se sont écoulées depuis l'abandon progressif du pignon gothique tardif et de la tour adjacente en colimaçon — qui en leur temps avaient connu un grand succès — jusqu'à l'adoption généralisée du schéma baroque, déjà bien connu en Europe, de la maison patricienne sur plan en U dans le genre palais. Ces années de transition fournirent néanmoins quelques signes annonciateurs des futurs ensembles de plan rectangulaire cantonnés de tours. Cette disposition jouissait de la faveur de l'époque et portait la marque du château princier de la Renaissance tardive. Ces tentatives restèrent cependant très isolées sur le territoire de la Confédération.

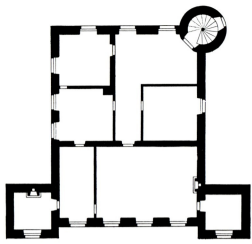

A l'extrême-gauche. Plan du Königshof à Soleure, édifice de style gothique tardif avec façade baroque flanquée de deux tours.
A gauche. Au fil du temps, le Hofmatt à Soleure s'est transformé en Türmlihaus.
A droite. Avry-sur-Matran. Combinaison originale d'une façade à pavillons latéraux avec cour d'honneur et d'un portail d'apparat avec loggia. Construction antérieure à 1704.
A l'extrême-droite. A Vullierens, l'ensemble baroque avec cour d'honneur (1706–1712) est obtenu par la succession symétrique des bâtiments. Gravure de Robert Gardelle, 1726.

Le château d'Haldenstein, articulé en quatre ailes, connut des conditions de construction uniques. Johann de Castion, ambassadeur de François Ier, roi de France, auprès des Trois Ligues rhétiques, s'y était fait construire, entre 1544 et 1548, une véritable résidence seigneuriale. Toujours aux Grisons, le château de Marschlins est un autre exemple de construction sur plan rectangulaire. Ici, l'édifice, construit par le maréchal Ulysse von Salis en 1633, reprend manifestement la structure de l'ancien château féodal à douves. A l'époque, l'agencement des quatre tours avait une signification analogue au plan rectangulaire à quatre ailes: un corps de logis rectangulaire, renforcé de tours d'angle en ressaut à la façon d'un bastion et coiffées de toits abrupts, donnait l'apparence d'un dispositif de défense militaire. A l'époque féodale, de véritables bastions militaires conçus sur ce modèle avaient déjà vu le jour, notamment sous l'influence savoyarde. Mais il semble bien qu'en Suisse, le modèle architectural des ensembles rectangulaires du 17e siècle tire davantage son origine de l'architecture des châteaux Renaissance où l'on voit les dispositifs de défense subir l'élaboration idéelle propre aux ouvrages fortifiés de l'époque moderne. Le château de Cressier (1609) est la première tentative d'un plan à quatre tours. A vrai dire, les tours d'angle manquent encore d'unité, et la conception architecturale garde mémoire de la maison de maître postgothique. On n'était guère plus avancé quelques années plus tard au moment de la construction du château fribourgeois d'Orsonnens (château d'Enhaut, 1620) et à Saint-Aubin en Vully (1631). En revanche, le manoir de Leonhard Zollikofer du Risegg, près de Staad sur le lac de Constance, construit à la même époque, développe la façade et le plan à quatre tours avec plus d'art et de logique. Seuls le toit à la Mansart et les fenêtres du corps de logis (1605) peuvent être attribués à des transformations du baroque tardif.

C'est à Dardagny près de Genève que l'on peut admirer la plus imposante réalisation du plan baroque à quatre tours. En réalité, la conception finale ne s'imposera que progressivement, au cours des travaux qui s'étendirent de 1655 à 1721; celle des façades est à dater de la fin du 18e siècle seulement. Après que les diverses parties anciennes avaient été réunies en un ensemble à quatre tours (inégales) en 1655, Jean Vasserot fit modifier le plan de l'édifice. C'était en 1721. Il abandonna l'ancien noyau central de la tour au profit d'une disposition classique servant son prestige. Côté jardin, la salle de fête occupant deux étages ordonne l'axe principal. Elle est soulignée par un large avant-corps central à fronton et ornée d'une peinture d'illusion architecturale. Côté cour, le hall d'entrée fut déplacé vers le centre. Dans cette version définitive, Dardagny pouvait presque prétendre au rang de résidence princière. Des variations sur le même thème se rencontrent après 1720. Qu'il suffise de nommer les châteaux patriciens bernois de Kehrsatz et de Jegenstorf qui réalisent des plans à cinq tours et quatre pavillons d'angle articulés autour d'un donjon central ou situé dans l'axe.

Ensembles à deux tours ou «Türmlihäuser»

L'expression *Türmlihäuser* désigne à Soleure — où cette forme connut un franc succès aux 17e et 18e siècles — les édifices constitués d'un seul corps de logis et dont la façade principale est soulignée de deux petites tours d'angle à toit pointu. Ce type d'édifice à double tour frontale prend place entre les ensembles à quatre tours ou de plan rectangulaire et la solution plus subtile d'un seul corps de logis encadré de deux avant-corps nettement proéminents, voire encore le développement de cette forme, savoir l'ensemble en U avec corps de logis et ailes latérales (ensemble à trois ailes).

Ceci dit, il faut bien reconnaître que même à Soleure les véritables *Türmlihäuser* — c'est-à-dire celles dont la conception initiale prévoyait les petites tours latérales — restent une exception. Bien plus nombreux en revanche sont les édifices dont les tours furent rajoutées comme un dernier complément architectural. D'où il ressort que les premiers édifices baroques de ce type — pensons à la résidence d'été de Vigier (1648–1651) ou au château de Waldegg (1682–1684) — exercèrent un effet d'archétype qu'accentuait encore chaque transformation, chaque développement de cette forme déjà très suggestive (Emmenholz, Hofmatt, Cartierhof, Königshof, Willihof).

Le véritable *Türmlihaus* soleurois produit généralement l'effet d'un ensemble compact où la façade s'équilibre entre les deux tours et la partie médiane. Citons, à titre d'exemple, le petit château d'Emmenholz. C'était à l'origine une maison de maître simple et d'un seul tenant, dépourvue de tours d'angle, une conception originale dont relèveront d'ailleurs les *Türmlihäuser* de la même période à Königshof, Cartierhof ou Hofmatt. Ce n'est que dans la seconde moitié du 17e siècle qu'il reçut sa forme définitive. Les études effectuées à la faveur de récentes rénovations montrèrent qu'à Hofmatt (Reinhardshof) la première phase de construction (1657 environ) fut réalisée sous la direction du même maître de l'ouvrage que la seconde phase (vers 1690, avec adjonction des petites tours). Il s'agissait du médecin Franz Reinhard (1634–1696). Les *Türmlihäuser* soleurois du 17e siècle illustrent à merveille la conception baroque de la façade à deux tours et se donnent à voir comme un fier décor de théâtre qui cache, d'ordinaire, une bâtisse de conception totalement différente et d'époque ancienne.

Ces quelques exemples de *Türmlihäuser* baroques permettent déjà de poser l'existence de deux formes fondamentales. La résidence d'été de Vigier et le château de Waldegg développent l'édifice tout en largeur. Dans l'économie de l'édifice, les tours d'angle ressemblent à des pavillons latéraux. Au 18e siècle, ce schéma fut repris à Vallamand (1725), Bümpliz (1742), Bremgarten près de Berne (1761–1763) et Plan-les-Ouates près de Genève (1776). La seconde variante est une façade à deux tours dont la partie médiane ne s'étend que sur quelques axes de largeur. D'allure plus massive, elle se rapproche du genre palais. Ce second type, incarné par le petit château d'Emmenholz à Soleure, se retrouve au 18e siècle dans les châteaux de Grange-Verney

près de Moudon (vers 1700), Montilier (vers 1700) et Vennes sur Lausanne (1779–1780). L'architecte lucernois Jakob Singer s'inspira, lui aussi, du modèle à doubles tours flanquantes pour ses projets de manoirs de Hünenberg et Utenberg près de Lucerne (1758–1759).

Ensembles en U (trois ailes)

Le plan en U ou fer à cheval si caractéristique de l'architecture absolutiste est à l'origine de l'expression «entre cour et jardin». Cette conception prévoit en effet que l'édifice sépare le domaine public — autrement dit la cour d'honneur dessinée par le corps de logis et les deux ailes où se déroulent les cérémonies de réception — du domaine d'habitation privé, ouvert côté jardin. On peut donner une double explication à l'origine du schéma en U: il résulte soit de l'ouverture du château défensif de plan rectangulaire, pratiquée en abattant le côté de l'entrée, soit de l'abandon de l'enceinte médiévale et de la cour du domaine au profit d'une disposition plus systématique de l'axe d'entrée. Raisons pour lesquelles le château princier et la villa domaniale du début de l'époque moderne évoluèrent partiellement vers un ensemble conçu pour mettre en valeur le prestige et axé sur l'importance des cérémonies de réception.

Les châteaux de Coppet et de Prangins dérivent, par leur plan ouvert en U, du château rectangulaire fermé. A Coppet, cette évolution s'est d'ailleurs accomplie en cours de construction. Dans les premières décennies du 17e siècle, on entreprit de transformer le château féodal défensif, flanqué de tours, en une résidence de prestige baroque sur plan en U. Celui de Prangins, construit en 1623, d'une seule campagne et sans transformations, souligne son caractère de château par un style nettement plus baroque qu'à Coppet, avec des tours d'angle fortement rehaussées et couronnées d'un toit à forte pente. La façade en pierre de taille, agencée en style fugué, contribue à l'impression de largeur de l'édifice. A Coppet enfin, si le lien entre l'édifice et le paysage s'inspire largement, dans sa version définitive, du modèle du château rococo, Prangins, quant à lui, conserve les ouvertures spatiales discrètes, chères au baroque primitif.

Le second principe d'agencement, qui dérive de la villa Renaissance, organise les différents corps de bâtiment de manière plus ordonnée, autour de la cour de ferme à l'avant de la maison de maître. Les meilleures réalisations sont sans doute les châteaux baroques de Steinbrugg à Soleure (1670–1672) et de Vullierens (1707–1712). Ici, des édifices de construction tardive, de moindre hauteur, garnissent les flancs de la maison de maître et l'axe d'entrée. Dans la résidence de campagne privée de Steinbrugg, les dépendances longues et basses — aujourd'hui démolies — formaient deux ailes parallèles dans le prolongement de la façade d'entrée, en perspective desquelles se dressait le bâtiment principal. A Vullierens, les deux bâtiments latéraux, totalement séparés de l'édifice principal et disposés en retour d'équerre, prennent place dans la perspective de ses façades latérales. Ils encadrent une cour d'honneur séparée de l'allée principale par un muret. Entre le bâtiment principal et les ailes latérales, des ouvertures conduisent de part et d'autre aux dépendances de la ferme, lesquelles, plus petites, se regroupent autour de cours plus étroites. La cour d'honneur et les cours de ferme prennent ainsi place d'un côté du château; de l'autre, le jardin, en pente, est aménagé sur deux plans.

Tandis que le baroque commençait de fleurir en Europe, le nouveau château d'Oberdiessbach (1666) tenta une synthèse entre le bâtiment à toit en croupe, disposé de biais, et l'ensemble sur plan en U, rappelant un château à quatre tours, aux angles soulignés d'avant-corps et couronné d'une toiture en croupe d'un seul tenant. Cet ensemble ne comporte pas de cour d'honneur, mais l'étroite partie médiane s'orne sur les deux étages d'une galerie à trois arches qui couvre, tel un baldaquin de pierre, l'entrée du rez-de-chaussée et dote le premier étage d'une loggia. L'élément nouveau ne réside pas seulement dans l'organisation architecturale de l'ensemble — variation sur le modèle du château princier — mais il ressort aussi de sa disposition sur le terrain et du jeu qu'il instaure avec le paysage. En effet, le château s'avance au flanc de la colline, précisément au point de rencontre de la pente et de la plaine. L'ample étalement du paysage est souligné par celui de l'édifice et de l'allée de tilleuls qui s'éloigne du jardin au pied du petit côté. A l'arrière-plan, le coteau forme un décor naturel. Oberdiessbach est le premier exemple dans notre pays d'une intégration consciente des axes du paysage à un édifice baroque.

La disposition classique des bâtiments en fer à cheval qui permet d'encadrer, à la mode de Versailles, une vaste cour d'honneur, connaît sa première réalisation sur le territoire de l'ancienne Confédération avec la construction du château de L'Isle (1696). Dès lors, toute une série d'ensembles de ce type virent le jour, surtout à Berne et en Suisse romande, développant les nombreuses adaptations formelles qu'offre ce schéma baroque.

Sous l'absolutisme, le plan en U satisfaisait à une double exigence, sociale et visuelle. L'agencement des espaces en enfilade le long de l'axe principal — l'allée centrale ouvrant sur la cour d'honneur, puis les salles de réception du corps de logis et enfin les jardins de l'autre côté — offre au visiteur une succession de tableaux variés qui répond aux exigences de l'étiquette et des cérémonies de réception. En outre, le plan en U permet d'intégrer à merveille jardins et parcs dans l'espace architectural, car le système des axes instauré par l'ensemble construit est extensible à loisir dans la campagne non encore aménagée. Entre 1695 et 1765, soit en l'espace d'environ deux générations, les châteaux de L'Isle, Thunstetten, Hindelbank, Hauteville et Crans virent le jour. Ils témoignent des multiples variations du traitement de l'espace que permet le plan en U. L'Isle (1696), Hindelbank (1721–1723) et Crans (1764–1767) reproduisent les trois principales variantes du thème, en même temps qu'ils illustrent les étapes de l'évolution stylistique.

Au 18e siècle, le plan en U comportait des ailes latérales courtes, un moyen terme entre la forme en fer à cheval et l'édifice de plan rectangulaire symétrique, flanqué d'avant-

Ci-contre. Deux architectures palatines avec toits en croupe pour résidences seigneuriales au lieu dit Auf der Steig à Schaffhouse. Peinture à l'huile exécutée vers 1780.
Evocations de la vie de seigneur à la campagne.
Au milieu. Cortège de traîneaux près de Winterthour. Peinture de Christoph Kuhn, 1760 environ.
A droite. Travaux d'automne et gens de qualité. Médaillon sur une coupe d'Abraham Gessner, 1580 environ.

corps. Les châteaux de Grandcour (1736–1741), Mathod (vers 1770) et Cheseaux (1770–1775) sont autant de variations sur ce thème. Côté cour, les deux ailes en ressaut fixent le cadre autour du corps central qui, tout entier consacré à marquer l'entrée, établit l'axe symétrique de l'ensemble. L'importance accordée à l'entrée est accentuée dans les trois cas par un perron avancé. Pourtant, bien que reposant sur un même schéma de base, la physionomie architectonique de ces trois châteaux varie fort. Grandcour rappelle encore les simples pavillons des anciens châteaux sur plan en U, car ses ailes semblent être seulement adossées au corps de logis, tandis que Cheseaux se rapproche visiblement de l'édifice de plan rectangulaire avec avant-corps intégrés. Entre deux, le château de Mathod, qu'on doit au Hollandais Gaspard Burmann, ancien maréchal de Louis XV, innove dans un genre original avec plan en U et triple pignon aveugle. Le contrat pourrait bien avoir suggéré à l'architecte — inconnu — de recourir à des modèles stylistiques étrangers, et notamment à ceux des successeurs de Palladio.

Si l'on considère l'évolution chronologique des ensembles sur plan en U, on constate que, depuis le château seigneurial de Flaach (1612) avec son pignon à redans, jusqu'aux ajouts baroques classiques de Mathod (après 1770) avec leurs segments de pignon, près de deux siècles d'évolution stylistique n'ont guère modifié la structure de base qui dicte l'aménagement des châteaux sur le côté cour. Mathod n'a fait qu'accorder, conformément à son époque, une valeur plus ostentatoire à la disposition de l'entrée.

Les édifices de plan allongé

Dès le début du 17e siècle, les différentes formes du gothique tardif traditionnel qui prévalaient dans la résidence noble se combinèrent au plan allongé en un seul corps de logis. Ce type d'édifice s'inspire largement du palais Renaissance d'un seul tenant d'influence italienne. Il se distingue par la disposition régulière et agencée des fenêtres et un toit en croupe fermé auquel succédera, dès 1680, le monumental toit à la Mansart, d'origine française. La prédilection baroque pour les axes symétriques de l'entrée se manifeste très timidement dans les édifices antérieurs à 1700.

Le motif architectural de la tour frontale, issu des plus anciennes traditions seigneuriales, se retrouve ici ou là. Il arrive même qu'il surgisse dans les toitures en croupe du baroque, comme au château d'Utzigen (1664–1669) où la tour d'escalier s'élève à l'arrière, ou encore sur la façade principale du château inférieur de Zizers (1670–1685), couronné d'un haut tambour à coupole. Entre 1660 et 1700, l'édifice de plan allongé, massif et faiblement articulé, au fenestrage régulier, était la forme architecturale de prédilection des châteaux helvétiques. Les châteaux d'Utzigen et Zizers, déjà mentionnés plus haut, ceux de Reichenbach (aile ancienne, 1683–1688), de Tannenfels (1688) et le château supérieur de Zizers (1670–1685) notamment datent de la même période. Comme leur plan comporte en général une allée de traverse coupant l'axe central dans laquelle s'intègre un perron double, leurs façades présentent un nombre d'axes impair : cinq à Tannenfels, sept à Utzigen et neuf pour l'aile ancienne de Reichenbach. Que l'entrée principale s'ouvre sur l'avant comme à Utzigen, Zizers et Tannenfels, ou à l'arrière comme à Reichenbach, n'a guère d'importance pour la structure architectonique. Car l'édifice, massif et monté sur plusieurs étages, suffit à en imposer par la régularité de ses traits et la forme tranquille de son toit — fortement pentu avec deux lucarnes très espacées, comme à Utzigen, ou à Tannenfels avec une lucarne dans l'axe central ; à Reichenbach, en revanche, le toit à la Mansart est dépourvu de tout ajout marquant. Le toit en croupe du château supérieur de Zizers est le seul à compter un étage en mezzanine dans le goût italien, ainsi qu'une décoration d'illusion architecturale sur les façades.

Au 18e siècle, le toit en croupe perpendiculaire caractérisait l'architecture patricienne. La plupart des châteaux, manoirs et maisons de maître baroques recourent à ce type de construction. Précisons qu'à cette époque, la distinction entre château seigneurial et manoir, ou autres différences de statut qui avaient cours auparavant, étaient largement dépassées. L'édifice de plan allongé devint sans conteste le modèle de loin le plus répandu de l'architecture aristocratique privée du baroque, qui, à travers cette tendance, s'alignait sur le reste de l'Europe.

D'autres variations touchant aux principes d'agencement, notamment les édifices à plusieurs ailes, restèrent l'exception en Suisse. Les possibilités d'organisation de la façade frontale variaient selon la région et le statut du propriétaire. Ainsi la façade des châteaux à plan rectangulaire les plus prétentieux s'affirmait-elle dans une largeur théâtrale qui réclamait des différenciations architecturales. Cette évolution conduisit principalement au développement d'avant-corps latéraux et centraux, ou du moins à la disposition de chaînes. Un palais de campagne, plus modeste au contraire, préférera le type massif, moins développé en largeur, où seul l'axe central est souligné — encore que cela ne soit pas de règle absolue.

L'édifice à plan rectangulaire baroque se limitait essentiellement à varier d'anciens modèles. La distribution des pièces s'organisait autour d'un corridor central, traversant ou croisé ; il lui arrivait aussi de modeler un schéma nouveau, venu de France, qui prévoyait un large hall d'entrée suivi d'un salon, au cœur de l'édifice, qui ouvrait sur les jardins.

Tout le répertoire des édifices de plan allongé se retrouve, étalé sur des décennies, à Saint-Saphorin (vers 1725), Middes (1748–1749) et Gachnang (1767). Dans la seconde moitié du 18e siècle, la construction de châteaux perdit de sa monumentalité originelle et symbolique sous l'impact des nouveaux rapports fédéraux et républicains, et la forme architecturale sur plan allongé s'orienta — qu'il s'agisse d'un château ou d'un manoir — largement sur le modèle du palais bourgeois.

LE MANOIR DE L'ARISTOCRATIE HELVÉTIQUE

Le rêve campagnard

Les citadins ont toujours recherché hors des murs de la ville une compensation au quotidien étriqué de la vie urbaine. Vivre à la campagne devint leur idéal, la nature leur paradis. En fait, c'est toute l'histoire des mentalités qui est traversée par cette polarisation fondamentale entre ville et campagne. Le rêve d'une intimité avec la nature était tout ensemble un idéal et une réalité: l'idéal était servi avec une même ardeur par les théoriciens de la littérature, de l'art et des doctrines politiques et économiques; et il devenait réalité chaque fois que les méfaits de l'environnement urbain suscitaient le désir de fuir la ville; une réalité réservée à ceux qui, par leur position économique et sociale, en avaient les moyens, cela va de soi.

Dans le Nord, la naissance du manoir bourgeois est à rapprocher directement de l'essor d'une bourgeoisie qui, en cette fin de Moyen Age, contestait à la noblesse le pouvoir territorial. Mais la lutte ne se borna pas à la conquête de la souveraineté territoriale et du pouvoir étatique. Elle entendait dépasser l'idéologie médiévale — ses rapports féodaux omniprésents et sa valorisation sociale de la cour des chevaliers — et faire du manoir bourgeois un symbole à la mesure de l'ancien château dynastique de la noblesse.

L'idéal chevaleresque venu du Nord était encore fortement imprégné d'un sentiment intuitif et naïf de la nature, quand, dès le 14e siècle, la bourgeoisie urbaine, montante et cultivée, ajouta à cette approche de la nature des éléments rationnels. Ses conceptions proprement économiques renforcèrent d'abord son désir d'autosubsistance agricole, et l'expérience des marchands stimula l'investissement de capitaux privés dans la propriété foncière. L'indépendance politique croissante des villes d'Empire, fortes de leurs territoires, permit la réalisation de pareils idéaux.

L'intérêt du bourgeois citadin pour la nature prit des formes diverses. Son approche rationnelle, fruit de son activité et de ses conceptions économiques, était compensée par un certain sentimentalisme envers la nature qui trouva sa pleine expression dans la vie de hobereau, type idéalisé du chevalier féodal.

A mesure qu'elle s'enrichissait, la bourgeoisie prenait conscience de sa valeur. Malgré cela, elle ne se défaisait pas d'un sentiment d'infériorité envers la noblesse de sang. Elle en conçut un besoin de prestige impérieux, si ce n'est exagéré. Le bourgeois construisit en ville de somptueux hôtels particuliers et acquit à la campagne des résidences et des domaines seigneuriaux. Par ailleurs, l'éducation des fils de riches patriciens dans les cours princières établit un contact direct entre les grandes familles de la cour et des villes, ce qui stimula encore ce mouvement.

Enfin, la littérature savante de la culture humaniste pesa de tout son poids dans les débats intellectuels qui marquèrent la transition du Moyen Age à l'époque moderne. Elle associa le rêve classique d'une vie rurale idéale à l'intérêt scientifique et économique qui en résultait pour l'agriculture. A cette époque, les Italiens diffusèrent largement et jusque dans le Nord des traités d'architecture qui présentaient la villa rurale comme une forme d'architecture seigneuriale. Ensuite de quoi ils proposèrent toutes les variations possibles de ce schéma de base adaptées à chaque situation, voire même aux régions très éloignées des centres de la cour. C'est ainsi que le manoir bourgeois parvint à s'imposer, au terme d'une rivalité sérieuse, au rang de l'ancienne résidence noble du féodalisme.

Les origines économiques et sociales du manoir

C'est dans le contexte économique du bas Moyen Age qu'il faut rechercher les origines du manoir d'apparat: la bourgeoisie urbaine s'emparait des rênes des affaires politiques, lorsqu'elle vit l'occasion d'amplifier son expansion économique. La conjoncture se montrait favorable: en ce 15e siècle, les villes de la Confédération étaient si prospères que la bourgeoisie parvenait à influencer le marché immobilier sur le territoire du canton. Toujours à cette époque, les limites du droit féodal commençaient de s'assouplir. Aussi les transactions sur les biens fonciers prirent-elles un essor rapide, d'autant que la perspective d'une rente foncière et l'intérêt que cette forme de placement sûr suscitait ne cessèrent de stimuler l'achat de domaines.

Citadin et homme d'affaires, fort d'un capital qui lui donnait accès à la propriété foncière, le bourgeois succéda désormais à la noblesse et aux fondations religieuses. Dès le 16e siècle, un système d'hypothèques s'instaura entre lui, créancier, et le paysan, débiteur, plaçant les capitaux bourgeois devant un large champ d'investissements hypothécaires. Curieusement, la bourgeoisie n'accumulait pas de grandes propriétés telles qu'autrefois les seigneuries foncières du féodalisme. Les domaines se fragmentaient en une multitude de petites propriétés de quelques hectares qui changeaient rapidement de mains. Ce commerce incessant de terres finit toutefois par révéler l'intérêt d'un domaine. Désormais, les bourgeois se prirent d'attrait pour un bien qui ne représentait plus seulement un placement ou un objet de transaction, mais également une propriété qu'on pouvait mettre en valeur et conserver dans la famille; qu'on arrondissait peu à peu et dont on améliorait l'exploitation; qui enfin assurait au citadin sa propre subsistance et la garantie d'un rendement.

Mais au-delà de leur fonction économique, ces domaines de citadins bourgeois ne jouèrent pas le moindre rôle social qui aurait pu permettre au manoir patricien de devenir la *casa di villa* ou l'*abitazione del padrone* propres à l'Italie. Pour que le manoir figurât, ainsi que le château, au registre de l'architecture patricienne, il fallut l'aube d'une longue évolution, amorcée par les transformations sociales du 16e siècle et aboutissant à la formation de l'aristocratie urbaine du 17e siècle.

Le domaine seigneurial de Löwenberg près de Morat avec maison de maître et grange. Représentation parue dans la Herrliberger Topographie, *18ᵉ siècle.*

Dans notre pays, l'architecture du manoir bourgeois ne plongea pas tant ses racines dans la revalorisation culturelle de l'antique *villa suburbana* — ainsi qu'en Italie la villa Renaissance — que dans l'imitation de l'idéal chevaleresque du rang qu'incarnait la société féodale d'antan. Dès lors qu'elle avait accompli son ascension sociale, la bourgeoisie urbaine de l'époque moderne imagina de légitimer son rôle politique dirigeant en s'appropriant les modèles de la noblesse déchue. Les ambitions sociales de ceux qui se lançaient dans les affaires publiques suscitèrent dans les cantons de la jeune Confédération le désir d'améliorer statut et prestige personnel. La récupération de la symbolique féodale s'accompagnait de l'héritage de la féodalité noble, des droits seigneuriaux et des résidences nobles munies de leurs privilèges. Et c'est justement parce qu'ils étaient le signe visible et attesté des traditions féodales que ces anciens domaines seigneuriaux passèrent dès le bas Moyen Age, par suite d'achat surtout, entre de riches mains citadines. Voilà comment, à la suite des titres de noblesse et des droits banaux d'une seigneurie, le manoir devint symbole du rang social, objet de convoitise de tous ceux qui avaient les moyens de se l'offrir.

Domaine et agriculture

Dès le début du 15ᵉ siècle, la constitution d'une propriété foncière patricienne connut la même évolution dans tous les cantons urbains de la Confédération. L'acquisition de nouvelles terres, par achat ou nantissement, joua un rôle décisif dans l'expansion des villes à la fin du Moyen Age. Dès que le territoire des cantons confédérés fut à peu près constitué, les transactions immobilières purent se dérouler sur une scène politique partiellement dégagée des risques qui l'encombraient et constituèrent une part de l'activité économique quotidienne, et notamment du commerce de placement.

L'intérêt bourgeois pour l'immobilier se développa tant et si bien que, vers la fin du 16ᵉ siècle, on vit se former aux abords immédiats des villes un anneau serré de domaines patriciens. Avec le temps, des familles aisées acquirent de vastes et nombreux domaines qu'elles firent cultiver séparément. En 1731, l'avoyer bernois Christoph Steiger léguait par testament, outre la maison familiale qu'il possédait en ville, estimée à 14 000 florins, le domaine de Bottigen, d'une valeur de 30 000 florins, muni d'une dîme de 12 000 florins, le vignoble de Tschugg acquis par mariage avec la famille Berseth, ainsi que l'alpage de Hohnegg près de Schangnau, d'une valeur de 10 000 florins. Sur la masse totale de l'héritage de 382 000 florins, la part des biens immobiliers s'élevait à 96 000 florins.

Les domaines d'exploitation agricole

L'acquisition de terres agricoles par des citadins aisés reposait sur de solides motifs économiques: l'investissement foncier était censé rapporter gros et le domaine fournir une rente conséquente. Selon qu'il le pouvait, le propriétaire citadin s'en occupait lui-même, mettant à profit ses connaissances professionnelles dans la gestion du domaine. Preuve en soient les innombrables exemples d'estimations de vignoble, calculs de production, baux de fermage et livres de comptes rédigés de main aristocrate. On ne s'étonnera donc pas d'apprendre que les domaines patriciens du 18ᵉ siècle représentèrent un trésor d'expériences essentiel pour l'évolution économique de la Suisse. L'intérêt et la responsabilité dont fit preuve le bourgeois de la ville pour ses propriétés rurales permirent au fil des générations de transformer certaines terres acquises de longue date en vastes fermes patriciennes dont certaines furent aménagées en résidence de campagne pour la famille propriétaire.

Les plus grands domaines agricoles atteignaient plus de 200 hectares. Mais dans l'ensemble ils étaient, par l'importance de l'exploitation, l'équivalent de grosses fermes aisées. Recouvrant 20 ou 30 hectares, ces domaines combinaient l'exploitation de cultures et de pâturages. Mais le bourgeois avouait une nette prédilection pour les pâturages: leur rendement était supérieur. Aussi l'élevage de bovins et de chevaux était-il souvent pratiqué sur les domaines patriciens du Plateau suisse. En hiver, les patriciens bernois accueillaient les vachers et leurs troupeaux redescendus de l'alpage d'Emmental. Ce qui explique la présence de la maison du vacher dans nombre de domaines bernois. Tous les bâtiments indispensables à l'exploitation agricole se retrouvent dans ces fermes patriciennes: à côté de la maison de maître, celle du fermier, la grange, les remises et, suivant la région, le four à pain, le lavoir, le grenier, la fromagerie, la maison du vacher et la chapelle. La plupart de ces domaines n'étaient pas intégrés à l'économie communale des villages. Situés à l'écart de l'agglomération, ils constituaient en général des fermes autonomes, appelées *Steckhöfe*, autrement dit des unités économiques autarciques retranchées derrière une enceinte. Leur exclusion des biens communaux laisse supposer qu'ils se constituèrent relativement tard en fin de Moyen Age, à une époque où les droits communaux étaient déjà répartis entre les paysans du village. Ici ou là, quelques propriétaires réussirent néanmoins à faire valoir un ancien privilège attaché à leur domaine ou à acquérir un droit de jouissance sur les biens communaux par l'achat d'une terre supplémentaire. Ce qui ne les dispensait pas de payer leur statut de villageois, ni ne les exemptaient des obligations de tout membre de la communauté rurale. Ces rapports quasi quotidiens avec les paysans permirent à plus d'un membre du Conseil de faire valoir, au poste de bailli ou d'administrateur de l'Etat, l'indispensable expérience qu'était la fine connaissance du peuple de la campagne. Sans doute n'est-ce pas par hasard qu'on attribue aux aristocrates bernois de l'Ancien Régime un sens aigu de l'administration des campagnes. Aux abords des villes patriciennes de Berne, Fribourg et Soleure, les somptueux manoirs, reluisants du prestige de leur propriétaire, ne doivent pas faire oublier que les campagnes étaient alors peuplées de nombreux domaines modestes qui ne dépassaient guère le niveau d'une grosse ferme. Des fermiers exploitaient le domaine en

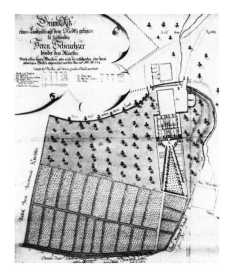

Plan parcellaire d'un domaine viticole à Oberstrass près de Zurich. La propriété clôturée comprend la maison de maître, le jardin d'agrément, un vaste verger et un vignoble divisé en parchets. Plan domanial établi par l'ingénieur Johannes Müller, 1774.

l'absence de la famille propriétaire. Cette dernière, en effet, ne se rendait sur ses terres qu'à certaines périodes de l'année et ne participait guère à l'exploitation proprement dite. Le logement des maîtres et celui des fermiers était de nature différente. Dans les grands manoirs, où d'ordinaire les propriétaires tenaient un domicile, la maison du fermier était distincte de celle du maître. Dans les domaines plus petits, le même édifice abritait le logement du fermier et celui des maîtres. L'entente entre le maître et ses sujets était généralement bonne, voire très cordiale si l'on en juge par les dessins et la correspondance de l'époque.

On peut produire quelques remarques pleines d'enseignement quant à l'exploitation du domaine de Weiermannshaus près de Berne. Des fermiers y étaient installés dès le 15e siècle déjà, liés au propriétaire par contrat. Ensemble, ils tenaient les comptes. Les baux de fermage conservés depuis le 17e siècle sont signés par les familles bernoises Wittenbach, Güder, Kirchberger et Steiger. Si le type et la durée du bail varient fort, tous traduisent un même souci des propriétaires de sous-exploiter le domaine afin d'en diminuer la valeur. En ce qui concerne le Willihof, sis dans la commune de Deitingen, près de Soleure, on possède la lettre de fief que Johann Vigier de Steinbrugg conclut en 1679 avec deux frères fermiers. Son contenu souligne clairement le double caractère de cette propriété, à la fois domaine agricole et résidence de campagne. Peu auparavant, Vigier avait en effet transformé la maison de maître en *Türmlihaus*, si typique de la région soleuroise, et reconstruit la ferme en la dotant d'une grange. Le domaine consistait alors exclusivement en pâturages, et le propriétaire y faisait élever chevaux et bovins.

L'actuel hameau de La Motte (Löwenberg), situé au nord-est de Morat, est formé d'une rangée de bâtisses de différents styles qui suivent, dans leur ensemble, le tracé allongé d'un ancien domaine seigneurial. Il pourrait provenir d'une ferme libre construite au Moyen Age et dotée dès le 15e siècle déjà d'un moulin. Quelques décennies plus tard, il réapparaît comme étant la propriété d'un ancien avoyer bernois, le hobereau Sebastian von Diesbach (1481–1537), lequel quitta Berne en 1534, sous le coup d'attaques politiques, pour se retirer dans sa propriété de La Motte. A sa mort, le domaine fut vendu à un trésorier romand du nom de Michel Ougsburger, lié par alliance à une famille de Morat. Le domaine comptait alors environ 36,5 hectares de cultures. De 1660 à 1790, il devint propriété des von May de Berne. Chaque génération qu'il abrita lui valut une importante extension — sauf un déclin passager lorsque les derniers membres de la famille le démembrèrent pour le vendre. Le cœur de l'ancienne propriété était une maison de maître en maçonnerie remontant aux débuts du 16e siècle. Albrecht Kauw en donna une représentation picturale aux alentours de 1670 où elle apparaît avec ses dépendances — édifice oblong coiffé d'un pignon à redans, ainsi qu'une tour en pierre de taille saillante de style baroque. La maison de maître formait, avec les dépendances et la ferme du vigneron, une cour intérieure protégée par une enceinte. Voici la description qu'en donne Herrliberger dans sa topographie de 1754: «Löwenberg ou La Motte, grand domaine appartenant à la famille May de Berne; il se compose d'un beau château avec domaine féodal, trois moulins, une auberge, une huilerie, un moulin à foulon et une ferme de vigneron; à quoi il faut ajouter un grand et beau vignoble, des pâturages, des champs et forêts, soit en tout 200 hectares.» En 1794, le domaine passa aux mains de Denis de Rougemont, banquier neuchâtelois établi à Paris. Notons à son honneur une relance de l'économie dont la manifestation la plus claire sans doute fut, après 1825, la transformation des bâtiments dans le style patricien de la Restauration.

Un sort à peu près semblable était réservé au Bäumlihof de Riehen, non loin de Bâle. Figurant sous le nom de «Klein-Riehen» au 18e siècle, ce domaine provenait d'un ancien vignoble rattaché au couvent de Klingental. Après trois siècles d'expansion, il était devenu une propriété de plus de 100 hectares, vouée aux cultures essentiellement. En 1575 déjà, Alexander Löffel, membre du Conseil, possédait trois hectares de cultures. Son grand-père avait émigré à Bâle sous le nom de Cuiller et son père s'était enrôlé dans le régiment de la ville. Alexander Löffel possédait en plus du domaine du Klein-Riehen le moulin de Brüglingen et un vignoble à Istein. Mais la famille, vraisemblablement saignée à blanc par des querelles, dut vendre le domaine de Riehen à un respectable tonnelier, Hans Jakob Spörlin. En 1661, le Bäumlihof, doté de 15 hectares de cultures, fut revendu pour 500 livres. Sept ans plus tard, en 1668 déjà, c'était un domaine deux fois plus grand et transformé en pâturages qui changea une fois encore de mains pour devenir finalement, en 1686, propriété du fondeur d'étain Samuel Burckhardt-Parcus (1623–1689), lui aussi membre du Grand Conseil. Il arrondit encore le domaine et élargit la maison. Pendant quelques décennies, la propriété occupa le premier rang des intérêts économiques de la famille Burckhardt. Le fils de Samuel, Christoph Burckhardt-Merian (1665–1733), gendre du bourgmestre Johann Jakob Merian, fit restaurer le manoir du Bäumlihof et l'enrichit en 1703 de nouvelles terres. A sa mort (1733), son fils Samuel Burckhardt-Zäslin (1692–1766) devint propriétaire du Klein-Riehen. Marchand, il avait fait fortune grâce au commerce du sel et... à un grand mariage. Il engagea l'architecte J.C. Hemeling pour rénover sa résidence du Ramsteinerhof (1728–1732) et, en 1752, entreprit des travaux au Holsteinerhof. En 1735, le Bäumlihof de Riehen se transforma en campagne baroque, parée de grands jardins, à la façon du tout proche Wenkenhof. Au début du 19e siècle, un épanouissement économique de taille et un réaménagement de l'édifice embellirent le Bäumlihof. En 1802, Samuel Merian-Kuder réalisa un parc anglais dans lequel son gendre, Johann Rudolf Geigy-Merian, fit bâtir une villa (1867) sur les plans de l'architecte Johann Jakob Stehelin. La propriété reprit l'aspect que nous lui connaissons aujourd'hui, celui d'un grand domaine bourgeois.

Dernière étape de notre survol, le domaine Rigot à Varembé. Son histoire est aussi celle de nombreuses propriétés patriciennes agricoles construites aux alentours de Genève. Acquis en 1616 par Jacques Pictet, membre du Conseil, le domaine Rigot resta propriété de la

notable dynastie genevoise jusqu'en 1736. Six générations de Pictet firent fructifier ce domaine sans pour autant négliger d'importantes responsabilités politiques qui portèrent cinq d'entre eux à la vénérable charge de syndic, tandis que les deux autres se firent un nom comme conseillers influents auprès de cours étrangères. Entre 1624 et 1712, le domaine s'élargit considérablement. Au début du 19e siècle, il comptait 90 hectares de cultures, de quoi élever dix vaches. En 1736, l'avocat Isaac Pictet vendit la propriété de Varembé à un marchand de textiles et banquier du nom de Rilliet-Fatio, lequel fit transformer les bâtiments en résidence de campagne dans le goût français de l'époque. La nouvelle maison de maître, flanquée à présent de deux dépendances symétriquement disposées de part et d'autre, marqua le centre visible d'un ensemble bien conçu, puisqu'il remplissait à souhait les fonctions sociales d'un manoir sans pour autant porter atteinte à l'ancienne exploitation. Une double fonction que le domaine assuma jusqu'à la fin du 18e siècle.

Les vignobles patriciens

Depuis le Moyen Age, la vigne passait pour être l'exploitation agricole de meilleur rendement. Rien d'étonnant donc si, au cours des siècles, le vignoble ne cessa d'envahir les terres du pays. Les berges des grands lacs suisses accueillirent les premiers parchets et furent par la suite consacrées presque exclusivement à la culture du raisin. Du fait de leur morcellement en petites parcelles, les vignes constituaient un excellent placement immobilier. Aussi les changements de propriétaires survenaient-ils plus fréquemment. Au Moyen Age, il n'était pas rare qu'on les joignît aux donations en faveur de fondations religieuses. A tel point que celles-ci prirent progressivement place au rang des plus grands propriétaires viticoles du pays. L'ampleur de ces domaines exigeait une gestion efficace. On la confiait sur place à un tenancier. Dans la mesure du possible, la production et la perception des redevances se faisaient en un même lieu, là où s'effectuaient aussi le pressurage et l'encavage; ce qui amena les couvents à installer dans les vignobles une «maison de la dîme», dotée de bons pressoirs et de caves.

De nombreux couvents du Plateau suisse administrèrent sur les bords du lac de Bienne des domaines viticoles et des résidences d'automne que la Réforme sécularisa. Parmi les plus fameux: le Gottstattreben à Vinelz, le Frauenbrunnenreben à Tüscherz, le Fraubrunnengut et le Münchenbuchseegut à Twann, le Thorberghaus à Ligerz, le Frienisbergggut et le Sankt Johannesgut au Landeron. Leur nom survécut mais servit désormais à désigner les domaines de l'Etat de Berne. Certains de ces sièges administratifs des couvents servaient accessoirement de résidence de campagne ou de pied-à-terre pour l'abbé et les moines pendant l'été et les vendanges. L'imposante résidence d'automne de l'abbaye de Bellelay à La Neuveville (1631), et peut-être aussi la mairie d'Engelberg, construite en 1695 sur le Küsnachter Horn au-dessus du lac de Zurich, remplirent de temps à autre cette fonction. Quant au fameux Fürstenhaus de Berneck (vallée du Rhin saint-galloise), s'il répondait moins directement à cet objectif, il n'en constituait pas moins une propriété bien en vue de l'abbaye de Saint-Gall. Il fut transformé en «maison de la dîme» en 1729 et doté de grandes caves. A de pareilles fonctions furent assignés les châteaux seigneuriaux qu'au cours des temps les grands couvents acquirent en Thurgovie, les choisissant de préférence en région viticole. Eux aussi servaient tant à l'administration des domaines qu'au séjour estival des religieux. C'est ainsi que des abbés séjournèrent à titre d'administrateur dans les châteaux de Gachnang, Freudenfels et Sonnenberg (dès 1623 pour les deux premiers, dès 1678 pour le dernier, une propriété de l'abbaye d'Einsiedeln), de Herdern (acquis en 1683 par Sankt Urban) et d'Eppishausen (propriété du couvent de Muri dès 1698).

«Moines et chevaliers s'en vont là où le vin est bon», dit un vieux proverbe allemand. Bien des familles nobles du Moyen Age lui donnèrent raison, qui se constituèrent de grands et riches vignobles. On ne manquera pas de mentionner les Bubenberg, seigneurs libres de Spiez, auxquels succéderont les von Erlach. Dès le milieu du 14e siècle, ils firent fructifier les vignes qu'ils possédaient sur les flancs de la baie de Spiez, au cœur de leur seigneurie, et en retirèrent un important bénéfice tout au long de l'Ancien Régime.

Ce sont encore des nobles qui, dès le début du Moyen Age, achetèrent les premières parcelles de vigne aux abords des villes. Pensons aux domaines banaux de Küsnacht sur les rives du lac de Zurich où de célèbres familles de chevaliers, les Merz, les Bilgeri, les Meiss ou les Schönenwerd, possédaient des vignes dès le 13e siècle déjà. Les archives de ce qui deviendra le domaine d'Etat de Bächi, près de Thoune, portent trace des seigneurs de Strättligen au début du 14e siècle, puis d'une respectable famille de Thoune, les von Velschen, et enfin du couvent de Thorberg, entré en possession du vignoble par donation en 1453. On a retrouvé également, de la même époque, la trace des Berseth de Berne, propriétaires de l'ancienne ferme vigneronne de Tschugg près d'Erlach, ainsi que des familles saint-galloises Wildrich et Vogel, qui détenaient en fief les vignobles abbatiaux de Pfauenmoos à Berg près du lac de Constance.

Vers la fin du 15e siècle, les bourgeois aisés des villes, d'origine roturière, profitèrent de l'expansion économique pour acheter des terres. Les vignobles attiraient manifestement les placements en capitaux. Peter Schopfer, membre du Conseil de Berne, dut entrer en possession du domaine de Ralligen au cours de son mandat d'avoyer de Thoune, tandis qu'Ulrich Varnbühler, bourgmestre de Saint-Gall, possédait depuis 1479 déjà le vignoble de Weinstein sur Marbach. Le propriétaire de l'époque considérait d'abord l'intérêt économique de ces investissements qui lui assuraient rendement et approvisionnement. A preuve la préférence accordée aux berges des lacs, d'où le transport était plus aisé, comme le domaine de Thormann à Wingreis près du lac de Bienne ou les Quais du Herrliberg près du lac de Zurich. Mais dès le 16e siècle, le futur propriétaire jeta son dévolu sur les grands vignobles et les propriétés environnées d'un beau pay-

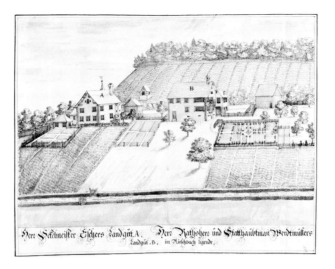

A l'extrême-gauche. Représentation idéalisée des réjouissances d'automne. Dessin à la plume de Daniel Lindtmayer, 1587.
A gauche. Domaine viticole et seigneurial de La Rochette dominant le Faubourg de l'Hôpital à Neuchâtel. Vue tirée de la Herrliberger Topographie, *1754.*
Ci-contre. Deux domaines viticoles et bourgeois à Riesbach près de Zurich. Maisons à pignons d'architecture simple avec pressoir et jardinet parmi les vignes. Dessin à la plume lavé, 18ᵉ siècle.

sage, ici aux abords d'un lac, ou là sur un coteau de vigne.

Ainsi, par l'entremise des propriétaires urbains et de l'administration des domaines des villes, d'étroites relations se nouèrent entre les grandes cités de la Confédération et les régions viticoles. Sur les rives du lac de Neuchâtel par exemple, les domaines viticoles étaient aux mains des familles patriciennes indigènes, mais aussi, à l'image de la constellation politique du 16ᵉ siècle, de familles patriciennes soleuroises, bernoises et fribourgeoises; exclusivement fribourgeoises et bernoises sur les rives du lac voisin de Morat. Les conditions politiques découlant de l'annexion du Pays de Vaud, puis de la sécularisation des biens de l'Eglise découvrirent aux Bernois un réservoir sans pareil de domaines viticoles, dont la couche dominante de Berne sut largement tirer profit. Ainsi Michel Ougsburger, trésorier romand, acheta-t-il, à la faveur de la liquidation effectuée par l'Etat, le domaine de Montagny sur Lutry, constitué d'un vignoble et d'un château. L'avoyer Hans Franz Nägeli en fit de même pour le domaine de Montbeney sur Rolle.

La noblesse et les couvents du landgraviat de Thurgovie, territoire fortement marqué par le féodalisme, avaient porté, dès le Moyen Age, des soins soutenus à la viticulture. Lorsqu'en 1460 ce pays se rangea sous l'autorité de la Confédération, des acheteurs d'un nouveau type, essentiellement bourgeois, s'installèrent dans les nombreuses résidences nobles, situées pour la plupart au cœur des vignobles. Ils contribuèrent à améliorer sensiblement la viticulture et l'orientèrent vers une production commerciale. Le domaine du château de Hard près d'Ermatingen, propriété de la famille bourgeoise Muntprat de Constance de 1427 à 1550, ou celui d'Arenenberg sur les rives d'Untersee témoignent d'une culture viticole intensive. A Arenenberg, la rénovation de la résidence — future résidence libre d'Arenenberg — par Sebastian von Gaissberg en 1543 illustre bien le changement de conception qui se produisit en ce temps-là. Outre la valeur économique du domaine viticole et le capital de prestige du manoir, on découvrit tout l'agrément paisible d'une résidence de campagne. On aimait à parler de «maison plaisante». La ferme vigneronne des Quais du Herrliberg passa aux mains des Werdmüller, riches marchands de soie zurichois, grâce à un ancien prêt contracté en 1582. Les conditions étaient réunies pour fonder un domaine viticole. Sitôt que la famille fut inscrite au registre des bourgeois de la ville, il servit de résidence d'été et l'administration en fut confiée à un métayer; le domaine s'étendit tant et si bien pendant les 17ᵉ et 18ᵉ siècles, qu'il devint l'un des plus beaux vignobles patriciens des bords du lac de Zurich.

Sur les rives du lac de Zurich, comme sur celles des autres lacs suisses d'ailleurs, les résidences réalisaient une harmonieuse union entre l'exploitation agricole, la vie rurale et le prestige social, comme seul le vignoble sait y pourvoir. Dans ces exploitations viticoles patriciennes, les rapports particuliers qu'entretenaient maîtres et tenanciers étaient d'une qualité unique. D'ailleurs, la viticulture engendra sa propre forme d'exploitation dite «métayage». L'ancien français usait du mot «moitoiage», autrement dit «convention par moitié», car en effet les charges et le produit étaient répartis à parts égales entre le propriétaire et le métayer. Ainsi, l'exploitation de ces vignobles incita très tôt les maîtres à abandonner la ville pour leur domaine pendant une partie de la belle saison ou du moins aux vendanges (le *Wümmet*), et à y participer. Au fil des ans, cette tradition devint un véritable événement social célébré par une fête. Les journaux intimes des familles bourgeoises en témoignent: c'était l'occasion de s'inviter d'une résidence à l'autre et l'on n'y manquait pas. Pour les citadins, cette période marquait un temps de repos dans la vie affairée du quotidien. Les riches vignobles offraient souvent un paysage incomparable. Le climat était doux sur les berges du lac. C'est ainsi que les domaines viticoles et leurs récoltes saisonnières furent véritablement à l'origine de la revalorisation de l'idée de manoir aux premiers temps de l'aristocratie helvétique.

Puis ces domaines se transformèrent pour la plupart en résidences de campagne, accordant plus ou moins d'importance au prestige et à l'apparat mais ne se dotant jamais de tous les éléments d'aménagement propres à la campagne baroque. Le domaine viticole restait empreint d'un caractère spécifiquement agricole. Que l'on songe au domaine Steiger à Tschugg près d'Erlach, par exemple, ou au Traubenberg de Zollikon et au Mariafeld de Meilen sur les rives du lac de Zurich, au domaine Bachtobel sur l'Ottenberg près de Weinfelden ou encore à la résidence d'été de Salenegg aux portes de Maienfelds. Tous offrent des exemples représentatifs de ces domaines viticoles patriciens dans le genre du 18ᵉ siècle. Même les résidences d'été bâties au 18ᵉ siècle dans la campagne genevoise et avouant un goût très français, comme au Petit-Saconnex ou la résidence La Grange aux Eaux-Vives, conservent avec la vigne un lien visible et fonctionnel: voyez leurs dépendances, caves, pressoir et maison du métayer, regroupées autour d'une cour.

On peut suivre dans l'histoire de nombreux domaines viticoles l'évolution qui conduisit au manoir, avec sa double fonction de domaine et de propriété familiale d'apparat. Voici deux exemples, l'un zurichois, l'autre bernois.

Sur les Quais du Herrliberg, au bord du lac de Zurich, les Werdmüller, issus de la soierie, inaugurèrent au 16ᵉ siècle une nouvelle ère seigneuriale. Notez au passage que ces domaines avaient appartenu au 14ᵉ siècle déjà à des bourgeois de la ville. Les trois premières générations de la famille Werdmüller développèrent l'une après l'autre le domaine en manoir. Johann Melchior Füssli en conserva l'image dans un dessin qu'il réalisa vers 1700 environ. Cette évolution est confirmée par les dates gravées sur la voûte de la cave (1617) et la charpente du toit (1648). Pendant ce temps, le vignoble continuait à faire l'objet de soins attentifs de la part des propriétaires.

Rappelons qu'au début du 17ᵉ siècle, un héritage avait accordé la part du domaine située sur le territoire d'Erlenbach aux successeurs collatéraux de la famille Werdmüller. Ils l'aménagèrent en domaine indépendant, (dit

Couple de propriétaires surveillant les vendanges sur leur domaine, aux portes de la ville. Motif illustrant l'automne dans le Cycle des âges de la vie *de Conrad Meyer, paru en 1675.*

«Hintere Schipf») et le bourgmestre Heinrich Kilchsperger en fit sa maison de campagne à partir de 1770. Ceci dit, le Vordere Schipf était bien assez grand pour justifier une exploitation viticole. En 1723, après la mort du dernier Werdmüller, le domaine fut acheté par le marchand Hans Conrad Escher-Pestalozzi (1691–1743), du Obere Berg à Zurich. Entre 1729 et 1732, le nouveau propriétaire opéra sur le domaine des transformations décisives au cours desquelles il porta une égale attention au vignoble et au manoir. Vie rurale et administration du domaine s'entremêlaient intimement, ici comme d'ailleurs dans tous les domaines viticoles patriciens. Les documents de famille s'en font largement l'écho. Aux vendanges, événement majeur que l'année répète chaque automne, s'ajoutaient de continuelles occasions de réceptions et de festivités. Ainsi, Hans Conrad Escher fit bâtir à cette intention, sur l'emplacement des anciennes dépendances, contre la colline et derrière la maison de maître, un nouveau bâtiment abritant tout ensemble la maison du métayer, un manège et une cave voûtée surmontée d'une salle de fêtes richement décorée de stucs et de fresques peintes au plafond. Plus tard, il l'agrémentera d'une ravissante loggia d'été, découverte et pareillement ornée de stucs.

Au cours des générations suivantes, le domaine passa aux branches secondaires de la famille Escher qui améliorèrent l'exploitation et embellirent encore le manoir: ici, sur la terrasse où donne la salle de fêtes, une pergola, paisible; là, un peu à l'écart sur un promontoire orienté au midi, une petite maison de plaisance disposée à abriter mille idylles. L'architecte et propriétaire du domaine, Hans Caspar Escher (1775–1859), de retour de ses études en Italie, dessina des plans pour la transformation de la résidence baroque en villa classique. La réalisation n'eut jamais lieu. Aujourd'hui, le vignoble et la résidence sont entretenus avec le même soin et comptent parmi les plus grands domaines viticoles des bords du lac de Zurich.

Le domaine Steiger à Tschugg près d'Erlach s'étend à l'ouest du village, sur une terrasse artificielle aménagée au flanc du vignoble. Il remonte semble-t-il à une ferme médiévale de plus grandes proportions que la famille Berseth, bourgeoise d'Erlach et de Berne, possédait au 14ᵉ siècle et qu'elle arrondit par deux fois vers 1530 et 1690. En 1712, Christoph Iᵉʳ Steiger (1651–1731), issu de la branche des Steiger Noirs et qui avait épousé la fille héritière des Berseth, Anna Katharina, reçut le vignoble à la mort de son beau-père. Futur avoyer de Berne, cultivé et destiné à une carrière intellectuelle, il s'y fit monter une riche bibliothèque. Son fils, Christoph, après quelques années au service étranger, semble avoir prodigué beaucoup de soins aux vignes. Sitôt maître du domaine, il fit établir un relevé qui divisait les vignes de 153,5 *Mannwerk* en 21 parcelles et tenait les livres avec la plus grande rigueur. Il donna ses vignes avec logements et jardins en fief ou en métayage à des gens du village. La moitié du produit des vignes entretenues par les métayers lui revenait et les feudataires lui remettaient à l'automne une corbeille de raisins mûrs contre 10 batz pour les frais de voyage jusqu'à Berne. Christoph II Steiger mourut sans enfants en 1765 après avoir, lui aussi, assumé la charge d'avoyer. Son neveu Christoph III Steiger (1725–1785) reçut le domaine en usufruit; mais en 1797, son petit-fils dut déclarer le domaine en faillite. L'Etat s'en porta acquéreur.

Simple maison seigneuriale, le bâtiment de Tschugg est bâti à la manière d'une ferme paysanne du terroir et abrite, en son centre, une ferme vigneronne en maçonnerie de style gothique tardif (1664). En 1730, Christoph II Steiger opéra les premières transformations dont l'aménagement, sur le devant de la maison, d'une terrasse qui coûta le sacrifice de deux fermes. Plus tard, en 1765, Niklaus Sprüngli, Erasmus Ritter et Ahasver von Sinner, trois des plus grands architectes bernois de leur temps, entreprirent des transformations et des agrandissements plus marquants. Au dos de la maison, la tonnelle en arcade porte à l'évidence la griffe de von Sinner. Une salle fut installée dans l'aile ouest; elle donne au sud sur un balcon d'où la vue s'étale sur les Alpes. Vient en retrait une salle à manger de plan octogonal, garnie de guirlandes multicolores et surmontée d'un plafond en forme de coupole. Ce cabinet incomparable en son genre fut achevé en 1774. Sprüngli et Ritter collaborèrent à la réalisation du jardin; de son côté, Ahasver von Sinner participa principalement à celle de la cour. D'autre part, plusieurs éléments d'aménagement, dont la balustrade du balcon, les vases du portail ou la fontaine de la cour, tous œuvres de leur création, ont été conservés. Aujourd'hui cependant, l'ensemble a considérablement perdu de sa splendeur baroque.

Alpages seigneuriaux et alpages patriciens

L'aristocratie helvétique a toujours gardé la pratique de l'élevage de bétail. L'oligarchie de Suisse centrale avait constitué sa fortune à la fin du Moyen Age déjà, bien avant la grande ère du service étranger dans les cantons ruraux et alors que l'élevage était l'unique source d'enrichissement. C'est précisément sur la grande propriété d'élevage et par la priorité accordée aux pâturages d'été — achat d'alpages privés ou droits de pâture dans les communautés alpestres — que la noblesse de Suisse centrale établit son ascension politique et son pouvoir régional. Par ailleurs, dès le 16ᵉ siècle, quelques membres de familles dirigeantes engagèrent avec la Suisse romande un commerce d'exportation du bétail au-delà des Alpes, qui jusqu'alors était contrôlé par les Italiens. Ce négoce leur valait en retour le bénéfice d'importations de marchandises en provenance du Sud.

L'étendue des alpages ne permettait pas aux grands propriétaires fonciers d'exploiter personnellement leurs domaines. Aussi louèrent-ils leurs alpages à des vachers indigènes ou issus des couches inférieures de la paysannerie. Des prescriptions interdisaient à ces vachers d'élever leur propre bétail, enrayant d'office une indésirable concurrence. De ce fait, l'exploitation des grands alpages prit dès le 16ᵉ siècle un caractère d'entreprise précapi-

Domaine seigneurial d'alpage dans le Jura bâlois, servant aussi de résidence d'été: pâturage de Beuggen près de Bubendorf. Depuis 1753, un jardin d'apparat et une grotte agrémentent le domaine au demeurant modeste. Gravure d'Emanuel Büchel, 1765 environ.

taliste. Le fermage offrait cet avantage supplémentaire de permettre au propriétaire de vaquer à d'autres activités, notamment ses fonctions politiques et le service étranger.

Dans le domaine de l'élevage comme des vignes, le caractère familial de l'exploitation, le soin apporté aux mariages ou les droits d'héritage étaient autant d'atouts qui favorisaient la concentration des richesses entre les mains d'une minorité dominante. A la vente d'alpages ou de droits de pâture, c'était un avantage de taille que de disposer de réserves en capitaux. L'histoire nous apprend, par exemple, que Peter Blumer (1649–1733), illustre représentant de l'une des plus importantes familles glaronnaises, appartenait à cette classe de campagnards opulents qui accumulaient des terres pour les donner en fermage et en exploiter la production. Pour sa part, il laissa à sa mort une fortune de 125 000 florins, déduction faite de grasses dots remises à deux fils et neuf filles.

Les citadins voyaient dans l'acquisition d'alpages une occasion favorable à l'investissement de capitaux. Evidemment, tous les alpages ne jouissaient pas de la même faveur; ceux de l'Emmental exercèrent à l'évidence un attrait particulier sur les patriciens bernois qui, plus que toute autre bourgeoisie urbaine de l'ancienne Confédération, se précipitèrent sur l'achat d'alpages et témoignèrent d'une surprenante obstination pour l'élevage de montagne. La sécularisation des biens religieux à la Réforme ne fut pas étrangère à cette ruée vers l'alpage: les alpages de l'Emmental que l'Etat avait confisqués à l'Eglise, les autorités les remirent sous forme de fiefs héréditaires aux riches bourgeois de la ville, ce qui revenait de fait à leur en donner la propriété.

Citons un exemple. En 1569, le Conseil bernois accorda en fief héréditaire à deux bourgeois de Berne, Hans Rudolf Sager et Vinzenz Dachselhofer, l'alpage de Gabelspitz sur le Schallenberg près d'Eggiwil. Lors du renouvellement de ce fief en 1596, Hans Rudolf Sager et Vinzenz Dachselhofer, devenus respectivement trésoriers alémanique et romand, partagèrent la propriété avec Joder Bitzius, ancien précepteur de Königsfelden, Wolfgang Michel, ancien avoyer de Thoune, et l'Hôpital de Thoune. Mais en 1605 la part de l'Hôpital fut répartie entre Sager, Dachselhofer et Michel. Des registres administratifs de l'alpage établis au 17e siècle nous apprennent qu'un vacher était chargé une fois l'an d'essarter et de nettoyer les pâturages et que, aux premières décennies du 17e siècle déjà, les propriétaires firent construire à leurs frais de nouveaux bâtiments. Par la suite, au 18e siècle, les familles Frisching, Bonstetten et Dachselhofer se partagèrent l'alpage de Gabelspitz. Aujourd'hui, il est propriété de la famille von Wattenwyl d'Oberdiessbach, qui y a fait construire un chalet au début de ce siècle, un peu à l'écart des étables et du grenier à fromages. Les domaines agricoles patriciens des environs de Berne étaient surtout exploités en pâturages, bien peu en cultures, de sorte que l'aristocratie qui possédait ces terres pouvait, à l'instar des paysans de plaine, fournir le foin d'hiver aux vachers de l'Emmental qui rentraient à la vallée. La plupart du temps, ils ne possédaient pas de ferme et dépendaient de ces relations économiques largement répandues en Pays bernois. Nombreux furent les domaines ruraux de la bourgeoisie — voyez le manoir d'Ortbühl près de Steffisburg par exemple — qui tenaient à disposition une maison pour les vachers, le *Küherstöckli*. L'alpage de Rämisgummen dans l'Emmental dépendit dès le milieu du 17e siècle du domaine de la famille Güder dans la seigneurie de Bümpliz, non loin de Berne. Les vachers y descendaient pour l'hiver avec leur famille, comme en témoignent les archives des propriétaires. Ce n'est pas par hasard qu'on attribue aux patriciens bernois un rapport presque idéal avec le monde des vachers de l'Emmental. Par la place prépondérante qu'ils occupèrent dans l'expansion de l'économie laitière sur le Plateau bernois, ils se retrouvèrent étroitement impliqués dans le mouvement économique. En 1813, le châtelain de Kiesen, von Effinger, fit construire sur son domaine la première fromagerie de plaine du canton de Berne — qu'on peut voir aujourd'hui encore — et l'offrit deux ans plus tard aux villageois.

Mais Berne ne constituait pas un cas d'exception. Il semblerait bien que les domaines de châteaux vaudois possédaient eux aussi des alpages d'été. L'histoire nous apprend, par exemple, que le baron de Prangins prêta en 1669 et pour une durée de six ans son pâturage de montagne de La Pranginaz à un vacher de Rougemont. On pratiquait également l'élevage de montagne sur les flancs et les sommets de la chaîne du Jura. La famille seigneuriale von Graffenried établie à Villars-les-Moines possédait un alpage dans la commune de Cormoret qui aujourd'hui encore porte son nom.

Quant aux patriciens soleurois, ils tenaient leurs fermes de montagne sur le flanc sud et les sommets de la première chaîne du Jura. En 1578, Jakob Wallier reçut en héritage de son beau-père la ferme du Balmberg accompagnée de deux alpages; le testament de l'avoyer Johann Ludwig von Roll d'Emmenholz, daté de 1718, mentionne trois fermes de montagne, le Balmberg, la Längmatt et le Güggelberg. Ces alpages arrondissaient des domaines agricoles attenants aux villes. On vit aussi, à la fin du 16e ou au début du 17e siècle, une ferme de montagne servir de résidence de campagne: c'était sur le Leberberg à Obersten Urs zur Matten. Transformée en maison de maître, et baptisée «Mattenhof», elle offrait des salles de société et accueillait les propriétaires aux séjours d'été.

Le petit château de Raimontpierre, qui trône sur le Mont-Raimeux au-dessus de Delémont, provient d'un fief épiscopal qui comptait cinq alpages. L'élevage et l'exploitation des forêts constituaient d'ailleurs la base de son économie. Certains châteaux seigneuriaux aristocratiques, jouissant d'une altitude favorable, exploitaient leurs domaines pour l'élevage; ce fut le cas notamment du château de Wartenfels dans le district soleurois de Gösgen ou celui de Wildenstein en Pays bâlois.

Dès le 17e siècle, les bourgeois de Bâle cherchèrent à acquérir des domaines, parfois jusque dans les profondes vallées jurassiennes. C'est ainsi qu'ils entrèrent eux aussi en possession d'alpages de montagne. Contrairement aux Soleurois, ils les transformèrent en résidence d'été lorsqu'ils n'étaient pas à trop haute altitude. Vers 1740, Johann Rudolf

Burckhardt-Merian (1691–1752) convertit en manoir, avec maison de maître et logis du fermier, la ferme d'alpage de Beuggenweid près de Bubendorf, dépendance du château voisin de Wildenstein. La réalisation fut complétée d'un splendide jardin quelques décennies plus tard sur l'initiative du conseiller aux finances Jeremias Wildt-Socin (1705–1790). Mais Beuggenweid n'est qu'un exemple parmi d'autres: les alpages du versant sud du Schönenberg au-dessus de Frenkendorf, ou de la Schwengi près de Langenbruck, accueillirent également la maison d'été des propriétaires. Maîtres et fermiers logeaient sous le même toit, partageant des conditions fort modestes. L'été, ce bref séjour à l'alpage, sur les sommets perdus des forêts jurassiennes, était un temps de détente pour les citadins.

Pour l'Etat lucernois, l'économie de montagne de l'Entlebuch pesait lourd dans la balance des comptes. Si les patriciens lucernois ne montrèrent pas autant d'obstination à l'achat d'alpages que les Bernois pour l'Emmental voisin, les transactions sur les domaines n'en restaient pas moins chose courante. Preuve en est le Buchhof ob Wolhusen, exclusivement consacré à l'élevage du 16e au 20e siècle. La famille Segesser, native de Brunegg, l'avait acheté à des paysans en 1704 et le fit exploiter en fief jusqu'en 1857. Au moment de sa vente en 1856, le domaine se montait, par suite de transactions, à 110 hectares.

Lorsque l'avoyer de Lucerne et hobereau Ulrich Franz Josef von Segesser de Brunegg prit possession de la résidence familiale, il y fit bâtir en 1743 une nouvelle maison de maître à l'image d'un château, équipée comme il se doit de toutes les pièces, salles de société et salle de fêtes qu'exige pareille résidence. Segesser choisit pour architecte le chef de travaux de la ville, un homme plein de ressources du nom de Johann Georg Urban, qui conçut un édifice de maçonnerie allongé suivant le sens de la vallée et chapeauté d'un toit en croupe. L'alpage qui disposait de sa propre chapelle devint définitivement un manoir de famille.

Les pavillons de chasse

La chasse et la pêche, qui revêtaient à l'époque féodale une signification encore largement commerciale, devinrent dès le Moyen Age un privilège réservé à la noblesse. Dans les rapports politiques composites de l'ancienne Confédération, les droits de la chasse présentaient une diversité déconcertante d'une région à l'autre. Dans le comté de Thurgovie, les cantons confédérés cédaient, en tant que baillis, l'exercice de la chasse au gros gibier dans les seigneuries aux juges, conformément à l'accord de 1509, tandis qu'ils laissaient, depuis 1642, les simples paysans abattre les bêtes dangereuses sur le district de Baden. Les infractions étaient sévèrement punies. Si d'aventure une bête abattue quittait le territoire d'une seigneurie, chaque seigneur appliquait ses droits comme il lui plaisait. A Berne, aux termes du contrat de 1470 réglant les droits des seigneuries, le privilège de la chasse au gros gibier était partagé entre les seigneurs et les bourgeois de la ville. En 1734, le Conseil de Zurich accorda à Salomon Hirzel les droits de chasse et de pêche sur la seigneurie de Wülflingen, près de Winterthour, ainsi que l'ensemble des autres droits seigneuriaux applicables jusqu'à Berg am Irchel. Hirzel saisit l'occasion d'y construire un pavillon de campagne.

Les princes ecclésiastiques firent de même en accordant les droits de chasse à leurs dignitaires, privilège noble qu'ils considéraient être lié à leur charge princière. Ainsi, en 1595, le prince-évêque de Bâle donna en fief, avec droits de chasse, la seigneurie du Mont-Raimeux à Georg Hug, noble de fraîche date; et en 1604, au moment d'élever en résidence libre le domaine de la famille Blarer à Aesch, il le dota d'un «petit bocage» avec droit de chasse sur le petit gibier — renards, lièvres, coqs de bruyère, cailles et pigeons.

La chasse était par excellence le privilège social de la haute noblesse féodale. Or, au passage de la noblesse à l'aristocratie, elle ne perdit en rien ce rôle traditionnel, symbole du rang au même titre que l'exploitation d'un domaine. Des études théoriques se mirent en devoir de glorifier dans la chasse l'un des traits du mode de vie princier. La propriété de quelques chiens de chasse, de faucons et d'un précieux équipage suffisait à signifier le noble privilège. On voulait son «rendez-vous de chasse». C'était l'élément indispensable du cérémonial de cour auquel on se référait, même dans le contexte relativement provincial de l'aristocratie suisse. Entre autres festivités, jeux de société, concerts ou excursions, la chasse était l'occasion bienvenue d'entretenir ses relations sociales.

La chasse fut d'abord l'apanage presque exclusif des hommes, mais bientôt, dès le 18e siècle, les festivités accompagnant la chasse à courre s'ouvrirent aussi aux femmes. Les élégantes en costume de chasse contribuaient à l'enthousiasme rococo pour la vie de plein air. En selle ou conduites par un attelage, les femmes rejoignaient le rendez-vous final, toujours préparé avec le plus grand soin dans les bois, tantôt sur place ou dans le pavillon de chasse seigneurial. Au manoir Zur Windegg à Herrliberg, on peut encore admirer, accrochée au-dessus de la cheminée, une peinture du 18e siècle représentant ce petit monde de la chasse en fête dans la forêt. L'intérêt proprement culturel pour la chasse se doubla d'abord d'un attrait artistique et, dès le 16e siècle, d'un intérêt scientifique croissant. Le *Livre des Oiseaux*, paru en 1575 et signé de la main du hobereau zurichois Jodocus Œsenbry, pasteur de Thalwil, est un de ces livres de chasse tiré au 16e siècle à compte d'auteur qui puise largement dans les expériences de chasse personnelles de l'auteur. Il n'est pas surprenant de voir, dès le milieu du 18e siècle, des économistes se plonger dans l'étude scientifique de la chasse. Parmi eux, le hobereau Hans Jacob Escher von Luchs qui se consacra aux aspects théoriques et pratiques de la capture des oiseaux telle qu'il put l'observer sur son domaine du Rötel à Wipkingen. Ou encore Johann Jakob Goldschmid (1715–1769), tout à la fois chasseur passionné, maître tanneur et membre du Conseil de Winterthour, qui possédait un terrain de chasse à Thal près de Neftenbach. Par intérêt scientifique, il fit empailler une partie de ses oiseaux et les fit représenter par deux peintres de Winterthour, Anton Graff et Jo-

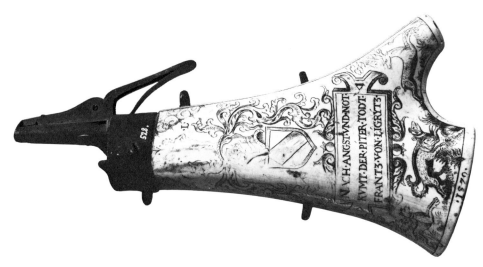

A l'extrême-gauche. La Baraque au lieu dit Buch am Irchel. Terrain et pavillon de chasse du seigneur justicier de Wülflingen, le général Salomon Hirzel. Lavis sur traits de plume de Jakob Kuhn, 18ᵉ siècle.
A gauche. Société de chasse banquetant. Peinture sur boiserie de Christoph Kuhn, château de Wülflingen, 1765 environ.
Ci-contre. Corne à pulvérin somptueusement décorée et portant le blason de Franz von Ligerz, 1570.

hann Ulrich Schellenberg. Ces trophées servaient en même temps de modèles à l'Ecole des Beaux-Arts.

La chasse au gros gibier devint rapidement un événement de brassage social, car l'indispensable battue à travers les réserves mobilisait une véritable troupe que l'on recrutait parmi les serviteurs et les paysans de la seigneurie. Désormais le «rendez-vous de chasse», conçu pour l'atmosphère de ses festivités, fut le lieu momentané mais privilégié de rencontres sociales de haut rang. Au 18ᵉ siècle, le pavillon de chasse ne se distinguait plus guère d'une maison de campagne du type de celles que Salomon Hirzel fit construire sur ses deux réserves, le Zur Jägerburg dans le Wülflinger Hard et La Baraque dans le Buch am Irchel. Le Jägerburg n'était autre qu'un refuge de forêt de construction légère, et La Baraque ressemblait plutôt à une modeste maison de campagne dont la pièce centrale offrait au visiteur des scènes de chasse idylliques, œuvres de Christoph Kuhn de Rieden.

Nombre d'anciennes résidences seigneuriales fortifiées portent encore, dans la tradition orale, le nom de «château de chasse». Or, ni les archives ni le caractère architectural de ces édifices ne nous éclairent sur leur destination réelle. Au mieux, la preuve d'un privilège de chasse lié aux droits seigneuriaux du domaine ou l'emplacement dans une région forestière isolée pourraient suggérer qu'il s'agissait effectivement de résidences de chasse. Pareille justification s'applique probablement au château du Mont-Raimeux au Jura (1595), ou à celui de Lattigen à l'entrée du Simmental (1607), peut-être même au château de Beroldingen sur le Seelisberg uranais (vers 1530). Ceci dit, la fonction de pavillon de chasse a pu être démontrée tant pour le Waldturm de Riedholz près de Soleure, de style gothique tardif, que pour celui de Rüfenacht près de Worb (vers 1650), de même encore que pour le manoir du couvent de Muri au-dessus d'Horben dans le Freiamt (1700). Mais à n'en pas douter, ces édifices du 16ᵉ siècle, de construction massive, servaient plutôt de résidence de famille ou de campagne que de pavillon de chasse à proprement parler.

Les manoirs du clergé

Le haut clergé sut conserver sous le régime aristocratique le rôle social dirigeant qu'il avait acquis au long du régime féodal. Les prélats des grands chapitres et des évêchés, portant parfois même titre de princes de l'Empire, formaient, avec les familles aristocratiques dirigeantes des cantons, l'élite de l'ancienne Confédération. Pareil statut appelait des manifestations tangibles de ce prestige. La Contre-Réforme en multiplia les marques, principalement par la construction de nouveaux chapitres ou d'églises. Même les édifices dépourvus de toute fonction ecclésiastique reçurent du coup un vernis de prestige. Ce fut le cas notamment des châteaux seigneuriaux acquis par des couvents catholiques en Thurgovie, tels Gachnang, Sonnenberg ou Herdern. Les manoirs du clergé remplissaient la même fonction de prestige social que ceux des laïcs. La résidence d'été des princes-évêques de Bâle à Delémont, construite de 1716 à 1721, compte parmi les plus grands ensembles baroques de Suisse. Cette parfaite réalisation de concept français de «l'hôtel entre cour et jardin» rivalisa en son temps avec les châteaux aristocratiques de Thunstetten ou de Vullierens; à quoi il faut ajouter que le plan en U fermé amplifie le caractère monumental de l'édifice. Les fondations religieuses qui souhaitaient acquérir une résidence pouvaient s'assurer de conditions économiques particulièrement favorables. Depuis longtemps déjà, elles disposaient d'un réseau d'intendances et de «maisons de la dîme» égrenées sur leurs vastes propriétés, à grande distance les unes des autres, et qui servaient à percevoir et administrer la dîme et autres redevances. Un intendant y résidait à l'année, tandis que les religieux y venaient de temps à autre pour compenser les activités spirituelles du couvent par des travaux physiques. Toutes les conditions étaient donc réunies pour développer, à côté des bâtiments administratifs et des dépendances, des résidences pour le séjour temporaire de l'abbé et du couvent. Les vignobles ecclésiastiques firent bon accueil à ces splendides maisons d'automne qui, aux vendanges, hébergeaient toujours un certain nombre de religieux et l'abbé.

Déjà au temps de la grande expansion médiévale des propriétés, les fondations religieuses portaient un vif intérêt aux vignes bordant les lacs suisses. Vinrent s'y établir la plupart des superbes résidences d'automne de la fin du Moyen Age, parmi lesquelles celle de l'abbaye de Bellelay, exemplaire tardif sis à La Neuveville sur le territoire de l'évêché de Bâle. En 1631, l'abbé David Juillerat, supérieur du monastère, confia à un intendant l'exploitation des vignobles et l'entretien de la résidence qui servait à la fois de siège de l'intendant et de résidence d'automne des frères du couvent. La construction fut définitivement achevée en 1675 et servit aux occupations automnales des moines jusqu'en 1798. En 1804, elle fut vendue à la ville de Berne. Sous son toit en demi-croupe, l'imposant corps de bâtiment était flanqué à l'angle sud-ouest, côté lac, d'une tour d'escalier polygonale qui sera détruite en 1920. Cette œuvre réalisée par l'abbé Georgius I Schwaller (1666–1691) en 1671 conférait à l'ensemble un caractère seigneurial. Le rez-de-chaussée s'étend entre le pressoir et la grande cave où sont conservés d'énormes tonneaux plusieurs fois centenaires.

L'abbaye de Pfäfers possédait à Bad Ragaz une vieille ferme corvéable, dite le «Hof» et jadis tenue par des serfs. Elle en confia d'abord l'administration à un intendant puis à un préfet. Plus tard enfin, un religieux s'y établit gouverneur. Vers la fin du 16ᵉ siècle, le bâtiment vieux de deux siècles fit place à un nouvel édifice qui sera élargi par la suite. Au cours du 18ᵉ siècle, le vignoble abbatial fut le cadre d'importants travaux de construction. En 1774, l'abbé Benedikt Boxler donna ordre de construire l'actuelle maison de maître — à la fois résidence du gouverneur et pied-à-terre des religieux — et la para de beaux parcs. Quant à l'intérieur, richement décoré, il ne décevait pas la promesse de l'extérieur. Désormais, la résidence abbatiale se hissait au rang des résidences de marque.

Le célèbre chapitre d'Einsiedeln se fit aussi bâtir sa résidence d'été, une demeure de haut rang trônant au cœur des vignobles sur

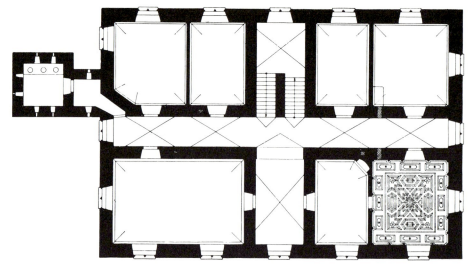

les rives schwyzoises du lac de Zurich. La construction du Leutschenhaus de Freienbach, perchée bien en vue au sommet d'une colline plantée de vignes, débuta en 1762. Avec son large pignon, l'édifice rappelle les maisons de maître de la Suisse centrale; sa façade d'entrée, orientée à l'est, se dresse en évidence. Le sous-sol se voûte en une grande cave. Le temps n'a guère laissé de traces; le vieux pressoir de bois est toujours là et la résidence continue d'être exploitée en domaine viticole.

L'acquisition d'un domaine rural pouvait également préluder à la construction d'une résidence d'été. Tel fut le cas de l'Aazheimer Hof près de Schaffhouse. L'abbaye de Rheinau avait acquis ce domaine en 1556 et l'avait confié à un intendant. Quelques décennies plus tard, il abritait une maison de maître et une grange, massives l'une et l'autre et ornées du seigneurial pignon à redans. Par leur disposition en retour d'équerre, les puissants corps de bâtiment forment une cour de ferme ouverte. A l'étage supérieur de la maison de maître, le plafond à caissons de la chambre sud-est immortalise dans une effigie l'abbé Gerold I Zurlauben, entouré de ses armoiries, et conserve, gravé dans son bois, le millésime de 1601. Son prédécesseur, l'abbé Theobald Werlin, avait fait exécuter ses armoiries sur la grange. Le Aazheimer Hof resta jusqu'à la fin de l'Ancien Régime une résidence d'été des bords du Rhin.

Lorsque, au 17e siècle, les conflits confessionnels troublèrent la Thurgovie, les grands chapitres catholiques trouvèrent refuge, grâce à la protection politique des cantons de Suisse centrale, dans quelques seigneuries et domaines séculiers. Certains de ces domaines étaient jadis aux mains d'importantes familles aristocratiques de Suisse centrale. Ainsi Mammern était une ancienne propriété de la famille von Roll; Gachnang et Sonnenberg appartenaient aux Beroldingen. A cette époque justement, Einsiedeln acheta plusieurs seigneuries, dont Freudenfels, Gachnang et Sonnenberg. Muri possédait Sandegg et Eppishausen. Sankt Urban était propriétaire de Liebenfels et d'Herdern. L'abbaye de Rheinau s'installa à Mammern. La plupart de ces seigneuries, richement dotées et sources de nombreux revenus dus essentiellement aux vignobles, restèrent propriété des couvents jusqu'au 19e siècle, si ce n'est jusqu'à nos jours. Les archives ecclésiastiques renseignent encore sur l'administration de ces domaines thurgoviens. Quelques dates de constructions et de remaniements importants nous apprennent que plus d'un château seigneurial fut construit pour offrir un séjour à l'abbé et aux religieux. Ces constructions se justifiaient dans la mesure où l'abbé n'avait pas seulement à charge d'administrer les domaines, mais aussi, en sa qualité de seigneur, d'exercer la justice. En réalité, cette fonction était déléguée à un préfet; néanmoins l'abbé devait assister personnellement aux occasions importantes, telle que la réception des hommages. Les festivités organisées pour l'accueil du bailli confédéré ou des seigneurs locaux exigeaient des salles de réception dignes de pareilles circonstances. La luxueuse salle de fêtes du château de Sonnenberg construite par le prince-abbé d'Einsiedeln Niklaus Imfeld en 1757 illustre l'importance accordée à l'apparat.

Partageant les mêmes vues, le couvent de Muri préposa le frère Caspar Moosbrugger à la transformation du château seigneurial d'Eppishausen acquis en 1698. Fiché sur une arête près de Bischofszell, le château bas-moyenâgeux tardif fut partiellement démoli pour faire place à une accueillante maison patricienne. La transformation (1760–1763) fit disparaître toute trace des origines médiévales, à tel point que le nouvel édifice passe pour une plaisante résidence de style baroque tardif. La chapelle, d'abord rénovée et consacrée en 1707, fut transformée au goût du jour avec un clocheton à bulbe (1760–1763). Peu après que le couvent le vendit en 1807, le château subit encore quelques modifications dans le style classique. Par la suite, le mur d'enceinte fut démoli et le porche ouest remplacé par une entrée côté sud.

Tous les domaines et seigneuries de clergé dont il vient d'être question servaient en premier lieu à l'administration de l'exploitation et à l'exercice de la justice. Or, les domaines du clergé n'entraient pas tous dans cette catégorie. Il y avait aussi les résidences ecclésiastiques spécialement construites et aménagées en vue du séjour et du repos de l'abbé et du couvent: les mœurs patriciennes de l'époque pénétraient jusque dans les chapitres notables. Non moins que les manoirs bourgeois, ceux du clergé répondaient, dans l'aménagement de leur environnement immédiat mais plus encore dans celui de l'intérieur, à l'image de leur prestige, aux exigences et aux conceptions architecturales de l'époque. A l'étude de leurs origines, on découvre d'ordinaire que le couvent avait d'abord acquis un ancien domaine. C'est seulement ensuite qu'il lui conférait de l'importance en le transformant en résidence temporaire.

Le Hof de Truns aux Grisons compte parmi les résidences ecclésiastiques qui ont beaucoup sacrifié aux marques de prestige. A l'année ferme du couvent tenue par un intendant, en été résidence de l'abbaye de Disentis, le Hof abritait de plus la Diète de la Ligue rhétique et à cette occasion accueillait le monde respectable des députés. Le bâtiment du gouverneur est une petite réussite. L'édifice indépendant à pignon surmonté d'un clocheton est l'œuvre de l'abbé Adalbert de Medell (1674–1679). Le plan de l'édifice, clair et symétrique, reflète la disposition en croix des corridors. L'aménagement s'étendit manifestement sur des décennies et fut dirigé par plusieurs abbés. Au deuxième étage, la chambre de l'abbé richement lambrissée est vraisemblablement due à Peter Soler, moine au couvent, qui la réalisa en 1682 pour l'abbé Adalbert II de Medell-Castelberg. Quant aux superbes peintures héraldiques qui ornent la salle de justice où se tenait aussi la Diète rhétique, elles sont dues à l'initiative de l'abbé Adalbert Funs et furent probablement réalisées vers 1700 par un autre frère du couvent, le peintre Fridolin Eggert. La chapelle à voûte d'arêtes est située au dernier étage du mur-pignon sud. L'autel, conçu comme un tympan de fenêtre, est aussi l'œuvre du frère Peter Soler et précède d'un an les lambrissages de la chambre de l'abbé. Dans son rôle de résidence baroque de haut rang, l'édifice se conforme parfaitement aux traditions de la maison de maître grisonne de l'époque: bâtiment massif percé de petites fenêtres, pignon également massif, très

A gauche. Vue et plan du Hof à Trun, résidence d'été de l'abbaye de Disentis construite entre 1674 et 1679.
A droite. Vue du Nüschelerhof dans la campagne zurichoise servant de motif à une marque de fabrique. Gravure sur cuivre de Johannes Meyer, 1700 environ.
A l'extrême-droite. Vue de la chambre d'apparat des Werdmüller créée en 1620 pour l'Alte Seidenhof à Zurich, transférée aujourd'hui au Musée national suisse.

élevé et structuré par la corniche des étages. A quoi il faut ajouter le mur en pierres de taille et le porche, un des éléments majeurs de l'ensemble.

Ce même baroque alpin, tout préoccupé des marques de prestige, se retrouve encore dans la résidence ecclésiastique d'été du creux de Grafenort, en contrebas d'Engelberg. Des murs simples et massifs se dressent sur plan presque carré, monolithe en découpe sur le paysage, encadré d'un toit à pente raide avec une lucarne sur chaque axe. L'organisation des façades se borne à arranger régulièrement des fenêtres à croisillons; une voûte réhausse l'entrée principale. Les quelque vingt pièces sont desservies par des corridors dans l'axe du bâtiment. Les salles, la chambre de l'abbé et la salle à manger, chacune tenant son rôle social, furent décorées en 1777 par Martin Obersteg de Stans. Le lambrissage de fonds gris est souligné de décors bleus et contraste avec les scènes mythologiques d'un roux corsé qui couvrent le plafond. Le poêle du réfectoire, œuvre du faïencier de Muri Jakob Küchler, date de la période de construction comme l'atteste l'inscription du millésime 1699, de même que les faïences armoriées de l'abbé Joachim Albini, propriétaire et maître de l'ouvrage de cette résidence d'été. La toute proche chapelle de la Sainte-Croix, construite à la même époque, formait sans doute un ensemble avec la résidence, tout comme la «souste» de construction antérieure et sise sur la route qui les relie.

La fonction du petit château d'Horben dans le Seetal argovien est établie par documents écrits. Une fois que la maison de campagne au Horwen fut achevée, dans les années 1701–1702, les religieux de Muri reçurent l'autorisation de l'abbé d'y séjourner un jour l'an. Par la suite, on leur accorda même deux jours de «récréation» et une chapelle fut édifiée à cet effet. En 1759, le prince-abbé Bonaventura II Bucher (1757–1776) fit transformer et agrandir la maison de maître dans l'état qu'elle conserve de nos jours. L'édifice est monté sur une simple base rectangulaire, très large, et surmonté d'un toit en demi-croupe baroque. Le clocheton à bulbe fiché au milieu de la façade principale est plus récent. L'appartement de l'étage supérieur, réservé aux religieux, était, comme il se doit, splendidement aménagé. Ce sont deux salles prestigieuses qui semblent coulées dans un même moule, de bas en haut tapissées de panneaux muraux peints. Malgré des différences de style et de motifs, elles sont l'œuvre de la même main — une main de maître, celle du célèbre artiste Caspar Wolf que l'abbé de Muri chargea de la tâche vers 1764. La salle de chasse doit son nom aux peintures qui la décorent: scènes de chasse reprises de la Bible et de l'histoire qui répondent à un programme iconographique très étudié. Dans la chambre de l'abbé, Wolf s'est adonné à son thème préféré, c'est-à-dire le paysage idéalisé.

La maison d'été du couvent de Sankt Urban dans le Pfaffnau lucernois date de la même époque qu'Horben (1764–1775). De toutes les résidences ecclésiastiques du 18e siècle, elle est celle qui correspond le mieux aux palais de l'époque, très proche en son genre du manoir lucernois Zum Himmelrich. L'extérieur et le plan de base sont en tous points respectueux des normes de l'époque. Côté jardin, le centre de la façade est occupé par les portes-fenêtres du salon au rez-de-chaussée et de la salle de fêtes à l'étage; à l'intérieur, le corridor d'entrée s'évase sur le hall ouvert en une vaste montée d'escalier à triple rampe. Cette conjugaison d'éléments, auxquels il faut encore ajouter la conception du bâtiment légèrement rectangulaire sous un haut toit en croupe mansardé, à peine brisé, trahissent en l'architecte l'homme de goût et de culture. De l'extérieur, l'édifice s'élance tranquillement sur toute sa hauteur. On connaît par hasard, outre l'identité du maître de l'ouvrage, l'abbé Augustin Müller, celle de l'architecte, Beat Ringier de Zofingue, et du chef de travaux, Purtschert, ainsi que celle du charpentier et de tous les artisans. Malgré une architecture qui fait la part belle à l'apparat, l'ensemble respire davantage le bien-être campagnard que la prestance princière. Ainsi la maison trône-t-elle au cœur d'un jardin de campagne très ordinaire; un mur le sépare de la route, derrière laquelle s'étendent successivement les parterres, le jardin potager et la cour. La buanderie et le grenier à fruits bordent le jardin à l'autre front.

Ainsi s'achève notre tour d'horizon des résidences ecclésiastiques sous l'Ancien Régime. Dans l'ensemble, elles apparaissent plutôt modestes. Ce sont en général d'anciens domaines, bien situés puisqu'ils étaient destinés au séjour des moines et conçus à cet effet. Le foyer d'accueil et plus particulièrement l'appartement de l'abbé furent somptueusement aménagés pour accueillir des personnes de haut rang. Pour la décoration, on fit appel à des artistes célèbres comme Wolf à Horben ou à des frères du couvent ou d'un couvent voisin comme Soler de Disentis à Truns. Néanmoins, un ensemble comme celui de Truns ou un palais du style de Pfaffnau durent frapper les gens de l'époque par leur prestance au cœur d'un paysage rural et villageois.

Manoirs et entreprises: la minoterie, le siège commercial et la manufacture textile

La résidence du marchand

Les marchands, et principalement les entrepreneurs du textile, jouissaient d'une haute considération sociale dans l'ancienne Confédération du 16e siècle finissant. En cette époque de changements de décors, les transformations politiques permirent aux gens de négoce, forts de leur prospérité économique et de leurs capacités d'organisation, de leur expérience du monde et de leur prestige social, de jouer un rôle dirigeant à Saint-Gall, Zurich, Bâle et Genève, autant de villes tenues par les corporations. Or — et ce fut décisif — ils n'étaient pas soumis aux corporations et parvinrent même, en jouant habilement avec elles, à décrocher, plus rapidement et en plus grand nombre que les représentants des métiers jurés, certaines fonctions politiques.

Saint-Gall, l'un des plus importants centres du commerce textile de Suisse orientale et de Souabe, ainsi que les villes de Bâle et de

Cette vue d'ensemble de la manufacture textile des Gonzenbach à Hauptwil donne une idée de l'étendue de l'entreprise aux 17ᵉ et 18ᵉ siècles, alors qu'elle ne comprenait pas moins de quarante bâtiments. Gravure à l'eau-forte coloriée de Johann Jakob Aschmann, 1792.

Genève, places financières au carrefour de grandes voies commerciales, l'une sur le Rhin, l'autre sur le Rhône, toutes trois avaient déjà affirmé leur rôle de cités marchandes dès la fin du Moyen Age. Toutefois, l'exploitation à grande échelle, telle qu'elle fut instaurée par le commerce textile par exemple, ne prit forme en Suisse qu'après la Réforme, avec le flot des émigrés protestants. Zurich, Genève et Bâle formaient les trois centres d'accueil de la première génération venue d'Italie. Plus tard, Genève et Bâle accueillirent un grand nombre de huguenots français. Les Turrettini et les Fatio à Genève, les Socin et les Sarasin à Bâle ou les Orelli, Pestalozzi et Muralt à Zurich en disent long de cet afflux d'entrepreneurs étrangers. Cette immigration dota plusieurs villes d'un important contingent d'entrepreneurs du textile qui, rompus à l'art du négoce, influencèrent durablement l'économie de leur pays d'accueil. Le secret du succès de leur industrie tenait avant tout au *Verlagssystem*. Ce dernier instaurait la concentration des enjeux économiques et financiers dans une seule main, qui contrôlait l'ensemble du commerce international, depuis la fourniture des matières premières jusqu'à la fabrication et enfin la vente des produits. Cette vaste entreprise se doublait d'opérations financières qui s'appuyaient sur un réseau serré de relations d'affaires. Les immigrés vinrent par deux vagues: la première, au lendemain de 1550, amena des Italiens du Nord essentiellement; la seconde fut française, provoquée par la persécution des huguenots et, bien sûr, par la Révocation de l'Edit de Nantes en 1685. Très rapidement, les connaissances professionnelles des réfugiés s'ajoutèrent au capital commercial des artisans et des grands commerçants indigènes pour se convertir enfin en de nouvelles entreprises où chacun trouvait son compte.

Les réfugiés les plus chanceux réussirent à s'imposer sur la scène commerciale et sociale de leur pays d'accueil et, à la faveur d'une entrée dans les Conseils, ils se ménagèrent une place au sein de l'élite politique dirigeante. Ils finirent par s'intégrer parfaitement à l'aristocratie helvétique et, n'était-ce leur nom, personne ne leur aurait attribué une origine étrangère. Le travail à domicile fourni par l'industrie textile devint un facteur économique déterminant pour certaines régions de la Confédération. Aux 16ᵉ et 17ᵉ siècles, on travailla surtout les soies et les laines, puis au 18ᵉ siècle le coton. A Saint-Gall, la fabrication de la toile s'érigeait déjà en tradition, tandis qu'à Bâle l'industrie se spécialisait dans la finition des bandes de soie appelées «passementerie». Les entrepreneurs urbains mobilisaient les campagnes environnantes pour y étendre leur production. Voilà comment les campagnes genevoise, neuchâteloise, bâloise, les bords du lac de Zurich, le Fürstenland saint-gallois, Appenzell et Glaris devinrent les principaux centres du travail textile à domicile.

Appenzell et Glaris, où le travail textile se cantonnait aux régions réformées, purent se libérer de la dépendance du *Verlagssystem* urbain dès la fin du 17ᵉ siècle et former leurs propres entrepreneurs. Grâce à leurs succès commerciaux, les marchands de ces deux cantons ruraux accédèrent rapidement aux fonctions dirigeantes, car même dans ces régions la fortune était une condition posée à l'obtention du pouvoir politique. Les entrepreneurs des régions rurales ne manquaient pas de se faire concurrence, aussi surent-ils s'associer par de nombreux liens de mariage. Dans le canton d'Appenzell, les Zellweger et les Honnerlag, grands noms du textile appenzellois, avaient leur siège commercial à Trogen, les Walser et les Wetter à Herisau. A Glaris, les Blumer, Schindler et Streiff se partageaient les plus grosses entreprises du bas de la vallée dans le «triangle d'or» compris entre Mollis, Näfels et Glaris; on vit même Diesbach, plus haut dans la vallée, y installer son siège.

Le pays de l'abbaye de Saint-Gall fut entraîné dans le travail textile à domicile sur l'initiative de son seigneur qui, en faisant de Rorschach l'un des centres les plus importants des bords du lac de Constance au 17ᵉ siècle, imposa une forte concurrence à la ville réformée de Saint-Gall. Grâce à l'intervention et à l'initiative de grands marchands indigènes et étrangers, un véritable réseau de travail à domicile recouvrit tout le territoire du prince-abbé et la vallée du Rhin helvétique. Les Hofmann, Bayer et de Albertis à Rorschach, les Heer, Custer et Städler à Rheineck et Altstätten développèrent des entreprises aux relations commerciales tentaculaires. Pendant un temps, les Bayer furent même les plus importants fournisseurs en capitaux du prince-abbé et entrèrent à ce titre au service de sa cour. Certains entrepreneurs enfin, tels les de Albertis, couronnèrent leur carrière commerciale par un titre de noblesse impérial et une particule sonnante.

Aucune grande cité de l'ancienne Confédération mieux que Zurich, la cité des corporations, laissa les marchands tenir leur propre langage architectural. Les circonstances s'y prêtaient. En un siècle, de 1550 à 1650, les marchands avaient conquis influence et respect. La génération pionnière de l'industrie de la soie zurichoise — les frères David et Heinrich Werdmüller — avait déjà installé son entreprise hors des murs, aux bords de la Sihl, sur un vaste domaine au cœur duquel trônait un édifice luxueux baptisé le «Seidenhof».

Lorsque la ville se dota, en 1645, d'un vaste système de fortifications, elle imagina d'inclure dans la zone protégée les terres non cultivées qui s'étendaient dans la vallée. De beaux établissements commerciaux y élurent domicile, se trouvant parés du même coup de tous les avantages d'une résidence patricienne. Les frères Jakob Christoph et Leonhard Ziegler, du Grosser et du Kleiner Pelikan (construits respectivement en 1675 et en 1677–1679) appartenaient aux plus riches propriétaires terriens de la vallée; ils partageaient ce privilège avec les frères Kaspar et Mathias Nüscheler, du Vordere Magazinhof, qui firent construire sur un domaine acquis en 1698 la propriété du Grünenhof (vers 1715) et du Neuegg (vers 1724). Poussant aux abords de la ville, les résidences commerciales des marchands zurichois étaient, par le plan et l'aménagement, du même type que les maisons d'été construites à la même époque dans les campagnes avoisinantes. Il arrivait très souvent qu'une même famille possédât à la fois sa maison d'entreprise — un édifice de belle situation qui lui servait de domicile urbain — et une résidence de campagne. Ce fut le cas des

L'élégant Löwenhof à Rheineck, construit en 1746–1748 pour abriter le siège commercial de l'entreprise textile des Heer, devait être à la fois représentatif et adapté aux impératifs commerciaux. Gravure sur cuivre de Conrad Sulzberger, 1805.

frères Werdmüller, par exemple, qui possédaient le Seidenhof à Zurich et le domaine des Quais du Herrliberg, ou des frères Ziegler, propriétaires du Grand et du Petit Pelikan à Zurich et du Zieglerhof à Männedorf.

A Bâle, l'ère de la passementerie (production de bandes de soie tissées) débuta en 1668 lorsque le marchand Emanuel Hoffmann-Müller introduisit un métier permettant de tisser la toile en série. Les marchands de la ville recouraient principalement au travail à domicile, lequel s'exécutait dans la campagne bâloise (obere Baselbiet). Ainsi, les marchands de textile bâlois devinrent peu à peu des entrepreneurs. Leurs sièges commerciaux, traditionnellement appelés «fabriques» et équipés de bureaux et magasins, étaient pour la plupart des immeubles situés en ville. L'utilisation des cours et des dépendances arrière permettait de combiner le domicile et l'entreprise. Le Rollerhof du Münsterplatz en offre un excellent exemple.

La maison du Kirschgarten à la Elisabethenstrasse aurait certainement dû devenir un siège commercial de ce type si son propriétaire avait pu l'achever. Johann Rudolf Burckhardt-De Bary (1758–1810), maître en soierie, engagea en 1775 l'architecte Johann Ulrich Büchel (1753–1797) pour construire, sur un terrain acquis par son père, une résidence d'entrepreneur au goût du jour. Vers 1780, l'aménagement intérieur du Kirschgarten venait d'être amorcé lorsqu'en 1797 Burckhardt quitta soudain et définitivement la ville sans s'être jamais installé dans sa maison.

N'oublions pas de mentionner que Bâle doit ses plus prestigieuses résidences d'été du 18e siècle à de très fortunés marchands. L'un d'eux, Achilles Leissler-Hofmann (1723–1784), construisit en 1743 un manoir à la sablière de Riehen et Jeremias Wildt-Socin (1705–1790) — maître passementier — fit exécuter une maison de banlieue, le Wildtsche Haus de la Peterplatz (1763). Ces deux somptueux édifices sont l'œuvre de l'architecte bâlois Johann Jakob Fechter.

C'est un véritable empire économique en miniature que recouvraient à leur apogée les fabriques de toile de Gonzenbach à Hauptwil (Thurgovie). Un seul homme derrière ce trust d'avant la lettre, l'entreprenant bourgeois de Bischofszell, Heinrich Gonzenbach, qui, parti en 1607 de la campagne pour s'installer en ville, le constitua probablement en livrant une impitoyable concurrence aux maîtres de la toilerie indigène. Au reste, les conditions ne se prêtaient pas uniquement à une vaste production. Les Gonzenbach, titulaires des droits seigneuriaux sur Hauptwil depuis 1654, droits qu'ils firent confirmer par la Diète en 1664, purent aussi mener une vie de hobereau. A la même époque, la Diète leur accorda les droits de marché et de douane. Voilà comment, en dix ans, Hauptwil devint un centre textile, méthodiquement organisé, où se regroupaient toutes les activités de la toile.

Cette puissante entreprise est comparable, sur le fond, aux grandes fermes autarciques des monastères médiévaux, à la différence qu'ici la maison de maître de l'entrepreneur, autrement dit son château, constituait le cœur de l'exploitation. Au 17e siècle, le canton réformé d'Appenzell-Rhodes extérieures déploya dans l'arrière-pays une industrie textile indigène équipée de ses propres marchés et de ses firmes commerciales, qui s'adressait au marché de la ville de Saint-Gall. Les entrepreneurs Hans Jakob et Bartholome Gonzenbach jouèrent une pièce maîtresse lorsqu'en 1668 ils contribuèrent à créer la foire d'exposition de Trogen qu'allait concurrencer celle de Saint-Gall dont ils dominèrent le marché pendant les premières années. Bientôt, les Wetter d'Herisau, puis les Zellweger de Trogen s'y firent une place, passant du rôle de simples commissionnaires de la maison Gonzenbach au statut de marchands et d'entrepreneurs indépendants. Dès 1699, la foire de Lyon enregistrait les Wetter au nombre des maisons commerciales autonomes, puis ce fut au tour des Zellweger au début du 18e siècle. Ces succès économiques se doublaient d'une ascension politique bientôt confirmée par l'accès aux charges et aux fonctions publiques. La manifestation architecturale de cette nouvelle classe de jeunes entrepreneurs n'allait pas tarder à se faire sentir.

Tel était le décor dans lequel se développèrent, dans les centres d'Herisau et de Trogen à domination cléricale en ce 18e siècle, les somptueuses et prestigieuses résidences de marchands, toutes richement aménagées et chacune unique en son genre.

Ces entrepreneurs du textile sollicitèrent le concours des meilleurs architectes et des décorateurs les plus en vue. On en a la preuve pour plusieurs membres de la dynastie d'architectes Grubenmann de Teufen, d'ailleurs liée par le sang à la famille Zellweger de Trogen. Pendant la première moitié du 18e siècle, des maîtres de Wessobrunn travaillèrent comme stucateurs; puis l'atelier des Moosbrugger, qui leur succéda dans la seconde moitié du siècle, détint pour ainsi dire le monopole du stucage. On notera que les marchands appenzellois eurent recours aux mêmes artisans et artistes que leurs collègues habitant la partie de la vallée du Rhin sujette à l'abbaye de Saint-Gall ou que les riverains des bords du lac de Constance. Non moins que les résidences d'entrepreneurs urbains, celles des marchands remplissaient toujours la double fonction de domicile commercial et privé. Rien d'étonnant à ce qu'elles reproduisent toutes, hormis des différences d'aspect, le même plan: les bureaux et les magasins se partagent le rez-de-chaussée de part et d'autre du corridor, tandis qu'aux étages supérieurs, où monte un riche escalier, se trouvent les appartements d'apparat, salons et chambres occupant les premier et deuxième étages, la grande salle de fêtes le troisième. Toutes les pièces importantes sont décorées de stucs rococo, y compris les bureaux, le corridor et la montée d'escalier. Ici ou là, un emblème de stuc rappelle la fonction réelle du siège commercial, ainsi les symboles de la guerre et de la paix qui ornent la double maison des Walser à Herisau ou encore les lettres, pigeons voyageurs et plumiers dans la maison Wetter Zur Rose, sise à Herisau également.

A Herisau comme à Trogen, l'élite marchande s'affirma en construisant de respectables édifices sur la grand-place. Presque carrée, elle est bordée au nord par la double maison des Walser (au n° 1/2); à l'ouest la rangée est dominée par la maison Zur Rose des Wetter (n° 6) et au sud se trouve la seconde maison des Wetter (n° 12).

Le 18e siècle vit la création de nombreux bains privés, souvent tenus par des bourgeois de la ville. On venait s'y détendre, s'y amuser. Ces établissements devenaient alors souvent le lieu de rendez-vous de toute une région et présentaient une architecture seigneuriale convenant à ce rôle. Tel fut le cas des bains de Knutwil dans le canton de Lucerne. Gravure sur cuivre de J. J. Clausner, fin du 18e siècle.

La place de Trogen, que domine la façade ouest de l'église, est bordée des belles demeures des Zellweger. L'église et ces maisons entretiennent d'ailleurs un certain rapport, puisque les frères Jakob Zellweger-Wetter, capitaine, et Johannes Zellweger-Hirzel, adjudant, tous deux hommes de grande fortune, offrirent à la commune en signe de leur puissance économique l'imposant péristyle (1778–1782) qui décore la façade de l'église. Les deux donateurs habitaient d'ailleurs sur la place. Jakob Zellweger, grand commerçant, possédait l'immeuble n° 1 en bout de place. Johannes Zellweger, qui exerçait le même métier, habitait presque en face, au n° 5, un édifice construit en 1747 par son père, qu'il fit agrandir en une double maison pour son fils. Hormis l'auberge Zur Krone, la place est encore exclusivement bordée d'anciennes maisons de marchands — n° 1 (construit en 1760–1763), n° 2 (1803–1805), n° 4 (1760), n° 5/6 (1747, 1787–1789) et n° 7 (1802–1809). Trois d'entre elles datent de l'Ancien Régime, les deux autres de la courte République helvétique. A la même époque que les Zellweger, les Honnerlag, leurs parents par alliance, se firent bâtir deux demeures. Le Sonnenhof et le palais In den Nideren, deux manifestations éloquentes du rang de la famille.

Comme en Appenzell et à Glaris, les territoires de l'abbaye de Saint-Gall ourlant le lac de Constance et la vallée du Rhin se développèrent progressivement en régions textiles autonomes, tant et si bien qu'au 17e siècle, leurs bourgs marchands s'érigèrent en centres du commerce textile. Parmi eux le plus important, Rorschach, doit sans conteste son essor à la création d'une société indépendante de fabrication textile imaginée par le prince-abbé de Saint-Gall en 1609. La ville d'Arbon suivit une même évolution, bien que moins marquée. Dans la vallée du Rhin, Rheineck était connue comme un important centre de transfert sur la route commerciale du sud; quant à la ville d'Altstätten, elle obtint en 1681 sa propre foire de la toile.

Ces bourgs, ces villes virent tôt ou tard leurs artisans, indigènes ou étrangers, s'orienter vers le commerce du textile. A Rorschach, au début du 17e siècle, ce furent d'abord les Pillier, Bayer et Hofmann, trois familles issues de la région textile de Biberach au sud de l'Allemagne; puis, au 18e siècle, vinrent des Lombards émigrés du Sud pour relations commerciales. Parmi eux, les de Albertis, venus de la région de Gênes, purent s'établir à Rorschach en 1720 en dépit de la ferme opposition des marchands indigènes; ils furent suivis en 1756 des Gasparini et des Wutterini, et enfin des Salvini du Trentin en 1771. La vallée du Rhin ne connut de véritable bourgeoisie marchande indigène et active que durant les premières décennies du 18e siècle, autrement dit une bourgeoisie contemporaine des commerçants réformés du plateau central d'Appenzell (Trogen et Herisau). Altstätten abrita l'entreprise des Custer qui développa le blanchissage à l'air libre, puis celle des Städler, des Labhard et des Näf. Pendant ce temps, à Rheineck, les Heer établissaient des relations commerciales avec Vérone tandis qu'à Azmoos, dans le haut Rhin saint-gallois, les Sulser fondaient une maison de commerce. Ces entrepreneurs du textile travaillaient tous selon le *Verlagssystem*, le centre de gravité de leurs affaires évoluant peu à peu de la toile vers la soie et le coton.

En Suisse orientale, les entrepreneurs des petites villes commencèrent par ouvrir leur siège commercial à l'intérieur des murs d'enceinte, transformant à cet effet leur maison dans la vieille ville. La recherche d'une résidence hors de ville ne date que de la seconde moitié du 18e siècle. La grand-rue de Rorschach témoigne encore, par les quelques anciennes résidences marchandes qui lui sont restées, qu'au 17e et au début du 18e siècle le siège commercial et le domicile s'intégraient parfaitement dans une vieille ville. La même réflexion s'impose pour Saint-Gall: les immeubles mitoyens d'Hinterlauben (n°s 6 et 8) illustrent le traditionnel hôtel particulier d'un marchand de grande cité dans la version qu'en donnèrent les 16e et 17e siècles (le n° 6 date des alentours de 1580) et le 18e siècle (n° 8 construit en 1775). Le rez-de-chaussée était réservé à l'entreprise; il comprenait généralement le corridor, la salle d'expédition, le bureau (secrétariat) et les magasins (entrepôts), plus la chambre du trésor défendue par des portes de fer. Le marchand et sa famille occupaient les étages supérieurs. Comme les murs mitoyens empêchaient d'ériger de prestigieuses façades palatines, c'est sur la façade frontale qu'allait se concentrer tout le décor.

Les résidences des marchands d'Altstätten, qui toutes furent restaurées et modifiées aux alentours de 1760, obéissent aux mêmes principes d'architecture urbaine. Pourtant deux architectes, Grubenmann et Haltiner, affirment déjà un style plus personnel dans le traitement des façades de maisons mitoyennes: la maison d'angle Zum Raben, construite pour les frères Städler en 1763, et le Reburg (de Hans Jakob Custer, 1774) portent sur les corniches des segments de pignon qui indiquent à l'œil qu'une maison finit, qu'une autre commence. Ils étaient plutôt rares, les terrains de la vieille ville qui accordaient un peu de fantaisie dans le développement architectural; le grand commerçant Hans Jakob Custer sut en tirer profit pour son Presteck (1788) qui voisine avec la porte inférieure d'Altstätten. Ces exemples marquent un nouveau pas en direction du palais indépendant, comme le Löwenhof du marchand et maire de Rheineck, Johannes Heer, un édifice d'une splendeur sans pareille dessiné par l'architecte Grubenmann (1746–1748).

Si la résidence des Gonzenbach à Hauptwil (1664) se conforme encore à la physionomie du château de campagne de l'époque, en revanche le Löwenhof de Rheineck emprunte déjà au style de la «campagne» baroque. Le palais s'écarte résolument du modèle de la maison à pignon sur plan allongé en usage dans le pays: s'imposant en largeur, il souligne sur chaque façade l'axe médian prolongé au faîte du haut toit mansardé par une tour à bulbe. Chaque détail du plan trahit l'intérêt porté à l'architecture baroque de Souabe. La disposition en U du Löwenhof remonte à une phase ultérieure d'agrandissement (1760 environ) et ne peut par conséquent être intégrée à la conception architecturale primitive.

Le canton réformé de Glaris sut profiter de la conjoncture favorable qui régnait au

Au 16e siècle, à la Wegmühle près de Berne, minoterie et résidence seigneuriale se combinaient en un ensemble architectural. Le noyau de l'édifice remonte aux environs de 1600; ce n'est donc que plus tard, notamment au cours de la campagne baroque de 1720, que l'édifice reçut son caractère seigneurial. Peinture à l'huile de Johann Ludwig Aberli, 1780 environ.

18e siècle sur le marché du coton. Dès l'apparition de la filature de coton, introduite à Glaris en 1714 sur l'initiative d'un assistant de paroisse, le Zurichois Andreas Heidegger, le canton bénéficia du développement induit par le *Verlagssystem* devenu d'usage courant dans le monde du textile. Certains entrepreneurs se tournèrent avec succès vers l'indiennerie jusqu'à devenir de véritables manufacturiers et se distinguèrent désormais des entrepreneurs-marchands (dits «marchands de fil»). L'indiennerie glaronnaise fut fondée par Johann Heinrich Streiff (1709–1780) qui installa ses presses à Oberdorfbach en 1740 et s'assura les services du coloriste genevois Fazy. Le «mouchoir imprimé» devint rapidement un produit d'exportation glaronnais de premier ordre.

Après une période d'émancipation économique, l'élite glaronnaise d'obédience réformée chercha, au cours de la seconde moitié du 18e siècle, une expression architecturale à sa convenance. Ici encore, les solutions architecturales couvrent une pleine palette de moyens, allant de la traditionnelle maison à pignon, complétée des marques architecturales du prestige comme le pignon à redans, jusqu'à la maison proprement bourgeoise au toit en croupe. Les quatre résidences les plus représentatives ayant appartenu à des entrepreneurs glaronnais du textile, la Wiese à Glaris (1746–1748), le Fabrikhof à Mollis (1760–1761), le Sunnezyt à Dornhaus-Diesbach (1773–1774) et le Sunnezyt à Ennenda (1780–1782) traduisent toutes, malgré un cadre relativement limité, le jeu des multiples possibilités: ici un toit à pignon mansardé, là un toit en croupe avec pignon à redans, là encore un pignon à redans croisés et là enfin un simple toit à pans ajouré de lucarnes avec pignon en gradins.

Dans l'ensemble, les fabricants et marchands glaronnais optèrent pour un aménagement extérieur de conception tout à fait modeste. Qu'il suffise pour s'en convaincre de les comparer avec les imposants édifices que se firent construire leurs concurrents des régions voisines et qui en disent long sur le rang du propriétaire. A la différence des maisons d'entrepreneurs établis en Appenzell, dans la vallée du Rhin ou même à Zurich, les résidences d'hommes d'affaires glaronnais étaient exclusivement destinées à l'habitat et n'abritaient pas de locaux commerciaux. Cela dit, leur aménagement était digne du prestige de leur maître, et on sait que les architectes et artistes qui œuvrèrent à leur conception et à leur décoration étaient les mêmes qu'à Trogen, Herisau, Rheineck et Altstätten. Les contrats des maîtres de l'ouvrage glaronnais se répartissaient également entre les architectes du cercle Grubenmann-Haltiner et les stucateurs des ateliers de Moosbrugger.

Le manoir et la minoterie

Parmi les entreprises alimentaires telles que l'hôtellerie ou la vente publique du pain et de la viande, la minoterie constituait depuis longtemps une authentique entreprise familiale liée au monopole de la production et de la vente. Ainsi avait-elle droit au privilège d'utiliser la force hydraulique. De surcroît, la minoterie et son commerce du grain fort lucratif avaient la réputation de rapporter gros en période de haute conjoncture. C'en fut assez pour auréoler ce métier d'un réel prestige social. A la campagne, les aubergistes et les minotiers faisaient presque automatiquement partie de l'élite dirigeante, et leurs édifices s'inspiraient largement de ceux des bourgeois. Même à la ville, la minoterie attirait richesse, considération et pouvoir. Elle était un placement immobilier convoité qu'on s'efforçait de maintenir en famille. Et, de vrai, elle permit souvent de fructueux investissements dans l'artisanat et le commerce. L'ascension économique de la famille Werdmüller résume parfaitement les potentialités de l'entreprise. D'abord propriétaire des moulins de Werdmühle à Zurich, la famille Werdmüller passa ensuite à l'entreprise textile pour accéder finalement au statut de hobereau. Les Schwaller, famille patricienne de Soleure, pouvaient aussi se prévaloir d'une longue tradition de minotiers. En 1509, l'aubergiste et barbier Benedikt Schwaller, ayant fait fortune avec ses bains d'Attisholz, acheta les moulins des Kalte Häuser situés hors des murs à l'est de la ville. Ces moulins et le grand domaine qui les entourait restèrent en possession de la famille jusqu'à la fin du 17e siècle, portant successivement les noms de Werkhofmühle puis de Schanzmühle. C'est d'ailleurs de cette époque que date l'accession des Schwaller aux cercles les plus élevés du gouvernement. Ils exploitaient eux-mêmes la minoterie et y résidaient; malheureusement, l'extension des fortifications eut des conséquences fâcheuses. La famille déménagea au Hermesbühl, confiant la minoterie en fief à un meunier. A la mort de Franz Josef Schwaller, décédé sans enfants en 1781, le domaine de Schanzmühle passa aux mains d'une autre famille et connut, au 19e siècle, une importante extension industrielle.

La plupart des minoteries étaient situées hors de ville ou dans leurs abords immédiats; c'était le cas de la Werkhofmühle de Soleure dont il vient d'être question, ou de la Stadelhofenmühle à Zurich. Lorsqu'une famille bourgeoise acquérait une minoterie, elle la confiait en bail à un meunier ou, si le propriétaire était du métier, l'exploitait elle-même. D'ordinaire, la famille profitait d'y aménager une maison de maître ou de construire sur le domaine de l'entreprise une résidence de campagne. Et avec le temps de véritables manoirs s'érigèrent, par exemple la Brüglinger Mühle près de Münchenstein en pays bâlois ou la Wegmühle sur la route de Berne à Bolligen.

La minoterie de Brüglingen aux abords de Münchenstein, dont on trouve une première mention en 1259 déjà, passa au 17e siècle en propriété d'une famille bourgeoise de Bâle, portant le nom de Löffel. Alexander Löffel y fit bâtir en 1711 une maison de campagne dont le style rappelle le manoir bâlois, quelque peu antérieur, de Vorder Gundeldingen. Il fit également rénover les dépendances, aménager des écuries, un manège et des jardins, transformant la minoterie en domaine modèle. Au 19e siècle, la famille Merian réorganisa le domaine d'Unter Brüglingen, le dotant de nouveaux bâtiments au goût du jour pour en faire une ferme patricienne de grand bourgeois.

Les moulins de Wegmühle, déjà attestés par des archives en 1275 et qu'on peut voir aujourd'hui encore au sud-est de Berne, furent équipés d'une scierie, d'un pressoir à chanvre

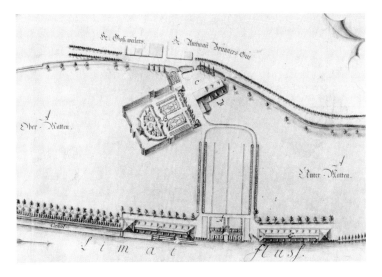

Le plan de situation de la manufacture d'indiennes des Esslinger à Zurich montre clairement que, dans l'esprit du baroque tardif, la résidence de l'entrepreneur et les bâtiments destinés à la fabrication étaient conçus comme un tout architectonique: ainsi, la manufacture était construite avec le même soin que la maison d'habitation. Plan dressé par l'ingénieur Johannes Müller, 1787.

et à lin lorsqu'au 16ᵉ siècle ils passèrent en propriété d'une dynastie de bourgeois du nom de Tillier. Il est vraisemblable qu'en 1669 l'intendant du chapitre et maître de l'ouvrage Ludwig Tillier agrandit considérablement le bâtiment de pierre qui, dès sa construction en 1660 environ, servait déjà de résidence de campagne. Au même moment, une tour d'escalier carrée fut ajoutée à l'arrière. Puis le domaine tomba en quenouille. Les moulins de Wegmühle passèrent aux Lombach puis aux Willading. Vers 1720, les appartements de la maison patricienne furent réaménagés et l'extérieur remodelé, selon une conception plus cohérente, en maison de campagne de style d'époque. En 1769, Johann Ludwig Tscharner démembra le domaine: il garda la résidence mais vendit à un indigène la minoterie avec la maison du meunier, la scierie, le grenier à grain et les écuries. La résidence connut un dernier agrandissement avec la construction d'une aile latérale aboutée perpendiculairement à la façade arrière, du côté de la tour d'escalier. Des jardins aux parterres géométriques séparaient le bâtiment de la route. Une peinture de 1780 nous montre cette «campagne» dans la forme achevée qu'elle présentait à l'époque.

Au 18ᵉ siècle, l'utilisation courante de l'énergie hydraulique par les minoteries avait déjà permis de passer à l'exploitation hydraulique industrielle. Or, pendant l'Ancien Régime, l'exercice de tels métiers était soumis à l'appréciation des bourgeois de la ville, ce qui permit, cette fois encore, de combiner l'exploitation et le manoir. Le futur ensemble industriel de Nieder-Schönthal, entre Frenkendorf et Füllinsdorf dans la région bâloise, réalisable grâce aux droits d'usage hydraulique attachés à l'ancienne minoterie de Reinlismühle, illustre parfaitement l'évolution dans laquelle s'engagera l'entreprise artisanale de campagne placée sous l'égide bourgeoise.

Le manoir et la manufacture textile

Au début du 18ᵉ siècle, l'indiennerie ou production de cotons imprimés et colorés (toiles peintes) fit son apparition sur le territoire suisse. La France prononçait justement des restrictions économiques dans ce secteur, mais les entrepreneurs suisses surent tirer profit de la situation. L'indiennerie s'implanta d'abord à Genève où des huguenots français comme Antoine Fazy, Daniel Vasserot ou Jean Philippe Petit avaient ouvert la première fabrique d'indiennes peu après 1700 aux Eaux-Vives. De Genève, elle s'étendit notamment à la Principauté de Neuchâtel sur l'initiative d'autres réfugiés. En 1713, Jean Labram et Jacques Deluze, réfugiés également, installèrent leurs manufactures dans la plaine de l'Areuse, à Boudry, Colombier et Cortaillod. Plus tard, en 1734, Jean Passet lançait l'impression d'indiennes dans le Greng bernois-fribougeois, sur les rives du lac de Morat. A la faveur de l'engouement général pour le coton, l'indiennerie commençait à gagner du terrain partout où le travail à domicile, du textile et de la soie notamment, avait déjà concentré un grand nombre d'emplois. Dans les principaux centres de production, les entrepreneurs locaux se lièrent bientôt aux émigrés, tandis que dans les territoires sujets les fabricants de textile trouvaient un soutien attentif du côté des autorités.

Les exemples sont légion. A Bienne, en 1747, une fabrique d'indienne fut autorisée par l'évêque à s'installer sur les bords de la Schüss. A la même époque, les autorités bernoises encourageaient les entreprises du réfugié Etienne Brütel qui équipa une manufacture à Schafisheim vers 1758. Au pied du Schlossberg à Wildegg, c'est Johann Rudolf Dolder de Meilen et Friedrich Laué de Francfort qui inauguraient en 1782 une nouvelle teinturerie de coton pour laquelle ils avaient obtenu le consentement explicite des seigneurs d'Effinger. Le seigneur de Kefikon en Thurgovie, Johann Heinrich Escher, soutenait les efforts industriels des gens de la campagne qui voulaient se lancer dans une semblable entreprise. C'est d'ailleurs sur son conseil que Bernhard Greuter, teinturier formé à Glaris, à Appenzell et en Hollande, fonda une indiennerie à Islikon en 1777.

Cet essor économique incitait les entrepreneurs textiles de l'aristocratie indigène à la reconversion industrielle. Les teinturiers de la ville furent les premiers à se lancer dans l'indiennerie. Ainsi, en 1739, le Bâlois Emanuel Ryhiner-Leissler intégrait à son domaine de Riehen une manufacture et une blanchisserie, tandis que quelques décennies plus tard, en 1782 et 1785, les indienneries de Hofmeister et d'Esslinger s'installaient dans un voisinage immédiat, sur les bords de la Limmat à Zurich. L'ouverture d'une indiennerie supposait certaines conditions d'ordre technique. Il fallait d'abord s'assurer l'approvisionnement hydraulique indispensable au fonctionnement des presses et de la teinturerie. Les fabriques prenaient place de préférence au bord de courants à fort débit ou exceptionnellement sur la rive d'un canal alimentant un bassin artificiel. L'ensemble du processus de fabrication regroupait les employés dans un bâtiment conçu à cet effet, non loin duquel l'entrepreneur établissait son domicile patricien lui permettant de contrôler l'entreprise. Ces grands ensembles sont les précurseurs directs des fabriques textiles du 19ᵉ siècle, abstraction faite bien entendu de l'équipement technique qui révolutionnera l'industrie. Les indienneries du 18ᵉ siècle assuraient la teinture et l'impression des étoffes tissées à domicile et centralisées par le *Verlagssystem*, alors que la fabrique du 19ᵉ siècle réalisera la filature et le tissage en ateliers mécanisés. Mais sur le fond, ces deux formes d'entreprises s'apparentent. La concentration en un même lieu des ateliers de production et de la résidence de l'entrepreneur — illustration manifeste de son capital — permettait au propriétaire de façonner l'ensemble à l'image de son statut social. De fait, plus d'une manufacture figure au nombre des résidences de campagne patriciennes. Signalons entre autres les fabriques Le Bied à Colombier, la Ryhinersche Fabrik à Riehen, les deux manufactures voisines de Letten et Aussersihl à Zurich ou celle de Wildegg.

Les deux principaux complexes de l'indiennerie zurichoise, les manufactures Hofmeister et Esslinger, bien que voisines et contemporaines, recoururent à des langages formels différents. La fabrique que le teinturier David Esslinger fit construire en 1785–1786 sur le domaine de la rive gauche de la Limmat, en aval de Zurich, est conçue comme un en-

Lorsqu'il était en mains de Heinrich Pestalozzi, le Neuhof bei Birr se développa dès 1768 en un domaine modèle conçu d'après le Kleehof de son maître bernois Johann Rudolf Tschiffeli. Les notions d'économie agricole rejoignaient ici les idées d'éducation dans un vaste projet philanthropique. Eau-forte coloriée de Johann Jakob Aschmann, 1780 environ.

semble baroque. Un riche jardin à la française de plan rectangulaire s'étendait devant la maison de maître dans l'axe du faîte. Quant à la fabrique, bordant la rive, elle consistait en deux longs bâtiments industriels d'un étage flanqués de tours de quatre étages avec un toit à la Mansart. Un ensemble aussi coûteux répondait à la volonté du fabricant de faire de sa manufacture la plus grande en son genre à Zurich — ce dont elle se fit gloire jusqu'au 19e siècle. Non loin, l'indiennerie de Johann Jakob Hofmeister, bâtie en 1782 sur la rive droite à Letten, paraît en revanche bien plus modeste et, par ses traits classiques, plus proche des conceptions de son temps. La manufacture proprement dite, qui est aussi le plus grand des trois édifices au toit en croupe, avait l'apparence d'un palais dont le noble caractère ne faisait qu'accentuer l'allure modeste des deux autres bâtiments, la résidence et le séchoir, abritant la roue motrice.

La manufacture Le Bied, sur les rives du lac de Neuchâtel, s'inspire largement des entreprises que réalisa le pionnier Jean Labram dans le Val-de-Ruz. En 1734, Jean-Jacques Deluze-Chaillert (1689–1793) reçut l'autorisation du Conseil d'Etat de construire aux abords de Colombier une «manufacture de toiles peintes» que les décennies à venir devaient voir grandement prospérer. En 1774, son fils Jean-Jacques Deluze (1728–1779) imagina, par un artifice de disposition, de donner à l'ensemble un caractère patricien. A en juger par les plans et les réalisations de l'époque, le complexe était bâti à la façon d'un damier. La perpendiculaire régissait la disposition des quelque douze bâtiments et dépendances. L'axe principal naissant du frontispice de la maison de maître se prolongeait notamment par le jardin central. Un axe latéral s'échappait du petit côté du bâtiment principal et suivait l'allée d'arbres le long d'un grand jardin carré orné d'une fontaine. L'eau, indispensable à la fabrique, arrivait par un canal s'alimentant à une source proche de Boudry.

Elles ne furent sans doute pas nombreuses les manufactures textiles qui, à leur apogée, revêtirent autant de splendeurs que Le Bied. La conception de cette fabrique, et d'autres encore, le démontre: une entreprise célèbre pouvait parfaitement se combiner avec une résidence de campagne. Ce même équilibre entre le prestige social et la puissance économique se retrouve à la Ryhinersche Fabrik de Riehen, près de Bâle. L'indiennerie d'Emanuel Ryhiner fut construite vers 1740 dans une zone réservée aux manoirs patriciens. La maison de maître qui dépendait de la manufacture prenait place entre deux autres manoirs, appartenant aux beaux-frères du propriétaire et construits alors que la fabrique existait déjà. Relevons à ce propos que d'interminables procès, ayant pour objet les odeurs nauséabondes de la fabrique, mirent aux prises les beaux-frères Ryhiner et Leissler pendant des années.

Les expériences pilotes du Mouvement économique

Au Siècle des lumières, la situation sociale de la Confédération avait atteint un seuil critique. Le Mouvement économique, qui se donnait pour principal objectif de développer le bien-être général, prit part aux débats d'idées qui agitaient la société. S'appuyant sur la thèse que la stabilité de l'Etat reposait d'abord sur la prospérité des campagnes, les économistes suisses se donnèrent pour tâche essentielle d'encourager l'agriculture et d'instruire le petit peuple. Dans le cercle des agronomes suisses, on pensait davantage en termes de pratique que de théorie ou d'idéologie. Dès 1747, la Société de recherche naturelle, récemment créée à Zurich, suivie dès 1759 par la Société économique de Berne, se fit le creuset des conceptions progressistes de l'agriculture. Composées exclusivement d'aristocrates, ces deux sociétés engagèrent entre elles ou avec d'autres cercles et sociétés aux préoccupations analogues un intense échange d'idées.

La bourgeoisie urbaine, et notamment le patriciat, pouvait se prévaloir d'une longue expérience des problèmes agricoles, car de fait, elle y était directement et quotidiennement confrontée dans ses résidences de campagne; elle allait jusqu'à considérer qu'ils faisaient partie de sa formation culturelle. Aussi ne s'étonnera-t-on pas si le Mouvement économique helvétique du 18e siècle était porté par l'élite dirigeante des villes et si les domaines des citadins servaient de bancs d'essai aux expérimentations des problèmes théoriques débattus. Il n'en fallait pas plus pour que le domaine patricien se convertît en ferme modèle, alimentant l'éducation progressiste des gens de la campagne. L'exploitation modèle menée avec succès porta bientôt ses fruits dans le milieu paysan. L'instruction du peuple visait encore exclusivement à maintenir la base économique de la société et nullement à émanciper les sujets de la campagne. Dans l'esprit de ces économistes aristocrates cultivés, comme Tscharner à Berne, Hirzel à Zurich, Iselin à Bâle ou Balthasar à Lucerne, il n'était pas question d'ébranler les fondements du système gouvernemental absolutiste fondé sur la cooptation.

La Société de recherche naturelle de Zurich accordait aux questions économiques une priorité de droit. A l'époque, le mouvement littéraire dirigé par Bodmer avait déjà éveillé auprès des patriciens le sens des réalités du peuple. Et voilà maintenant que les écrits du médecin Johann Kaspar Hirzel se mettaient eux aussi à guider l'intérêt général vers les problèmes de l'agriculture. Certains membres du Mouvement, réunis en commission économique au sein de la Société de recherche naturelle, se consacraient à l'étude d'une agriculture progressiste. On doit surtout aux fondateurs de la Société de physique une somme d'expériences pratiques et de connaissances théoriques faites sur leurs domaines, ainsi l'enseignement du hobereau Ludwig Meyer von Knonau à son château de Weiningen ou du bourgmestre Heidegger sur son domaine de la Brandschenke. Certains achetaient même de nouvelles terres pour les besoins de leurs expériences. Ce fut notamment le cas de Johann Jakob Ott, premier président de la Société, qui acquit en 1754 la ferme du Obere Rötel près de Wipkingen, ou encore d'Heinrich Pestalozzi. Ce dernier engagea en 1767 de sérieuses négociations pour l'achat du domaine de la famille Schulthess à Engstringen qu'il voulait

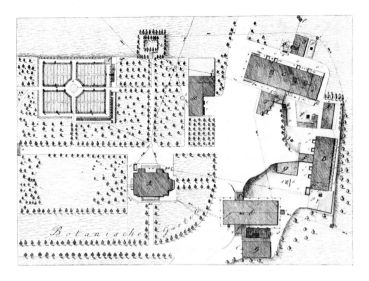

L'Institut pédagogique de Fellenberg à Hofwyl se développa à partir d'une résidence seigneuriale. Plus fructueux que l'entreprise de Pestalozzi, l'Institut constitua, après la chute de l'Ancien Régime, le noyau du futur Etablissement public pour la formation d'enseignants du canton de Berne. Plan modèle paru dans les Landwirtschaftlichen Blättern von Hofwyl *en 1808.*

exploiter sur le modèle de son maître Johann Rudolf Tschiffeli dans son Kirchberg bernois. Pestalozzi projetait d'y planter essentiellement de la garance, cultivée à l'époque en vue de l'extraction de son coloris. Ces domaines modèles de la bourgeoisie suscitèrent la parution de multiples écrits et recueils d'expériences statistiques, plus ou moins scientifiques, sur l'agriculture. Le cofondateur de la Société de physique, Johannes Ott (1715–1769), rédigea sa *Dendrologie* en se basant sur l'étude des arbres de son domaine du Nürnberg à Wipkingen. On a conservé les études particulièrement riches que le hobereau Hans Jakob Escher vom Luchs (1734–1800) rédigea dès 1783 sur la base de son domaine expérimental de l'Untere Rötel, terres qu'il avait héritées de son père. Il y faisait de longs séjours avec sa famille et s'adonnait volontairement aux travaux d'agriculture les plus divers. Dès 1758, il commença à consigner systématiquement ses expériences, prenant des mesures, dressant tableaux statistiques et descriptions, plans et dessins. Les résultats de ses études tiennent en dix-neuf épais volumes.

De leur côté, les fondateurs de la Société économique de Berne réalisèrent sur leurs domaines de nombreuses expériences d'amélioration du sol.

Certains seigneurs, qui entretenaient un contact direct avec les habitants de leur domaine, purent, tels Abraham von Erlach, baron de Riggisberg, Samuel von Werdt, seigneur de Toffen, ou Emanuel von Graffenried, seigneur de Burgistein, diffuser leurs idées de réforme auprès d'un public paysan très réceptif. D'autres — des baillis en fonction pour une période limitée à la campagne ainsi que Niklaus Emanuel von Tscharner au château de Wildenstein en Argovie, ou des pasteurs de campagne favorables aux idées du nouveau mouvement, tous issus du patriciat — exercèrent leur influence par la diffusion d'écrits. Ces pasteurs connaissaient bien les réalités sociales de la campagne et représentaient pour le Mouvement économique une importante source d'informations.

Dans le cadre de l'échange d'expériences proposé par les économistes bernois, le domaine modèle que Johann Rudolf Tschiffeli, greffier de la juridiction du chapitre, constitua à Kirchberg sur l'Emme de 1763 à 1770, fut un terrain d'expériences riche d'enseignements. Tschiffeli avait acquis ce domaine dans un état d'abandon lamentable. De sa propre initiative et sur demande de la Société, il y mena des expériences d'exploitation agricole dont il rendit très largement compte dans ses écrits et qui exercèrent une influence durable sur ses collègues, élèves et imitateurs. Pestalozzi nous confie, dans des pages fourmillant de détails et d'anecdotes, la vie quotidienne de Tschiffeli au Kleehof où lui-même suivit sa formation en 1767 et 1768. Tschiffeli ne bornait pas ses expériences aux plantes; il étudiait encore, selon des plans minutieux, tous les aspects de l'amélioration du sol, y compris le drainage de sols marécageux ou l'enrichissement des prés par le choix de plantes nourricières. Un jardinier formé en Allemagne s'occupait des jardins. La conservation des fruits et légumes en hiver faisait aussi l'objet d'une étude très attentive. On doit surtout à Tschiffeli d'avoir introduit de France la culture de la garance à grande échelle, particulièrement convoitée par l'industrie textile pour sa teinture rouge.

Le maître s'occupait des cultures. Un maître valet et quelques autres employés le secondaient. En hiver, tandis que la famille séjournait en ville, l'exploitation était tenue par le maître valet qui gardait avec le propriétaire du domaine un contact épistolaire régulier. L'aménagement de ce domaine nous est rapporté par un plan de l'époque. La maison en colombage, de construction ancienne, fut transformée en maison patricienne par l'architecte bernois Niklaus Sprüngli (1765–1768). Empiétant sur la cour, deux pavillons encadraient de part et d'autre la façade principale. Cette cour d'entrée était au carrefour de deux allées d'arbres qui s'étiraient dans le paysage comme deux longs croisillons. Devant la maison s'étendait un simple parterre rectangulaire bordé de grands arbres. Les dépendances, perpendiculaires à la cour, étaient légèrement en retrait de la maison de maître.

Un autre économiste, le hobereau Niklaus Emanuel von Tscharner, qui partageait les idées de Tschiffeli, devint, par héritage d'un frère mort sans descendance en 1752, l'heureux propriétaire d'un domaine. Le Blumenhof de Kehrsatz — qui a conservé sa résidence — disposait de 120 hectares de culture et de prairie et 50 hectares de forêt. Sitôt installé à Kehrsatz, Tscharner prit en mains l'exploitation, s'adjoignant les services d'un maître valet et de quelques serviteurs. Son mariage avec une vieille fille fortunée, Anna Katharina von Tavel, lui valut 90 000 livres de fortune. Bien qu'il disposât de quoi mener une existence de rentier, il n'en garda pas moins le sens des responsabilités pour son domaine. En tant que patricien cultivé et sensible, il dut goûter le charme idyllique de sa résidence, mais son esprit empirique s'intéressait par-dessus tout à calculer l'amélioration du rendement agricole qu'il cherchait à corroborer par des tableaux statistiques et dont il présenta les résultats en 1765 devant la Société économique.

La seconde préoccupation majeure des économistes était d'ordre philanthropique et pédagogique. Elle s'adressait davantage à l'élite et visait à transmettre à la future génération de dirigeants un sens élevé des responsabilités politiques et morales indispensable à celui qui vise les charges publiques. Les tentatives d'éducation populaire générale ne se développèrent que bien plus tard, avec Pestalozzi notamment dont les tentatives se heurtèrent à des revers périodiques et à des désaveux constants. Le Séminaire d'Haldenstein, conçu à l'origine pour une élite, fut fondé en 1761 avec le concours du riche ministre Ulysse von Salis-Marschlins. Dix ans plus tard, couronné de succès, l'institut pédagogique fut transféré au château von Salis à Marschlins, qui, avec quelques aménagements de rigueur, devint pendant quelques années une école renommée figurant sous le nom de «Philantropin». Le château et l'exploitation du domaine se transformèrent en ferme modèle selon les conceptions des économistes, comme on peut le voir sur une peinture de l'époque et sur la vignette gravée sur la feuille de promotion de l'institut.

Toujours dans le cadre du Mouvement économique helvétique, il convient de nommer l'institut pédagogique d'Hofwyl qui, grâce à la

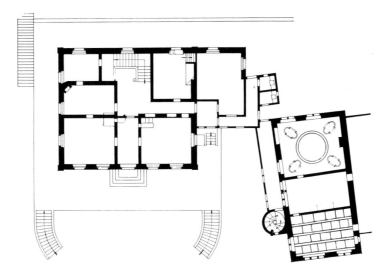

Plan du complexe architectural de la Burghalde à Lenzbourg. Cet ensemble jumelé, formé de deux résidences provinciales d'époques diverses, apparie une maison postgothique typique (1628) avec pignon et tour d'escalier et une maison de plan transversal à toit en croupe, construite en 1794 dans l'esprit d'un classicisme naissant.

réputation européenne de son propriétaire, le pédagogue Philipp Emanuel von Fellenberg (1771–1844), jouissait d'un prestige particulier, y compris en matière d'agriculture. Fellenberg avait passé son enfance au château de Wildenstein en Argovie bernoise. Après des études de droit et de philosophie en Allemagne, il montra un intérêt grandissant pour la pédagogie. De surcroît, il s'adonnait beaucoup aux questions agricoles. En 1798, lui et son père achetèrent pour la somme de 200 000 livres le Wylhof près du Münchenbuchsee à Berne. Son père, Daniel von Fellenberg (1736–1801), juriste spécialisé, était du reste employé et collaborateur actif de la Société économique de Berne. Au fil des ans, le domaine s'adapta aux principes de la doctrine économique. Fellenberg fit construire sur son domaine, au cœur duquel siégeait jusqu'alors une maison de maître dessinée par l'architecte Ahasver von Sinner (1784–86), un vaste institut pédagogique regroupant plusieurs départements. Entre 1820 et 1830, ce centre d'études accueillit plus d'un fils de princes allemands.

En 1808, Fellenberg fut contraint, en réponse à des critiques, de commenter par écrit l'exploitation de son domaine agricole. Dans le second cahier des *Landwirtschaftliche Blätter von Hofwyl* qu'il publiait à Berne à compte d'auteur, il fit paraître un texte qu'il intitula en bon maître d'agriculture «Les conceptions de l'agriculture suisse et les moyens de l'améliorer», et dans lequel il livra une vue d'ensemble des vastes installations de son domaine illustrée d'un plan. On y repère plus d'une douzaine de bâtiments déjà en fonction à cette date. A côté de la maison de maître au pied de laquelle s'étendaient le parc et le jardin pilote venaient d'autres grands édifices de conception progressiste, granges, dépendances agricoles et bâtiments de l'institut. Avec la Grande Maison construite en 1817–1821, l'institut se vit doté d'un nouveau bâtiment qui s'impose avec force sur ce qui subsiste de nos jours des édifices du séminaire. A la même époque, soit en 1819, une nouvelle maison destinée à loger les quelque trente enseignants vint encore agrandir l'institut.

L'histoire mouvementée de l'institut pédagogique et du domaine modèle d'Emanuel von Fellenberg s'inscrit exactement dans la tradition de l'Ancien Régime au 19ᵉ siècle. Elle incarne, par ses constructions et son aménagement, le passage fulgurant des Lumières au libéralisme.

Les résidences bourgeoises des petites villes

Au temps de l'ancienne Confédération, toutes les villes de province passèrent progressivement sous l'autorité des cantons souverains ou des quelques petites principautés dont l'évêché de Bâle ou l'abbaye de Saint-Gall. Si, à la différence des grandes villes, elles subirent une tutelle politique, elles connurent cependant une évolution sociale et une autonomie interne analogue à celles-ci. Les tendances aristocratiques s'y manifestèrent également et, dans les villes soumises aux principautés, la frange dirigeante des familles bourgeoises occupa progressivement la place de la noblesse médiévale, laquelle, pour sa part, investissait la société aristocratique. Abstraction faite de quelques exceptions, l'évolution des petites cités et de leurs habitants restait limitée, et l'architecture trahit peu à peu un décalage entre ces bourgs de campagne et les grandes villes.

S'alignant sur le modèle des grandes cités, l'architecture provinciale est sensiblement plus rurale et donc plus modeste, sans pour autant renoncer tout à fait aux marques de prestige. Lorsque des maîtres de l'ouvrage, que les aléas de l'ascension sociale faisaient admettre à une cour étrangère, accédaient à un statut analogue à celui de l'aristocratie urbaine, ils cherchaient une expression architecturale capable de traduire leur rang exceptionnel. Dans ce cas, les origines provinciales et le statut de sujet politique s'estompaient derrière le prestige personnel. Toutefois aucun d'eux, pas même le plus grand, ne pouvait se défaire complètement de son statut juridique. Si les différences sociales tendaient à disparaître, l'écart juridique demeurait. C'est ainsi que Berne refusa d'accréditer en qualité d'ambassadeur auprès de la cour d'Angleterre le diplomate et général vaudois Henri de Pesme, de Saint-Saphorin, arguant qu'il était natif d'un territoire sujet de Berne et ne pouvait, en conséquence, être admis à ce rang.

En revanche, la noblesse de province trouva toujours accueil auprès des cours étrangères. Il en allait de même pour les sujets confédérés qui avaient suivi une carrière militaire ou diplomatique à l'étanger, comme en témoigne l'exemple d'Henri de Pesme ou d'autres Vaudois des 17ᵉ et 18ᵉ siècles. Rien ne s'opposait non plus à des liens de mariage entre l'aristocratie urbaine et les familles de notables provinciaux.

Dès le 16ᵉ siècle, les anciennes familles de la noblesse rurale vaudoise, s'intégrant aux villes, vinrent grossir les rangs de l'élite lausannoise et renforcèrent sa position sociale. Les unes après les autres, elles vendaient leurs vastes domaines et seigneuries du Pays de Vaud à la noblesse de finance locale et étrangère ainsi qu'aux patriciens bernois ou fribourgeois afin de se consacrer, sitôt établies en ville, aux charges politiques ou au service étranger; à moins que tout simplement elles ne désirassent vivre de leurs rentes.

Les bourgeois de Lausanne se portèrent très vite acquéreurs de petites seigneuries avoisinantes — Vernand-Dessus, Vernand-Dessous, Cheseaux ou Prilly — ou de fiefs nobles, dont Béthusy ou Vennes. En 1694, Rovéréaz, la propriété de la famille Charrière, était encore munie d'une enceinte, marque architecturale d'une origine seigneuriale. Les réfugiés au sang bleu, qui pendant les 16ᵉ et 17ᵉ siècles trouvèrent asile en Pays vaudois, assirent plus sûrement encore la position sociale de l'élite lausannoise. Certains d'entre eux, les Polier, les de Chandieu de Saussure ou les de Constant établirent au cours des ans une influence de premier ordre et se hissèrent jusqu'au pinacle de la bourgeoisie lausannoise. Au terme du 18ᵉ siècle, les de Constant se distinguèrent par la construction de nombreuses résidences. La rue de Bourg, au cœur du quartier noble de la ville, cumulait les résidences urbaines des grandes familles: ainsi au 18ᵉ siècle, le

A gauche. Cette vue à vol d'oiseau reproduit avec force détails la petite ville d'Aarau telle qu'elle se présentait au début du 17e siècle. De nombreux pavillons de jardin ont pris place tout autour de la bourgade murée. Vue à vol d'oiseau d'Hans Ulrich Fisch l'Ancien, 1612.
A droite. Dans les bourgades comme Rheineck — à l'époque propriété du prince-évêque — les sièges commerciaux des riches négociants avaient souvent l'allure de palais. Eau-forte coloriée d'Heinrich Thomann, 1790 environ.

n° 26 appartenait-il à la famille Loys de Cheseaux, le n° 28 aux Polier de Vernand. Bien que, jusqu'au 19e siècle, les vignobles aux abords de la ville fussent très peu bâtis, on notera qu'au 17e siècle certains bourgeois de la ville y tenaient déjà un domaine, le choisissant d'accès facile, bordant l'une des routes menant à la ville. De petites résidences de campagne commençaient à surgir ici ou là.

Le domaine du Désert, dont le gros de la construction date de la seconde moitié du 18e siècle, abritait déjà avant le 17e siècle les premiers bâtiments de la ferme. Le cœur de la résidence de Bois-de-Vaux (appelée depuis «Fantaisie») sur la route de Genève fut bâti en 1641–1642 par la famille Bergerie. Au domaine Sous Montriond (le futur Beauregard), on trouve mention de constructions antérieures au domaine, datant de 1670. La campagne des Uttins sur la route d'Yverdon, enfin, transformée en splendide manoir du nom de «Beaulieu» en 1763, possédait déjà une petite maison de campagne construite au moins au début du 18e siècle.

Dès 1750 environ, le joug des priorités économiques qui pesait sur les domaines provoqua des différenciations de statut social. A cette époque, le nombre des campagnes patriciennes au voisinage de la ville se montait à une douzaine. La plupart ressemblaient à une villa et leur architecture répondait à leur fonction sociale. Les noms de Beaulieu, Beau-Séjour ou Beauregard indiquent avec emphase le rôle prêté à ces édifices; Beau-Séjour, aujourd'hui démoli, prenait place sur un petit monticule en contrebas de la vieille ville, dans un cadre exceptionnel, conçu pour être vu. En 1716–1717 déjà, les bâtiments du domaine de Malley furent assemblés en un complexe en U formant une cour d'honneur et entourés d'un mur rectangulaire flanqué de pavillons d'angle. Dans la seconde moitié de ce même siècle, toute une série de véritables manoirs virent le jour; ainsi à Beaulieu, deux bâtiments construits du temps de l'ancien bailli Berseth (1763–1766) et intégrant par la suite un troisième édifice, celui du pasteur Gabriel-Jean-Henri Mingard, formèrent le cœur d'une vaste campagne agrémentée de jardins et d'étangs,

d'un pavillon, d'une orangerie, d'une basse-cour, de portails en fer forgé, d'allées d'arbres et de vergers. L'aménagement intérieur mobilisa le plus grand soin, notamment pour le choix des boiseries sculptées et des tentures peintes de scènes galantes à la Watteau, qui ornent dans le goût du jour le «grand salon» (1773).

La seconde moitié du 18e siècle vit naître, dans la construction des manoirs de la région lausannoise, quantité de solutions architecturales intéressantes. L'une après l'autre, se suivant de peu, apparurent les résidences de Beaulieu (1763–1774), Béthusy (1774–1775), Vidy (1771–1776), Vennes (1779–1780), Valency (1781–1782), l'Elysée (1781–1782), Beauregard (1787–1788) et Beau-Séjour (1791–1795), pour n'en citer que quelques-unes. Les édifices traditionnels — longs bâtiments couverts d'un toit en demi-croupe comme la résidence Le Désert (1771) — côtoyaient nombre de palais sur plan carré ou oblong dont l'axe central était souligné par des avant-corps plus ou moins saillants. On construisit vers 1770 des ailes transversales avec tours d'angle — parfois aboutées en avant-corps comme à Vennes ou Vidy — qui rappelaient les façades des châteaux du 17e siècle. A Ouchy, la résidence de l'Elysée, qu'un architecte inconnu voulut d'une physionomie encore tout à fait baroque, recourt aux formes d'expression les plus coûteuses. Henri de Mollins de Montagny, major au service de la Hollande, se fit construire cette maison de maître au cœur des dépendances d'un domaine qu'il avait acheté en 1776. L'originalité de ce palais tient avant tout à la disposition de ses façades: la façade sud donne sur le jardin tandis que la façade principale, richement ornée, est située perpendiculairement à l'est.

Auprès de Lausanne, toutes les autres villes du Pays de Vaud restèrent très provinciales. Les milieux aisés n'eurent guère l'occasion d'édifier de prestigieux ensembles. Les plus distinguées des vieilles familles entretenaient depuis toujours des rapports avec la noblesse rurale des environs — quand elles n'en étaient pas issues. Certaines d'entre elles possédaient déjà des seigneuries de campagne.

D'autres les achetèrent ou les reçurent par mariage. Il fallut attendre la fin du 18e siècle pour voir apparaître, ici ou là aux alentours des bourgs, quelques villas de la bourgeoisie locale, telle la campagne de l'officier Georg du Fez, lequel demanda la bourgeoisie de Moudon en 1761, à son retour d'Amérique, ou la villa de Treytorrens (aujourd'hui villa d'Entremont) au bout du Faubourg de la Plaine à Yverdon, construite en 1778. Les résidences de Mont-Choisi près d'Orbe et des Invuardes près de Payerne, qui datent l'une et l'autre de la dernière décennie de l'Ancien Régime, conservent visiblement un aspect de domaine agricole. Seule la villa d'Entremont développe les principes architecturaux du manoir, ce qui lui vaut de figurer au rang des riches maisons de maître du Pays de Vaud.

Située au cœur des tensions politiques qui agitaient Berne, Soleure, Neuchâtel et Porrentruy, Bienne, sujette de l'évêché de Bâle mais alliée cependant de Berne, Fribourg et Soleure, jouissait d'une petite marge d'autonomie politique. Bien entendu, le prince-évêque y exerçait son autorité: il occupait le siège du pouvoir judiciaire et s'y faisait rendre hommage. Mais l'existence d'un Conseil de Ville et le droit de nommer au poste de préfet épiscopal un bourgeois de Bienne montrent la relative autonomie de la cité. Il n'en reste pas moins qu'aucune activité économique particulière n'anima la petite ville, en retrait derrière ses vieux murs. Rares étaient les maisons construites sur un vignoble ou un jardin dans cette région privilégiée qui séparait la porte ouest de la ville, au pied du Jura, des rives lointaines du lac. Et pourtant l'aménagement en 1680 d'une voie directe de la ville aux berges du lac créait les conditions favorables à l'établissement de résidences patriciennes d'été. Seules quelques familles bourgeoises de la ville surent en profiter au cours du siècle suivant: le manoir de Rockhall de la famille Thellung et la résidence d'été des Chemilleret à Rosius (le futur Bifang des Moser) datent encore du 17e siècle. Peu avant la fin de l'Ancien Régime, une résidence de haut rang vint s'y ajouter: la Violette, maison construite vers 1780 par la famille Perrot, à Rosius également. Mais, vers

1790, le bourgmestre Moser fit transformer la résidence d'été en résidence patricienne Im Bifang.

Bienne n'a donc jamais connu cette tradition des résidences qui marqua si fortement ses voisines Neuchâtel et Soleure où l'influence princière fut beaucoup plus sensible. Elle est restée, à cet égard, une petite ville. Tout au plus faut-il mentionner — exemple d'une résidence liée à l'industrie — l'indiennerie Im Neuhaus construite au bord de la Schüss en 1747 et transformée en 1784. Au regard de l'ensemble, un seul édifice mérite une attention particulière, il s'agit du Rockhall. Résidence patricienne de la fin du 17e siècle, elle se mesure sans conteste aux châteaux de l'aristocratie bernoise, soleuroise ou neuchâteloise de l'époque, sinon par son ampleur ou la richesse de son aménagement intérieur, du moins par sa conception architecturale. Le statut social du propriétaire s'est exprimé dans une formule architecturale d'une concordance si intime qu'il élève le Rockhall bien au-dessus de son milieu provincial.

Pendant plus d'un siècle, Bienne n'avait connu aucune construction d'importance. Aussi l'événement fut-il d'autant plus grand lorsque le préfet épiscopal, Johann Franz Thellung, deux ans après son second mariage avec une bourgeoise de Bâle, fit bâtir, aux portes de la ville, une résidence de haut rang. Ce bâtiment exceptionnel soutient aisément la comparaison avec les exemples contemporains des villes voisines. Johann Franz Thellung (1655–1700) jouissait d'un statut social qui lui permettait une commande aussi prestigieuse. Son père reçut la bourgeoisie de la Principauté de Neuchâtel en 1656, après qu'il avait déjà été annobli en 1653. Sa mère, bourgeoise de Berne née von Wattenwyl, était la demi-sœur du propriétaire du nouveau château d'Oberdiessbach — d'où certaines parentés architecturales entre les deux édifices. Thellung fut un certain temps officier au service français, puis intendant et enfin préfet épiscopal de Bienne, faveur politique suprême qu'accordait son seigneur.

Les petites cités d'Argovie, et notamment d'Argovie bernoise, connurent au 18e siècle une expansion économique sensible liée à l'installation de plusieurs manufactures textiles dans la région. Les familles bourgeoises qui tenaient le devant de la scène politique argovienne prirent une part active aux nombreuses tentatives de créations d'entreprises, encouragées tant par les autorités bernoises que par les seigneurs bernois des environs. Rien d'étonnant à ce que les petites villes de cette époque se missent à pousser hors de leurs murs étroits. Néanmoins, ceux qui pouvaient construire une résidence de campagne ne se recrutèrent jamais hors de l'élite aisée et influente, petit cercle de notables et d'entrepreneurs.

Plusieurs représentations, dont une ancienne gravure d'Aarau d'Hans Ulrich Fisch (1612), les perspectives parallèles de Lenzbourg représentées par Joseph Plepps (1624) ou les dessins de Zofingue de la plume d'Emanuel Büchel (1758) montrent ces petites cités provinciales cloisonnées dans leurs murs médiévaux derrière lesquels les abords resteront vierges de toute construction notable jusqu'au 19e siècle. Bien entendu, le plan de Fisch montre qu'au 16e siècle les murs de la ville étaient déjà bordés d'une couronne de jardins dotés de petites maisons bourgeoises ou de pavillons de plaisance. Même une ville thermale aussi renommée que Baden ne connut guère d'édifices bourgeois hors des murs avant la fin de l'Ancien Régime, si ce n'est dans le quartier des bains. Seules d'anciennes entreprises comme les minoteries, les tanneries, teintureries ou blanchisseries qui n'avaient guère de place en ville — ne serait-ce qu'à cause de leur surface et de leur alimentation hydraulique — faisaient exception.

La maison de campagne de la famille Hünerwadel au Bleicherain de Lenzbourg, construite en 1785, offre un exemple de cette façon d'excroissance hors des murs: c'est au bord de l'Aabach, sur un terrain en pente douce où étaient exploitées depuis des générations une teinturerie et une blanchisserie, que les Hünerwadel firent élever, sur une terrasse maçonnée que franchit un escalier central, un imposant édifice de trois étages avec toit en croupe de style strictement préclassique.

Le propriétaire, Gottlieb Hünerwadel (1744–1820), devait sa réputation à un talent d'entrepreneur et à une puissante carrure politique. Il servit d'abord dans l'administration bernoise comme major puis comme premier-lieutenant. Au renversement de l'Ancien Régime, il poursuivit sa carrière politique en qualité de membre du nouveau Petit Conseil argovien de la République helvétique. C'est ainsi qu'il incarna au sein de l'élite les anciens pays sujets qui, au moment du changement de régime, s'avérèrent rompus à la conduite des affaires politiques. Il n'est dès lors pas surprenant qu'Hünerwadel pût s'offrir le concours du plus prestigieux architecte bernois d'alors, Carl Ahasver von Sinner.

Les quelques maisons de campagne dans les faubourgs d'Aarau trouvaient un décor manifestement urbain. Le mur d'enceinte avait été abattu au 14e siècle déjà et bientôt une rue bordée de maisons sortait de la ville devant l'Obertor, le long du ruisseau qui alimentait la cité. Cette rue en perspective aboutissait à l'auberge Zum Löwen, de style gothique tardif, qu'Abraham Rothpletz (1708–1768) fit démolir en 1739 pour construire sur l'emplacement même un manoir «de goût français». A l'orient, le chemin qui partait du Laurenzentor était, au 17e siècle encore, exclusivement bordé de jardins bourgeois. Vers la fin du 18e siècle, cependant, quelques pavillons firent place à des résidences d'été. Un plan de 1783 indique aux portes de la ville un petit palais français que nous connaissons de nos jours dans sa version de 1792 sous le nom de Zum Schlossgarten. En 1774, le jeune architecte Carl Ahasver von Sinner entreprit la construction d'un nouveau bâtiment non loin, puis en 1783 d'une résidence plus à l'est. Plus tard enfin, Johann Rudolf Meyer, fils d'un commerçant considéré d'Aarau, acheta dans les environs un grand terrain avec ferme et grange, puis chargea aussitôt l'architecte Johann Daniel Osterrieth de concevoir et de réaliser une maison de campagne patricienne

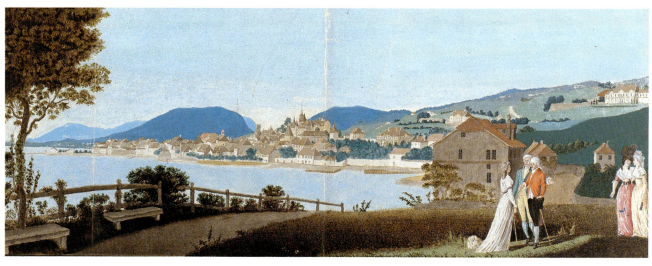

(1795–1797). La vaste propriété fut nantie de splendides jardins qui réhaussèrent le grand édifice de trois étages, avec son toit en croupe, une façade sud à pilastres engagés et, sur les côtés, des dépendances plus basses, légèrement saillantes. Quelques années plus tard, cet industriel de la soie fit ajouter une fabrique. Aux dernières décennies du 18e siècle, les maisons de campagne s'alignaient en discontinu devant le Laurenzentor, jusqu'à un jour de 1798 où les autorités de la ville décidèrent de développer un faubourg bien ordonné qui devait accueillir les bâtiments administratifs de la ville helvétique.

Une comparaison entre différentes villes de province montre que Winterthour joua en Suisse orientale un rôle aussi important que Lausanne en Suisse romande. Acquise par Zurich en 1467, en gage de l'Autriche, Winterthour se vit constamment décliner tout statut politique particulier. Rapidement, la ville provinciale, sise à un important carrefour commercial, connut un essor économique si fulgurant qu'au 17e siècle Zurich dut progressivement imposer des restrictions économiques, cherchant notamment à limiter par l'imposition de charges financières les entreprises textiles et commerciales de Winterthour dont les succès n'allaient pas tarder à se montrer lourds de conséquences pour l'avenir. Toutefois, ces mesures ne parvenaient pas à réfréner l'essor de certaines entreprises: les Sulzer, Hegner, Steiner, Rieter et Biedermann amassaient une telle fortune que non seulement ils s'imposèrent dans les rangs aristocratiques du régiment de province, mais ils devinrent même bientôt d'importants propriétaires fonciers, à l'intérieur et hors de la ville. Dès le 16e siècle, les bourgeois de Winterthour plantèrent des jardins potagers et du vignoble sur le coteau ensoleillé qui borde la ville par le nord. Ils acquirent de plus grands vignobles encore au bas de la vallée de la Töss, jusqu'à la hauteur de Pfungen et de Neftenbach. Peu à peu, de nombreux pavillons de plaisance et des maisonnettes de vigne vinrent s'établir aux abords de la ville, sur des propriétés de grandeur variable. Au 18e siècle et en l'espace de peu de temps, plusieurs riches manoirs y prirent place: vers 1740, ce fut le Schanzengarten de Hans Georg Steiner zum Steinberg (1711–1756), garni d'une maison de jardin toute décorée de fines peintures; à la même époque, la petite maison d'été Zum Balustergarten, propriété du conseiller Heinrich Steiner (1703–1753), parée d'une grande salle (1762) aux décors de théâtre, paysages idylliques et architectures en trompe-l'œil; ou encore, en 1771, le plus important palais des faubourgs de style baroque tardif, le Zur Pflanzschule. Cette propriété du futur membre du Petit Conseil Hans Heinrich Biedermann zum Steinadler (1743–1813) présente une structure architecturale — ressaut central, portique surmonté d'un balcon, toit en croupe mansardé et luxueuse richesse de matériaux en façade — qui soutient la comparaison avec n'importe quelle résidence zurichoise; puis en 1785, le Sulzberg, plus discret, du marchand Johannes Ernst (1749–1801) et enfin, en 1790, le modeste Lindengut de l'industriel Johann Sebastian von Clais (1742–1809), construit dans les formes nouvelles des débuts du classicisme. Citons encore le Wartgut et le Thalgut de Neftenbach qui élurent domicile dans des vignobles plus éloignés.

Pavillons de jardin et résidences de faubourg

L'apparition de l'artillerie lourde au terme du Moyen Age rendit les enceintes des villes incapables d'assumer leur rôle protecteur jusque-là capital. Ainsi, dès le 16e siècle, on se mit à cultiver et parfois à construire sur les terrains jouxtant les fossés, sans plus se soucier de sécurité militaire. Si, à l'époque, les bâtiments directement adjacents aux murs étaient encore soumis à l'obligation de démolition en cas de guerre, cette restriction fut définitivement levée au 17e siècle.

Les grandes villes de la Confédération s'entourèrent dès lors de champs, de prés et surtout de vignobles. Les jardins des citadins furent déplacés hors des murs. Aux 15e et 16e siècles déjà, de petits faubourgs non protégés se formaient le long des voies d'accès devant les portes de la ville: le Stadelhofen à Zurich, le Speiser à Saint-Gall ou encore le Laurenzer à Aarau qui, sur l'illustration d'Ulrich Fisch de 1612, ressemble à deux grosses lignes en bordure de la route. Très tôt, les jardins des faubourgs (d'anciennes illustrations en rappellent l'aspect et de nombreuses sources en mentionnent la fonction) servirent de lieu de rencontre et de détente pour les citoyens des villes. En été, on s'y retrouvait pour une promenade ou des jeux. Les jardins s'y prêtaient: allées, fontaines, parterres de fleurs, treilles et pavillons de jardin. Dans les vignobles en bordure de ville, comme le Berg de Zurich, treilles et maisonnettes attendaient le promeneur. Parmi les petits édifices qui peuplaient ces faubourgs, aujourd'hui disparus pour la plupart, mentionnons le Schäfleinsgarten auprès de la Tour verte de Saint-Gall, parterre transformé en une manière d'atrium, la Tour rouge de Masans au-dessus de Coire, la petite maison de Wettstein au Claragraben à Bâle, les maisons de vignes de Windegg et des bords du Rhin à Schaffhouse ou la tour de Kurli à Winterthour.

Jusqu'à la fin de l'Ancien Régime, le pavillon de plaisance sis au cœur de jardins et de vignobles représentait la forme la plus simple, la plus charmante et donc la plus appréciée que pouvait revêtir une maison d'été. Au Siècle des lumières et du rococo, ces petites maisons incarnaient plus que jamais le rêve d'une idylle dans le giron d'une harmonieuse nature. Le dessin d'Aschmann représentant la maison de plaisance du pasteur Lavater à Enge, près de Zurich, nous en offre une excellente illustration. Le palais de la Petite Rochette au Faubourg-de-l'Hôpital à Neuchâtel, commandé en 1764 par Abraham Bosset-Deluze à l'architecte bernois Erasmus Ritter, remplissait une fonction analogue bien que mieux adapté encore au cérémonial social de la fin du 18e siècle.

Ces pavillons de jardin ou de vigne annoncèrent les futures résidences de haut rang et servirent même souvent de «première pierre» à des résidences fixes, domicile ou manoir aux abords de la ville. Ce fut le cas de la

A gauche. Le très élégant Faubourg de l'Hôpital à Neuchâtel avec ses palais seigneuriaux et ses vignobles. Eau-forte coloriée, 1790 environ.
A droite. Les Höfe, résidences campagnardes construites à Stadelhofen, dans les faubourgs de Zurich, pour de nobles familles, se trouvèrent soudain en 1645 retranchées derrière les nouvelles fortifications. Ainsi en alla-t-il du Sonnenhof, Bockskopf, Baumwollhof et Haus zum Garten. Lavis sur traits de plume de Johann Conrad Nötzli, 1750 environ.

maison Zur Hechel à Saint-Gall: en 1611, les autorités avaient donné l'autorisation à la veuve du marchand Jakob Schlappritzi de construire une résidence d'été adossée aux fortifications. Mentionnons encore, parmi les maisons de faubourg, prébaroques et de dimensions palatines, la résidence d'été des Von Roll à la porte Gurzeln de Soleure, dans l'aspect que nous livra un vitrail de Spengler exécuté en 1659, ou la résidence et siège commercial des Werdmüller à Zurich, Zum alten Seidenhof, construite en 1592 hors des murs au bord de la Sihl et démolie au 19ᵉ siècle.

Bâle présentait un cadre urbain très particulier. Aux 13ᵉ et 14ᵉ siècles déjà, cette grande ville médiévale était ceinte d'un anneau de faubourgs, eux-mêmes intégrés par la suite à l'ensemble des fortifications par la construction d'un second rempart extérieur. Dans ces faubourgs, seuls les principaux axes d'accès étaient bordés d'une suite de maisons ininterrompue. Le reste formait pour l'essentiel des terrains à découvert, plantés de vignes et de jardins et sillonnés d'un réseau serré de minuscules sentiers. Ainsi se constituèrent de larges secteurs bientôt bordés de quelques pavillons de vigne ou de jardin, auxquels se mêlèrent, dès le 17ᵉ siècle, des résidences toujours plus grandes et plus nombreuses. A l'époque baroque, les faubourgs représentaient une vacance d'espace qui convenait parfaitement à de vastes édifices, résidences ou sièges commerciaux.

Le plan cavalier dressé par Merian en 1615 montre la structure des parcelles et leur évolution. Les parcelles individuelles, comme des bandes de terrain qu'on aurait déroulées depuis la rue puis bordées d'un muret, se côtoyaient, tenant les bâtiments contre la rue, tandis que cours et jardins s'étendaient à l'arrière. Ce réseau de parcelles se développa avec le temps en un lacis serré d'édifices privés caractéristique des faubourgs de Bâle, que l'on pense au Württembergerhof du Sankt Albangraben, au Raben du faubourg d'Aesche, au Holsteinerhof de la Neue Vorstadt ou même au terrain plus encaissé de la maison Wildt à la Petersplatz ou du Kirschgarten de l'Elisabethenstrasse. Bien que tous apparussent dans un contexte de faubourgs, ces terrains connurent des destins architecturaux fort différents. Au Raben, un édifice privé sur plan en U présente le corps de logis en bordure de rue, et la cour côté jardin (1763–1768). Le Württembergerhof (1738), disparu de nos jours, se déployait comme un «hôtel entre cour et jardin» en double fer à cheval: une cour d'entrée aux dimensions réduites donnait sur la rue, tandis que la grande cour d'honneur s'ouvrait sur le jardin. Le Holsteinerhof (transformé de 1743 à 1752), la maison Wildt (1762–1763) et le Kirschgarten (1777) sont en revanche des édifices en un seul corps de bâtiment, palais de banlieue donnant sur la rue et jouant sur différentes variantes de rez-de-chaussée. Le Holsteinerhof fut conçu comme un pur palais de jardin, directement situé entre la rue et le jardin. La cour manque. Le hall d'entrée et le grand salon ouvert sur le jardin occupent l'axe central de l'édifice. L'entrée de la maison Wildt occupe aussi l'axe principal, mais un hall fait communiquer la rue et le jardin. Deux portails de chaque côté du bâtiment permettent le passage sur une cour arrière où se trouvent les dépendances et le jardin. Quant au Kirschgarten, résidence de marchand, l'axe central est réservé à l'entrée des voitures, les côtés étant occupés par les bureaux et la cage d'escalier.

Les faubourgs de Bâle constituaient un cas particulier d'urbanisme, en ce sens qu'ils surent tirer profit de l'espace, si précieux dans une grande ville, entre l'exiguë vieille ville médiévale et la libre campagne. Evidemment, seuls les plus riches bourgeois pouvaient s'offrir simultanément une résidence en ville, une seconde dans les faubourgs et une troisième dans la campagne avoisinante. L'un d'eux, Samuel Burckhardt-Zäslin, fit construire vers 1730 le Ramsteinerhof, le Holsteinerhof et sa résidence du Klein-Riehen.

A Zurich, la possibilité de développer des faubourgs fortifiés ne se présenta qu'à partir du milieu du 17ᵉ siècle. Auparavant, la ville était confinée dans ses murs; au-dehors, la campagne était de champs et de vignes. Sur le flanc oriental de la ville, quelques vignobles étaient tenus, depuis le 16ᵉ siècle déjà, par des citadins bourgeois. Les pavillons de vigne, qui s'étaient installés dans ce cadre splendide, devinrent très tôt un lieu de séjour estival ou automnal. Avant même la construction des fortifications en 1640, quelques terrains aux abords de la ville avaient déjà accueilli de véritables manoirs, notamment semble-t-il le Lange Stadelhof, le Haus zum Garten plus ancien et les domaines du Berg. Toutes ces résidences seigneuriales furent, autant que possible, intégrées dans la zone protégée des fortifications. Désormais Zurich disposait, tout comme Bâle quelques siècles auparavant, d'une large zone de faubourgs abritée à l'intérieur des remparts et destinée à un développement intense et rapide. A l'époque baroque, on dénombre plusieurs édifices, nouvellement construits ou transformés, dont le Sonnenhof et le Baumwollhof au Stadelhofen, le Lindengarten et le Hintere Florhof entre le Lindentor et Wolfbach, mais aussi le Obere Schönenberg et la double maison du Obere Berg (dit aujourd'hui Stockargut). Puis leur succédèrent ces typiques représentantes du 18ᵉ siècle, les maisons patriciennes, au nombre desquelles il faut mentionner le nouveau Haus zum Garten, le Haus zum Kiel, le Untere Schönenberg et finalement ce curieux palais construit en 1760 qu'est la résidence patricienne Zur Krone (devenue le Rechberg). Le domaine du Obere Berg était assurément le plus prestigieux manoir qu'avaient jamais protégé les fortifications zurichoises. Située au sommet du vignoble dominant le Hirschengraben, cette résidence d'été construite par les Waser en 1630 devint, vers 1690, la double maison de style haut baroque du fabricant de bure Joseph Orelli. En 1720, elle fut finalement transformée en un extraordinaire pavillon de plaisance richement décoré de jardins dans le genre plaisant du rococo. Ces édifices donnèrent à l'ancienne zone des faubourgs de Stadelhofen et Hirschengraben un cachet de quartier patricien aux vastes jardins.

La construction des fortifications instaura de nouveaux espaces prêts à recevoir des faubourgs. Les champs de la vallée, inclus dans les remparts, mais dépourvus encore de toute construction, furent bientôt traversés en croix de deux larges routes droites construites en

Sitôt la fin du Moyen Age, on se mit à garnir les vignes et les jardins de petits pavillons, îlots de fraîcheur et de répit pour la saison chaude. Le rococo en fit le lieu privilégié de l'idylle, en communion intime avec la nature, lieu de la halte méditative. Pavillon de plaisance de Lavater à Zurich-Wollishofen, d'après une eau-forte de Johann Jakob Aschmann, 1780 environ.

vue de planifier l'extension des habitations. Dès 1670 environ, de riches marchands profitèrent de construire de spacieuses maisons de maître. Le cadre urbain était identique à celui qu'offraient aux édifices baroques les faubourgs de Bâle. La croisée des routes assurait l'accès aux parcelles retirées. Les résidences de marchands, qui prirent place sur les champs de la vallée ou le long des anciens murs de la ville au Fröschengraben, étaient des édifices à pignon traditionnels donnant sur la rue. Il fallait être muni d'une autorisation officielle pour construire dans cette zone. A l'arrière s'étendaient les cours et les jardins. On avait accès à la propriété par une porte cochère ouverte sur le côté. Ce qui distinguait la maison patricienne de la vallée des résidences des faubourgs orientaux de la ville, c'était d'abord sa fonction cumulée de siège commercial, d'entrepôt et de domicile familial. Résidence indépendante, régnant sur un vaste domaine dans le faubourg fortifié, elle ne manquait pas de remplir une fonction sociale tout à fait semblable à celles des autres faubourgs. Elle était tout à la fois résidence de campagne en ville et résidence urbaine sur une vaste campagne — ce que l'allemand désigne à juste titre par le *Hof*, tout ensemble cour et ferme. Entre 1670 et 1730, ces *Höfe* baroques des faubourgs se développèrent en nombre: Neuenhof, Magazinhöfe, Thalhof, Grünenhof, mais aussi Grosser Pelikan, Neuegg et Thalegg.

A Soleure, la construction des fortifications provoqua bien moins d'effets sur l'urbanisation. On notera toutefois qu'une zone libre de construction s'étendait entre le mur de la ville et les fortifications et que les nouveaux bourgeois aisés en furent manifestement les bénéficiaires. La maison patricienne Zum Kreuzacker, par exemple, prend place dans ce contexte.

LA MAISON DE MAÎTRE DANS L'ANCIENNE DÉMOCRATIE RURALE

Au début du Moyen Age, la bourgeoisie des villes menée par des familles influentes se libérait de la tutelle des seigneurs, tandis que les communautés des vallées alpines conquéraient leur indépendance avec l'appui d'une partie de la noblesse de robe et des familles de paysans libres. Elles firent si bien qu'elles parvinrent à se soustraire à l'immédiateté impériale que défendait notamment une maison de Habsbourg sur le déclin.

Dès ce moment-là — et ce fut déterminant — le droit d'assumer la fonction de Landamann fut accordé aux communautés des vallées, et la propriété foncière commença à passer aux mains de quelques familles indigènes. Celles-ci instaurèrent peu à peu leur hégémonie en occupant d'importantes fonctions, de bailli ou de préfet, et s'imposèrent bientôt à la tête des communautés alpines libres en véritables dynasties de *Landamann*: désormais, elles bénéficiaient d'un statut social supérieur au reste de la population. En Suisse centrale, l'élite dominante de la fin du féodalisme se composait de potentats ou de notables locaux — les Attinghausen à Uri ou les Winkelried à Unterwald — et de paysans libres — les Reding et les Ab Yberg à Schwyz, les Fürst à Uri ou les Wolfenschiessen à Unterwald. Sans doute est-ce à ces notables de la nouvelle élite des cantons ruraux que l'on doit la construction, entre le 13e et le 15e siècle, de donjons calqués sur ceux de la haute noblesse ou la reprise d'anciennes tours nobles. Citons le petit château de Rudenz à Flüelen que les Attinghausen employaient pour percevoir les taxes douanières impériales, ou le Schweinsberg d'Attinghausen, propriété de la même famille, ou encore la tour d'habitation de Wolfenschiessen, d'une famille de notables locaux au service du couvent d'Engelberg.

Au sud des Grisons, comme en Valais, les notables locaux et les familles dirigeantes de paysans libres firent ériger des tours d'habitation qui, contrairement aux châteaux seigneuriaux, prirent place dans les régions habitées des vallées. La tour de la famille Moor à Zernez date de l'époque féodale, celle des Planta également, transformée par la suite en château. Un membre de la famille Planta fit bâtir une autre tour d'habitation à Susch dans les années 1500 ainsi qu'à la même époque les Castelmur à Vicosoprano.

En Valais, les tours d'habitation entretenaient presque toutes un rapport avec les fonctions locales de vidame. C'étaient des édifices de haut rang, habités par les notables, qui ne remplissaient plus guère de fonction militaire: citons l'ancien château des seigneurs de Chevron à Sierre, datant du 15e siècle; la tour du vidame de Loèche, transformée en Hôtel de Ville en 1541–1543; ou la tour d'habitation des seigneurs de Venthône, construite au 13e siècle. Tous ces édifices de la fin de la féodalité se posent, par leur fonction sociale, en précurseurs des futures maisons de maître qui pareront les cantons campagnards de la Confédération.

Les mutations sociales du 15e siècle, au cours desquelles les notables issus de la noblesse furent largement supplantés par les paysans, entravèrent la poursuite d'une tradition architecturale seigneuriale. Il semble néanmoins que, parmi ces nouvelles familles de notables, certaines cherchèrent à légitimer leur récent crédit en reprenant les édifices de pierre féodaux. Mais dans l'ensemble, cette jeune oligarchie paysanne préférait au fond d'elle-même la maison de bois traditionnelle. A Sarnen par exemple, un reste de tour carrée se dresse dans une maison à pignon de bois que le *Landamann* Marquard Imfeld avait fait bâtir en 1588–1589 sur l'ancien emplacement de l'assemblée communale. Lorsqu'au 16e siècle les titres de noblesse jouirent de crédit auprès des cantons ruraux — le service étranger en était la cause — les paysans qui avaient gravi les échelons de la hiérarchie sociale, et qui en outre s'appuyaient sur une ancienne tradition familiale, acquirent des ruines de châteaux pour les remettre en état. En 1478 déjà, le *Landamann* Bürgler figura au registre comme propriétaire du château de Rudenz de

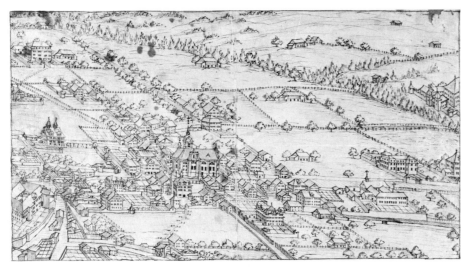

De toutes les bourgades confédérées, Schwyz a su le mieux mettre en valeur les résidences de ses grandes familles. Ces édifices, encore maintenant, forment une large couronne autour de la ville. Dessin à la plume lavé et colorié de Joseph Thomas Fassbind, 1797.

Flüelen — d'après lequel, plus tard, la famille anoblie des Wirz von Rudenz tira son nom. Au 16ᵉ siècle, le capitaine Heinrich Schönbrunner restaurait le château Sankt Andres, près de Cham, tandis qu'à Stans le chevalier Johannes Waser modifiait le Rosenburg, ancienne intendance du couvent de Murbach, et le chevalier Melchior Lussy reprenait l'ancienne résidence noble des Winkelried qu'il modifia et agrandit en une nouvelle maison de maître.

C'est au 16ᵉ siècle que commença de s'établir la domination des grandes familles paysannes qui conduira au siècle suivant à la formation d'une véritable oligarchie. L'élevage et la propriété d'alpage avaient toujours été la principale source de richesse et de prestige des cantons alpins. Ainsi, les familles influentes étaient constamment préoccupées de constituer de grandes propriétés: lorsqu'elles ne les achetaient pas, elles acquéraient de grands droits d'usage sur les alpages communaux. De surcroît, le transport de marchandises dans les vallées des cols alpins et souvent aussi le commerce du grain, du bétail et du vin permettaient de se constituer de belles fortunes. Deux maisons de Soglio, propriétés de la famille Salis depuis le 16ᵉ siècle, servirent dans le cadre du transport des marchandises. Par la suite, aux 17ᵉ et 18ᵉ siècles, les édifices furent réaménagés.

Au lendemain des guerres de Bourgogne, une nouvelle source de revenus vint alimenter les cantons ruraux et principalement les familles régnantes: il s'agissait des fameuses soldes et des recettes du service étranger. Statut militaire, pouvoir politique et puissance économique se complétaient pour assurer l'accession à l'élite gouvernante. Au 16ᵉ siècle, la mobilité sociale était encore presque totale. Les familles connaissaient successivement ascension et déclin: la carrière du colonel Peter A Pro d'Uri en est un exemple. Les mariages entre les plus grandes familles de Suisse centrale constituaient un autre moyen d'accumuler des capitaux et de consolider le pouvoir acquis. Ces liens familiaux, qui s'étendaient parfois très loin, instaurèrent d'importantes relations entre Appenzell et Uri, ou Schwyz et Glaris. Dans les démocraties rurales du 16ᵉ siècle se manifestait déjà une double tendance inégalement partagée: d'une part une propension limitée à quelques individus à rechercher l'extraordinaire, l'inhabituel, d'autre part, touchant la grande majorité de la classe gouvernante, un attachement à l'usage campagnard et aux traditions paysannes. La construction en pierre, en tant que telle, mais aussi les décorations architecturales comme le pignon à redans, le toit en croupe, les tours pointues et les loggias commencent, à l'orée des Temps modernes, à faire une apparition symbolique sur quelques prestigieux édifices palatins de ces notables et officiers du service étranger. Le petit château de Beroldingen à Seelisberg (1530–1546), celui d'A Pro à Seedorf (1556–1558), le Jauchhaus d'Altdorf (1550), le château d'Appenzell (1563–1570), le Rosenburg (1566) et la maison des Winkelried à Stans (1563–1602), ainsi que, considérés dans leur état premier, les châteaux de Parpan et de Malans des familles grisonnes Hartmannis et Beeli, le noyau du château de Preux de la famille de Platea à Villa-sur-Sierre ou encore celui de la famille de Preux aux Anchettes-sur-Sierre, tous s'inscrivent dans cette même catégorie. Quant à la décoration intérieure, on mentionnera encore la splendide maison de Georg Supersaxo (environ 1450–1529) à Sion; le maître de l'ouvrage, diplomate, politicien et mercenaire de renom, fit décorer en 1505 la salle de fêtes d'un plafond richement sculpté par Jacobinus Malacrida de Côme. Mais dans l'ensemble, les maisons de maître des cantons ruraux s'inspiraient beaucoup plus des traditions architecturales locales que des constructions urbaines des bourgeois — ce que n'explique pas l'évolution démocratique communautaire de ces cantons.

La traditionnelle maison des Alpes — stylisée par un bloc aux murs de gros moellons surmonté d'un pignon droit — resta jusqu'à la fin du 17ᵉ siècle le type même de la résidence de haut rang. La modeste disposition des pièces — grand et petit salon, cuisine et chambres — ne subit guère de modifications. La maison Bethlehem à Schwyz, construite en 1559 par une respectable famille de l'époque, les Lilli, héritée plus tard par les Reding, en offre un exemple qui contraste fort avec la maison voisine d'Ital Reding, s'inspirant du grand style baroque. Il est certain que le Grossitz (1601) et le Brunnifeld (1627) à Wolfenschiessen témoignent déjà, par certains détails d'architecture — les pièces richement lambrissées par exemple — d'une recherche consciente d'un style de maison de maître conçue pour d'importants notables. Cela dit, elles n'en témoignent pas moins qu'au 17ᵉ siècle l'architecture conservait encore des traits tout à fait traditionnels et que l'ancien modèle alpin du toit incliné droit avait gardé toute sa valeur. L'officier mercenaire et *Landamann* sacré chevalier, Melchior Lussy, fit construire en 1586 pour sa quatrième femme le Höchhus sur le flanc gauche de la vallée, au-dessus de Wolfenschiessen. C'est déjà une maison de bois patricienne — l'une des premières — luxueuse, avec un pignon suraigu coiffé d'une demi-croupe qui dégage dans les combles l'espace d'une salle voûtée comme en possédaient bien des maisons de maître du 17ᵉ siècle. Un clocheton ajoute au caractère patricien de l'édifice.

Les maisons de maître schwyzoises permettent d'observer la transition de l'usage du bois à celui de la pierre. Jusqu'aux alentours de 1600, les familles régnantes construisaient uniquement des maisons d'un seul tenant, presque cubiques, qu'elles avaient coutume de garnir, dès le milieu du 16ᵉ siècle, d'un pignon raide: c'est le cas de la Laschmatt, du Tschaibrunnen ou du Waldegg bâti vers 1600 par le *Landamann* Sebastian Ab Yberg (1580–1657). Mais sitôt après le tournant du siècle, les Reding utilisèrent la pierre pour bâtir leurs résidences, parmi lesquelles la première, la Grosshaus à Brüel qui rappelle encore fortement l'architecture du gothique tardif. Dans le canton d'Appenzell Rhodes-Extérieures, la couche dirigeante autochtone ne prit forme qu'au moment de la division du canton en 1597, ce qui explique pourquoi la maison de bois traditionnelle resta plus longtemps qu'ailleurs le modèle d'architecture patricienne. En 1666, le gouverneur Bartholomäus Schiess faisait encore bâtir un édifice à croisillons avec les traditionnelles rangées de fenêtres.

Des édifices de haut rang vinrent même se loger dans les bourgades campagnardes du pays. C'est là assurément la marque d'une structure fédéraliste. On construisait là où l'on jouissait de la plus grande influence politique. Les chefs-lieux étaient la scène privilégiée des luttes d'influence que se livraient les grandes familles et qui se traduisaient par une prolifération de coûteuses maisons de maître sur un espace restreint, tantôt accolées au long des rues principales comme à Altdorf ou regroupées autour de la place centrale comme à Trogen et Herisau. A Schwyz, elles couronnaient de façon presque ininterrompue le flanc ensoleillé qui domine la ville, tandis qu'à Stans elles se répartissaient avec retenue sur toute la surface habitée, comme des perles égrenées. Empruntant à la tradition des nobles résidences féodales, les maisons de maître du 16ᵉ siècle s'entouraient souvent d'un mur, ou du moins elles s'isolaient de la rue côté cour par une clôture élevée. Un vaste porche ouvrait sur la propriété. Plus tard, le mur se limitera à longer le jardin aménagé devant l'entrée, d'un pavillon d'angle à l'autre, protégeant à la fois du vent et des regards.

Dès le 17ᵉ siècle, le service étranger et ses rentes eurent dans les cantons ruraux l'effet d'un tel stimulant économique que l'élite des cantons catholiques et surtout des trois Waldstätten se transforma en véritable oligarchie de la solde. Les charges publiques, les revenus et l'administration du service étranger se complétaient et se stimulaient. Il est certain que le service étranger joua un rôle social et économique déterminant pour l'ensemble des classes sociales dirigeantes de Suisse centrale et des territoires catholiques d'Appenzell, de Glaris, des Grisons — toujours politiquement désunis — et des dizains valaisans. La plupart des édifices patriciens de ces cantons étaient des commandes passées par d'importants officiers du service étranger.

Dans les régions protestantes d'Appenzell et de Glaris en revanche, l'entreprise textile domina l'ensemble des activités économiques dès la fin du 17ᵉ siècle. C'était presque devenu un chemin obligé pour accéder aux fonctions dirigeantes de la région. Au 18ᵉ siècle, le statut de marchand ou d'entrepreneur façonna largement les carrières politiques de ces deux cantons et donna pour ainsi dire le ton de l'ascension sociale. Aucun autre canton ne connut au 18ᵉ siècle autant de résidences marchandes qu'Appenzell Rhodes-Extérieures ou que le territoire protestant de Glaris. Dans ces deux cantons, les riches entrepreneurs du textile influencèrent l'architecture au même titre que l'aristocratie du service étranger dans les cantons de Suisse centrale.

L'oligarchie rurale de l'époque baroque avait le choix entre deux voies royales pour accéder à la fortune: le service étranger et l'industrie textile. Toutefois, certains entrepreneurs postés aux abords du Gothard, dans les vallées des cols grisons ou sur la route du Simplon, pouvaient encore compter sur d'autres sources de revenus alimentées par le trafic de transit.

Cette forme de commerce se doublait d'un intérêt culturel. En Suisse centrale, aux Grisons et en Valais, l'importation de l'architecture italienne fut largement véhiculée par le trafic des cols. Elle vint se fondre aux influences architecturales, déjà intégrées, que le service étranger avait rapportées d'Orient ou d'Occident. Ce panachage de styles donna naissance à de superbes créations qui opiniâtrement ne s'intégraient à aucun type courant d'édifice, que l'on prenne le palais Freuler à Näfels (1645–1647), commandé par un officier mercenaire, ou le palais Stockalper de Brigue (1658–1678) construit pour le compte d'un entrepreneur. Pensez au château d'Altenklingen en Thurgovie ou à celui de Kasteln en Argovie: ces édifices, et bien d'autres, portent l'empreinte baroque des maîtres de l'ouvrage autant que les traits des grands modèles architecturaux de l'époque.

Dans les démocraties rurales, plus encore que dans les Conseils urbains, la personnalité de chaque dirigeant était livrée aux yeux de tous. Les principaux notables, le *Landamann*, le banneret et le trésorier avaient la haute main sur la politique du canton et entretenaient des contacts diplomatiques avec les cours étrangères et les voisins confédérés. Le *Landamann* d'Uri Sebastian Peregrin Zwyer von Evibach (1597–1661), seigneur d'Hilfikon, baron impérial et lieutenant-maréchal de l'Empire, incarne en toute splendeur, tant par son être troublé que par son autorité personnelle, le dirigeant d'élite d'un canton confédéré influent de l'époque aristocratique.

Des réalisations baroques identiques à ces dernières apparaissent également dans d'autres cantons ruraux. Mentionnons simplement les deux maisons Reding de Schwyz et le château inférieur de Zizers. Contrairement aux traditions locales, la maison d'Ital Reding présente à la vallée une longue façade latérale. Des transformations exécutées en 1663 y apportèrent toute une série d'ajouts qui donnèrent à l'édifice, construit en 1609 par le capitaine de la Garde Ital Reding, son caractère aristocratique et baroque. Citons au nombre de ces ajouts les deux pignons miniatures croisés, deux tourelles à bulbes polygonaux, l'encorbellement de bois sur colonnes qui domine l'entrée et enfin les pointes de diamants aux angles du bâtiment. L'ancienne maison Reding de la Schmiedgasse, conçue en 1614 pour le capitaine Rudolf Reding, est un édifice maçonné de plan carré, avec cour intérieure ornée d'arcades et murs à colombage. Il s'en trouve peu de pareils en Suisse centrale, excepté l'ancien palais Ritter à Lucerne ou la Schmidhaus à la Schiesshütte à Uri dont on suppose qu'elle fut construite par le même architecte également en 1614, mais transformée depuis. Pour son château inférieur à Zizers (1670), le maréchal Johann Rudolf von Salis (1619–1690) adopta lui aussi une conception résidentielle peu courante. L'idée remonta probablement aux projets de l'architecte alsacien Cléber qui imagina d'intégrer partiellement à la façade principale une tour frontale arrondie, créant un espace cylindrique en hauteur où se logent la *sala terrena* et une salle de fêtes sur deux étages.

Hormis certaines compositions architecturales d'inspiration palatine et construites par des propriétaires hors du commun, l'édifice à pignon traditionnel resta dans les campagnes jusqu'au 17ᵉ siècle le modèle le plus courant de la maison de maître. Encore partiellement en bois, mais de préférence de pierre et toujours

A gauche. Le palais du colonel de la garde Kaspar Freuler à Näfels est tout à la fois le témoin d'une recherche personnelle de prestige et l'expression éloquente du sens artistique du maître de l'ouvrage.
A l'extrême-gauche. Portrait d'après modèle du maître de l'ouvrage.
A droite. L'ambition politique de la grande famille grisonne des Salis apparaît au château de Seewis, dans le contraste entre un édifice somptueux et son environnement rural. Eau-forte coloriée, 1810 environ.

très massif, l'édifice s'en tenait immanquablement à la division traditionnelle de l'espace: un corridor traversait le bâtiment en longueur ou en largeur, répartissant de chaque côté les suites de chambres. L'escalier de la maison de maître était investi d'un rôle d'apparat qu'il ne connaissait pas dans la ferme traditionnelle. Tantôt perron double, il s'adossait à l'entrée, tantôt niche séparée, il grimpait au milieu de la façade. La salle de réception lambrissée, avec son buffet et son lourd plafond à caissons marqueté et décoré d'armoiries, était encore le joyau des maisons de maître alpestres. Les plus grands faïenciers de l'époque, les Pfau de Winterthour et les Meyer de Steckborn, livraient jusque dans les cantons ruraux des produits du plus grand art. Bornons-nous à mentionner ici le premier poêle de Pfau fait en 1638 pour le château de Salenegg à Maienfeld, résidence des Salis, auquel un second viendra s'ajouter en 1659.

Les décorations de stuc firent leur entrée dans les intérieurs patriciens traditionnels des Alpes vers le milieu du 17e siècle. Elles se bornèrent d'abord à garnir les voûtes du corridor et du salon, comme au palais Freuler à Näfels (1646–1647) et dans la maison Brügger, dite «Maison du maréchal», à Maienfeld (vers 1650). A Schwyz, la présence de décorations de stuc dans l'architecture profane n'est établie qu'à partir de 1685 (maison Ceberg à Ober Feldli). Dès le milieu du siècle, la *sala terrena* — salon du rez-de-chaussée ouvert sur le jardin — fit partie intégrante de la maison de maître baroque. Souvent voûtée et décorée de stucs, cette pièce d'angle de dimension moyenne se tenait au rez-de-chaussée, comme l'indique son nom, mais n'entretenait à l'origine aucun lien architectural avec le jardin, ce dernier étant accessible par un corridor uniquement. Les maisons de maître schwyzoises développèrent autour de cette *sala terrena* une tradition particulièrement riche. Très tôt, elle occupa le rez-de-chaussée sur une bonne moitié de sa longueur, comme au Waldegg, au Grosshaus et à l'Acher. Lui faisant pour ainsi dire pendant dans la verticalité, une grande salle (*Estrichsaal*) fut aménagée sous le toit fortement pentu de la maison de maître de Suisse centrale. La forte inclinaison du toit obligeait à recouvrir la salle d'un plafond voûté en berceau ou divisé en trois pans brisés qui lui valait d'ailleurs son charme. La décoration se référait le plus souvent aux origines familiales, donnant à la pièce le cachet singulier d'une galerie des ancêtres. La vaste salle de fêtes, cette héritière de la salle des chevaliers, prit donc place dans les maisons de maître de l'oligarchie rurale, sans pourtant jamais atteindre l'importance sociale qu'elle avait acquise dans les milieux aristocratiques de la cour ou des villes.

L'époque baroque revalorise souvent la physionomie de la maison patricienne à pignon en décorant la façade de fresques. Cet artifice permettait sans trop bourse délier d'obtenir des effets d'optique qui distinguaient, en dépit d'une proche parenté architecturale, la maison de maître de la simple ferme paysanne. On a recensé à Schwyz quelques traces de ces fresques, ici sur des édifices de pierre, là sur des maisons seigneuriales de bois, nettoyées après coup. Aux Grisons, on remarque, à côté des motifs d'architecture en trompe-l'œil comme il s'en trouve au petit château de Parpan ou au château supérieur de Zizers, les traditionnels graffites qui ornent par exemple la Casa Gronda (1677) de Johann Anton Schmid von Grüneck à Ilanz ou celle, contemporaine, de son fils Johann Jakob.

Dans l'architecture profane de Suisse orientale, le dôme baroque s'imposa comme un symbole de pouvoir. Aux Grisons, il coiffe toute une série de maisons de maître du 17e siècle: au château de Zizers il prend la forme d'une tour frontale adossée à la façade antérieure, à la Casa Gronda d'Ilanz il se tient sur le côté postérieur, au château de Flims il flanque le mur-pignon, au petit château de Parpan enfin il est fiché sur le faîtage du toit.

Au temps du baroque tardif et du rococo, l'oligarchie connut aussi le goût de l'apparat et mit autant de soin à manifester sa richesse que ses contemporains des régiments urbains. Elle démontra que ses biens — produit des rentes du service étranger ou même du commerce — lui permettaient de mener un train de vie aussi aisé que les citadins marchands ou les aristocrates du service étranger. Le 18e siècle souffla sur les cantons un vent d'architecture bourgeoise et citadine largement influencée par le goût français. On reconnaît ce nouveau type de demeure au corps large et massif du bâtiment à toit en croupe qui s'organise intérieurement selon le plan prôné en France avec vestibule et salon central. Cette forme d'architecture, calquée sur le modèle bourgeois urbain, apparaît dans les cantons ruraux dès le milieu du 17e siècle déjà. Les deux châteaux de Zizers sont contemporains, même s'ils relèvent de deux types d'architecture grisonne très différents. La maison de maître du gentilhomme architecte Ignaz Anton Ceberg, construite en 1686 à Ober Feldli, fait figure d'œuvre de pionnier parmi les résidences grisonnes: l'édifice massif de trois étages s'allonge vers le sud dans le sens de la pente. Chose plutôt rare, le toit en croupe qui coiffe le bâtiment fait place à un étage habitable en attique placé en retrait de la façade. L'organisation du plan rectangulaire autour d'un axe transversal révèle des innovations: au cœur du bâtiment, une montée d'escalier indépendante, ouverte sur un hall, remplace le traditionnel corridor traversant; de riches décorations de stuc ornent le hall d'entrée et la salle de réception. Le Maihof fut construit à l'ouest de Schwyz pour Franz Leodegar Niederöst (1636–1711), général du service espagnol, mais apparaît actuellement dans la conformation que lui donnèrent les fils de Niederöst en 1718 après quelques transformations et aménagements. L'édifice témoigne déjà d'une conception fortement influencée par des modèles étrangers: construit en travers de la pente, l'édifice porte un toit en croupe et s'ouvre sur les jardins par un perron central; il s'illustre plus spécialement par une rangée de mezzanines ovales servant à éclairer le haut d'une salle de fêtes de deux étages. Cette salle d'apparat, toute recouverte d'une polychromie de motifs architecturaux en trompe-l'œil, est assez unique en Suisse centrale et rappelle par la décoration murale les salles qui ornent les châteaux contemporains de Dardagny ou d'Hindelbank ou encore le grand salon du château d'Hauteville.

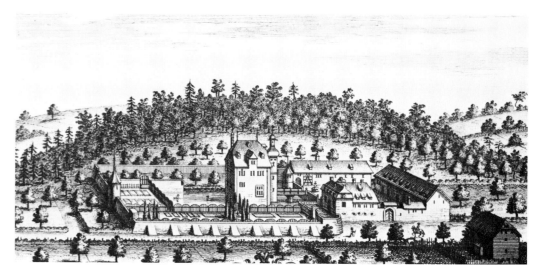

L'aménagement d'un domaine seigneurial de la fin du Moyen Age correspond déjà amplement à celui d'une résidence noble. Une enceinte enclôt la maison de maître et les dépendances. Vers 1750, le domaine de Gross-Gundeldingen présentait encore très nettement à la moitié du 18ᵉ siècle des principes d'aménagement ressortissant au gothique tardif. Vue publiée en 1754 dans l'Herrliberger Topographie.

Sur la fin de l'époque baroque et plus encore au rococo, le type de la maison de maître à plan massé, conçue comme un seul corps de logis, emprunta progressivement les traits du manoir de campagne. Cette transformation s'accompagna de l'aménagement de parcs et de l'intégration des dépendances en un ensemble patricien clos sur lui-même. A l'époque déjà, le jardin de l'Altes Gebäu à Coire ou les jardins en terrasse des Salis à Soglio avaient frappé les contemporains par la splendeur et le luxe de leur végétation méridionale. Une fois de plus, le transit par les cols, et surtout, bien sûr, les liens qu'entretenaient les Grisons avec la République vénitienne, provoquèrent l'essor.

Dès le 18ᵉ siècle, les recherches d'aménagement intérieur se concentrèrent sur l'effet de volume donnant à la pièce un caractère de salon et exploitèrent l'ensemble du répertoire artisanal depuis le plafond de stuc jusqu'aux chinoiseries. Toute une suite de salles de réception, vestibules, salons, cabinets de travail furent créés dans les maisons grisonnes, ce qui vaudra au peuple une réputation d'habiles décorateurs: à preuve la maison du bourgmestre Otto Schwartz Auf dem Sand (1700 environ), l'Altes Gebäu de l'envoyé Peter von Salis-Soglio à Coire (1727–1730), le palazzo du major-général Conradin Donatz à Sils (1740 environ), celui de l'ambassadeur et comte Hieronymus von Salis-Soglio à Bondo (1765–1774). Un cabinet japonais comme celui du palazzo Salis à Bondo ou les peintures laquées du Neues Gebäu à Coire témoignent de la préciosité de goût d'un connaisseur et grand voyageur. Suivirent, dès le milieu du siècle, les patrons du textile appenzellois et leurs importantes commandes. Ils s'adressaient pour la plupart à l'atelier des Moosbrugger, passés maîtres dans l'art du stuc.

Avant de clore ce chapitre, notons encore qu'aucune oligarchie rurale de l'ancienne Confédération n'investit plus que celle des Grisons dans les édifices d'apparat. Un goût de la décoration, des traditions culturelles, une conscience de soi établie par des générations de pouvoir local, des biens et des contacts internationaux, dans le service étranger notamment, ont permis que depuis la fin du Moyen Age les Grisons accueillent nombre de maisons de maître.

L'ENVIRONNEMENT DU MANOIR

La persistance d'une tradition

D'après l'évolution politique de la Confédération, on suppose que l'architecture résidentielle bourgeoise commença à se développer dans la seconde moitié du 15ᵉ siècle. A cette époque, la conscience politique des cantons confédérés se renforçait par les succès remportés dans les grandes luttes territoriales, tandis que les dernières structures féodales s'effritaient. Par surcroît, la croissance démographique reprenait sensiblement après un siècle et demi d'immobilité due aux longues crises économiques et stimula rapidement un nouvel attrait pour la terre et les biens immobiliers. C'est alors que la maison de campagne traditionnelle suivit une évolution particulière, se muant en une résidence spécifiquement confédérale à travers laquelle l'élite bourgeoise entendait, en partie du moins, remplacer la résidence noble féodale par un style architectural nouveau, distinctif de son rang. Il fallut encore attendre le 16ᵉ siècle pour que celui-ci trouvât son véritable épanouissement.

En ce début de 16ᵉ siècle, la réalisation de l'idée de manoir cherchait à se manifester à la campagne sur les terres du citadin bourgeois. Désormais, le domaine rural et sa résidence d'été rivalisaient avec l'ancienne demeure féodale passée en mains bourgeoises; le crédit social avait encore ajouté à la valeur économique de la propriété de campagne. A tel point que l'idée de la vie campagnarde du hobereau travaillant son domaine jouit de la même importance que celle jusque-là réservée au privilège du rang, ce grand héritage du temps des chevaliers. On trouve un soutien théorique à cette évolution dans un ensemble de textes sur l'agriculture publiés à la Renaissance pour un public de propriétaires de haut rang et instruits.

La famille bourgeoise qui possédait un domaine rural à une journée de voyage de la ville l'équipait souvent d'une résidence d'été. On constate en effet que la plupart des domaines bourgeois compris dans ce périmètre furent l'un après l'autre aménagés en résidence de campagne. Des générations durant, ces domaines restèrent la propriété de la famille qui sans cesse agrandissait et rénovait la résidence. On note quelques changements de propriétaires jusqu'à la fin de l'Ancien Régime, voire même bien plus tard, mais ils se produisaient presque exclusivement au sein de la bourgeoisie des villes.

La maison de maître qui venait d'être construite sur le domaine bourgeois était un enjeu architectural de grande importance et, à ce titre, revêtait une forme architectonique qui manifestait haut et clair les prétentions patriciennes. Pour cela, on se servait très largement de la symbolique des formes héritée des résidences nobles du bas Moyen Age.

La résidence seigneuriale est l'ancêtre du manoir bourgeois, une parenté qui repose sur une même fonction sociale et une même conception architecturale. Au travers de ses attributs féodaux tels que l'enceinte, la douve, les créneaux ou les tours et par le biais des traditions historiques qu'elle incarnait, la résidence seigneuriale passait aux yeux du bourgeois pour une forme architecturale à connotation de prestige. Du coup, elle attira les convoitises. Dès le 15ᵉ siècle, nombre de celles qui paraient les alentours des grandes villes se muèrent, sitôt en mains de grandes familles bourgeoises, en manoirs de haut rang. Il n'est pas rare qu'on puisse suivre l'évolution architecturale qui poussa une résidence seigneuriale jusque dans les formes les plus récentes du manoir de campagne. Citons Arenenberg sur les rives d'Untersee, le domaine Bachtobel près de Weinfelden, les Bürgli saint-gallois du Rosenberg ou du Bernegg, ou le Seeburg et le Mittlere Gyrsberg de Kreuzlingen.

L'enceinte, cet attribut par excellence de la résidence noble et de la noblesse féodale en

Le castel de Susenberg est une de ces résidences de campagne, œuvre du 16ᵉ siècle, qui, bien que dépouillée de tout privilège féodal, s'inspire de l'architecture des résidences nobles de la fin du Moyen Age. Aussi retrouve-t-on les principaux attributs seigneuriaux, le crénelage, les pignons à redans et les tourelles d'angle. Dessin à la plume lavé de Johann Balthasar Bullinger, 1779.

général, avait perdu presque toute fonction militaire, mais conservait en revanche un rôle juridique. A l'origine, elle délimitait visiblement une zone d'immunité, autrement dit un territoire soumis à un statut juridique privilégié. Entre-temps, la plupart de ces enceintes étouffantes furent toutes ou en partie démolies, mais d'anciennes illustrations témoignent de leur présence autour des résidences patriciennes. Le Schwärzihof de Weinfelden, maison de maître de style gothique tardif construite au milieu du 16ᵉ siècle, était entouré d'une enceinte renforcée de tours d'angle rondes. A cette époque déjà, les meurtrières percées dans l'enceinte ne remplissaient qu'une fonction décorative. Pour mieux comprendre quel crédit social l'époque moderne attachait à la résidence noble — symbole de son ascension aristocrate — et à l'acquisition des titres de noblesse, il faut rappeler que nombre de notables marchands s'efforcèrent, au 16ᵉ siècle surtout, de faire reconnaître formellement leur propriété comme résidence libre ou d'obtenir l'anoblissement de leur manoir grâce au statut de résidence noble. En Thurgovie, pays sujet des Confédérés où la seigneurie et la résidence libre conservaient une grande importance dans l'organisation des campagnes, de telles démarches étaient fréquentes, nous en avons confirmation par la Diète fédérale. Ce fut le cas d'Arenenberg et de Wolfsberg, deux propriétés des bords du lac de Constance qui furent élevées au rang de résidence libre lorsqu'au 16ᵉ siècle elles passèrent aux mains de familles de hobereaux.

Au milieu du 18ᵉ siècle, Herrliberger opérait encore la distinction entre les manoirs d'origine noble et les nouvelles résidences d'été ou les domaines patriciens de l'aristocratie. Il qualifiait par exemple l'ancien domaine de La Motte près de Morat de «domaine libre et résidence de chevalier», mais en revanche il parlait à propos du manoir baroque Waldegg près de Soleure de «splendide château de plaisance entouré d'un domaine». Il utilisait le terme de «résidence noble ou libre» pour plus d'une douzaine de manoirs d'alors, notamment pour ceux dont l'origine noble était bien connue comme en Thurgovie, Gyrsberg, Hard, mais aussi pour un nombre impressionnant de résidences lucernoises, Obere et Untere Seeburg, Dietschiberg, Tribschen et Unterwartenfluh. Cette distinction souligne l'importance que la société aristocratique accordait encore, pour sa propre image, aux antécédents nobles d'un manoir.

La parenté architecturale des premiers manoirs bourgeois avec la résidence noble privilégiée permet de comparer le petit château de Susenberg, résidence d'été sise au Zurichberg, et l'ancienne résidence de hobereau de Kreuzlingen, le Seeburg. Du 16ᵉ siècle l'un et l'autre, ils présentent une très proche parenté architecturale: ici et là, la maison de maître maçonnée est pourvue d'une enceinte soulignée aux angles par de petites tours. Le Susenberg date de 1513 et servait de résidence au pharmacien Anton Klauser, bourgeois de Zurich. Construite sur le modèle du château, bien visible au-dessus de la ville, la maison de maître fut manifestement rebâtie pareille à elle-même en 1549 après un incendie. Le Seeburg de Kreuzlingen est postérieur de deux générations. La résidence noble fut bâtie en 1598 pour le hobereau de Constance Johann Jakob Atzenholz. Le nom de Seeburg lui fut attribué plus tardivement. En 1618, le petit château d'Atzenholz devint propriété de l'abbaye de Kreuzlingen et accueillit les moines à la saison d'été jusqu'à un jour de 1633 où il fut pillé par les Suédois. Ce ne fut qu'en 1664 que l'abbaye rétablit la résidence des rives du lac dans toute sa splendeur. A cette occasion, de magnifiques portails à pignon vinrent orner l'enceinte et des coupoles à bulbe coiffèrent les deux tours d'angle d'amont. Dans l'ensemble cependant, le Seeburg conservait toute sa physionomie de résidence noble du gothique tardif. Trois siècles plus tard, soit vers la fin du 19ᵉ siècle, il passa en mains privées et connut de profondes transformations qui lui rendirent, en l'idéalisant, son architecture d'origine. Le Seeburg figure, dans sa forme actuelle, au nombre des exemples de châteaux historiques dont les parentés concrètes mal connues se retrouvent dans les traditions régionales (il en va de même pour le château de Castell). Son caractère de résidence féodale du gothique tardif fut encore souligné par l'aménagement extérieur, donnant prétexte à de nouvelles interprétations historiques sur l'architecture seigneuriale de l'époque. Le petit château de Susenberg connut un destin bien différent. Jusqu'à une époque toute récente, il conserva son caractère de résidence seigneuriale, avec sa maison de maître, son pignon à redans et son enceinte crénelée flanquée de tours d'angle; mais en 1909 il dut céder la place à un nouvel édifice qui a uniquement conservé, souvenir d'antan, un croisillon datant de la construction d'origine.

Si le manoir du gothique tardif, en bon héritier de la maison de maître seigneuriale, s'orientait déjà vers une architecture de prestige, cette tendance en revanche n'intervint absolument pas dans l'aménagement contemporain des domaines ruraux. Il est vrai que les bâtiments obéissaient en général à une disposition orthogonale autour de la cour, mais l'architecture d'ensemble se référait en priorité aux différents besoins de l'exploitation, sans se soucier de quelque principe d'ordonnance esthétique ou systématique. Certains domaines seigneuriaux dont la construction remontait au Moyen Age contenaient l'ensemble des bâtiments dans une enceinte rigoureusement rectangulaire. On retrouve l'origine de ce type d'arrangement dans le modèle des domaines fortifiés du haut Moyen Age. Ainsi l'ancien domaine de Klein-Rheinfelden, au Birsfeld am Rhein, sacrifié en 1952 au profit d'une centrale électrique, fut à l'origine, semble-t-il, la réserve du couvent Sankt Alban de Bâle; en 1674, il fut transformé en domaine patricien par le marchand Hans Heinrich Gernler. Le même manoir de Gross-Gundeldingen près de Bâle, bien que conçu comme une maison de plaisance de la fin du Moyen Age et rénové au 18ᵉ siècle par le conseiller Jeremias Ortmann, conservait encore en 1752, lorsqu'il fut dessiné par Emanuel Büchel pour la topographie d'Herrliberger, une enceinte rectangulaire intacte qui délimitait le domaine; l'étang et la maison de maître tenaient le centre, les dépendances le bas-côté, disposées en fer à cheval pour former la cour.

A gauche. Un singulier château baroque fut élevé sur les ruines de l'ancien château féodal de Kasteln, constitué de trois bâtiments à pignon établis sur une terrasse artificielle. L'idée d'une telle transformation revient très certainement aux bâtisseurs de châteaux d'outre-Rhin. Dessin à la plume lavé de Johann Jakob Aschmann, 1780 environ.
A droite. Dans la résidence soleuroise de Waldegg, l'enfilade — comme des panneaux de décor — de plusieurs pans de façade indépendants rappelle certains châteaux construits sous Louis XIII. Peinture à l'huile anonyme, 1700 environ.
A l'extrême-droite. Construit à l'aube du baroque, le château d'Utzigen se signale par le choix attentif de l'emplacement — une terrasse construite à cet effet dégage la vue sur la plaine et les alpes.

Librement aménagés autour d'une fontaine, les bâtiments de l'ancien château de Gachnang étaient reliés, jusqu'à la première moitié du 18e siècle, par un mur attenant qui délimitait la cour. Le domaine de Vorder Gundeldingen reprenait la même conception: réorganisé en 1710 ou tout au moins orné d'une nouvelle maison de maître de style français, il apparaît moyenâgeux sous le crayon d'Herrliberger avec son enceinte rectangulaire. Pareils remparts datant de la seconde moitié du 16e siècle entourent aujourd'hui encore le Götzental, ce domaine des Pfyffer aux alentours d'Adligenswil. Herrliberger sut encore rendre avec beaucoup d'intensité le château seigneurial zurichois d'Uitikon tel qu'il apparaissait en 1650, trônant au sommet d'une colline avec ses dépendances et son mur circulaire.

En Suisse centrale, les maisons de maître optèrent, elles aussi, pour la franche délimitation de l'enceinte. Mais la raison était autre. On lui voyait une fonction pratique avant tout, car elle servait à tenir le bétail qui paissait à l'écart de la ferme. Merian d'Altdorf en donne une très claire illustration. Toutefois, dès qu'il s'agissait d'une maison de maître, l'enceinte et le porche prenaient un rôle de premier ordre, s'intégrant à la conception d'ensemble comme c'était le cas pour tous les châteaux et manoirs de cette époque. Voyez à titre d'exemple comment Jakob II A Pro, riche *Landamann* et marchand de grain anobli, réalisa sa demeure fortifiée dans la plaine de Seedorf (1556–1558). L'édifice qui s'abrite derrière un mur crénelé avec bastions d'angle et douve rappelle sans conteste l'idéal de la résidence noble de la fin du Moyen Age — ce qui autorise la comparaison entre le château d'A Pro et les édifices de ses contemporains patriciens. Fort prestigieux pour l'époque et pour le milieu rural de Suisse centrale, il devait mettre en valeur le statut de cet influent dirigeant uranais. D'autres maisons de maître de Suisse centrale étaient au 16e siècle pareillement entourées d'une enceinte: au nombre de celles-ci, le Jauchhaus des hauts d'Altdorf et le Rosenburg de Stans. A Schwyz, les plus grandes propriétés étaient délimitées jusqu'au 17e siècle par un mur bien visible qui les tenait closes sur elles-mêmes et isolées de l'extérieur. La maison d'Ital Reding dut disposer d'un mur d'enceinte dès l'origine (1609–1632), la maison Im Immenfeld tient le sien de la période d'extension (1676–1678), enfin l'ouvrage symétrique du domaine d'Obere Feldli remonte manifestement à la conception du palais résidentiel, soit au dernier quart du 17e siècle. D'autres propriétés se bornaient à délimiter l'entrée — ou le côté donnant sur la rue, comme à la Herrengasse d'Altdorf — par un mur percé d'un porche. Ces porches étaient de belles réalisations: l'arceau de pierre était généralement orné des armoiries familiales, parfois les montants présentaient un programme iconographique rappelant toute la symbolique héraldique, tel l'imposant portail de la maison de Melchior Lussy à Stans.

Les débuts du baroque ou la transition des formes

Dès la seconde moitié du 17e siècle, le principe d'une forte enceinte commença à disparaître en même temps que s'effaça le souvenir de la résidence noble médiévale. A l'inverse, le domaine rural bourgeois, qui formait un ensemble ouvert, s'investit d'une importance toujours grandissante, économique non seulement mais surtout sociale, puisque à l'époque la plupart de ces domaines servaient aussi de manoirs. Tout comme jadis les résidences et seigneuries féodales, le manoir devait être adapté aux besoins de prestige de ses propriétaires aristocratiques. Dès la fin du 16e siècle et plus encore au 17e siècle, le domaine rural bourgeois connut une évolution décisive, également manifeste dans les grandes résidences familiales de Suisse centrale: la «campagne» remplaçait le domaine, l'ancienne ferme devenait maison de maître. La tendance à un aménagement géométrique, à une disposition architecturale claire des édifices s'accentuait toujours plus. La maison de maître devenait le point de référence de toute l'ordonnance des perspectives et remplaçait la résidence gothique centrée sur le plan de la cour.

Dès 1650, des projets de construction commencèrent à s'inspirer de conceptions nouvelles, issues de modèles étrangers. Le château aristocratique se vit appliquer quelques premiers principes d'aménagement baroques empruntés à la villa italienne de la fin du 16e siècle et parvenus jusqu'à l'aristocratie des marchands et des officiers helvétiques grâce à l'apport culturel d'un royaume de France politiquement consolidé depuis le règne d'Henri IV. Pourtant, les conditions relatives à la villa italienne et formulées dans les traités d'architecture de l'époque — autrement dit l'adaptation aux conditions topographiques et climatiques du terrain, la mise en valeur de la maison de maître par la surélévation, la vue sur le paysage et le coup d'œil sur les jardins, en un mot la prédilection pour une colline, un flanc de coteau ou la rive d'un lac — convenaient mieux à ce que pouvait offrir la Suisse que les grandes plaines, ce lieu d'élection du château français qui permit le développement, à l'apogée du baroque, d'une ordonnance de grandes et spacieuses perspectives. Le fait est que le modèle italien des somptueux jardins étagés en multiples terrasses ne fut que très rarement repris. L'aménagement qui en Suisse, et même à l'époque baroque, connut la plus belle fortune fut le remblai qui assurait les fondations du bâtiment principal et qu'on aménageait en jardin avancé. De même, les jeux d'eau — cette fraîcheur des villas italiennes à flanc de coteau — jamais trop onéreux et parcourus d'escaliers et de rampes qui faisaient des jardins architecturaux une pièce maîtresse de l'ensemble résidentiel, furent totalement absents jusque tard dans le 18e siècle. Le nouveau château de Kasteln, avec ses trois grandes terrasses étagées (1642), était une modeste tentative d'aménagement artificiel du paysage et faisait pâle figure face aux réalisations étrangères. Le peu de terres disponibles et le manque de main-d'œuvre excluaient des formes d'aménagement comparables aux châteaux contemporains de l'absolutisme étranger. Châteaux, manoirs ou maisons de maître construits à flanc de coteau aux débuts du baroque se distinguaient par un jardin en terrasse devant l'édifice principal, qu'entourait

généralement un mur flanqué de pavillons d'angle côté vallée. De la façade centrale, la vue s'étendait au loin dans la vallée, par-dessus les jardins, et cette perspective imaginaire ordonnait l'ensemble. Le château d'Utzigen (1669) est l'exemple typique d'un édifice du baroque naissant gouverné par la perspective mais dépourvu de rapport avec le paysage environnant. Au château inférieur de Zizers (1670–1687), la tour frontale souligne encore le plan oblong de l'édifice, suivant le sens de la vallée. Ici aussi s'étend devant l'édifice un jardin bordé d'une enceinte, dont la symétrie est renforcée par des pavillons d'angle. Ils furent nombreux les manoirs du 17e et du 18e siècle à reprendre ce type d'aménagement qui combinait avec bonheur l'emplacement à flanc de coteau et l'avantage d'une vue dégagée. La maison de maître du Thalgut de Bolligen, près de Berne, construite en 1682, dresse son mur-gouttereau en aval, face à un jardin en terrasse, tandis que les dépendances se regroupent autour d'une cour arrière. Le Zurlaubenhof de Zoug aboutit, à la suite de différentes campagnes, à un schéma analogue: la maison de maître (1597/1631) domine la pente au loin et à ses pieds le jardin. La maison du métayer et la ferme se tiennent légèrement à l'écart.

Il y a fort à penser que la résidence de la Poya à Fribourg (1699–1701), architecture festoyante et théâtrale de l'apogée du baroque, fut soigneusement conçue en fonction de son emplacement et développée d'après les critères esthétiques et architecturaux de la villa italienne. De la terrasse, la vue plonge dans la vallée profonde par-dessus la ville et atteint les montagnes, comme le veulent les principes théoriques classiques du manoir des 16e et 17e siècles. La Poya, résidence d'été de l'avoyer d'alors, Franz Philipp von Lanthen-Heid, est un ensemble architectural de plan massé, ponctué d'éléments classiques et, chose rare en Suisse, inspiré de l'école de Palladio. La Poya est d'ailleurs plus villa que château. Toute la disposition de l'édifice semble s'organiser autour du centre de la façade — un portique coiffé d'un fronton cintré. Cette façade donne sur la terrasse en plate-forme qui communique par un perron double avec un parterre, lequel s'avance en contrebas jusqu'au bord de la falaise. A l'arrière en revanche, la façade donne sur des champs où passent les allées d'accès.

De par leur topographie, les domaines viticoles seigneuriaux convenaient particulièrement à l'aménagement de terrasses. Plusieurs d'entre eux avaient été transformés au 17e siècle déjà en manoirs, dominant une vaste terrasse. On peut s'en faire une idée en allant voir le Berg à l'est de Zurich aménagé en 1692, le domaine Steiger de Tschugg sur les bords du lac de Bienne, ou le vignoble Escher de Feldmeilen appelé aujourd'hui Mariafeld. D'autres maisons de maître règnent encore sur les vignobles, telles les résidences de Riancourt près d'Aubonne, de Salenegg à Maienfeld ou de Bachtobel près de Weinfelden.

Oberdiessbach (1668–1670) et Waldegg près de Soleure (1682–1684) sont deux édifices de la fin du 17e siècle qui s'inspirent directement du modèle de l'architecture française et témoignent par surcroît d'une recherche consciente d'aménagement baroque. La façade principale y est traitée à la façon d'un décor architectural intégré au paysage, élément conçu et ordonné par l'homme. Waldegg — le manoir de l'avoyer soleurois Johann Viktor von Besenval — traite ce décor avec originalité. La façade se découpe sur un coteau de pente douce: articulée symétriquement en neuf travées, elle rappelle les châteaux d'époque Louis XIII. Toute la silhouette fait penser à un décor de théâtre avec, de part et d'autre, des ailes en galerie et, à ses pieds, une terrasse artificielle. A l'origine, un seul élément opérait la rencontre avec le paysage: c'était l'escalier d'accès à l'extrémité la plus avancée de la terrasse, auquel menait une allée d'arbres. Le château d'Oberdiessbach passe pour être l'un des premiers exemples en Suisse d'une intégration consciente du relief et du décor naturel à une architecture baroque. Il avait été restauré entre 1668 et 1670 par le colonel Albrecht von Wattenwyl, bourgeois de Berne, qui fit partiellement compléter, voire par endroits remplacer, l'ancienne maison de maître du 16e siècle par une nouvelle résidence. Le château obéit à la topographie, il suit la ligne qui sépare la colline du replat, et son large corps reprend le mouvement de l'arête de la colline, encore souligné par l'allée d'arbres qui prolonge le petit côté du bâtiment. La nature forme ainsi un décor monumental autour d'une façade conçue pour le plaisir de l'œil. Le château de Waldegg produit un effet analogue: le mouvement de la façade principale suit en parallèle le flanc du Jura. A Oberdiessbach comme à Waldegg, la profondeur est soulignée par l'allée d'accès qui s'avance dans l'axe central de la grande façade. Ces deux édifices des débuts du baroque marquent, dans l'histoire de l'architecture suisse, les premiers pas vers une intégration géométrique du paysage. La conception de l'aménagement à flanc de coteau avec ses perspectives imaginaires, conception qui était apparue au début du 17e siècle, se développa en quelques décennies en un jeu d'axes longitudinaux et transversaux, quadrillage de l'espace et du paysage sur le modèle des jardins de Louis XIV dont André Le Nôtre fut le maître incontesté.

Quant aux résidences des débuts du baroque construites en terrain plat, c'est une tout autre raison qui motiva leur disposition en perspective: il s'agissait de marquer la séparation entre la résidence du maître et les dépendances en raison d'une volonté toujours plus affirmée de différencier par le mode architectural les diverses fonctions sociales du domaine. Le corps transversal de la maison formait un écran optique idéal entre les jardins du maître et la zone de travail du métayer et des serviteurs. Leurs logements, situés avec les dépendances, étaient en général accessibles par une entrée latérale qui donnait sur la cour de ferme. La résidence La Grange des Eaux-Vives, à Genève, réalise à merveille cette distinction entre le domaine du maître et celui de l'exploitation rurale: les angles de vue fonctionnels sont totalement intégrés à l'aménagement du domaine. Toutefois, ce principe architectural ne connaîtra d'application consciente qu'au 18e siècle, à l'heure du goût français; la résidence La Grange date en effet de 1750.

Pour un pays tel que la Suisse, la conception de «l'hôtel ou château entre cour et jar-

A gauche. Dans le courant des rénovations architecturales apportées par le 18e siècle, d'anciennes constructions, dont le châtelet postgothique d'Allmendingen par exemple, furent reconçues avec un souci manifeste d'y instaurer une symétrie et un système d'axes. Peinture à l'huile anonyme, 18e siècle. A droite. Le jardin d'agrément conçu comme une aire clôturée et ordonnée est sans doute la particularité essentielle du Wenkenhof de Riehen dont la transformation baroque date de 1736. Gravure sur cuivre d'après Emanuel Büchel, 1760 environ.
A l'extrême droite. Au même moment, à Belp, se construisait la résidence campagnarde d'Oberried (1735–1736). Plus tard, vers 1770, une allée d'arbres fut tracée. Aquarelle de Marquard Wocher, 1780–1790 environ.

din» semble être apparue très tôt, avant même l'achèvement de Versailles. La première réalisation en fut la résidence Steinbrugg (1670–1672) de Johann Jakob von Sury à Soleure. La maison de maître était cantonnée de part et d'autre de deux ailes plus basses, aujourd'hui démolies et abritant les dépendances, dans l'effet de séparer l'accès à la résidence et les jardins. En saillie sur la façade principale, elles dérobaient à la vue la propriété qui s'étendait à l'arrière. L'échelonnement des trois bâtiments, disposés sur un même axe, ne formait pas encore une véritable cour d'honneur telle qu'elle apparaît deux décennies plus tard à L'Isle. Mais la fonction de prestige de la façade d'entrée est déjà clairement soulignée par l'articulation architecturale qui place en retrait le corps du bâtiment central. Les jardins eux-mêmes, pour autant qu'ils datent de l'époque de la construction, révèlent déjà par leur allure baroque l'obédience au goût français: un parterre orne l'avant de la maison de maître, avec, à la croisée centrale, une fontaine ronde, des bosquets rectangulaires de part et d'autre et en prolongement une allée d'arbres en direction de l'Aar. Charles de Chandieu commença peu avant le tournant du 18e siècle la construction de la résidence de L'Isle. Elle fut achevée plus de dix ans après, lors de l'aménagement des jardins. L'Isle est en Suisse la première résidence patricienne à réaliser pleinement la conception baroque du château français de style Louis XIV: le puissant «corps de logis» régit l'ensemble en fer à cheval et s'ouvre sur des jardins à la française que traverse un plan d'eau dit «canal». Ce motif du miroir d'eau, rare en Suisse mais très souvent repris dans la tradition de cour française, est sans doute à l'origine du surnom de «Petit Versailles» que reçut le château de L'Isle.

La maison de campagne baroque à l'apogée du 18e siècle

Le modèle français

Au siècle de l'absolutisme, le manoir — qu'on appelait «maison de plaisance» ou «maison de campagne» — revêtit une importance nouvelle. Sous l'emprise du grand Louis XIV, la cour de France tendait à se centraliser, tandis que s'intégrait à la noblesse de vieille souche une noblesse de finance, issue de la bourgeoisie. C'est ainsi que, dans un Etat absolutiste princier et royal, la «maison de plaisance» se hissa au même rang que le château de campagne de la noblesse. Dans cette société hiérarchisée où, pour tenir son rang et se donner un nom, il fallait sans cesse occuper l'entourage du prince, dans cette société où le prestige personnel déterminait le statut social autant que la richesse et le pouvoir, le château de campagne de la noblesse perdit sa réputation d'être le seul lieu de prestige en dehors de la cour. On vit lui succéder l'«hôtel», résidence urbaine permanente de la noblesse de cour, et le manoir ou «maison de plaisance». Dans une grande ville comme Paris, les résidences de la noblesse de cour étaient au cœur même de la cité, aussi prenaient-elles l'allure de palais urbains. En compensation, pourrait-on dire, de cet état de fait, les maisons de campagne que la noblesse se faisait construire en l'Ile-de-France reçurent une fonction sociale en propre. C'est le Roi Soleil lui-même qui introduisit la différence entre la résidence de cour et le château de plaisance en construisant presque simultanément son nouveau palais royal à Versailles (1668–1720) et son château de campagne à Marly (1676–1686), plus intime et conçu à l'image de sa personnalité de monarque absolu. Il institua en norme sociale la forme assouplie de la retraite à la campagne, loin du strict cérémonial de la cour et de l'Etat. Loin aussi des obligations de prestige qu'exigeait l'étiquette, la maison de campagne devenait le lieu de toutes les galanteries et des plaisanteries propres au théâtre baroque de la vie mondaine, laquelle atteindra son apogée à l'heure du rococo. Avec son Trianon des Porcelaines dans le parc de Versailles (1670–1672), Louis XIV conçut pour la maison de plaisance la forme la plus intime: c'est la gentilhommière dans le parc de la résidence, ou, sous une forme un peu différente, l'ermitage. En 1687–1688 déjà, le roi fit remplacer cette première version du Trianon par le Grand Trianon, clairement conçu comme une villa classique. L'impulsion architecturale que provoquèrent ces Trianons se ressent sur toute l'architecture résidentielle du 18e siècle européen. Modèles de la maison de plaisance, ils donnèrent naissance à de multiples pavillons, maisons de plaisance et édifices de parc marqués au goût des différents maîtres de l'ouvrage princiers. Ce survol des deux principales formes de la maison de plaisance baroque, savoir le manoir d'apparat et la maison de plaisance plus intime, permet de mieux comprendre les deux fonctions capitales de ce type d'édifice: il offrait une double variante au prestige princier et à la vie de cour. A la paire princière de la résidence et du château de plaisance font pendant l'«hôtel» et la «campagne» bourgeois et ce qui vient d'être dit à propos des premiers vaut pour les seconds. L'appellation de «maison de plaisance» pour ce type de manoir illustre clairement ce qui distingue la «campagne» baroque des formules analogues imaginées aux périodes antérieures: contrairement au château de campagne de l'ancienne noblesse, au domaine patricien ou à la villa, la maison de plaisance ne répond à aucune nécessité absolue. Elle est une pure architecture d'apparat.

La forme obligée qu'institua la maison de plaisance du baroque français est indissociable de l'évolution du château royal. Souvenons-nous que, sitôt la fin du Moyen Age, le château royal subit une transformation complète par laquelle le donjon fortifié devint l'ensemble ouvert sur plan en U. Pareille évolution mena au jardin français. Depuis le carré d'enceinte du gothique tardif, fermé et dépourvu de tout rapport avec l'édifice, l'aménagement des jardins suivit en France une évolution d'abord influencée par les jardins en terrasse de la Renaissance italienne, placés dans l'axe du bâtiment, puis développa toutes les variantes

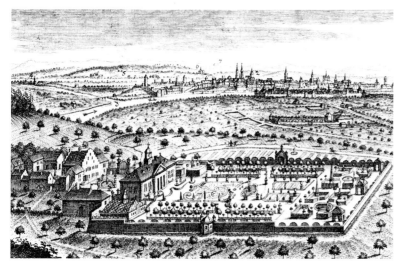

des jardins ordonnés et enfin des parterres géométriques plus sophistiqués. L'ordonnance du paysage en perspectives symétriques propre au baroque s'imposa avec l'art de Le Nôtre, avant de devenir un modèle pour toute l'Europe. Dans un cadre à l'origine bien défini (mais dont les bords tendront à s'estomper dans un paysage ouvert) en terrain généralement vaste et plat, de préférence légèrement incliné, un large mouvement se déroule le long de l'axe géométrique central et s'ordonne toujours plus nettement en une claire hiérarchie. Le château trône en position dominante, bien en vue si possible et juché sur la hauteur de façon que, de là-haut, rien n'empêche le regard.

Le principe du fer à cheval disposant l'édifice sur plan en U mettait en valeur par toutes sortes de moyens architecturaux le déroulement du cérémonial propre au château français du baroque. L'allée, le portail, la première cour puis la cour, le vestibule, le grand salon donnant sur les jardins, la terrasse et le parterre, le bassin ou canal et finalement le belvédère, telles étaient les stations de l'ensemble, visibles au premier coup d'œil. Le manoir répéta ce modèle. Il va de soi que tous les bâtiments annexes trouvaient leur place dans ce système hiérarchique; le plus souvent disposés en symétrie des deux côtés de la première cour, ils formaient, toujours à l'écart de l'axe du château, les dépendances. En France, l'exemple le plus ancien réunissant tous ces principes d'aménagement en un ensemble d'art architectural est certainement le château de Vaux-le-Vicomte près de Paris, conçu et réalisé en 1656–1660 par Le Vau et Le Nôtre pour le ministre des Finances de l'époque, Nicolas Fouquet. Précédant la période des grandes constructions contemporaines du règne de Louis XIV, il fut le premier modèle de la maison de plaisance française. L'architecture française de l'absolutisme se distinguait par une régularité hiérarchisée et une discipline symétrique. Socialement parlant, elle se caractérisait par l'expression architecturale du rang, les cérémonies et la variété. Ces particularités étaient l'expression simultanée des prétentions sociales de l'absolutisme et d'une approche rationnelle de la nature. Ce qui valut à l'architecture française de s'imposer en modèle incontesté dans toutes les cours absolutistes du 18e siècle européen, en canon de l'aménagement baroque. En France, il fallut attendre le Siècle des lumières pour voir se modifier les conceptions théoriques développées par l'Académie d'Architecture (fondée en 1671) qui prônait l'ordonnance explicitement rationnelle. Mais dès 1750, les architectes français comme Blondel finirent par adopter eux aussi un nouveau genre venu d'Angleterre qui se résume par la formule du «désordre artistique» (entendez «l'état de nature»).

Le provincialisme helvétique

En Suisse, le canon de la maison de plaisance française ne s'imposa vraiment — exception faite de quelques réalisations isolées comme Waldegg, Steinbrugg ou L'Isle — qu'après le tournant du siècle. Certes, le capitaine soleurois Jakob Aregger disait en 1666 déjà qu'il avait «décoré le Buchholz, son domaine résidentiel, ... de plaisants bâtiments, jardins et forêts»; certes, le manoir bernois d'Heimenhaus à Kirchlindach, commandé par Georg von Werdt en 1637, développait un ensemble en fer à cheval d'une conception intéressante. Mais en réalité, les mille et une possibilités d'agencement que recelait potentiellement le château français du 17e siècle ne furent véritablement exploitées qu'aux premières décennies du 18e siècle. Mais alors quelques années suffirent pour voir se réaliser en Suisse le canon de l'architecture patricienne de l'époque dans ses variations les plus diverses. A vrai dire, la copie de très grands ensembles à la manière de Le Vaux se heurtait évidemment à bien des obstacles, tant politiques et économiques — l'aristocratie helvétique était confinée dans certaines limites — que topographiques — la Suisse étant un pays vallonné. Le grand ensemble baroque de conception française fut donc contraint de s'adapter aux conditions locales. Les simplifications et les modifications se firent sur un mode plein de charme provincial. Mais les principes de régularité et de symétrie, l'ordonnance de l'espace en perspectives, la hiérarchie de l'ensemble dominé par la maison de maître, trônant au centre d'un domaine construit et défini, le plaisir aussi de jouer indéfiniment avec la variété changeante des accessoires disponibles comme les jeux d'eau, les bosquets taillés, les vases décoratifs et les sculptures, les pavillons et les «points de vue» (belvédères), les serres, les treilles et les allées d'accès — tous ces traits constitutifs de la conception française furent maintenus. En fin de compte, l'élite aristocratique des cantons confédérés se forgea ses propres valeurs tant au contact des petites cours princières ou simplement à la lecture d'ouvrages théoriques que par l'observation individuelle de ce qui se faisait à l'étranger ou dans son environnement immédiat. Dans ce cas, elle ne manquait pas de s'adjoindre les services d'habiles architectes indigènes ou étrangers.

En Suisse, on trouve des gentilhommes propriétaires et architectes dès le 17e siècle déjà. Samuel Jenner aurait dressé lui-même les plans de son manoir du Thalgut à Bolligen dans le canton de Berne (1682–1683). Un siècle plus tard, vers 1800, le marchand Jean-Pierre Du Pasquier établit les plans de sa villa de Vaudijon, dans un vignoble neuchâtelois, d'après les modèles de l'œuvre de J.-F. Blondel, dont il possédait une édition en sept tomes parue en 1771–1779. Le coût élevé de la construction au 18e siècle justifia très souvent une répartition du travail. Les plans et la réalisation n'étaient plus forcément l'œuvre d'une seule et même personne. Tel fut déjà le cas notamment du château inférieur de Zizers (1670–1687); la propriété des Salis fut réalisée par un maître de chantier indigène d'après les plans de l'architecte alsacien Cléber. C'est un architecte parisien, Aubry, qui dessina en 1724 les plans de la maison de maître de Bois de la Tour près de Neuchâtel dont la réalisation revint à un maître de chantier originaire de Couvet, Antoine Favre. En ce qui concerne la résidence du Creux-de-Genthod (1723–1733) près de Genève, on a l'assurance que le célèbre professeur d'architecture Jean-François Blondel en personne dessina si ce n'est les plans de l'édifice, en tout cas ceux des jardins, puisqu'il les publia dans son ouvrage. Le château de

La résidence Himmelrich à Lucerne, construite en 1772 sur le modèle «entre cour et jardin», se caractérise par un remarquable échelonnement en hauteur d'éléments symétriques qui prête à l'édifice un équilibre monolithique et une absolue régularité. Gravure sur cuivre de Johann Rudolf Holzhalb, 1783–1785 environ.

Crans (1764–1769), sur les bords du Léman, fut lui aussi conçu par un architecte parisien, mais les projets de réalisation furent ensuite exécutés par les architectes et maîtres de chantier genevois Racle et Bovet.

Mentionnons enfin les efforts faits à Berne pour obtenir les services du célèbre architecte parisien J.D. Antoine. Ils illustrent les luttes constantes qui opposaient les architectes indigènes et étrangers, les tendances architecturales conservatrices et progressistes. Le trésorier alémanique Frisching, très partisan de conceptions nouvelles, fit appel au grand spécialiste français lorsqu'il fut question de rénover l'Hôtel de Ville bernois en 1787. Un homme de confiance fribourgeois, Louis d'Affry, lui servait d'intermédiaire à la cour de Paris. Comme Antoine travaillait à la métropole, il fit engager son collaborateur Vivenel et l'architecte alsacien Osterrieth pour diriger le chantier. Prolongeant leur séjour, l'un et l'autre exécutèrent différents travaux à Berne où ils eurent même l'occasion de dessiner les plans de nombreuses maisons privées. Vivenel obtint aux dépens de son concurrent, le célèbre architecte bernois von Sinner, de reconstruire sur commande de Carl Friedrich von May le château seigneurial de Rued en Argovie et conçut également le projet du manoir d'Eichberg près de Thoune (1794) dont il assuma la réalisation. Osterrieth travailla aussi, dans les dernières années de l'Ancien Régime, pour la bourgeoisie des petites villes en pleine ascension sociale. En 1794, il construisit pour le marchand d'Aarau Johann Rudolf Meyer une maison dans la Laurenzenvorstadt conçue avec beaucoup de finesse dans un style classique naissant. Après la chute de l'aristocratie d'Aarau, Osterrieth semble avoir connu une renommée inattendue, puisqu'on lui confia en 1798 le projet d'un quartier administratif dans la Laurenzenvorstadt.

Pour qu'un axe ininterrompu guide l'agencement de l'ensemble — au sens où l'entendait l'école française et qui était aussi valable pour le château suisse de l'époque baroque — il fallait que le vestibule et le grand salon fussent très exactement disposés au centre de l'édifice. Seulement la Suisse tenait fermement au plan, en usage dans le pays, d'un corridor central distribuant les pièces sur les côtés. En contrepartie, il pouvait recourir à un perron qui garnissait la façade et répondait aussi bien aux principes de symétrie et de régularité qu'aux exigences imposées par les cérémonies de haut rang. Cette même attitude conservatrice se retrouve dans la conception artistique des manoirs helvétiques. Il est certain que de nombreuses maisons de campagne furent conçues dans le goût de l'époque, «à la française», déployant de splendides aménagements intérieurs (tapisseries, boiseries, stucs) et de riches mobiliers; mais dans l'ensemble, le manoir du 18e siècle resta fidèle aux traditions culturelles du pays: la salle de fête qu'on préférait décorer de fresques plutôt que de stuc, le salon presque toujours asymétrique et décentré au mépris de la grande tradition française — ce fut très souvent le cas à Schwyz — les chambres à coucher et salles à manger lambrissées, chauffées au poêle en faïence plutôt qu'à la cheminée, etc. Au reste, on trouvait plus approprié aux conditions relativement plus modestes de la Suisse de construire dans le genre palais, autrement dit un édifice de plan massé et peu différencié, couvert d'un toit en croupe ou à la Mansart, plutôt que la solution plus onéreuse du plan en fer à cheval ou doté d'avant-corps donnant sur le jardin, selon le schéma français. Les exigences topographiques propres à la Suisse et le conservatisme architectural des gens du pays se manifestèrent également dans l'aménagement. La plupart des ensembles conçus d'après le modèle français durent imaginer des solutions réduites, compte tenu du terrain vallonné. Quant à la perspective symétrique, elle se limitait soit à la façade d'entrée, soit à de grands jardins.

Ceci dit, la hiérarchie des bâtiments, leur claire ordonnance géométrique pouvaient aussi bien s'adapter à un contexte économiquement plus modeste. D'où toute une série d'ensembles qui complétèrent le corps central de deux bâtiments latéraux côté cour (Ebenrain près de Sissach, Sandgrube près de Bâle, Middes ou Mettlengut près de Muri). Des moyens très simples parvenaient à suggérer une progression de l'espace et l'effet d'ensemble était atteint. On entreprit même ici ou là au 18e siècle des ensembles de plan carré, avec enceinte et pavillons d'angle comme il se doit, la maison de maître trônant au centre (Malley sur Lausanne, le Holzhof près d'Emmen et Belfaux à Fribourg) — une façon de renouer avec la tradition locale de la résidence noble du gothique tardif.

On ne voulut pas non plus renoncer en Suisse à cette impression d'espace que crée le prolongement d'un même axe de la cour d'honneur aux jardins, en passant par le vestibule, le salon et la terrasse. Le plan de Crans est plus que tout autre fidèle au modèle français; les deux châteaux de l'avoyer Hieronymus von Erlach à Thunstetten et Hindelbank reprennent également le même schéma. Nombreuses étaient les maisons de campagne du 18e siècle agrémentées de vastes parterres fleuris que ceignait parfois un mur selon la tradition locale, tels les manoirs bernois d'Ursellen et d'Allmendingen ou les domaines baroques de Riehen (Bäumlihof, Wenkenhof). Mais d'ordinaire, le terrain empêchait toute extension en vastes zones planes. On recourut alors à la solution des terrasses. A cet égard, l'architecture des châteaux et des manoirs suisses resta tributaire des conceptions d'aménagement antérieures. L'emplacement à flanc de coteau, sur une terrasse artificielle, garantissait l'avantage des paysages à perte de vue que goûtait tant le 18e siècle, et de surcroît permettait de modifier et de restructurer la composition d'ensemble. L'axe en profondeur fut remplacé par un parterre transversal prolongé par des éléments en largeur, parallèles au coteau, ici une treille, là une allée d'arbres, au bout desquels se tenait un pavillon, une fontaine ou un porche (Vullierens, Prangins, Gümligen et Oberried près de Berne).

Dans l'ensemble, les châteaux et les résidences de campagne helvétiques restèrent très sensiblement marqués par un certain provincialisme. Etonnamment, la décoration artistique des jardins se limitait pour l'essentiel à une aire bien définie, située devant la maison de maître, le jardin d'autrefois. Bien souvent, des projets plus développés, tout à fait dans

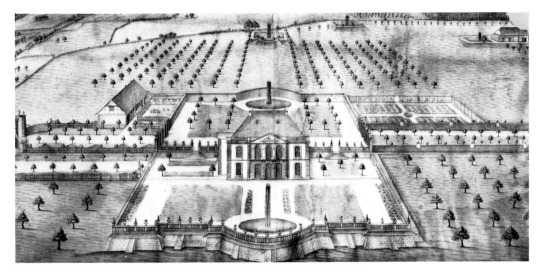

Cette vue stylisée de la résidence des Fischer à Gümligen (1736–1739) présente en perspective cavalière le parfait développement du système d'axes baroques avec, au centre, la maison de maître. Le long des allées sont distribués des éléments d'architecture, portails, jets d'eau, points de vue, comme autant de repères. Plan domanial dressé par Pierre Willomet, géomètre, 1743.

le goût des modèles de la cour et en partie repris de l'étranger, restèrent sans suite (Crans, Gümligen). Ainsi, l'architecte bernois Erasmus Ritter dessina-t-il, tant pour les besoins de ses propres études que pour la publication d'un livre d'architecture, un plan d'ensemble très systématique de l'aménagement d'une maison de campagne ainsi qu'un projet de «maison de plaisance» avec salon rond avançant sur les jardins (1793). En revanche, il y a fort à croire que les plans du château de Thunstetten, provenant de l'entourage de l'architecte français Joseph Abeille, correspondaient davantage à ce qui se faisait aux alentours de 1715.

Notre rétrospective des manoirs et résidences helvétiques au 18ᵉ siècle serait faussée ou du moins incomplète si on omettait de mentionner les nombreux domaines bourgeois et patriciens qui, jusqu'à la fin de l'Ancien Régime, restèrent fidèles aux traditions du pays, se limitant exclusivement à une simple maison de maître avec ses dépendances, sa grange et ses jardins agrémentés de quelques éléments décoratifs comme une fontaine ou un portail, ornementations qui n'excédaient jamais le cadre du jardin proprement dit. Büchel décrit à propos de la résidence libre d'Aesch ou du petit château d'Horburg près de Bâle quelques-uns de ces ensembles ruraux et modestes; qu'on pense à tant de domaines patriciens, élevés parfois même au plus fort du 18ᵉ siècle, qui marquent le caractère de certaines régions de la Suisse comme le Jura bâlois, les bords du lac de Zurich ou la Suisse centrale.

Même si, dans le cadre du manoir baroque, l'exploitation rurale avait perdu de son importance, les grands architectes des villes helvétiques comme Sprüngli, Stürler ou von Sinner à Berne, Hemeling, Büchel et Werenfels à Bâle s'attelèrent aux problèmes de l'aménagement et de la transformation des domaines ruraux patriciens. On doit à un architecte fribourgeois de la fin du 18ᵉ siècle, Charles de Castella, des projets exemplaires d'intégration à l'ensemble du domaine ainsi que des modèles d'édifices de fonctions diverses. En 1785–1787, lorsqu'il réalisa également le projet du château de Greng près du lac de Morat pour François-Claude Gigot de Garville, il sut intégrer les exigences d'une grande exploitation rurale aux idéaux de la conception française des châteaux: l'ensemble, strictement géométrique, est à la fois généreux et architecturalement structuré. Greng marque en quelque sorte un aboutissement dans l'arrangement baroque des domaines de l'Ancien Régime.

LA SUISSE ROMANDE

L'actuelle Suisse romande, que nous connaissons comme une entité culturelle cimentée par l'usage d'une seule et même langue française, n'a plus beaucoup de points communs avec la Suisse romande d'autrefois, d'avant 1800, qui présentait autant de constitutions politiques que de constituants. On notera d'abord que la pratique de la langue française était circonscrite à un espace considérablement plus restreint qu'aujourd'hui. Certes à l'époque déjà, le territoire fribourgeois marquait la frontière linguistique, à ceci près que l'allemand y régnait en langue officielle de 1481 à 1798. Dans le Jura, les dignitaires politiques du prince-évêque de Bâle — issus pour la plupart de familles de magistrats immigrés du sud de l'Allemagne, du Haut-Rhin ou de Suisse orientale — traitèrent en allemand jusqu'au 18e siècle. En Valais, pendant ce temps, la germanisation progressait en aval à mesure que s'étendait la domination du Haut-Valais sur le Bas-Valais. Quant au Pays de Vaud, il subit, le temps que dura la domination bernoise, l'influence suisse-allemande pour tout ce qui touchait à l'administration, comme en témoigne la fréquente germanisation des noms de localités.

D'unité politique, il n'en était pas plus question, puisque ce que nous appelons la Suisse romande se composait d'éléments aussi disparates que la Ville et République de Genève, la Principauté épiscopale de Bâle (autrement dit l'actuel Jura), le comté de Neuchâtel — qui fut français avant de passer à la Prusse — la République des sept dizains du Haut-Valais, avec à sa tête l'évêque de Sion en vrai seigneur foncier et sous ses ordres le Bas-Valais en vrai pays sujet, sans oublier le Pays de Vaud placé sous la coupe de Leurs Excellences de Berne, et Fribourg enfin, le seul à se prévaloir du statut de membre souverain de l'ancienne Confédération. Genève, Neuchâtel, le Valais et l'évêché de Bâle restèrent jusqu'en 1798 des Pays alliés *(zugewandte Orte)* liés à la Confédération en vertu d'un traité de combourgeoisie qu'ils avaient conclu avec l'un ou l'autre canton de l'Alliance fédérative. Ce n'était pas faute de vouloir pourtant, car chacun de ces territoires frontière avait déjà maintes fois sollicité son adhésion à la grande Ligue. Mais, au lendemain de 1530, le schisme provoqué par la Réforme avait rendu toute agrégation formelle illusoire: si l'incorporation du Valais et de l'évêché de Bâle soulevait une vive opposition dans le camp réformé, celle de Genève était mal vue par les catholiques; enfin Berne, pour des raisons personnelles, interdisait à Neuchâtel l'entrée dans l'Alliance.

Or, même si chacune des formations politiques de la frange occidentale de la Suisse poursuivait son propre développement et même si elles présentaient des statuts politiques très différents (ville-république, principauté ecclésiastique, république rurale à caractère fédératif ou pays sujet), la réciprocité des échanges culturels ne resta pas sans effet sur leur évolution respective. Les relations qui existaient entre Fribourg, Soleure et Neuchâtel, ou entre Genève, Berne et le Pays de Vaud déterminèrent pour une large part l'architecture bourgeoise de Suisse romande. Aussi bien l'apparition de constantes architecturales nous autorise-t-elle à briser l'échelle cantonale pour définir des espaces culturels plus vastes. A partir du 16e siècle, plusieurs facteurs jouant sur fond de langue commune — évolution politique, suprématie de la puissante France voisine, mais aussi répercussions de l'accueil de réfugiés — marquèrent fortement le développement de la Suisse romande. Au point que l'élément français eut accès à l'architecture bourgeoise de ces cantons comme nulle part ailleurs dans l'ancienne Confédération.

GENÈVE

L'histoire fit de Genève un front de bataille opposé à la Savoie — aussi vrai que jamais celle-ci n'abandonna complètement les prétentions qu'elle nourrissait sur le compte de la grande cité marchande. N'était-ce le ferme soutien de la Confédération et l'antagonisme politique de la France et la Savoie, rien sans doute n'aurait empêché l'annexion forcée de Genève à la couronne de France comme à la Maison de Savoie. Dès le 14e siècle, l'ancienne cité épiscopale imposa progressivement sur la scène internationale son statut de communauté urbaine indépendante. A l'inverse, le souverain de la cité, l'évêque de Genève, voyait son pouvoir s'amenuiser. Au 15e siècle, le duché de Savoie environnait Genève de toutes parts, et la ville engoncée dans son petit territoire souverain n'était qu'une enclave dans la Savoie. Jusqu'au siège épiscopal qui était alors occupé par un représentant de la Maison de Savoie: à lui seul il exerçait l'entière juridiction sur la ville. C'est alors qu'éclatèrent les guerres de Bourgogne, favorisant le rapprochement de Genève avec la Confédération et renforçant l'indépendance de la cité. Depuis 1478 d'ailleurs, l'évêque résidait le plus clair du temps hors de la ville. Au milieu du 15e siècle, l'important marché genevois, qui comptait déjà deux siècles de prospérité, se vit imposer une sévère concurrence par la ville de Lyon dont la France cherchait à faire une place marchande.

La décennie 1526–1536 restera marquée dans l'histoire de la communauté urbaine comme une période fondamentale dans la constitution de sa souveraineté: en 1526, l'évêque remit aux autorités de la ville le droit de juridiction; en 1528, le vidomat

De gauche à droite:
Pièce de monnaie frappée à Genève, 1562.
Médaille offerte par les Bernois à Lausanne pour l'arrestation du major Davel.
Sceptre du grand sautier de Fribourg.
Cachet officiel de la principauté de Neuchâtel, 1709.
Etendard du château de Rarogne, 1738.
Beffroi du château de Porrentruy arborant le blason épiscopal.

fut aboli. L'alliance que Genève scella en 1526 avec la France et Berne garantit sa sécurité extérieure, tandis que l'accueil qu'elle fit à la Réforme unit durablement la cité de Calvin à la puissante république bernoise. Par la suite, Berne devait toujours se considérer comme le protecteur de Genève.

Au carrefour des deux grandes voies du commerce européen, Genève occupa un rôle international de plaque tournante pour les capitaux et les marchandises. Entre 1550 et 1700, alors qu'affluèrent d'Italie ou de France les réformés persécutés pour leur foi, Genève accueillit un grand nombre de personnalités entreprenantes, cultivées et accomplies. Ces réfugiés eurent une action bénéfique et durable sur le développement économique de Genève. Grâce à eux et à leur *Verlagssystem*, l'industrie de la soie se tailla une place de choix sur le marché des textiles du 17e siècle. L'entreprise genevoise en tira un bénéfice tel qu'elle donna jour à la toute-puissante branche économique des banques qui détermina dans une large mesure l'économie genevoise du 18e siècle.

Au 17e siècle, la prospérité de la ville reposait encore sur l'industrie horlogère et textile (de la soie, puis de l'indienne), mais dès le 18e siècle elle en fut redevable aux banques privées et à leurs relations internationales. Or, les vocations de Genève étaient multiples. Calvin en fit un centre spirituel qui allait guider le mouvement réformé; son rayonnement par toute l'Europe se cristallisa en 1559 avec la fondation d'une université protestante. L'élite savante jeta des liens sur tout le continent. La Constitution de 1543 consacra le pouvoir politique du Conseil: rien n'allait plus empêcher la formation d'une oligarchie. Mais contrairement à ce qui se fit à Fribourg et à Berne, le patriciat genevois ne fonda jamais son autorité souveraine sur une base légale qui l'aurait une fois pour toutes habilité à gouverner. Cela n'empêcha nullement l'aristocratisation de suivre un cours comparable à celle des autres villes suisses. Les mesures de restriction généralisées frappant la réception dans la bourgeoisie aboutirent, au cours du 17e siècle, à écarter les citoyens du gouvernement, puis à concentrer la puissance politique sur le Petit Conseil et à revendiquer l'ensemble des sièges du Conseil pour un cercle restreint de familles. De là découle la formation de trois classes d'individus: les familles régnantes, les ayants droit aux termes de la Constitution — qui n'en étaient pas moins exclus du pouvoir — enfin les habitants privés de tout droit politique. En 1781, ces droits politiques étaient aux mains de trente-six pour cent de la population genevoise; autrement dit, le soixante-quatre pour cent était banni de l'exercice du pouvoir.

Au 18e siècle, l'hostilité croissante que se vouaient le patriciat et les éléments populaires plongea Genève dans l'instabilité politique. Les premières tentatives de réforme constitutionnelle engagées par les citoyens purent encore être déjouées en 1707 par les familles régnantes avec l'appui des villes de Berne et Zurich. Suivirent de la part des bourgeois de nouvelles critiques et de nouvelles tentatives d'obtenir, par le biais de l'assemblée des bourgeois, une voix au dialogue politique. Vers 1750, la contestation se durcit au point d'aboutir à la formation de partis. En 1782, il y eut même des prises d'armes déclenchant l'intervention militaire des forces de protection de la France, de Berne et du royaume de Sardaigne. En 1789, une réforme constitutionnelle accorda à l'assemblée des bourgeois le droit d'élire le Petit Conseil sur proposition des Deux Cents (ou Grand Conseil) et facilita la réception des habitants *(Hintersässen)* à la bourgeoisie. En 1792 enfin, une nouvelle Constitution mit un terme à la souveraineté patricienne, mais au même moment la ville fut incorporée au territoire français et dut renoncer à son indépendance jusqu'en 1814.

VAUD

Placé sous la souveraineté de la Maison de Savoie, le lâche assemblage d'organismes autonomes que représentait alors le Pays de Vaud se vit rallié pour la première fois vers 1450 en un système d'administration politique unifié — sans que pour autant ne fussent remises en cause les innombrables petites et grandes seigneuries au nombre desquelles figurait l'évêché de Lausanne. Pourtant, les princes savoyards, grands bâtisseurs de villes, opposèrent à la féodalité un élément nouveau, la bourgeoisie. La structure sociale du Pays de Vaud apparaissait clairement à la Diète, puisque se côtoyaient aux délibérations des députés de la noblesse, des princes de l'Eglise et des villes.

Devant la progression vers l'ouest entreprise par la libre et impériale Berne, Vaud passa sans lever les armes sous la sphère d'influence de Leurs Excellences. Le pays capitula en 1536. Il y a fort à croire que le rapprochement de Berne et Genève dans le cadre de la Réforme ne fut pas étranger aux événements. Au lendemain de cette expédition, Berne entra dans les droits souverains de la Maison de Savoie et mit fin du même coup au pouvoir de l'évêque de Lausanne. Après avoir cédé quelques territoires à Fribourg et fondé avec sa voisine catholique les bailliages communs de Grandson et d'Orbe-Echallens, le nouveau seigneur territorial morcela le pays qui s'étendait du lac Léman au lac de Neuchâtel — puisque c'était devenu un pays sujet — en seize bailliages qu'il fit gouverner par des représentants de l'Etat. Dès ce jour, les seigneuries féodales et les villes perdirent toute prétention à la souveraineté. Les nouvelles autorités s'ingénièrent à lier les mains de la Diète, après quoi elles l'interdirent jusqu'en 1679. Le Pays se vit ravir sa dernière voix au chapitre politique. La charge de bailli était réservée aux bourgeois de Berne qui la convoitaient pour ses grasses prébendes. La trésorerie romande et le tribunal d'appellation furent transférés à Berne. En 1616, après un examen des différents droits locaux et des franchises que Berne, au lendemain de sa conquête, avait promis de confirmer, la rédaction d'un coutumier fut soumise au Pays de Vaud. S'il ne s'appliquait cependant pas à toutes les terres conquises par Berne, il concernait entre autres Lausanne, Payerne, Avenches, Grandson, Orbe, Echallens, Aigle ou le Pays d'Enhaut.

Lausanne, première ville du pays, dut abandonner l'indépendance politique d'antan qu'elle s'était acharnée à remporter sur l'évêque, et son conseil municipal se vit imposer la présidence d'un châtelain bernois. Bien que reléguée au statut de ville de province, Lausanne — suivie d'ailleurs par les autres localités du Pays de Vaud — laissa percer des tendances oligarchiques calquées sur le modèle de la capitale. Un petit cercle de familles s'attribua les quelques sièges vacants du Conseil ainsi que les fonctions administratives de la ville, s'arrangeant pour maintenir, dès le 17e siècle, l'ensemble des citoyens dans un véritable exil politique. A cette époque de la polarisation sociale, la rue de Bourg à Lausanne devint le quartier d'élection de la très distinguée classe privilégiée. Sous l'hégémonie bernoise, les tenanciers d'anciennes seigneuries féodales conservèrent leur fonction de seigneur justicier; seulement, s'ils parvinrent tant bien que mal à sauvegarder leur noble prestige d'antan, ils n'en furent pas moins dépouillés de tout privilège politique. Simples sujets, ils n'avaient plus accès ni aux fonctions publiques ni aux grades supérieurs de l'armée. Restait le clergé qui leur assurait un avenir dans les milieux cultivés de la bourgeoisie. Mais la noblesse vaudoise, confinée dans ses seigneuries, manquait toujours plus cruellement de ressources économiques. Elle s'appauvrissait à vue d'œil et n'eut d'autres ressources que de vendre ses biens. Cela eut pour effet de grossir l'immigration vers les villes — et vers Lausanne surtout — et de valoriser l'engagement au service étranger qui avait l'avantage d'offrir aux descendants des familles de qualité la perspective d'une ascension militaire ou diplomatique.

C'est ainsi que la plupart des seigneuries passèrent en mains de riches marchands de Genève ou de France, ou encore à des officiers et des courtisans français, voire à des spéculateurs. Rares, les familles indigènes qui surent sauvegarder leur patrimoine et s'assurer une prospérité à la mesure de leur rang. En ces temps de bouleversements sociaux, les familles patriciennes bernoises — de celles qui pouvaient déjà prétendre aux charges de bailli vaudois — jouèrent la bonne carte en acquérant pour leur propre compte seigneuries ou domaines. Bien plus que les rentes conséquentes que pouvait rapporter un vignoble, c'est d'abord l'ascension de quelques degrés sur l'échelle sociale qui poussait le patriciat bernois à acquérir une seigneurie féodale en Pays de Vaud.

Cette promotion sociale assurait le conquérant bernois de compenser largement le sentiment d'infériorité qu'il nourrissait inconsciemment à l'égard de l'ancienne noblesse assujettie. Dans ce contexte politique, la culture raffinée n'était plus portée que par quelques grandes familles vaudoises à qui manquait cependant l'assise financière nécessaire à leur rang. L'apport d'influences culturelles étrangères — française surtout — était en grande part l'œuvre d'immigrés. L'afflux de réfugiés en cette fin de 17e siècle agit comme un don de forces neuves étroitement lié à la reprise économique et spirituelle. Les premiers importateurs de l'architecture baroque dans le Pays de Vaud furent les récents acquéreurs de seigneuries et les familles vaudoises qui s'étaient distinguées sous les bannières étrangères. En revanche, la bourgeoisie des villes, qui ne connut pas à proprement parler d'essor économique significatif, dut attendre la moitié du 18e siècle pour prendre part à l'architecture patricienne. C'est alors qu'elle passa commande de nombreuses résidences de campagne. A cette époque, Lausanne s'était acquis une réputation de centre européen de rencontres culturelles au même titre que Genève. Depuis que Louis XIV avait prononcé la suspension en France des universités huguenotes, l'Académie lausannoise ne cessait de gagner en importance en sa qualité de haute école francophone — et en dépit de ce que Berne lui refusait le titre académique d'université. Un puissant débat d'idées où se mêlaient activement plusieurs érudits vaudois essaima en cercles littéraires et en salons culturels. Ils trouvèrent bon accueil et fleurirent dans les résidences de grandes familles lausannoises et dans les nombreux châteaux du Pays de Vaud. Bien davantage qu'une copie en abrégé des cours aristocratiques, ces résidences patriciennes se donnèrent vocation d'établissement culturel, revendiquant leur place dans le Siècle des Lumières. Le courant d'influence française se grossissait d'un flot de culture anglaise qui, en ce 18e siècle vaudois, venait s'épandre toujours davantage dans les cercles littéraires. Voilà comment le Pays de Vaud, bien que dépouillé du statut politique d'Etat indépendant auquel Genève, sa voisine, avait droit, sut parfaitement engendrer à une échelle réduite une culture patricienne propre et indépendante. Et cette culture trouva tout naturellement sa place dans le cercle plus vaste de la culture suisse romande où le caractère français prédominait.

FRIBOURG

Fribourg traversa une longue histoire avant d'accéder à l'immédiateté impériale. Ville féodale, elle obéit tour à tour à l'autorité des Zaehringen, des Kybourg, des Habsbourg et des Savoyards. C'est pourtant au long de ces siècles de dépendance que la communauté urbaine développa un organisme politique. La structure gouvernementale de Fribourg était semblablement identique à celle d'autres villes patriciennes. Le véritable organe gouvernemental était le Petit Conseil ou Conseil ordinaire (*Tägliche Rat*) présidé par l'avoyer (*Schultheiss*). Le Grand Conseil ou Deux Cents représentait l'ensemble des citoyens. Il siégeait chaque semaine. Le Petit Conseil lui était incorporé. Un autre Conseil, dit les Soixante (*Rat der Sechzig*), était investi d'une importance particulière: c'est lui qui avec les quatre bannerets ou *Venner* (un par quartier), procédait à l'élection des conseils. Au cours du processus qui plaça l'aristocratie au pouvoir, l'électorat fut réduit à une commission appelée «Chambre secrète» (*Geheime Kammer*) composée de vingt-quatre membres plus les quatre bannerets. C'est dire l'extraordinaire influence politique qu'elle détenait. Elle avait la faculté de recruter ses propres membres par cooptation et faisait la loi au Grand Conseil en confirmant, mutant ou congédiant ses membres.

Dans la course au pouvoir, une puissante rivalité dressait l'un contre l'autre la noblesse d'ancienne souche et le patriciat.

Les nobles n'étaient admis aux fonctions de banneret et de secret qu'à la condition de renoncer à leur titre. Cela dit, dès 1600, les nobles accédèrent à la moitié des postes d'avoyer. Quelques familles dirigeantes se distinguèrent en revêtant à plusieurs reprises la magistrature suprême: les Montenach (patriciens) remplirent cinq charges d'avoyer, les Gottrau (patriciens) en assumèrent quatre, les Diesbach (nobles) trois, les d'Affry et Maillardoz (nobles) deux, les Weck et les Werro (patriciens) deux également. Après qu'en 1555 déjà des dispositions supplémentaires avaient limité la réception dans la bourgeoisie, la nouvelle Constitution de 1627 établit de droit l'exclusivité du patriciat à la tête de l'Etat. Désormais le pouvoir suprême, autrement dit la compétence gouvernementale, resta entre les mains des seules familles représentées en ce moment précis aux conseils. C'est là sans doute la particularité du patriciat fribourgeois de s'être constitué relativement tard.

Ce n'est qu'à partir de 1440 que Fribourg engagea une politique d'expansion territoriale. Pourtant, au 15e siècle déjà, l'essor économique avait fait de Fribourg une ville du textile capable de s'imposer sur le marché d'Europe centrale: son industrie de la toile reposait sur l'élevage du mouton que le sud du pays pratiquait avec profit. A cette époque, quelques riches citoyens et nobles investirent dans les domaines alpestres. Dès l'instant où ils eurent la main sur l'exploitation du bétail et du fromage, ils purent promouvoir l'économie alpestre et la dominer, forts de leurs investissements financiers. Se produisit alors un transfert économique en faveur de la production animale et simultanément l'exode mercenaire. Ces deux phénomènes se conjuguèrent pour provoquer le déclin de l'élevage du mouton et de l'industrie textile. La production animale et l'agriculture resteront d'ailleurs, jusqu'au 19e siècle, les deux principales branches de la production alimentaire. D'autre part, le bailliage commun de Morat, administré par Fribourg et Berne, assurait la production vinicole. La région comprise entre les lacs de Morat et Neuchâtel tenait depuis longtemps un rôle économique de premier ordre. Elle avait tissé un réseau de relations avec Fribourg, Berne et Neuchâtel. Pour les bourgeois de ces cantons, l'achat de domaines viticoles était un bon placement, souvent suivi d'ailleurs de la construction d'une résidence de campagne patricienne.

Au 16e siècle, la politique du patriciat fribourgeois accusait un net penchant à la mentalité insulaire. L'isolement de la gent catholique au pouvoir, encerclée par la Berne toute-puissante et réformée, eut moins pour effet de rapprocher Fribourg de la Suisse centrale que de resserrer ses liens avec les deux garants de la foi catholique qu'étaient l'Espagne et plus tard la France. Cette situation insulaire joua en faveur des visées d'un gouvernement fribourgeois désireux d'instaurer un Etat autoritaire et détermina ses efforts pour accéder à l'autarcie économique. Apparaît alors clairement dans ce contexte que le mercenariat servait davantage la politique que l'économie — Fribourg souffrait du dépeuplement de ses terres — et contribuait grandement à affermir la puissance patricienne. A Fribourg, la classe fortunée se composait essentiellement de propriétaires fonciers, qui jusqu'au 18e siècle tiraient les deux tiers de leurs rentes du produit de leur domaine, mais aussi de pensionnés et d'officiers au bénéfice d'une solde.

Sur fond de Siècle des Lumières, Fribourg se montra enfin disposée à mener une coexistence pacifique avec Berne. Les stipulations de 1726 et 1756 mirent fin aux querelles relatives aux bailliages communs et en 1788 les bourgeois de Berne reçurent l'autorisation de chasser sur territoire fribourgeois. Au 18e siècle enfin, la solidarité réconcilia les patriciens des deux cantons sans plus tenir compte des frontières et triompha des rivalités qui n'étaient guère plus nourries que par des motifs confessionnels. A preuve le soutien que Berne offrit au gouvernement fribourgeois lors des conflits politiques de 1781, alors que pour la première fois l'exclusivité patricienne était remise en cause. Avec Lucerne et Soleure, Berne intervint en qualité de médiateur dans le conflit qui mettait aux prises patriciens et bourgeois. Après qu'au lendemain de 1789 les idées de la Révolution française s'étaient infiltrées jusqu'à Fribourg, les armées françaises provoquèrent la chute de l'ancien régime fribourgeois. C'était en mars 1798.

NEUCHÂTEL

Lorsque s'éteignit le lignage des comtes de Neuchâtel, la Principauté échut à la famille Freiburg an die Hochberg laquelle l'apporta en dot à la Maison française d'Orléans-Longueville. Près d'un siècle auparavant, suite aux querelles qui avaient éclaté en 1406 entre la bourgeoisie de Neuchâtel et le souverain, Berne avait obtenu à la faveur d'un double traité de combourgeoisie d'endosser la charge d'arbitre, ce qui l'habilitait à user de son influence politique sur la Principauté en toute circonstance. La souveraineté territoriale de la Principauté s'étendit une première fois en 1560 par l'acquisition de la seigneurie de Colombier, puis en 1592 par l'achat de la seigneurie de Valangin qui cependant resta au bénéfice d'un statut particulier. Les sujets princiers mirent à profit l'absence continuelle de leur souverain établi à Paris pour renforcer leur statut. La Constitution de la Principauté reflète bien cet état de fait. Si dans l'opinion étrangère, le prince restait le détenteur des attributs souverains, de fait un serment l'engageait à restreindre son exercice du pouvoir. Il nommait à vie un gouverneur qui avait charge de le remplacer dans ses fonctions. Rien n'interdisait que l'homme fût étranger. Il avait pour interlocuteur le Conseil d'Etat, fort de douze membres représentant la Principauté et auquel la Diète avait progressivement remis ses compétences. Mais le prince se gardait le droit d'en désigner les membres qu'il choisissait dans la bourgeoisie du pays, de préférence dans la ville de Neuchâtel.

Si le destin politique de Neuchâtel était intimement lié au développement politique de la Confédération, il dépendait largement aussi des relations qu'entretenait la maison régnante avec la couronne de France. Les familles neuchâteloises nouèrent des relations personnelles avec le patriciat bernois, soleurois et fribourgeois notamment. Mais la Principauté voyait aussi des intérêts économiques à se tourner vers l'autre rive du lac. Au gré des rapports de force, Berne et la France jouaient alternativement de leur influence sur la politique de la Principauté. Déjà en 1642, Henri II d'Orléans avait obtenu que sa principauté fût déliée de tout lien avec l'Empire, mais sa tentative d'en faire le quatorzième canton de la Confédération buta contre le refus de Berne.

En 1657, le prince de Neuchâtel conclut une alliance avec la France par laquelle celle-ci reconnaissait l'appartenance de Neuchâtel à la Confédération. Entre 1660 et 1685, l'influence de la France sur le destin de la Principauté ne fit qu'augmenter; or, au moment de la succession de 1694, elle fut vivement contrecarrée par Berne. En 1707, le roi de Prusse prit la succession de la Maison d'Orléans-Longueville et devint seigneur de Neuchâtel. Il confirma immédiatement les franchises et libertés du pays et ses garanties constitutionnelles. Hormis le poste de gouverneur, les Neuchâtelois étaient admis à toutes les fonctions publiques. Le roi de Prusse se mêlait peu des objets de politique intérieure de la Principauté. L'origine des gouverneurs variait. Il y eut des Prussiens et des nobles allemands, il y eut aussi des Bernois — on se souvient du général Robert-Scipion Lentulus qui entra en fonction en 1768. En tournant le dos à la France, la Principauté de Neuchâtel s'aliéna aussi les cantons catholiques de la Confédération. Neuchâtel n'accepta de reconduire qu'un seul traité de combourgeoisie, celui de Soleure en 1756, car comme Berne, Soleure entretenait d'étroites relations familiales avec la Principauté. Les traités conclus avec Fribourg et Lucerne ne furent pas renouvelés. Pas plus que Genève, Neuchâtel ne fut associée à l'alliance que la Confédération scella avec la France, alors même qu'à cette époque précisément la Principauté insistait pour obtenir son admission à la fédération d'Etats. Au 18e siècle, les relations entre Neuchâtel et la lointaine Prusse ne connurent qu'un seul accroc: une réforme fiscale proposée en 1748 par Frédéric le Grand provoqua un soulèvement suivi en 1766 d'une émeute que les Confédérés alliés de la Principauté sous la conduite de Berne réprimèrent par les armes. Le mercenariat figurait au nombre des libertés accordées aux Neuchâtelois en leur état de sujet. C'était pour la classe supérieure du pays la possibilité d'embrasser une carrière militaire ou diplomatique à l'étranger.

En 1798, lorsque la France occupa la Suisse, elle n'investit pas le territoire de Neuchâtel, étant donné que c'était une principauté prussienne. Mais en 1805, le roi de Prusse aliéna Neuchâtel et le comté de Clèves à la France. C'est ainsi que Napoléon éleva son ministre de la Guerre, Alexandre Berthier, à la dignité de prince de Neuchâtel.

LE VALAIS

Au Moyen Age, le duc de Savoie et l'évêque de Sion se partageaient le Valais. En 1392, une frontière politique aurait été tracée à la Morge de Conthey. Les seigneuries du Bas-Valais reposaient encore presque toutes aux mains de nobles familles savoyardes et romandes, que, sitôt le 14e siècle, le Haut-Valais se constituait déjà en communautés organisées conscientes de leur influence politique alors qu'elles dépendaient encore de l'évêque, leur prince et seigneur temporel. Elles avaient siège et vote à la Diète *(Landrat)*, elles étaient de petits Etats autonomes en matière législative et administrative avec bannière et sceau, et signaient des alliances entre elles et même avec l'étranger.

En 1475, lors du conflit qui les opposa aux Savoyards, l'évêque et les gens du Haut-Valais dans l'alliance faite avec Berne contraignirent le Bas-Valais jusqu'à Saint-Maurice à rentrer sous leur autorité. L'actuelle frontière entre la Savoie et le Valais à la Morge de Saint-Gingolph fut fixée définitivement en 1569. Les querelles belliqueuses des 14e et 15e siècles mirent à l'agonie les hauts lignages du pays. Et, à mesure, les familles dirigeantes se substituaient dans leurs droits seigneuriaux. Le trône épiscopal de Sion était destiné à connaître une même issue. Jusqu'à la fin du 16e siècle, les communautés du Haut-Valais se constituèrent en sept dizains. Membres d'une fédération d'Etats en miniature, ils déléguaient leurs *Ammann* au Conseil du dizain *(Zendenrat)*. Le Conseil qui constituait son organe suprême était présidé par un grand châtelain. Au 14e siècle, l'évêque — en sa qualité de prince régnant — disposait déjà d'un Conseil général ou Diète dit *Landrat*. Il s'agissait d'une assemblée consultative qu'il présidait en personne. En son absence, le capitaine du pays *(Landeshauptmann)*, appelé aussi grand bailli, le remplaçait. Or, progressivement, la Diète grignotait le pouvoir du souverain tant et si bien qu'elle se considéra la représentante du peuple devant l'évêque. Vers le milieu du 15e siècle, celui-ci avait déjà perdu toute participation effective au gouvernement. Enfin au 17e siècle, la présidence de la Diète et le privilège de la convoquer furent transmis au grand bailli puisqu'aussi bien en 1634 l'évêque avait reconnut dans le pays un gouvernement souverain et démocratique. Il ne possédait désormais que le titre de comte et préfet du Valais.

Ainsi le grand bailli, élu par la Diète pour une durée de deux ans, prit à côté de l'évêque la place de chef de l'Etat et s'intitula *Schaubare Grossmächtigkeit*. Mais son pouvoir allait bientôt être rogné: en 1659, la réélection fut proscrite. Les communautés d'abord, puis le Conseil du dizain prirent un droit de référendum sur les décisions de la Diète. Depuis la conquête de 1475, les dizains du Haut-Valais étaient demeurés maîtres du Bas-Valais. Ils divisèrent le territoire en six bannières qu'ils placèrent sous l'autorité d'un bailli nommé pour deux ans par le *Landrat*. Pendant la durée de son mandat, il résidait à Saint-Maurice.

Au 16e siècle, le Valais, réputé verrou des Alpes, s'attira les regards convoiteurs des puissances européennes. A cette époque justement, l'évêque Matthäus Schiner tentait d'obtenir le rattachement du Valais à la Confédération. C'était en vain. A l'approche du schisme, Berne d'un côté, les cantons primitifs de l'autre jouaient de leur influence sur la vallée. D'où des traités de combourgeoisie conclus indifféremment avec la ville réformée des bords de l'Aar, la Suisse centrale catholique, et même la Savoie. Certes, jusqu'à la fin du 16e siècle, les partisans de la foi nouvelle gardèrent la haute main sur le pays, mais la question confessionnelle restait en suspens. Cependant, les dizains continuaient à dépecer le pouvoir temporel de l'évêque. Et au 17e siècle, le Parti catholique reprit l'initiative des événements. Avec l'aide des capucins et des jésuites et un soutien efficace des cantons catholiques, le Valais parvint vers 1650 à rétablir la foi des ancêtres. Les collèges de jésuites de Brigue et de Sion eurent la charge de l'éducation des fils de grandes familles.

Avec le 17e siècle prirent fin les luttes confessionnelles, et le 18e siècle apporta des temps plus calmes qui reflétaient une certaine stagnation politique. Les charges publiques étaient réservées à un petit nombre de familles, et ainsi en était-il au fil des générations. Dans le Haut-Valais, une tendance se dessinait à la constitution d'une aristocratie en sous-œuvre des structures démocratiques des dizains. Paradoxalement, ces structures servirent de point d'appui à des personnalités influentes et issues de familles dirigeantes qui parvinrent à s'élever au-dessus des dizains jusqu'à la fonction suprême de grand bailli. L'activité politique du grand Stockalper mettra en lumière le rôle fondamental de la fortune dans cette ascension.

LA PRINCIPAUTÉ ÉPISCOPALE DE BÂLE (JURA)

A la charnière de deux millénaires, les évêques de Bâle, qui avaient été institués donataires de différents droits de souveraineté, furent élevés au rang de princes relevant de l'Empire. Jusqu'au 14ᵉ siècle, ils ne cessèrent d'arrondir leur territoire, tant qu'il atteignit Bienne et la Neuveville au sud, l'Alsace et Besançon au nord. Par suite de ventes au 16ᵉ siècle, le domaine de la Principauté fut rabattu au nord jusqu'aux bornes de l'actuelle Confédération. Au sud, la frontière ne bougea plus.

La Principauté épiscopale constituait un cas particulier, en ce sens que ses territoires septentrionaux — l'Ajoie, les Franches-Montagnes et Birseck — relevaient du Saint-Empire, tandis que les villes et campagnes du sud de la Principauté — entendez Bienne, La Neuveville et la prévôté de Moutier-Granval — passaient pour être rattachées à la Confédération en vertu de traités de combourgeoisie signés avec l'un ou l'autre canton. Voilà comment l'évêque de Bâle cumula les titres de prince de l'Empire et représentant d'un pays allié.

La Réforme ébranla l'évêché au plus profond de son système politique. Des pans entiers de son territoire passèrent dans le camp de la Réforme. Bâle se délia de la souveraineté épiscopale, et Bienne, et La Neuveville. Plus grave encore, la Réforme fut fatale à la structure même de la Principauté. En 1528, l'évêque partit s'exiler à Porrentruy. De son côté, le chapitre se retira à Fribourg-en-Brisgau jusqu'en 1678, après quoi il s'établit à Arlesheim où il fit ériger une cathédrale. Il fallut la forte personnalité de l'évêque Christoph Blarer von Wartensee pour rétablir l'évêché. Il y parvint en 1575 à coups de réformes énergiques, et, grâce au soutien des cantons catholiques avec lesquels il avait conclu alliance en 1579, l'évêque rendit une grande partie de son territoire au catholicisme. Moyennant une importante rançon, la ville de Bâle s'affranchit définitivement de l'évêché en 1585. L'administration épiscopale fut centralisée à la cour de Porrentruy, tandis que les franchises de la ville subirent un élagage en vue de renforcer la position du seigneur territorial. En 1604, l'évêque fit restaurer son château et ériger un collège de jésuites destiné à l'instruction de la noblesse et de la cour.

Son successeur obtint de la ville de Bienne un contrat qui lui assurait la souveraineté sur les avant-postes situés dans le sud de son territoire. D'anciens traités de combourgeoisie avaient placé en permanence Bienne et La Neuveville dans la sphère d'influence de Berne.

La frange septentrionale du territoire épiscopal se trouva mêlée aux troubles de la guerre de Trente Ans, et à maintes reprises elle fut mise au pillage par des troupes étrangères. L'évêque se vit contraint de renoncer provisoirement à tenir l'évêché à Porrentruy. C'est la raison qui le poussa à se rapprocher de la Confédération. Mais en 1691 les démarches d'incorporation se heurtèrent aux divergences confessionnelles, et l'évêché ne put que renouveler son alliance particulière avec les sept cantons catholiques.

A l'aube du 18ᵉ siècle, l'Etat épiscopal accusait des tendances chaque année plus absolutistes. En 1726, l'administration fut réorganisée sur ordonnance épiscopale et renforcée d'une enfilade de chambres administratives et autres commissions. Seul signe visible de l'apparat princier, une résidence d'été que l'évêque fit construire à Delémont entre 1719 et 1728. Lié à l'influence culturelle française, un rapprochement politique se fit jour qui conduisit en 1739 à une alliance séparée puis en 1744 à la levée d'une compagnie capitulaire, élevée au rang de régiment en 1758, qui devait servir la couronne de France jusqu'en 1792.

Sous l'épiscopat de Friedrich von Wangen, homme de culture française, l'ouverture à la France s'intensifia, mais les relations allaient à nouveau se relâcher considérablement sous son successeur, le dernier prince-évêque de l'Ancien Régime.

C'est un fait étrange qu'une principauté si largement implantée dans l'espace linguistique français choisît presque exclusivement ses seigneurs dans la noblesse de la Suisse orientale, du sud de l'Allemagne ou de l'Alsace. Au nombre des familles respectables qui fournirent des évêques, on trouve les Blarer, von Schönau, Rinck von Baldenstein, von Reinach et von Wangen. Au 18ᵉ siècle, le nom de Montjoie reste isolé dans sa consonnance francophone. Selon leur origine, les princes de l'Eglise attiraient à la cour de Porrentruy non seulement une noblesse de robe héréditaire de langue française, mais encore un cortège de familles de fonctionnaires, toutes issues de la principauté germanophone. Depuis le haut Moyen Age, la noblesse ministérielle de l'évêché de Bâle passa de quelque 400 familles à 40 seulement. Ceux qui montaient à la charge de conseiller, de bailli ou de châtelain épiscopaux jouissaient d'une grande considération. Pour certains, ce fut même la voie d'accès à la richesse, à l'estime et par suite à la noblesse.

La plupart des familles de ministériaux étaient établies à Porrentruy ou Delémont. Elles étaient en contact étroit avec la résidence épiscopale prenant part au faste de la cour. Des liens solides les rapprochèrent également du patriciat des cantons catholiques voisins, Soleure notamment. L'aristocratie de ces cantons, de Soleure par exemple, occupa les postes de hauts fonctionnaires ou de diplomates de la principauté épiscopale ou alors recevaient des bénéfices ecclésiastiques dans l'évêché qui leur valaient en sus une haute estime.

En termes économiques, la Principauté de Bâle put à peine se hisser au-dessus du niveau d'un pays agricole au revenu modeste. Les seules recettes économiques de la Principauté — celles que lui procurait la sidérurgie — le souverain se les attribuait à titre de régale. Les familles fortunées, pour leur part, tiraient leurs revenus de charges ou de fiefs.

DARDAGNY

Le château

Qui aurait imaginé que ce parfait ouvrage d'équilibre et d'harmonie provient de l'assemblage de deux édifices à l'origine voisins et distincts? L'histoire de la seigneurie nous permet d'apporter la lumière sur les circonstances de l'édification: au terme du 13e siècle, deux gentilshommes, André de la Corbière et Michaud de Livron, se partageaient le domaine. En 1378, la famille de Confignon parvint à réunir les deux fiefs dans une seule main. Hélas, il fallut bientôt partager. Les propriétaires se succédèrent à nouveau. La part du fief des de Confignon revint à un dénommé Lect, bourgeois de Genève. Le reste du domaine passa de la famille Marchand d'Hauteville au diplomate et chroniqueur genevois Michel Roset. Les deux maisons fortes, par lesquelles deux familles patriciennes notifiaient leur rang, se dressaient à l'emplacement de l'actuel château, à peine séparées par une rue. Au nord, la résidence de la branche Marchand d'Hauteville, au sud celle des héritiers des de Confignon. Aujourd'hui, seule la tour sud-ouest témoigne encore de cette époque.

Vers la moitié du 17e siècle, Michel Roset racheta la part de la famille Lect, devenant ainsi propriétaire unique du domaine. Son successeur, Daniel Favre, fit raccorder les deux édifices par une galerie à tour d'escalier centrale et ajouta trois tours copiées sur le modèle de l'ancienne tour d'angle: l'architecte — inconnu — de la maison Favre renouait avec le schéma du carré savoyard (ou château à quatre tours d'angle) qui s'était largement répandu en Suisse romande pendant le Moyen Age. Si, en ce 17e siècle, les tours avaient perdu tout usage défensif, elles n'en manifestaient que plus leurs prétentions patriciennes, par-delà un charme pittoresque. Puis au 18e siècle, le château prit la forme que nous lui connaissons, lorsque la famille Vasserot abattit l'ancienne galerie et coiffa les deux édifices d'un toit en croupe d'un seul tenant. La marque des transformations se reconnaît aisément sur la façade côté jardin: le ressaut central exécuté en pierre de taille contraste avec les murs crépis de construction antérieure. Cette partie centrale présente au rez-de-chaussée des portes-fenêtres en plein cintre, tandis que le bel étage s'orne des fenêtres à cintre surbaissé du 18e siècle. On reconnaîtra dans le fronton les armoiries des Vasserot placées sous la garde de deux aigles. Les corps latéraux en revanche sont percés de fenêtres à linteau droit et jambage de pierre, par quoi on conclut à une phase de construction antérieure.

La porte principale à l'ouest ouvre sur la cage d'escalier dont on devine l'époque d'exécution à la rampe d'appui Louis XVI. La pièce de loin la plus remarquable est la salle de fêtes créée sous les Vasserot. L'habituel décor de miroirs, tapisseries, stucs ou tableaux a dépouillé les murs pour faire place à une architec-

Ci-dessus. Dardagny, le château. Façade au nord-est, regardant le parc.
A droite. La salle de fêtes, première moitié du 18e siècle, orgue de 1780.

ture en trompe-l'œil où l'attrait naît du contraste entre la réalité de la clôture et l'illusion d'espace infini. Des colonnes torses sur socle bas, offrant appui à un fort entablement, forment le bâti. Entre deux colonnes, les murs sont recouverts de panneaux décorés ou de peintures qui libèrent le regard dans des terrasses et des paysages. Ce type de décoration murale s'inspire de modèles italiens, dont les premiers furent la Sala delle Prospettive de la villa Farnésine à Rome (exécutée vers 1517 par B. Peruzzi) et les peintures de Véronèse à la villa Barbaro à Maser (vers 1560). A Dardagny comme à Maser, le château a pris place dans l'un des paysages témoins des prétentions patriciennes que la Révolution française devait bientôt anéantir.

P. M.

CREUX-DE-GENTHOD

La maison de Saussure

De toutes les résidences que Genthod a préservées dans un remarquable état de conservation, il en est une à qui revient de droit la première place, tant ses formes sont pures et sa situation exceptionnelle: c'est la maison de Saussure. Non comme les résidences qui dominent un coteau en lisière de village à la façon de la maison de la Rive (1730), la maison Lullin (ainsi appelée parfois du nom de son premier propriétaire) s'installe dans une large dépression au bord du lac, prédestinée aux vastes jardins à la française. Nous avons connaissance du plan d'aménagement dessiné par l'architecte Jean-François Blondel. L'actuel parc n'a conservé que les grandes lignes du projet initial. Reste une allée à quadruple rang d'arbres qui, partant du sud, longe les communs et mène en pente douce jusqu'à la maison d'habitation. De l'autre côté, face au salon, une double rangée d'arbres lui fait pendant. Entre les allées s'étiraient autrefois un parterre de broderie, ainsi qu'une pelouse et un long bassin qui se terminait par des bosquets. Au bout de l'axe transversal, côté lac, se tenait un jardin potager clôturé. André Firmenich, dernier propriétaire en date, le transforma en parterre de broderie à la mode française et fit planter une bordure de pelouse flanquée d'ifs et de buis. Ce ne fut pas sans conséquence, puisque l'axe du jardin se déplaça sur la façade latérale, plus étroite. Cette transformation eut en revanche l'avantage de dégager la vue sur le lac. On trouve également un pavillon de thé, très intéressant, créé par l'architecte anglais Robert Adams (1728–1792). Il ornait une propriété anglaise avant d'être offert à Mme Firmenich. Devant l'expression si subtile de ce classicisme britannique, on est tenté de parler d'un joyau d'architecture. L'intérieur a conservé ses vieilles boiseries et ses tapisseries chinoises.

Abordons maintenant la résidence et le récit de son histoire. Qui donc était cet Ami Lullin qui pouvait se permettre de confier à un architecte de renom l'exécution d'un projet si ambitieux? Ami ou Amédée Lullin, né en 1695 à Genève d'un père banquier, obtint en 1726, après des études de théologie, une chaire de pasteur à Genève. Plus tard, il fut nommé professeur d'université en histoire ecclésiastique. Grand bibliophile, Lullin se constitua une collection de manuscrits précieux. Il en fera don par la suite à la bibliothèque de Genève. Au mariage de la petite-fille de Lullin, Albertine-Amélie Boissier, avec Horace Bénédict de Saussure (1740–1799), la maison accueillit à nouveau un hôte de marque. De Saussure n'était pas qu'un physicien et géologue de grand mérite: à l'époque, son ouvrage *Voyage dans les Alpes* lui avait aussi acquis une belle considération d'écrivain.

C'est grâce à cette résidence, belle entre toutes, que l'architecte Jean-François Blondel (1683–1756) passa à la postérité. Natif de Rouen, il était l'oncle du célèbre Jacques-François Blondel. Comme lui, ce fut un théoricien plus qu'un praticien. Les quelques bâtiments qu'il exécuta accusent un perfectionnisme de la forme. Entre 1721 et 1723, Blondel habita Genève. Il y construisit une maison pour Gédéon Mallet au 2 de la rue du Cloître. La résidence du Creux-de-Genthod fut exécutée entre 1723 et 1733. On conçut dès l'abord de donner à cet édifice un caractère d'exemple, car avant même la fin de la construction, les plans (et ceux de l'hôtel Mallet) étaient publiés dans l'*Architecture française* (1727) de Jean Mariette. Les reproductions de la façade montrent, au lieu du toit en croupe de l'exécution, un attique que recouvrait un toit en terrasse.

En haut. Creux-de-Genthod, la maison De Saussure. Façade méridionale.
Ci-dessus. Le parterre après sa reconstitution.
Page de droite, en haut. Genève, la résidence La Grange. Façade septentrionale.
Page de droite, en bas. L'orangerie.

Lorsque Ami Lullin fit apporter cette modification, il provoqua une lettre indignée de l'architecte de Paris: «Je vous prie de faire exactement suivre les dessins ou point du tout parce que si l'on dérange quelque chose, vous m'ôterez toute la beauté.» Abstraction faite de cette petite «faute de goût», la maison de Saussure séduit par l'économie réservée, mais non moins pure, de l'extérieur. La façade sur parc et celle comportant l'entrée se distinguent par un ressaut en saillie légère sur le mur, couronné d'un

fronton. L'ornementation plastique se limite à quelques consoles et clés de voûte. Ici prévaut encore le jeu linéaire des surfaces murales, loin d'annoncer les façades mouvementées qui apparaîtront dans la seconde moitié du siècle.

P. M.

GENÈVE

La résidence La Grange

En 1706, le banquier Marc Lullin obtint de Jean de la Rive et de sa femme Eve Franconis le domaine La Grange, sis rive gauche de la baie genevoise. Lui-même renonça à entreprendre des travaux sur la demeure existante. Il faut attendre l'année 1768 pour voir deux de ses six fils, Marc et Jean, confier à un architecte — dont le nom s'est perdu — la construction d'une nouvelle maison d'habitation avec dépendances. Les deux frères, retenus pour affaires à Paris, n'eurent guère le temps de suivre les travaux, aussi déléguèrent-ils cette tâche à un de leurs neveux, Isaac-Robert Rilliet, qui à l'époque justement surveillait la construction de sa propre résidence, rive opposée, à Varembé. A la mort de Marc (1773) et de Jean (1783), La Grange passa à leur frère Gabriel, mais en 1800 le fils de ce dernier vendit le domaine à François Favre-Cayla. En 1917, la famille Favre fit don de la propriété à la ville de Genève.

A présent, le visiteur qui, de la terrasse de la maison Favre, tourne son regard vers le lac, découvre un véritable décor de jardin à l'anglaise parcouru de sentiers emmêlés avec un fond de gazon, peuplé d'arbres exotiques. Tout n'est pas resté comme au 18e siècle. Au pied de la maison s'étendaient les parterres découpés de dessins géométriques et, de part et d'autre, le verger et le potager. De l'allée qui jadis descendait jusqu'au lac, il ne reste plus aujourd'hui qu'un tronçon sur le côté cour de la maison. Profitant de la transformation du jardin baroque en parc, la famille Favre fit apporter différentes modifications architecturales, en partie motivées par l'esthétique contemporaine: côté lac, on dressa une terrasse prolongée d'un escalier de façade double, puis on entoura l'annexe au nord-est d'une véranda. Une serre de style néohellénique s'installa à l'est des dépendances. Peu après 1851, on dota encore la propriété d'une terrasse avec vue sur le lac et pergola et — évocation italienne — une loge de concierge toute pittoresque. Les dépendances en revanche sont contemporaines de la résidence. Elles sont disposées en arrière du bâtiment principal, autour d'une cour plantée d'arbres avec en son centre une superbe fontaine baroque.

La résidence quant à elle est une variation sur le type de la maison de plaisance; celle-ci avait vu le jour en France vers la moitié du 17e siècle et voulait que l'emplacement de la maison entre cour et jardin se manifestât dans la construction même. Côté cour, les ailes encadrant l'entrée principale soulignaient la fonction d'accueil, tandis que côté jardin, le ressaut central garantissait à l'origine — lorsque le jardin était encore «français» — le pôle de l'axe de symétrie qui allait se déroulant dans la verdure. Ici l'effet primitif de la façade sur jardin souffrit de la construction en saillie d'une terrasse et de l'abaissement du toit. La

façade compte neuf axes de fenêtres; le groupe central de trois est compris entre deux pilastres colossaux à chapiteau ionique. Au-dessus, un fronton cintré porte le monogramme de la famille Favre-Cayla. La façade dominant la cour est marquée en son centre par un ressaut plat qui aujourd'hui est partiellement dissimulé sous un avant-toit. Dans le fronton, deux «L» entrelacés rappellent le nom de la famille Lullin, première occupante de la maison. L'angle au raccordement du corps de logis et des ailes est adouci, marque typique de la tendance rococo à fondre les uns dans les autres les corps d'architecture. Outre un souci d'esthétique, l'adoucissement de l'angle avait aussi une raison pratique: il donnait plus de luminosité aux pièces. La description de l'intérieur ne s'impose pas, car il reste à peine trace de la décoration primitive.

P. M.

GENÈVE

La maison Rigot ou Varembé

Le nom de Varembé dérive du patronyme d'un certain Monsieur Varembert qui, au 15ᵉ siècle, possédait des terres non loin de l'actuel Palais des Nations. Une série de transferts amena le domaine en 1763 entre les mains d'Isaac-Robert Rilliet (1725–1792), entrepreneur et membre du Conseil genevois. Jeanne-Marianne Fatio était son épouse, fille de François Fatio, seigneur de Bonvillars. Pendant les troubles qui agitèrent les années 1780–1782, Rilliet prit la tête du parti constitutionnaire pour la défense des privilèges aristocratiques contre les droits du citoyen. Il était en outre l'associé de Gabriel Lullin, un fabricant d'orfèvrerie fine qui était à l'époque propriétaire de La Grange. De 1763 à 1770, Rilliet fit bâtir une maison de maître: les plans existent encore, mais se taisent malheureusement sur l'identité de l'architecte. A la mort de Rilliet, les héritiers vendirent le domaine à deux commerçants genevois, Jean et Daniel-Aimé Bordier qui le vendirent à leur tour, en 1806, à un commerçant d'origine lyonnaise, Jean-Henry Finguerlin (1746–1821). A l'époque, le domaine comprenait, outre la résidence, deux maisons de campagne et 27 hectares de terres. Dans le contrat de vente figuraient encore la dernière moisson, dix vaches, des outils agricoles ainsi que du mobilier. Le nom de «maison Rigot» par lequel on désigne actuellement l'édifice remonte à 1821, année où Finguerlin maria sa fille unique à l'illustre politicien et officier genevois Amédée Rigot. Sous la pression de la ville qui s'étendait et devant la nécessité de créer de nouvelles voies de communication (ligne ferroviaire Lausanne — Genève) la famille Rigot fut contrainte d'émietter son domaine bout par bout. On était à peine entré dans ce siècle qu'il ne restait déjà presque plus trace du jardin à la française d'origine.

La maison Rigot dispose d'entrées sur trois de ses faces. La plus monumentale se présente sur la façade occidentale donnant sur

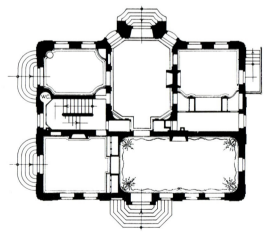

la cour et l'ancienne résidence rurale. Creusé en niche sur la hauteur des deux étages et clos par un fronton circulaire, le ressaut central sert d'encadrement à la porte de la salle à manger. La niche se rattache à l'édifice par des pans courbes. L'alternance des modes convexes et concaves est, c'est connu, un trait du rococo; pourtant, ici, elle crée la surprise, autant d'ailleurs que l'orientation sur cour de la salle à manger. Les maisons de plaisance de

l'époque nous avaient habitués à concentrer les reliefs dans la façade sur parc (voyez la résidence La Grange); or ici, la face orientale, ouverte au lac, qui jadis dominait le parc, se contente d'un faible relief, à peine rythmé par un léger ressaut surmonté d'un fronton. Guère plus classiques, les deux entrées pratiquées dans la façade latérale sud dont l'une, celle de gauche, conduit au vestibule, l'autre à la bibliothèque. Entre deux se loge la cage d'escalier. L'emplacement peu ordinaire du vestibule (on connaît l'enfilade cour-vestibule-jardin) se justifiait par un alignement primitif sur une allée, aujourd'hui disparue, qui jadis accueillait le visiteur.

L'intérieur réserve aussi son lot de surprises: le premier étage recèle une abondance de pièces, toutes aussi irrégulières, à peine isolées par de légères cloisons. Le rez-de-chaussée, à l'inverse, obéit à une disposition claire. Il abrite la salle à manger et le grand salon dont on notera la qualité du décor Louis XVI. La bibliothèque, enfin, a conservé le style d'influence égyptienne que lui avait donné Jean-Henry Finguerlin.

P. M.

Page de gauche, en haut. Genève, la maison Rigot. Façades sud et ouest.
Page de gauche, en bas. Plan du rez-de-chaussée.
En haut. Le grand salon, détail.
Ci-dessus. Le grand salon.

MEX

Le château d'en bas

A peine aborde-t-on ce petit village au nord de Lausanne qui porte le nom de Mex, qu'on rencontre deux maisons de maître. Pendant de longues années, elles appartinrent toutes deux à une famille de Cossonay, les Charrière, qui sur la fin du 16e siècle étaient entrés en possession de la seigneurie de Mex. Le château supérieur était un bâtiment en U d'allure modeste, érigé vers la fin du 18e siècle. Mais pour lors, notre intérêt ira au château inférieur, car c'est là une création particulièrement originale de la Renaissance vaudoise. Il fut bâti vers 1565 sur l'emplacement d'une bâtisse médiévale. En 1652, Jean-François de Charrière entreprit de vastes remaniements: il fit placer une tour d'escalier à l'angle sud-est du bâtiment et tira devant chaque étage une galerie qui, partant de l'escalier, aboutit à une seconde tour, plus étroite, affectée aux cantines. La tour d'escalier remplaçait un ouvrage antérieur qui, au lieu de la volée droite, possédait encore un escalier à quartier tournant «gothique». En Suisse, l'escalier droit à double montée, emprunté à la Renaissance italienne, n'apparut que vers 1600. Ce qui explique pourquoi à la même époque, à Mex comme à Collombey (VS) (reconstruction de la maison de maître), un grand escalier droit prit la place d'un escalier en vis avec cage ajourée. Le château Stockalper à Brigue possède lui aussi une tour d'escalier à volées rectilignes. Mais, comme au 17e siècle, les constructions continuaient généralement à loger les nouveaux escaliers dans les tours, l'édifice conservait un caractère archaïque, une allure de château fort. C'est plus tard seulement qu'on déplaça les escaliers à l'intérieur des bâtiments. Au château de Mex comme au Stockalper, il y a communication entre la tour d'escalier et les galeries qui commandent les différentes pièces. Les arcades qui couvrent la face méridionale du château de Mex s'allègent au fil des étages: les fûts de colonnes s'affinent, les arcs s'aplatissent; la pierre devient bois à l'arcade supérieure. A noter un même mode de construction légère dans les arcades sur cour (1670) du Musée Alexis-Forel à Morges.   *P. M.*

L'ISLE

Le château

Ce n'est pas à tort qu'on l'a surnommé le «Petit Versailles» du canton de Vaud. La maîtrise de grand style avec laquelle Le Nôtre apprivoisa la nature pour la résidence de Louis XIV, creusant ici des étangs, là établissant parterres, bosquets ou allées, Charles de Chandieu y parvint admirablement dans le cadre plus modeste de son domaine patricien de L'Isle, sans cependant rien trahir du principe fondamental du jardin à la française: la pelouse, qu'ornait jadis un parterre de broderie, les deux allées d'arbres latérales et le miroir d'eau avec sa petite fontaine obéissent à l'axe de symétrie ordonné par le centre de la façade principale. De Chandieu résolut la question de l'alimentation du bassin en détournant de leur cours les eaux d'un ruisseau voisin.

En haut. Mex, le château inférieur. Façade sud. Ci-dessus. L'Isle, le château. Façade sur jardin. Page de droite. Prangins, le château. Façade septentrionale précédée d'un grand parterre.

Le bâtiment vit le jour en 1696 auprès des vestiges d'une forteresse médiévale. Antoine Favre dirigea l'exécution des travaux. On s'accorda maintes fois pour attribuer la paternité des plans à Jules Hardouin-Mansart,

ce qui ne ferait que conforter la comparaison avec Versailles. Il est cependant presque impensable que le célébrissime bâtisseur du Palais-Royal eût encore trouvé le temps de réaliser un projet de maison au diable vauvert. De fait, il y a fort à croire que la forme particulière du toit ait seule justifié l'attribution du projet à Mansart: rappelons en effet que le château de L'Isle fut, avec la maison Montmollin à Neuchâtel (1685–1689) et la résidence Rockhall à Bienne (1692–1694), l'un des premiers édifices sur sol suisse à s'orner d'un toit «à la Mansart». En 1696, l'année même de l'ouverture du chantier, Charles de Chandieu fut promu brigadier par Louis XIV et en 1722 il reçut le titre de lieutenant général. Rien de surprenant donc à ce que de Chandieu — voulant en quelque sorte témoigner la loyauté qu'il vouait au Roi Soleil — conformât sa résidence au modèle français. L'aménagement se réfère à la disposition classique du château «entre cour et jardin»: le corps de logis d'un étage sur rez-de-chaussée avance au nord deux ailes en retour, plus basses (ce sont les communs où logent les locaux de service), de manière que l'édifice reproduit le schéma type du fer à cheval. Un muret avec grille décrivant un demi-cercle, interrompu au centre par un portail, ferme la cour d'honneur. On remarquera au-dessus des pieds droits du portail un superbe ouvrage de ferronerie reproduisant les armoiries d'alliance des Chandieu-Gaudicher. Les mêmes armes décorent le fronton des deux façades sur cour et jardin. Celle-ci, plus riche que la première, compte neuf axes de fenêtres. Elle regroupe les trois fenêtres centrales dans un ressaut plat surmonté d'un fronton.

L'intérieur n'a plus son caractère primitif, mais on reconnaît encore dans la disposition des pièces du corps de logis le canon mis à la mode en France vers 1650: du jardin on pénètre dans les salons, tandis que de la cour on accède, par le vestibule, à la cage d'escalier et aux diverses pièces de moindre importance. Le hall d'entrée et le grand salon s'alignent sur l'axe central, l'escalier étant quant à lui relégué sur le côté. En 1876, la commune de L'Isle acheta le bâtiment et y plaça l'école. *P. M.*

PRANGINS

Le château

«Prangins est un vrai palais, mais l'architecte oublia le jardin», voilà ce qu'aurait dit Voltaire lorsque, banni de France, il y reçut l'asile pour quelques mois entre 1754 et 1755. Vingt ans plus tard, la critique de l'écrivain s'avérait sans fondement. Louis-François Guiguer, le petit-fils du constructeur, avait fait aplanir les anciennes levées de terre et assécher les fossés afin d'aménager un jardin et une roseraie dont la réputation allait dépasser Prangins. Les jardins du château n'ont gardé qu'une allée d'arbres latérale, une terrasse en terre-plein orientée au midi superbement ouverte au Léman et, de l'autre côté, un parterre élargi, bordé de hêtres.

L'histoire mouvementée et éclatante du château ne doit pas toute sa splendeur à la personnalité de Voltaire, mais il serait trop long de vouloir énumérer ici tous les noms illustres qui la marquèrent. Aussi attardons-nous seulement aux grands repères de l'histoire: l'édifice médiéval qui précéda l'actuel château fut à l'origine la propriété des seigneurs de Cossonay, puis, au 13e siècle, passa à une branche de cette famille qui s'attribua le nom de Prangins. La propriété connut de nombreux maîtres: lorsque Berne investit le Pays de Vaud (1536), le domaine appartint un court laps de temps à la famille Diesbach. Plus tard encore, en 1723, un nouveau changement de main permit à Louis Guiguer, banquier saint-gallois enrichi à Londres (décédé en 1747), d'acquérir l'ancienne forteresse. Il se servit des anciennes fondations pour élever une construction nouvelle. Son neveu, Jean-Georges, et le fils de celui à qui, nous l'avons dit, Prangins doit ses jardins, furent à leur tour propriétaires du château. Vendu en 1814 à Joseph Bonaparte, ex-roi d'Espagne et frère de Napoléon Ier, le domaine vécut sans doute l'épisode le plus passionnant de son histoire. Il était dit que le nouveau résident ne trouverait pas longue paix. Certaines gens voyaient d'un mauvais œil la Suisse en passe de devenir le «pot de chambre de la Révolution». La menace d'une arrestation pesant comme une épée de Damoclès au-dessus de sa tête, le roi déchu prit le parti de fuir en Amérique, non sans avoir auparavant enterré une cassette remplie de bijoux et de documents de la plus haute importance. Trois années passèrent, lorsqu'un jour Bonaparte reçut la précieuse cassette de la main même de son fidèle secrétaire qui, revenant en touriste à Prangins, avait secrètement déterré le trésor!

Le château de Prangins relève du type d'édifice à plan en U. A la différence de la résidence de L'Isle que nous venons d'évoquer, les ailes du château se dressent à la même hauteur que le corps de logis et sont renforcées aux angles extérieurs de pavillons de trois étages à toit pyramidal. C'est bien sûr une réminiscence des fortifications médiévales qui laissèrent en Suisse romande l'empreinte particulière du «carré savoyard» fortifié de tours rondes (comme à Champvent près d'Yverdon). Bien que postérieur à L'Isle, Prangins et le château de Coppet, qui sont liés tous deux par une parenté architecturale, incarnent une étape antérieure de l'histoire des genres.

P. M.

COPPET

Le château

Du haut de sa terrasse regardant Coppet et le lac, le château est encore empreint du souvenir d'une grande dame des lettres, Germaine de Staël (1766–1817). Jeune et déjà initiée aux choses de la politique par son père, Jacques Necker, ministre des Finances sous Louis XVI, elle se passionna pour la Révolution. Ses idées libérales inquiétaient Napoléon. Sommée à plusieurs reprises de quitter Paris, Mme de Staël vint passer de longues périodes au château de Coppet que son père avait acquis en 1784. Son rayonnement était tel que le château devint rapidement le lieu de rencontre des esprits les plus progressistes d'Europe. Les noms de Benjamin Constant, Mme Récamier, Johannes von Müller, Lord Byron et Chateaubriand pour ne citer qu'eux en disent déjà long. La maîtresse du château en personne exaltait dans ses écrits les grands principes de la pensée des Lumières; dans son œuvre principale, *De l'Allemagne*, elle s'attache à démontrer les bienfaits d'un rapprochement entre les peuples.

Du type plan en U dérivé du carré savoyard, le château de Coppet montre une grande parenté de style avec le château de Prangins. On retrouve là encore, souvenir des anciennes tours d'angle, les quatre pavillons de coin qui percent au-dessus du toit. La tour ronde en bordure de l'aile sud est le vestige d'un château féodal détruit par les Bernois en 1536. A la vérité, elle participe si bien de l'ordonnance du nouvel édifice qu'on la prend pour un pavillon en hémicycle. Hormis quelques murs de l'aile sud, les pans de château qui avaient échappé à la destruction firent place peu à peu, entre le 17e et le 18e siècle, au château que nous connaissons. Les principales transformations furent l'œuvre des occupants successifs: le duc Lesdiguières dressa le corps de logis face au lac (1601–1621), le comte Frédéric de Dohna, gouverneur de la Principauté d'Orange, ouvrit la cour intérieure sur le jardin et pratiqua un accès à l'aile sud (dès 1657). Finalement, un marchand originaire de Francfort du nom de Gaspard de Smeth (dès 1767) ajouta en bout de l'aile nord une construction en hémicycle d'après le modèle de l'ancienne tour fortifiée qui ponctue l'aile sud. Et voilà réalisée la symétrie chère aux constructions baroques.

Le visiteur accède au château par le côté sud. En avant de l'édifice, l'orangerie et les écuries, couvertes d'un toit à la Mansart, bordent une cour extérieure. Un passage pratiqué dans l'aile sud donne accès à une seconde cour, intérieure, ou cour d'honneur. Elle est séparée du jardin par une grille en ferronnerie qui porte en couronnement le monogramme NC en souvenir de Jacques Necker et Suzanne Curchod, son épouse. Le ressaut central en pierre de taille oppose la richesse de son relief au crépi rose clair. Dans le fronton, deux lions présentent les armoiries d'alliance de Gaspard de Smeth (les fers à cheval symbolisant le métier de forgeron ou «smeth») et de sa femme.

*Page de gauche. Coppet, le château.
Façade au sud-ouest.
En haut. Le grand salon au rez-de-chaussée.
Ci-dessus. La bibliothèque au rez-de-chaussée.*

Les pièces du château ont conservé leur décoration Louis XVI et Empire. La galerie du rez-de-chaussée, transformée en bibliothèque pour le fils de Mme de Staël, Auguste, servait primitivement de pièce de réception et salle de théâtre. Elle communique avec la chambre dite «de Mme de Staël» aujourd'hui décorée et meublée à sa mémoire. Au rez-de-chaussée toujours se trouve la chambre de Mme Récamier tendue de tapisseries chinoises et meublée Louis XVI. Au *piano nobile*, deux pièces retiendront notre attention: le grand salon d'abord, aux murs parés de tapisseries d'Aubusson, et le petit salon avec les portraits de famille. Enfin, le parc qui ne renvoie plus qu'un faible reflet du jardin à la française qu'il était autrefois.

P. M.

VINCY

Le château

C'est sur La Côte, dans le pays de la vigne et du vin, qu'a pris place Vincy (aujourd'hui rattaché à la commune de Gilly). Ses origines remontent à l'époque gallo-romaine. A preuve le nom de Vincy dérivé de *Vinciacum* (domaine de Vincius), mais aussi la découverte dans le jardin du château d'une pierre votive romaine. En 1266, on signale déjà en cet endroit une seigneurie. Les premiers occupants furent les Tavelli auxquels succédèrent, dès le 15e siècle, les Viry, eux-mêmes relayés par les Mestral en 1436. En 1724, David Vasserot (1690–1727) se porta acquéreur de la seigneurie et confia à un architecte inconnu le soin de bâtir l'actuel château, non loin d'une forteresse abattue par les Bernois. Originaire du Queyras dans le Dauphiné français, la famille Vasserot quitta le royaume pour motifs religieux. Jean Vasserot, le père de David, fut reçu bourgeois de Genève en 1722. Auparavant, en Hollande, il avait acquis du bien en pratiquant le commerce. Le roi de France l'honora d'une lettre de noblesse et du titre de baron. Son fils, également anobli, hérita de Vincy, de la seigneurie des Vaux et de la baronnie de la Bastie-Beauregard. Mais la mort lui refusa d'en jouir longtemps. C'est donc François-Auguste-Maurice Vasserot (1754–1841) qui mit la dernière main à la décoration intérieure du château de Vincy en 1793, confiant la tâche au stucateur genevois Jean Jacquet. Il acheva de donner un éclat à Vincy en y conviant une lignée d'hôtes de marque, desquels nous ne nommerons que le couple ducal de Kent — les parents de la reine Victoria — et Alphonse de Lamartine. Mais le poète s'attira la colère de son hôte en déclarant la franche sympathie qui le liait à Mme de Staël, cette égérie qui tout près de là, à Coppet, ralliait les énergies progressistes d'Europe. Le mécontentement de Vasserot était loin de manquer de fondement, car il faut savoir que tandis que le salon de Coppet accueillait les

Page de gauche. Vincy, le château. Façade sur parc et parterres.
A droite. Rennaz, le Grand Clos. Façade sur jardin.
Ci-dessous. Le fronton portant les armes de la commune de Rennaz.

idées de la Révolution, Vincy ouvrait ses portes aux royalistes en fuite.

Une parenté architecturale unit les deux châteaux de Vincy et Vullierens, bien que celui-ci soit antérieur de quelques années (1706–1712). A Vincy comme à Vullierens, les ailes flanquantes sont subordonnées à un corps central couronné d'un fronton. A l'arrière du bâtiment, deux dépendances délimitent une cour d'honneur. Vincy possède encore au midi un jardin soigné avec parterre à la française au midi; plus bas, une terrasse traitée à la façon d'un parc anglais.

P. M.

RENNAZ

Le château Grand Clos

Longtemps, le domaine du Grand Clos ne fut qu'un fief rural, sans maison seigneuriale et donc sans droits de souveraineté. Aux 15e et 16e siècles, la famille Bouvier logeait à la ferme. Le dernier descendant, Ferdinand (1554–1637), vit tout son bien confisqué le soir où fut découvert qu'il avait trempé dans la conspiration qu'Isbrand Daux, son oncle, avait ourdie contre les Bernois. A la suite de ces événements, Grand Clos passa aux mains d'Abraham Du Bois, bourgeois de Berne, qui le revendit à Gédéon Perret, châtelain de Villeneuve. En 1702, Perret remit le Grand Clos à son beau-fils Abraham Guillard. Ses petits-fils, les frères Jean et Abram, établis à Lyon, avaient fait fortune dans le commerce. C'est eux qui commandèrent la résidence que voici (1760–1763). En 1770, ils s'adressèrent aux autorités, les priant de bien vouloir accorder à Grand Clos le statut de résidence noble et leur octroyer un droit de chasse. La requête reçut un accueil favorable: Grand Clos fut élevé au titre de domaine seigneurial au bénéfice d'une juridiction propre.

En résidence romande qui se respecte, la maison de maître du Grand Clos se tient entre cour et jardin. Elle s'écarte du schéma courant en un point cependant: la cour d'honneur se règle non pas sur l'axe de la façade d'entrée, mais parallèlement à lui. Un portail surmonté d'urnes ouvre l'accès à la cour d'honneur. Le visiteur trouve à sa gauche le corps de logis, à sa droite les communs et face à lui une aile faisant communiquer les deux bâtiments et percée d'un passage menant à une seconde cour. Réunies dans le «pavillon d'horloge», l'écurie et la grange ferment la cour au couchant. Le corps de logis opte pour une retenue pleine d'élégance qui règle le détail du décor, tandis que l'équilibre des proportions séduit. La majestueuse ordonnance de la façade porte la marque du goût français et dénote la main d'un architecte qui a passé par l'Académie. Des sources désignent François Franque (1710–1793) pour l'élaboration des plans, celui-là même qui livra l'esquisse du château de Hauteville.

P. M.

SAINT-LÉGIER

Le château de Hauteville

Il faut prendre légèrement au sud de Saint-Légier pour admirer la plus imposante résidence du baroque vaudois, entendez le château de Hauteville. L'édifice remplaça une ancienne résidence seigneuriale, laquelle avait elle-même succédé à une villa romaine dont seul restera le nom. Car «Hauteville» provient d'*alta villa*, c'est-à-dire maison élevée. La propriété fut construite pour le compte de Pierre-Philippe Cannac (1705–1785). L'homme avait fait fortune comme directeur des transports de la ligne Lyon-Genève. Le Français François Franque (1710–1793) figure comme dessinateur des plans; son nom est resté célèbre depuis qu'il réalisa des illustrations pour le *Traité d'architecture* de J.-F. Blondel ainsi que pour l'*Encyclopédie* de Diderot. La direction des travaux (achevée vers 1764) incomba à Donat Cochet de Vevey. Au terme du siècle, le château passa par mariage à Daniel Grand de la Chaise dans la famille duquel il est resté jusqu'à aujourd'hui.

Une allée à quatre voies, bordée de vases et de laquelle se dégagent au levant et au couchant d'autres rangées d'arbres, file vers le nord jusqu'à la cour d'honneur. Devant le front méridional du château, les terrasses s'ornent de massifs de buis, de vases et de fontaines. Un pavillon a été dressé sur la colline en 1814, néoclassique avec sa colonnade ionique, l'entablement et la coupole.

Le château est formé d'un corps de logis, monté sur deux étages, ainsi que de deux ailes qui, de même hauteur et légèrement en retrait, composent un fer à cheval. Par la disposition, Hauteville rappelle Prangins et Coppet. L'originalité de la façade tient à la peinture en grisaille qui couvre toutes les faces du château. L'illusion du trompe-l'œil compense habilement l'absence de relief. La façade sur cour du corps principal s'ordonne en neuf axes de fenêtres; au-dessus du rez-de-chaussée couvert d'un bossage rustique, l'étage supérieur couronne ses fenêtres d'un fronton cintré et intercale entre chacune d'elles de hauts panneaux. Des pilastres colossaux embrassant les trois axes centraux soutiennent un fronton aux armes des Cannac. Un balcon et une balustrade en attique ponctuée d'urnes tranchent par leur caractère plastique. Ici des guirlandes, là des consoles, nées du pinceau, toute une décoration, un peu sèche, fait croire à une façade

Ci-dessus. Saint-Légier, le château de Hauteville. Château et dépendances côté sud-est.
Ci-contre. Détail de la peinture de façade.

Louis XVI. Quant à la face sud, décorée à l'avenant, on réalise surpris que les deux fenêtres centrales de l'étage supérieur ne sont qu'un leurre. L'explication se cache derrière le mur: au moment de construire l'actuel château, on décida d'y intégrer le grand salon à deux étages de l'ancienne résidence. Ce salon est, de toutes les pièces, assurément la plus somptueuse, toute parée de peintures architecturales, œuvres d'un artiste tessinois, dans lesquelles s'inscrivent des fresques retraçant des scènes de l'histoire romaine. Mais Hauteville s'est encore prêté à d'autres formes de décoration murale, puisqu'il orne sa bibliothèque de stucs néoclassiques et tend sa salle à manger de tapisseries chinoises.   *P. M.*

CRANS

Le château

En 1763, Antoine Saladin (1725–1811), d'une famille de banquiers genevois, obtint de la famille Quinsard la seigneurie bernoise de Crans près de Nyon et fit élever l'actuel château sur l'emplacement d'une ancienne maison de maître. La construction de l'édifice dura jusqu'en 1768, et non moins de quatre architectes y collaborèrent: Jaillet et Léonard Racle, l'un et l'autre français, dressèrent les plans, tandis que le Genevois Jean Louis Bovet dirigea les travaux. A la mort de ce dernier, Jean-Jacques Vaucher paracheva la décoration intérieure. Le château et son magnifique parc sont actuellement la propriété de la famille van Berchem dont les ancêtres émigrèrent de Hollande au 18e siècle.

Ainsi que le plan l'indique, le corps de logis, à base rectangulaire, se poursuit par deux ailes en retour d'équerre qui, partiellement accotées à la façade nord, s'alignent de chaque côté d'une cour d'honneur. Le centre du corps de logis est occupé par le vestibule et le salon, ovales l'un et l'autre, celui-ci sur l'axe médian, celui-là transversalement. L'escalier principal a pris place sur la gauche du hall d'entrée. Si, dans la tradition des maisons de plaisance françaises, les escaliers intérieurs occupent rarement l'axe central, cela vient de ce que la conception française de l'architecture s'intéressait d'abord à la symétrie en plan. Le mérite reviendra à l'architecture baroque allemande de réaliser que le grand escalier pourrait, grâce à son développement en hauteur, devenir l'artifice duquel l'enceinte de réception tirerait toute sa grandeur. En plan, le château de Crans nous renvoie au château de Vaux-le-Vicomte (1656–1661) que Louis Le Vau imagina pour le ministre des Finances Fouquet et sur lequel allait s'aligner un grand nombre de maisons de plaisance, jusqu'en Allemagne. Par son avancée en hémicycle sur le jardin, le salon instaure une cohérence qui donne à la façade sur jardin un rôle d'ostentation, assignant du même coup à la façade sur cour une fonction d'accueil. Avec ses suites de onze fenêtres, la façade méridionale manifeste une élégance précieuse. Le pavillon central, bombé, s'articule en trois axes autour de larges pilastres à chapiteau ionique. Une terrasse avec escaliers latéraux le contourne. Les balustrades de fer forgé bordant les fenêtres de l'étage et le perron ressortissent au style Louis XV. Au-dessus des fenêtres et portes-fenêtres, des impostes s'ouvrent en plein cintre. A hauteur d'étage, des consoles rococo et des cartouches armoriés mettent la façade en mouvement. Une balustrade en attique et quatre urnes de pierre règnent sur l'ensemble. Comme pour rétablir l'équilibre mis en jeu par l'avant-corps central, l'architecte imagina de contenir la façade entre

En haut. Crans, le château. Façade sur cour.
Ci-dessus. Façade sur jardin avec terrasse.
Ci-dessous. Le plan du rez-de-chaussée.
Page de droite. Mathod, le château. Façade au couchant élevée aux environ de 1770.

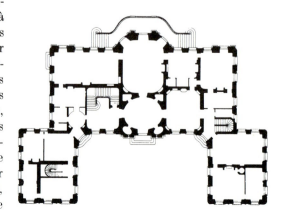

des ressauts plats accompagnés de pilastres. Des pilastres encore viennent rythmer les façades sur cour. L'ancienne entrée principale, coupée du reste de la façade par une double paire de pilastres portant entablement et fronton, prend des allures de temple. Aux encoignures, des murs biais avec portes ménagent le raccord du corps de logis aux avant-corps. Les transitions fondues évitant le heurt des angles vifs, les surfaces gonflées de reliefs, les effets d'étagement obtenus par enchevêtrement, ce sont là les marques du rococo, un rococo sous l'emprise de la mesure française. Franchissons maintenant le seuil: l'ancienne galerie au sud-est du bâtiment est une belle illustration de la façon dont la décoration d'intérieur parvient souvent par les formes qu'elle développe à devancer le style de la façade. Ici, les façades rendent encore honneur au style Louis XV, que déjà l'ornementation murale du salon joue avec les éléments du néoclassicisme primitif — trophées de musique entre deux pilastres et dessus-de-porte illustrés de scènes des *Fables* de La Fontaine.

P. M.

MATHOD

La résidence

Au sortir du village de Mathod, à petite distance d'Yverdon, se dresse une maison de maître: la façade d'entrée, traitée de façon un peu frivole, tient du décor de théâtre, et l'on voit mal comment elle se rattache à la lignée des résidences de campagne construites en Suisse romande, si respectueuses du goût français. Une observation plus attentive révèle que la façade aux deux pavillons n'obéit pas à l'axe engendré par le corps de logis en renfoncement et qu'en outre elle affiche les attributs d'un style antérieur à la façade occidentale avec ses neuf rangs de fenêtres et ses façons de manoir bernois. L'histoire de la seigneurie ne nous renseigne guère sur les deux états de la construction. A l'origine, Mathod dépendait de la seigneurie de Champvent, mais au 14e siècle, elle se rattacha à la seigneurie de La Mothe. Dans le train des bouleversements amenés par la Réforme, la propriété échut à Jost von Diesbach, plus tard encore aux familles Steiger et Thormann. En 1765, un Hollandais, maréchal au service de Louis XV, du nom de Gaspard Burmann, acheta la seigneurie. Il fit habiller le bâtiment central du 17e siècle d'une nouvelle façade qui valut à l'édifice de figurer en Suisse au nombre des manifestations les plus remarquables de l'héritage de Palladio (voir plus bas).

Deux pavillons rappelant des frontispices d'églises baroques flanquent un portique avec cage d'escalier ouverte. A l'arrière, une galerie fait communiquer ailes et corps de logis. L'ensemble est soumis à la loi du contraste: les annexes latérales, à construction de pierre et à larges pilastres toscans groupant les masses, enserrent un pavillon central à corniche de bois appuyée sur de frêles colonnes de pierre. Le fronton du corps central, concave puis couronné d'un cintre surhaussé, superpose un œil-de-bœuf, une horloge et une couronne. Si les guirlandes, comme au reste tout le parti de la façade, gracile et sans reliefs accusés, nous renvoient déjà au néoclassicisme, la silhouette légère des corps de bâtiment lâchement assemblée traduit encore fidèlement l'inconstance frivole du rococo.

P. M.

LAUSANNE

Le château de Beaulieu

Lorsqu'en 1763 Humbert-Louis Berseth fit l'acquisition d'un fonds de terre au lieu dit les Bergières, il y avait déjà une petite maison de campagne destinée à être incorporée dans les constructions à venir. Au retour du service de Hollande, l'ancien maire d'Avenches entreprit de construire à l'est du bâtiment une maison de maître qui figure dans les sources sous le nom de la «grande maison»; malheureusement, en 1766, il fut contraint de vendre son domaine. Il trouva un acheteur en la personne du pasteur Gabriel-Jean-Henry Mingard, coauteur de l'*Encyclopédie d'Yverdon*, à qui la fortune échut par suite de son mariage avec Evrardine-Henriette van Schinne, fille du bourgmestre d'Amsterdam. Le nouveau propriétaire confia à l'architecte Rodolphe de Crousaz le soin de mener à terme la construction de la «grande maison» et fit appel pour la décoration intérieure à différents artisans — sculpteurs, stucateurs ou peintres. De cette même époque date la tour d'escalier sur la façade nord-est. En 1774, les travaux de la «grande maison» étaient à peine achevés que Mingard décida de donner à la résidence les dimensions d'un château. Les plans tracés par Gabriel Delagrange prévoyaient pour l'essentiel d'unifier la façade méridionale et de construire entre l'ancienne maison de campagne à l'ouest et la résidence de Rodolphe de Crousaz un bâtiment communicant. En 1790, Moyse Conod, professeur de grec et d'éthique, accéda à la propriété de Beaulieu reçue en dot de sa jeune épouse Elisabeth Mingard. Les Conod occupèrent le château jusqu'en 1856. Actuellement, le bâtiment appartient à la ville de Lausanne et abrite depuis 1976 le Musée de l'art brut.

Jadis, une allée menait à la façade orientale de la «grande maison» construite par Rodolphe de Crousaz. Pour une façade d'entrée, elle accumule des décorations d'une richesse peu coutumière: la construction couronnée d'un fronton est revêtue de deux ordres de pilastres superposés; au rez-de-chaussée, des pilastres toscans soutiennent un entablement bordé de triglyphes et de rosettes, tandis qu'à l'étage, des pilastres ioniques prêtent appui à un architrave orné de postes (forme ornementale). Le faîte des fenêtres et des portes est tenu par des clefs richement sculptées. Au midi, la façade du château résulte, nous l'avons dit, de deux phases de construction. Le pan sud-est de la façade reproduit la structure de la façade d'entrée (toutes deux appartenaient à la «grande maison») — c'est-à-dire un ressaut central à trois axes de fenêtres, couronné d'un fronton, et de part et d'autre, le mur en renfoncement percé de deux rangs de fenêtres. L'ensemble traduit cependant une composition moins prodige, suppléant les ordres de pilastres par le jeu décoratif des joints de lit. En 1774, Gabriel Delagrange assigna à cette façade un pendant occidental: il agrandit la vieille maison de campagne, la recouvrit d'un même toit en croupe et harmonisa la façade à celle de la «grande maison».

Si l'on se tourne maintenant du côté de l'aménagement intérieur, on ne manquera pas de remarquer le décor mural du grand salon. Les peintures grand format, toutes exécutées sur toile excepté le panneau de bois à gauche de la cheminée, furent l'œuvre d'un certain Jendrick (1773). On ignore cependant s'il s'agit du peintre de védutes J.-A. Jendrich qui travaillait à cette époque en Suisse, ou de

En haut. Lausanne, Beaulieu. Façades sud et est.
Ci-dessus. Le grand salon. Récréation italienne, d'après Watteau (détail).
Page de droite. Le grand salon. Fêtes vénitiennes, d'après Watteau (détail).

Wybrand Hendricks, un Hollandais venu en Suisse pour le compte de Mme Mingard. Les toiles s'inspirent des *Fêtes galantes* de Watteau — où le peintre avait représenté des scènes galantes de la société de cour rococo — sans cependant atteindre dans le détail au délié de l'original.

P. M.

Ci-dessus. Lausanne, L'Elysée. Façades sud et est.   *Page de droite. Façade d'entrée depuis le parc.*

LAUSANNE

L'Elysée

De toutes les résidences de campagne qui tressaient autour de l'ancienne Lausanne une couronne de bijoux d'architecture, l'Elysée, distinguée et libérée de toutes contraintes, mérite qu'on s'y attarde. L'Elysée, ou «Petit-Ouchy» ainsi nommée autrefois en raison de son emplacement, siège dans un parc anglais; en face d'elle, superbes, le lac et les montagnes. L'aménagement primitif d'un jardin à la française se devine encore aux terrasses plantées d'ifs taillés et de massifs de buis. Henri de Mollins (1729–1811), seigneur de Montagny, rapporta de Hollande, en sus de sa solde, 30 000 gulden qu'il avait amassés au jeu — assez de quoi acheter le domaine. L'édifice fut bâti entre 1780 et 1783 sous la direction d'Abraham Fraisse. Le maître de maison occupait le rez-de-chaussée et louait l'étage à des étrangers. Nommons, entre autres illustres locataires, Mme de Staël qui, ici même en août 1807, donna avec ses amis, Mme Récamier et Benjamin Constant, une représentation d'*Andromaque* à laquelle assista toute l'élite de la société lausannoise. A la mort de son père, Samuel de Mollins hérita du domaine du Petit-Ouchy, mais en 1834, sa banque ruinée, il le vendit à Valentin de Satgé. Le nouveau propriétaire choisit de baptiser le domaine l'«Elysée». Après lui, la propriété vit défiler de nombreux maîtres. En 1971, elle passa en mains du canton: il y installa à l'étage le Musée de l'Estampe et réserva le rez-de-chaussée pour ses réceptions.

S'il emprunte l'entrée du parc, le visiteur aperçoit d'abord la façade orientale; concave en son centre, elle ne manque pas de frapper l'attention. Un escalier de façade, haut de six marches, mène à l'entrée principale; deux fenêtres à cintre surbaissé l'accompagnent de part et d'autre. Les trois fenêtres de l'étage, couvertes du même linteau, portent des rinceaux sur l'allège. Leurs encadrements lisses et les longs panneaux en bordure engagent un charmant jeu de contraste avec les joints de lit. Sur ce fond aussi plat qu'une image, les clés de l'entrée, des fenêtres et des panneaux, ornées de motifs végétaux, déploient tout le mouvement qui les anime. La lucarne répète le renfoncement de la façade d'entrée. Son encadrement plein-cintre se dresse entre deux volutes déroulées contre des urnes sur piédestaux. La façade orientale, de pierre de taille en son centre concave, se prolonge par des murs d'appareil ordinaire peints à la chaux. La façade sud adopte le même contraste de couleurs, avec un ressaut central plat. Le motif sculpté sur un fronton à volutes représente — évocation de la carrière militaire du maître de l'ouvrage — un écu sur trophées de guerre. Dans le blason, une fontaine illustre le nom d'un des derniers occupants de l'Elysée, le marquis Maurice Fontaine de Cramayel, mort en 1943.

L'allure curieuse de la façade orientale — d'autant plus curieuse que rare pour l'architecture profane de l'époque — n'est pas à mettre sur le seul compte de l'architecte Abraham Fraisse. Dans l'architecture aristocratique baroque, il était fréquent qu'un maître de l'ouvrage participât activement à la conception de l'édifice. Aussi bien y a-t-il tout lieu de croire qu'Henri de Mollins fut responsable des influences étrangères, hollandaises peut-être. Cela dit, la main de l'architecte se repère aux joints horizontaux, aux frontons curieux, aux encadrements de murs et à l'abandon d'une ordonnance colossale.

Notons enfin que non loin de l'Elysée, Fraisse avait déjà anticipé certains de ces éléments sur l'Hôtel d'Angleterre, au reste l'un des tout premiers hôtels.   P. M.

CRESSIER

Le château

Le château de Cressier se dresse à la lisière du village parmi les vignes et les vergers, de toutes les résidences seigneuriales de Neuchâtel la plus imposante. Le maître de l'ouvrage se nommait Jacob Vallier. Il fut conseiller d'Etat soleurois, chambellan du roi de France et gouverneur du comté de Neuchâtel. Un vitrail armorié offert en 1609 nous permet de dater le début des travaux; à l'époque, en effet, il était d'usage d'encourager les vastes projets de construction nécessitant une mise de fonds importante par l'attribution de carreaux armoriés. Le château de Cressier resta tout un siècle propriété de la famille Vallier avant de passer en 1710 entre les mains du seigneur d'Emmenholz, Johann Ludwig von Roll. En 1752, celui-ci le céda à Jean-Joseph de Diesbach, membre du Grand Conseil fribourgeois. Selon toute apparence, les sobres intérieurs Renaissance de Cressier ne correspondaient pas aux prétentions du nouveau propriétaire, car à peine avait-il acquis le domaine qu'il l'afferma à deux vignerons. Actuellement, c'est la commune qui, depuis 1859, en est propriétaire: elle y a logé l'école et la mairie.

Le château, la maison du vigneron et le pressoir forment un ensemble asymétrique quant à la disposition des bâtiments, disparate quant à la nature des tons, les formes de toit ou les hauteurs des faîtes, un ensemble encore entièrement soumis aux conceptions architecturales du Moyen Age. Une grange, autrefois, complétait ce tableau; elle disparut au 19e siècle. Au midi s'étend un jardin, enclos dans un mur crénelé, les angles renforcés de tours; ce dernier enjambe le chemin de ses deux arcades — l'une cochère, l'autre piétonnière — que recouvre un bel encadrement de style renaissant. On remarquera, au-dessus du passage de gauche, les armoiries du bâtisseur accompagnées du millésime 1616. En venant du nord, on aborde le château par une cour que longent une haute bâtisse destinée au vigneron et le pressoir aux galeries de bois. La petite tour servait autrefois de pigeonnier.

Page de gauche. Cressier, le château. Façade méridionale.
Ci-contre. La salle du Conseil général.
Ci-dessous. Fenin, le château. Façade au levant.

La maison seigneuriale proprement dite est une puissante bâtisse recouverte d'un toit roide à croupe faîtière et renforcée de tours d'angle, de demi-tours hors œuvre et en sus d'une tour d'escalier adjointe à la face septentrionale. Déjà on sent poindre, avec une mesure d'avance sur une construction à la silhouette encore toute gothique, l'apaisement des formes apporté par la Renaissance: il se prépare déjà dans la façade méridionale du château de Cressier, même si là encore se manifeste toute la variété des fenêtres gothiques. Le seuil franchi, arrêtons-nous un instant à la salle dite aujourd'hui «du Conseil général»: une colonne de pierre sculptée du plus fin art soutient un arc de décharge de bois et s'interpose entre deux suites de fenêtres à gradins. Aux lambris, on remarquera les frontons ornés de coquilles; ce n'est autre que la marque de la Renaissance neuchâteloise, plus généralement placée en couronnement de fenêtre.   P. M.

FENIN

Le château

Au pied du Chaumont, dans le Val-de-Ruz, se tient le village de Fenin; son château est un exemple typique des maisons seigneuriales que le gothique tardif conçut dans la région, alors que déjà la Renaissance se profilait, toute hésitante, dans le détail ornemental. La silhouette d'ensemble ignore encore tout de la propension renaissante à la symétrie: les fenêtres s'ouvrent sans ordre sur la façade, les entrées décentrées. Même les deux tours rondes qui assistent la façade orientale ne s'accordent ni quant à la hauteur, ni quant au diamètre. Dans l'esprit gothique, le toit est à croupe faîtière. Mais déjà la tour nord possède un portail Renaissance d'un style achevé. Il s'inscrit entre deux colonnes finement ouvragées aux chapiteaux corinthiens. Au-dessus de l'arc en anse de panier figure la date de 1561. Sur la corniche, un lion, coiffé d'une espèce de crinière d'apparat, tient la garde devant l'entrée de la tour d'escalier.

La maison fut construite pour le compte du bourgmestre de Valangin, Jean Clerc, dit Vulpe. Elle s'ouvre de plain-pied sur une cave voûtée en berceau. Au premier étage, deux couloirs, voûtés également, desservent les pièces d'habitation. Sur les parois du petit corridor on lit encore des maximes empruntées au poète et diplomate français Guy du Faur de Pibrac (1529–1584), strophes tirées de son ouvrage *Quatrains contenant préceptes et enseignements utiles pour la vie de l'homme*. Sur les murs de la cage d'escalier figurent des ornements peuplés d'oiseaux et d'amours (moitié du 17e siècle).   P. M.

BEVAIX

Le château

Ci-dessus. Bevaix, le château. Fronton aux armes des Chambrier-Jeanjaquet.
Page de droite. Façade sur jardin.
Ci-dessous. Le plan du rez-de-chaussée.

Qui veut connaître l'identité des premiers résidents du château de Bevaix doit se tourner vers le riche fronton de la façade sur cour: entre deux cornes d'abondance, deux lions présentent les armoiries des familles Chambrier et Jeanjaquet. La première est figurée par deux chevrons croisés et une fasce, la seconde par une aigle et deux étoiles. La famille Chambrier, originaire de France, portait à l'origine le nom de Girardin. Frédéric Chambrier, un des descendants de cette notable famille qui assumait la charge de bourgmestre et de conseiller d'Etat de Neuchâtel, éleva cette résidence de campagne grâce aux biens de son épouse Esther Jeanjaquet. Si l'identité de l'architecte reste dans l'ombre, la date de la construction (1722) en revanche apparaît visiblement gravée sous le fronton.

Le château comporte un corps de logis auquel se rattachent latéralement deux ailes en retour d'équerre, qui elles-mêmes se prolongent côté cour par d'étroits et longs bâtiments. Un muret parcouru d'une grille ferme la cour au nord; à mi-distance, il s'interrompt sur un portail. Bevaix articule ses bâtiments conformément au schéma classique du fer à cheval et poussait autrefois la fidélité au modèle français jusque dans l'affectation des différents corps de bâtiment.

Du haut de sa corniche et de son toit surélevé, le corps central domine les deux ailes latérales. Le logement des maîtres lui revient, tandis que les locaux de service et les communs sont impartis aux ailes. Le registre d'assurance de 1810 assigne aux communs les fonctions que voici: prenaient place dans l'aile orientale

l'écurie, la remise et la cave; les locaux de service, la cuisine, le jardin d'hiver et le fournil logeaient dans l'aile opposée. La disposition des pièces du bâtiment central reprend également le modèle baroque: en alignement derrière la façade sur jardin, les pièces d'habitation et de réception communiquent par des portes d'enfilade; côté cour se tient la montée d'escalier ainsi que divers locaux de service. De toutes les grandes pièces aménagées au goût de l'époque, l'une se distingue plus particulièrement: c'est le salon à l'angle sud-ouest du rez-de-chaussée. Sur les murs, des peintures racontent des contrées idylliques allongées au bord d'un fleuve, où flânent des promeneurs, des enfants, des marchandes.

P. M.

COLOMBIER

Le Bied

Colombier a su préserver des ravages du temps plusieurs de ses manoirs. En sus du Bied où nous nous arrêterons quelques instants, signalons la maison Le Pontet datée de 1614 ou la résidence du Vaudijon (1800–1807) qui valent toutes deux une visite — sans parler du château dont les bâtiments les plus anciens remontent au 12e siècle. Si Le Pontet se range dans le groupe des maisons de maître neuchâteloises typiques, parce que conçues en pleine transition du gothique tardif à la Renaissance (voyez à ce titre le château de Cressier, de construction contemporaine), Vaudijon, quant à lui, adopte le style Empire et, de ce fait, sort du cadre de l'Ancien Régime assigné à notre ouvrage.

Le domaine du Bied se dresse au bord du lac, à l'extrémité méridionale d'une allée qui longe à quelque distance la rive. Cette allée se prolonge vers le nord-ouest par une autre, plantée d'arbres, qui rejoint le village où elle est coupée par une avenue. Cet entrelacs d'allées, aujourd'hui amputé par l'autoroute, fut entrepris dès 1657 à la demande du châtelain d'alors, le prince Henri II d'Orléans-Longueville qui vit là l'occasion rêvée pour la commune de s'acquitter d'une lourde dette. Près de quatre-vingt ans plus tard, on intégra avec bonheur à la composition du Bied l'allée du bord de lac; le maître de l'ouvrage, Jean-Jacques Deluze, s'obligea à ne pas troubler la perspective de l'allée par quelque construction. En plus de la maison qu'il construisit en 1739, et qu'il agrandit par la suite, Deluze installa une fabrique d'impression sur étoffe. La fabrication d'indiennes avait déjà occupé son père, devenu associé des frères Labran, ceux-là même qui, en 1716, en avaient introduit l'industrie dans le canton de Neuchâtel. Mais en 1803, des mesures protectionnistes prononcées par la France contraignirent la manufacture à se déplacer à Thann dans le Haut-Rhin. Sur la douzaine de dépendances qui prenaient place au sud de la résidence, il n'en reste plus que deux.

Le charme du Bied procède moins de l'architecture de la maison de maître que de

Page de gauche, en haut. Colombier, Le Bied. Façade sur jardin.
Page de gauche, en bas. Statue de pierre dans le jardin.
Ci-dessus. Salle de bains.

son jardin qui s'entend à confondre la nature et l'art. Au pied de la façade orientée à l'est s'étend un parterre de broderie, clôturé de bordures de buis et d'un muret. Au centre se découpe le miroir circulaire d'une pièce d'eau avec sa fontaine jaillissante. A l'autre bout, où le jardin se resserre, deux pavillons marquaient jadis les encoignures. Un seul subsiste. Des statues de pierre, petites et gracieuses, posées sur un muret qui ondule vers le lac, incarnent les saisons et les travaux des champs. Au centre, un globe astronomique porte l'inscription «Globe gnomonique Lambelet, 1775», révélant le nom de l'artiste qui sculpta sans doute aussi les statuettes. Des rampes sur les côtés des murs descendent à une pelouse plantée d'arbrisseaux en chaque coin. De là, une petite allée conduit tout droit aux rives du lac. Le portail du jardin, avec sa grille de fer forgé entrecoupée d'urnes sur piédestaux, ressortit au style Louis XVI, de même que la fontaine adossée au bâtiment, là où jadis des dépendances entouraient une cour. Le corps de logis n'était primitivement éclairé que par cinq axes de fenêtres sur le long côté. En 1756, on agrandit la maison au nord; cela se reconnaît encore facilement de l'intérieur. La construction adjointe à l'angle sud-ouest fut confiée en 1774 à Henri Lambelet, sculpteur et architecte à qui l'on doit la fontaine et les statues du jardin. La façade tournée vers le lac — façade d'apparat — s'est à peine ressentie de ces développements. C'est désormais un bâtiment alignant sur deux étages en façade des rangées de neuf croisées; un grand toit à croupe faîtière couronne la composition. Le groupe central de trois fenêtres est rassemblé entre deux pilastres d'appareil sur lesquels repose un fronton ajouré d'un œil-de-bœuf ovale. Des urnes enjolivent la pointe du fronton et l'extrémité du toit percé de lucarnes. Un balcon sépare les deux étages du motif central, alors que sur les faces latérales un simple cordon de pierre de taille accuse la ligne de séparation. La pierre de taille est reprise sur les chaînes d'angle et les encadrements de portes et de fenêtres qui s'arquent tous en cintre surbaissé selon le goût rococo. Même si l'ornementation plastique est étrangement absente de la façade, le seul contraste des couleurs par l'affrontement des parois crépies et de la pierre de taille suffit à produire un effet décoratif plaisant.

Si le visiteur prend la peine d'entrer, une surprise toute particulière l'attendra au rez-de-chaussée de l'annexe: c'est là que Deluze s'est aménagé une salle de bains entièrement décorée. Contre le mur, deux baignoires, arrondies à un bout, revêtent les carreaux émaillés repris sur la bande de mur. Les faïences portent des motifs floraux bleus sur fond blanc. Au-dessus du soubassement, les parois se répartissent en panneaux entoilés où figurent des motifs Louis XVI. Des festons de feuillages et de fleurs pendent au-dessus des consoles où reposent, ici des bustes, là des urnes peintes en trompe-l'œil. Les autres panneaux sont meublés par le bas de lourdes guirlandes de draperies; au-dessus, dans le cadre fleuri d'un feston, des médaillons enserrent des *putti*. Actuellement, le Bied est propriété privée.

P. M.

Ci-dessus. Neuchâtel, l'hôtel DuPeyrou. Façade sur lac précédée d'un jardin à la française.
Page de droite, en haut. Le grand salon au bel étage.
Page de droite, en bas. Le plan du premier étage.

NEUCHÂTEL

L'hôtel DuPeyrou

Sitôt le 18e siècle, la ville de Neuchâtel sortit des murs et des fossés que le Moyen Age lui avait imposés. C'est alors que, sur commande de riches magistrats, d'hommes de haute finance, d'officiers et d'industriels, s'aligna une suite de remarquables édifices. Leurs jardins durent malheureusement abandonner de longs pans aux constructions ultérieures.

Le plus somptueux de tous, l'hôtel Du-Peyrou, construit en retrait, possède encore son élégant jardin baroque. Du Faubourg, on y accède par un portail grillagé qui s'avance en hémicycle. Deux rampes carrossables s'en détachent qui se rejoignent en fer à cheval sur le petit côté de la maison de maître. Les deux allées enclosent un parterre découpé en étoile au cœur duquel un bassin et des arbres taillés

marquent le rond-point. Une rangée de marronniers porte de l'ombre aux pièces du rez-de-chaussée. Les résidences sises derrière l'hôtel durent remédier à la forte déclivité du terrain par des travaux de terrassement. Ce fut le cas, par exemple, de la résidence de La Grande Rochette, près de la gare, que l'officier David-François Chambrier avait aménagée en domaine viticole (1709), ou de la Petite Rochette construite pour le bourgmestre Deluze vers 1746 (avenue de la Gare 47). A la Petite comme à la Grande Rochette, des escaliers et des rampes incurvés à la mode italienne commandent les terrasses.

Retournons maintenant à l'hôtel DuPeyrou à qui revient l'honneur de clore la série des maisons de maître neuchâteloises, non tant à

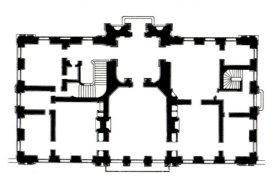

cause de son jardin que pour le raffinement de son architecture. Qui donc était ce DuPeyrou qui réussit à obtenir pour les plans de sa maison les faveurs du fameux Erasmus Ritter, celui-là même qui avait construit l'église du Saint-Esprit à Berne? Pierre-Alexandre DuPeyrou, né en 1729 au Surinam (Guyane néerlandaise), était le dernier rejeton d'une famille protestante, originaire du Midi de la France, qui, comme bien d'autres, chercha refuge en Hollande à la suite de la révocation de l'Edit de Nantes. En 1748, il fut reçu bourgeois de Neuchâtel et dès lors, il entretint des contacts étroits avec les pionniers spirituels de la Révo-

lution. Grâce à lui, son ami Jean-Jacques Rousseau put enfin publier ses premiers écrits.

La maison fut bâtie entre 1764 et 1772 d'après les plans d'Erasmus Ritter (1726–1805). Les traités d'architecture de Ritter plus encore que ses œuvres eurent une grande influence sur l'architecture bernoise de la fin du 18e siècle. L'intérêt qu'il porta à l'Antiquité et qui lui valut d'être désigné l'«enfant du classicisme», prit forme concrète dans le recensement méthodique qu'il entreprit des ruines romaines d'Avenches. Relevons, parmi ses œuvres les plus importantes, l'église paroissiale de Morges (1769–1776), la maison de Wattenwyl au 23 de la Herrengasse à Berne (transformée de 1762 à 1764) ou encore l'agrandissement de la résidence de campagne de Steiger à Tschugg. Cinq ans après la mort du maître de l'ouvrage P.-A. DuPeyrou (1794), les héritiers vendirent le bien-fonds aux frères de Pourtalès qui en 1813 déjà s'en séparèrent au profit d'Alexandre Berthier, prince de Neuchâtel. Des bourgeois soucieux de culture lancèrent le projet d'aménager le domaine en musée, mais l'initiative buta contre l'opposition du roi de Prusse qui vendit le domaine au banquier Denis de Rougemont. Le musée ne vit le jour qu'en 1860 après que la ville

*Ci-dessus. Neuchâtel, l'hôtel DuPeyrou. Le grand salon. Détail de la décoration Louis XVI.
Page de droite. Le vestibule.*

— à l'instigation du peintre Maximilien de Meuron — eut acquis le domaine des mains d'une société immobilière qui s'en était rendu propriétaire entre-temps. La collection d'objets d'art prit place dans le corps de logis jusqu'à son transfert en 1885 dans le nouveau musée; quant au bâtiment construit au nord de l'hôtel (1862), il accueillit d'abord les expositions temporaires, et aujourd'hui le Musée d'archéologie. Actuellement, un restaurant a pris place au rez-de-chaussée de l'hôtel DuPeyrou; les pièces les plus riches sont réservées à la ville pour les besoins de l'étiquette.

L'hôtel DuPeyrou forme avec ses annexes un ensemble typiquement baroque d'éléments engagés dans une perspective — fonctionnelle et esthétique — tout autour duquel le jardin conçu en symétrie pose son cadre. La cour d'honneur — que la forte déclivité surélève — s'entoure à l'ouest de l'ancienne écurie et à l'est des remises et de la cave. Au 12 de l'avenue DuPeyrou, un ravissant pavillon de style Louis XVI rappelle encore la bordure orientale du jardin, tandis qu'au Faubourg, les pavillons, reflets d'un style plus tardif, marquaient jadis les angles au sud. En face, au 3 rue de l'Orangerie, se dissimule sous une maison entièrement transformée l'ancienne serre d'où l'on rejoignait la rive jadis et où DuPeyrou avait planté les premiers arbres de la promenade du lac.

C'est la façade méridionale avec ses trois étages qui rend le plus pleinement la perspective architecturale de l'hôtel DuPeyrou. Grâce à une riche orchestration de la façade où interviennent des éléments structurants et des motifs ornementaux, Erasmus Ritter est parvenu à un haut point de clarté et de noblesse retenue — suivant l'exemple de la tradition locale d'inspiration française. L'appareil en bossage rustique et le coloris uniforme dont s'habille le rez-de-chaussée — paré de portes et de fenêtres en plein cintre — lui donnent l'aspect d'un socle; les murs qui partent de côté rejoindre les rampes ne font que renforcer cette impression. Les étages supérieurs se livrent au jeu de l'alternance entre les articulations exécutées en pierre de taille et les murs en crépi blanc. A l'étage principal où s'alignent neuf fenêtres, le motif central de trois baies est fortement accusé par l'ajout de demi-colonnes ioniques. Le motif est repris aux angles du bâtiment par des pilastres jumelés du même ordre. Les portes-fenêtres du ressaut central donnent sur un balcon qu'entoure une balustrade forgée de main de maître. L'attique, pour sa part, s'orne aux coins de lyres et de têtes d'Apollon et, en son centre, d'urnes sculptées en haut relief. D'autres urnes, mais en ronde bosse, marquent les coins de la terrasse de part et d'autre de la façade principale. En couronnement du ressaut, une balustrade porte les armoiries des de Rougemont (1816 environ). Côté cour, l'édifice ne comprend que deux étages en façade du fait de la forte déclivité du terrain. La façade se concentre vers le pavillon central: dans l'axe s'étagent le portail du rez-de-chaussée, retrait dans une niche, et dans la lucarne un œil-de-bœuf qu'un aigle porte dans une guirlande.

La distribution intérieure de l'hôtel reflète parfaitement les plans de construction que le 17e siècle avait mis à l'honneur dans ses châteaux. Le visiteur qui traverse la cour au nord trouve, dans l'axe du vestibule, le salon, ouvrant sur le jardin. Les pièces disposées sur les côtés communiquent selon le modèle établi par les châteaux français, autrement dit par des portes alignées sur un même axe, qui, ouvertes, permettent au regard d'enfiler les pièces. Cette disposition, appelée «enfilade», s'écarte de l'ancien plan avec corridor tel que nous l'avons rencontré précédemment au château de Cressier. Avec ses demi-colonnes et ses pilastres, le vestibule est une introduction au salon qui ne manque pas d'effet. On remarquera ces manières d'accents décoratifs que sont les piédestaux cannelés présentent des trophées de chasse et d'amour en médaillon. L'influence française se lit aussi dans l'emplacement latéral de l'escalier. On admirera l'élégante ferronnerie de sa barre d'appui classique. La pièce de parade du château est sans nul doute le Grand Salon, superbe manifestation du rococo. Sur le parquet se dessinent des ovales concentriques à motifs de plantes contenues dans une bordure de losanges en damier. Une abondance de miroirs fait croire à un espace dilaté. Les boiseries, de Paris, portent déjà des motifs Louis XVI, tandis que le plafond en stuc réalisé par des artistes de Bregen-

zerwald s'attache encore à un style plus ancien: les allégories (des saisons, de l'astronomie, de la musique, de l'amour ou de la chasse) apparaissent dans des cartouches rocailles ou mêlés au jeu délicat des guirlandes de feuilles.

P. M.

VERMES

Le château de Raymontpierre

Accroché au Mont-Raimeux, à près de 900 mètres d'altitude, à l'est de Moutier, le château de Raymontpierre regarde le Jura qui s'étire jusqu'à Bâle. Bien que son isolement escarpé le rende comparable au château de Beroldingen, Raymontpierre ne présente pas la moindre origine médiévale, et fut bel et bien construit au terme du 16e siècle.

C'est le descendant d'une vieille souche delémontaise, Georg Huge (décédé en 1608), qui fit construire cette maison seigneuriale: il voulait se consacrer à l'administration des bois et des pâturages environnants qu'il tenait en fief du prince-évêque Jakob Christoph Blarer von Wartensee et souhaitait pouvoir, à ses heures perdues, s'adonner aux plaisirs de la chasse. Il faut rappeler que les princes-évêques bâlois, tenus depuis la Réforme en exil à Porrentruy, étaient obligés de confier à leurs preux vassaux le soin de remettre sur pied leur puissance politique et économique. Ainsi, le

Ci-dessus. Vermes, le château de Raymontpierre. Vue du côté sud.
Page de droite. Fontenais, le château. Vue du côté sud.

seigneur de Raymontpierre avait été chargé d'assurer le bon déroulement de l'abat d'arbres au Mont-Raimeux, dont le bois alimentait les fonderies épiscopales de la vallée de la Birse et du Sornetal. En 1609, Anna Huge, fille du susnommé Georg, se maria avec Hans Jakob von Staal (1589–1657) — événement qui annonçait la vente du domaine à la dynastie soleuroise des von Staal. Hans Jakob von Staal, futur banneret et avoyer, qui restera la personnalité la plus marquante de Raymontpierre, s'attira beaucoup d'ennemis dans sa ville natale de Soleure pour avoir défendu une attitude hostile à la France, ce qui explique qu'il se retirait volontiers dans son château jurassien ou à Delémont. Le prince-évêque voyait tout cela d'un très bon œil: il pensait bien avoir trouvé à Raymontpierre un avant-poste prêt à faire face aux projets expansionnistes de la Berne réformée. En 1623, la totalité du domaine passa à Hans Jakob von Staal et à son frère Justus. Le nom des von Staal lui restera attaché jusqu'en 1809. En 1944 enfin, après plusieurs mutations, le château fut acquis par la fabrique Dozière SA de Delémont qui entreprit de le rénover.

Le château se compose de la maison seigneuriale, de la chapelle et des communs regroupés à l'intérieur d'une enceinte carrée, défendue aux angles par de petites tours rondes. Par sa forme, Raymontpierre se rattache à un ensemble de maisons seigneuriales de construction contemporaine — voyez le château A Pro à Seedorf ou Greifenstein dans le canton de Saint-Gall par exemple — chez qui l'aspect défensif avait moins valeur de protection que de symbole de la notoriété et de la haute volée de son occupant. Les deux tours rondes qui se dressent aux coins du mur côté cour sont des reconstructions sur d'anciennes fondations mises au jour en 1941. On entre dans l'enceinte par le sud à travers un portail en plein cintre qui porte, gravées sur la clef, la date de 1596 ainsi que des armoiries encadrant le symbole du tailleur de pierre. On reconnaît dans le premier écu les feuilles de trèfle et la bande de la famille Huge de Raymontpierre, dans l'autre, le sapin de la famille Nagel. Dès l'entrée, on aperçoit à gauche une petite construction ajourée d'arcades et, à droite, dans l'encoignure du mur, la petite chapelle de construction contemporaine de celle du château avec son clocheton à toit conique — datant de ce siècle. La fenêtre présente encore un remplage gothique: l'anachronisme stylistique est chose courante en province. C'est d'ailleurs à ce même état de style qu'il faut rattacher les fenêtres géminées, les triplets ainsi que les fenêtres à gradins qui égayent la face méridionale de la maison seigneuriale. Entre deux fenêtres de l'étage, un relief sculpté daté de 1623 donne à voir, sous le cimier, les armoiries des de Raymontpierre et von Staal. On peut y lire ces deux inscriptions rédigées en latin: «Notre sort repose dans la main de Dieu» et encore «Les gentilshommes, Johann Jakob et Justus Staal, frères, Soleurois de naissance, furent héritiers et partiellement acquéreurs de Raymontpierre». Cette plaquette commémore le transfert de la seigneurie de Raymontpierre à la famille von Staal. Un corridor part de l'entrée au sud et débouche sur la façade opposée où une tour avec escalier en fer à cheval conduit à l'étage. De part et d'autre, le couloir dessert, au rez-de-chaussée, la cuisine et la cave, et à l'étage les chambres et les appartements qui contiennent, entre autres pièces, la «salle des chevaliers» (ou *Rittersaal*) avec une cheminée ornée de la date de 1595 et des doubles armoiries du constructeur et de sa femme Aloysia Nagel.

P. M.

FONTENAIS

Le château

Sise à quelques kilomètres de Porrentruy, Fontenais fut une des localités de l'Ajoie les plus meurtries par la guerre de Trente Ans. Entre 1634 et 1647, le village fut mis à feu et à sang par les Suédois; les Impériaux et les Français y commirent des exactions, les troupes de Fleckenstein la mirent à sac, puis ce fut au tour de celles de Bernhard von Sachsen-Weimar, tant qu'à la fin les armes et les flammes avaient à peine épargné une seule maison. Ces temps cruels appartenaient déjà au passé de Fontenais lorsque, au milieu du 18e siècle, un certain Jean-François Faber (ou Faivre, 1690–1743), médecin attitré du prince-évêque

de Bâle, entreprit de construire un château de plaisance au cœur du village. Par mariage de sa fille Maria-Margaretha, la résidence parvint entre les mains du conseiller aulique Ursanne-Conrad Billieux de Porrentruy. A sa mort, sa femme créa au château la fondation de bienfaisance Billieux-Faber. Plus tard, le petit château abrita encore successivement l'auberge villageoise, un atelier d'horlogerie et une épicerie. Depuis 1977 enfin, il appartient à la commune qui y a installé la poste.

Avec ce curieux petit château, le rococo nous a laissé une réalisation pleine de charme. Le corps de bâtiment s'élève sur deux étages et porte un toit en croupe; côté sud, deux larges tours rondes le renforcent aux angles. Si, par leur forme, les tours rondes de Fontenais s'apparentent aux tours de la plupart des châteaux du cru, il y a fort à penser que les clochers à bulbe baroque relèvent de la plus pure fantaisie du maître de l'ouvrage. Dans l'une des tours se trouvait jadis la chapelle particulière, consacrée en 1764, tandis que l'escalier avait pris place dans la seconde tour (aujourd'hui transformée en bureaux). L'escalier principal occupe le corps central; on y accède par un portail non ouvragé et couronné d'un fronton droit. L'intérieur, quant à lui, se distingue par la qualité remarquable de ses portes, de ses cheminées et plafonds de stuc Régence.

P. M.

CORBIÈRES

Le château

Qui se douterait, à la vue du petit village de Corbières, établi au bord du lac de Gruyère, qu'en cet endroit même jadis deux agglomérations possédant le statut de ville formaient le centre d'une vaste seigneurie? La plus ancienne des deux localités — dont le château, détruit depuis fort longtemps, est englouti sous les eaux du lac artificiel de Gruyère — totalisait au début du 15e siècle vingt-six foyers; la seconde bourgade, plus récente, en comptait trente. A l'emplacement du présent château se dressait, dès 1230 environ, un ouvrage défensif protégeant la nouvelle agglomération. Comme l'ancien château, celui-ci fut occupé par les seigneurs de Corbières dont on trouve une première trace dans les documents vers 1115. A l'apogée de son expansion territo-

*Ci-dessus. Corbières, le château. Façade au levant.
Page de droite. Balliswil, le château. Panneau de porte peint.*

riale, la seigneurie regroupait la plupart des localités longeant actuellement le lac, à quoi il faut ajouter des domaines dans le Valais, le Pays de Vaud et la Franche-Comté. Or, de succession en succession, le puissant domaine finit par se démembrer complètement. Les seigneurs de Corbières, jadis si puissants, se retrouvèrent au 15e siècle simples bourgeois de Morat, Fribourg ou Gruyères, réduits à l'artisanat (l'orfèvrerie en particulier). Cent vingt-cinq ans après que Guillaume III de Corbières s'était déclaré vassal de la Savoie — c'était en 1250 — ses descendants n'eurent d'autre choix que de vendre le domaine aux ducs de Savoie. En 1454, ces mêmes ducs cédèrent la seigneurie à la maison de Gruyère, qui bientôt, sous la pression d'une dette, vendit le domaine aux Fribourgeois. Fribourg en fit un bailliage, puis, aux environs de 1560, mandata un contremaître du nom de Franz Cotti pour construire un nouveau château.

A la moitié du 18e siècle, les douves sur le côté oriental du château furent remblayées, et l'enceinte céda de larges pans de mur. Reste encore à l'ouest et au nord un mur crénelé parcouru d'un chemin de ronde qui borne la cour du château. Le corps de logis abrite ses trois étages sous un toit en croupe de haute dimension qui projette sur la façade d'entrée des avant-toits saillants ornés de l'arrondi lambrissé d'influence bernoise. Contrairement aux dispositions adoptées pendant la première moitié du siècle (voir Givisiez), l'entrée et donc la façade principale occupent le petit côté. Et tandis que le fenestrage de la façade orientale semble laissé au hasard des pièces, côté nord en revanche un certain désir de symétrie a guidé la disposition des croisées à gradins et des meneaux.

P. M.

BALLISWIL

La maison seigneuriale

A l'écart de la civilisation et des perturbations qu'elle engendre, la résidence ancestrale des von Montenach est restée un ensemble architectural intact avec maison de maître, cour de ferme, dépendances et chapelle. En 1653 pourtant, un incendie avait ravagé la maison d'habitation. L'occupant d'alors, le trésorier Beat Jakob von Montenach, donna ordre de la reconstruire entièrement. A la mort de celui-ci (1663), le domaine revint à la branche des Castella puis fut vendu, au début du 18e siècle, à Jean-Frédéric de Diesbach dans la famille duquel le bien-fonds resta jusqu'en 1933.

L'architecture de la maison de maître manifeste un ferme attachement aux traditions architecturales de la région. L'édifice — une construction de pierre, massive, développée en largeur et assistée d'une tour d'escalier — présente en sa face sud l'ouverture régulière des fenêtres à gradins du gothique tardif ainsi qu'une porte avec arc infléchi. Le pan de l'avant-toit est recouvert de rameaux d'acanthes et d'emblèmes martiaux. L'aile qui s'avance vers l'allée date du siècle passé.

Passons à l'intérieur, dans la fameuse chambre verte, de toutes la plus prestigieuse, car elle est entièrement peinte et plafonnée de caissons richement décorés. Sur les murs, les peintures imitent des tapisseries flamandes dans leur cadre de guirlandes fleuries. Chaque panneau représente une scène tantôt de la vie

du seigneur tantôt de celle du paysan. Même si l'artiste — inconnu d'ailleurs — n'était pas un maître de la peinture figurée, on ne manque pas d'être saisi par cet ensemble décoratif. Au coin, un poêle de faïence vient jeter une touche claire. Les sources lacunaires ne disent pas qui, des von Montenach, Castella ou de Diesbach, commanda ces peintures. Il se pourrait que ce fût le susnommé Jean-Frédéric de Diesbach, grand général élevé au rang de prince par l'empereur Charles VI. Il s'était d'abord engagé au service de Louis XIV, mais non content de sa maigre rémunération, il passa dans le service hollandais en 1710. Cela expliquerait le choix des tapisseries flamandes comme modèles. On a en revanche la certitude que les fresques au plafond de la chambre voisine furent réalisées à sa demande.   P. M.

Ci-dessus. Balliswil, le château. Chambre verte avec poêle de 1790 exécuté dans les ateliers de Jean-Baptiste Nuoffer.
Page de droite, en haut. Le château côté nord avec allée.
Page de droite, en bas. Peinture murale avec scène de genre datant vraisemblablement du début du 18e siècle.

CRESSIER-SUR-MORAT

Le château

Autrefois, Cressier était une petite seigneurie qui s'étendait sur le territoire de l'actuelle commune du même nom, à environ 5 kilomètres au sud-est de Morat. La lignée des seigneurs de Cressier, attestée au 12e siècle, prit déjà fin au 14e siècle. A la faveur d'un mariage, la seigneurie devint propriété des Bubenberg de Berne, lesquels la cédèrent à des banquiers lombards établis à Morat, du nom d'Asinari. En 1403, la famille, endettée, dut aliéner son bien. Une série de transferts — les sources parlent de Willi Praroman et de Jean Folli, dit Oguey de Fribourg — amenèrent au 17e siècle le château dans la famille de Pancraz Python et de sa femme Helena de Reynold. En 1661, Elisabeth Python, leur fille unique, épousa Ferdinand de Diesbach. Il mourut en 1696 sans lui avoir donné d'enfant. En 1708, la veuve de Diesbach légua Cressier à François de Reynold dont les descendants se succédèrent à la propriété jusqu'en 1980. Le plus

En haut. Cressier-sur-Morat, le château.
Le grand salon avec grisailles.
Ci-dessus. Les façades sud et est.
Page de droite. Petite salle avec poêle de 1665.

illustre représentant de la lignée fut l'historien et écrivain Gonzague de Reynold qui conçut ici même nombre de ses écrits.

Le château repose sur l'emplacement de l'ancienne forteresse des seigneurs de Cressier comme en témoignent les vestiges d'un donjon. L'aspect qu'il présente actuellement lui fut donné vers 1665, lorsque Ferdinand de Diesbach fit transformer l'ancien édifice vieux d'un siècle. Vers 1780, la maison de maître reçut encore sur l'ouest une aile plus basse — transformation comparable à celle que connut la résidence de campagne de Balliswil de peu son aînée. Les similitudes ne s'arrêtent pas là, puisque, architecturalement surtout, les ressemblances se marquent au premier regard.

Comme à Balliswil, nous découvrons à l'intérieur du château des pièces abondamment peintes. La salle du rez-de-chaussée donne à voir des figures allégoriques parmi une suite de colonnes corinthiennes. Le grand salon tire son unité du décor en grisaille exécuté au moyen de peinture à la chaux. C'est tout un jeu d'encadrements, où se mêlent pilastres, couronnes de feuilles et guirlandes, soulignant les contours des panneaux ornés de trophées, de vases, de cornes d'abondance, de bustes et de védutes. Même la cheminée est peinte; elle porte la date de 1691. Quelques années auparavant, le petit salon recevait sa décoration murale — dans l'hypothèse que les peintures sont de facture contemporaine au poêle daté de 1665. Au fil des murs, enchâssé dans un univers d'ornements et de créatures fabuleuses, c'est un vaste déploiement d'images, de védutes de parcs et de châteaux aux décors de cour qu'interrompt la représentation d'une bataille navale au-dessous de laquelle on reconnaît, sur la porte, le portrait en pied du couple de Diesbach. Au plafond, les panneaux reflètent le monde hermétique des emblèmes baroques. L'arcature et la frise aux putti qui se déroulent à la base du poêle, plus anciens, remontent au début du siècle.

P. M.

FRIBOURG

La Poya

Sur une hauteur au nord de la ville, bien visible sur fond de parc boisé, La Poya accroche irrésistiblement tout regard à la ronde. Ce joyau de nos manoirs, conçu par un architecte inconnu, passe pour être en Suisse l'une des premières manifestations, et des plus marquantes, du style palladien. Le maître de l'ouvrage s'appelait François-Philippe von Lanthen-Heid (1650–1713). C'était une personnalité influente, comme le porte à croire l'énoncé des principales étapes de sa carrière politique: membre du Petit-Conseil à 29 ans, bourgmestre à 35, enfin avoyer du canton de Fribourg et délégué occasionnel de l'ambassade à la cour de Louis XIV. Son testament en dit long sur la fortune de la famille: outre La Poya, on y trouve mention de châteaux à Cugy et Montet, d'une somptueuse résidence en ville (au 56 Grand-Rue), sans oublier des moulins, une auberge, quantité de domaines, de bois, vignobles, droits des eaux et cours d'eau, carrières, mines, etc.

Le château de La Poya (construit entre 1698 et 1701) correspond au type de la villa de faubourg ou *villa suburbana* telle que la décrivit Alberti, architecte et théoricien du 15e siècle marqué par les représentations antiques. La proximité de la ville éloignait tout souci d'autosubsistance. En réalité, La Poya n'était pas un véritable domaine de campagne, mais plutôt une résidence d'été qui offrait aux festivités et aux réceptions un décor de rêve. Une habile insertion du bâtiment dans le paysage permit au château de réaliser l'idéal — tant recherché depuis la Renaissance — d'une communion entre la nature et l'art. Venant par le nord, une allée traverse le grand parc et aboutit au château. Au sud, la façade s'ouvre sur un perron; un escalier extérieur descend vers un parterre à la française. Selon le schéma classique du château français, l'édifice

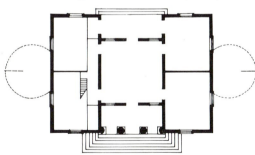

s'inscrit entre l'allée d'accès d'un côté, et le jardin de l'autre; en revanche, l'organisation de la façade fait fi de l'usage classique. C'est

Page de gauche. Fribourg, La Poya. Façade au sud-est.
Ci-dessus. Plan du rez-de-chaussée.
En haut. Façade sud. Sur le fronton, armoiries des Diesbach-Cardevac.
A droite. Le grand salon, détail.

ainsi que, bouleversant le canon français, la façade sur jardin donne l'impression — renforcée par le portique — d'être la façade principale réservée à l'accueil; or, l'entrée se trouve sur le côté nord, bien plus modeste. L'ordonnance de la façade au sud manifeste un désir de clarté rationnelle et d'harmonie. Des colonnes doriques cloisonnent l'entrée du porche auquel mène un escalier en façade. De part et d'autre, les annexes, éclairées des hautes fenêtres, sont accostées de pilastres. Une frise aérée de petites fenêtres gisantes se déroule au-dessus de la façade et ménage la transition à la corniche, au centre de laquelle repose un puissant fronton cintré. Les armoiries primitives ont fait place à celles de Diesbach de Belleroche (à gauche) et des Cardevac (à droite), cinquièmes propriétaires de La Poya selon l'ordre chronologique. Une balustrade masque le toit — et cette particularité nous ramène évidemment à la France (Le Louvre ou Versailles). Or, qu'est-ce qui, au juste, avait motivé notre impression d'une parenté avec les œuvres d'Andrea Palladio? Sans doute procède-t-elle moins des formes particulières que de l'ordonnance d'ensemble. Le porche intégré et cette façon qu'a le fronton de s'ancrer pour ainsi dire dans la corniche, cela se retrouve par exemple sur la façade de la villa Emo à Fanzolo près de Trévise. Rien au contraire de palladien dans le grand fronton cintré et la balustrade, qui, en Italie, n'a de justification qu'en bordure de terrasse. Les deux constructions arrondies, ajoutées symétriquement de part et d'autre du château, ainsi que la cuisine sont des agrandissements datant de 1911. L'architecte d'alors, Henry Berchtold von Fischer, réussit une alliance harmonieuse entre l'ancien et le nouveau. A l'élégance un peu froide de la façade correspond, à l'intérieur du château, le salon. Son décor, où domine le blanc et l'or, donne aussi le sentiment d'une élégante discrétion. Les stucs, de grande valeur, sont l'œuvre d'un artiste inconnu, français probablement, à qui l'on attribue également les ouvrages de stuc exécutés dans la résidence fribourgeoise du maître de l'ouvrage au 56 Grand-Rue.

P. M.

Ci-dessus. Fribourg, La Poya. Le grand salon. Paroi occidentale et plafond.
Page de droite, en haut. Givisiez, le château. Vue du côté sud.
Page de droite, en bas. Peintures baroques exécutées sur plafond par Benedikt Michael Vogelsang.

GIVISIEZ

Le château

Au 15ᵉ siècle, Givisiez (dit Siebenzach en allemand) devint propriété des d'Affry, une famille de haut lignage dont le nom devait rester attaché à la localité jusque tard dans le 19ᵉ siècle. Affry provient de l'ancienne désignation française d'Avry, d'où l'on apprend que cette notable famille fribourgeoise tire son origine d'Avry-sur-Matran. Outre des politiciens et des officiers au service français — le plus célèbre étant Louis d'Affry (1734–1810), premier *Landammann* de Suisse — les d'Affry dotèrent aussi les arts de personnalités de grande valeur. Sous l'Ancien Régime, c'est la gent masculine des d'Affry qui eut l'honneur d'établir la gloire de la famille; puis au 19ᵉ siècle, les représentantes du beau sexe reprirent le flambeau: le salon de la comtesse Lucie d'Affry — mère de deux filles, Adèle (dite Marcello) et Cécile, dont l'une était sculpteur, l'autre poète — accueillait des cercles littéraires et artistiques. On ne s'étonnera pas de trouver deux manoirs au nom des d'Affry dans le seul village de Givisiez, le «Versailles de Fribourg» avait-on coutume de dire. La plus ancienne des deux, celle illustrée par la photo (aujourd'hui pension Sainte-Marie), fut bâtie en 1539 pour l'avoyer Louis d'Affry (décédé en 1608). L'ensemble se compose de la maison de maître en pierre de taille et d'un bâtiment secondaire crépi, reliés par une galerie à colombage. La maison d'habitation fait du mur-gouttereau sa façade principale, en quoi elle se distingue encore des résidences de campagne de la seconde moitié du siècle (cf. Corbières). La façade respecte également la tradition, puisqu'elle accorde au premier étage un fenestrage plus abondant qu'au rez-de-chaussée. Quelques détails laissent pourtant supposer que des transformations intervinrent au cours du 17ᵉ siècle. Ainsi, la porte de la tour de l'annexe, datée de 1644, laisse poindre le baroque dans son large entablement et son fronton. C'est à cette même période stylistique qu'il convient de rattacher la décoration picturale du salon qu'une signature tracée sur le plafond nous permet d'attribuer à l'artiste soleurois Benedikt Michael Vogelsang. La disposition peu ordinaire des corps de bâtiment, la variété des matériaux, le fenestrage asymétrique du gothique, tous ces éléments donnent un reflet de la conception architecturale d'un Moyen Age finissant. A quelques pas seulement, la maison construite pour Nicolas-Alexandre d'Affry vers 1703 propose déjà une variante baroque. Son toit en croupe roide porte l'accent sur la dimension verticale — un trait qu'on retrouve dans les campagnes, contemporaines, d'Avry-sur-Matran et de Delley.

P. M.

LÉCHELLES

Le château de la famille de Gottrau

Dès la fin du 16e siècle, la famille de Gottrau possédait un fonds de terre à Léchelles. Les maigres sources se rapportant à l'histoire de la seigneurie nous apprennent que François-Pierre-Nicolas de Gottrau (1705-1770) fit restaurer, sinon largement reconstruire, l'édifice existant — peut-être en perspective de son mariage avec Marie-Françoise de Reynold en 1743. Les principales étapes de la carrière politique de Pierre de Gottrau furent son élection au Conseil municipal de Fribourg en 1727, l'élection au Conseil des Soixante et sa nomination au poste de chancelier municipal en 1742, puis sa désignation à la charge de secret en 1745 et de bailli d'Attalens en 1762.

Le château des de Gottrau se présente comme une construction de deux étages à plan allongé et coiffée d'un toit à demi-croupe avec avant-toit en berceau. Presque dépourvu de tout rythme, dépouillé de tout ornement plastique, le château donnerait l'impression d'une architecture modestement campagnarde, n'était le mur oriental que des peintures en trompe-l'œil transforment en façade baroque. Pour ce travail, de Gottrau fit appel au peintre de Rorschach Melchior Eggmann (né en 1711), dont il avait pu mesurer le talent en contemplant les peintures (1748) qui ornent le plafond du réfectoire d'été au cloître des Augustins à Fribourg. A Léchelles, le trompe-l'œil permet très astucieusement de racheter les irrégularités de façade: l'entrée du front oriental était légèrement désaxée, et afin que l'œil s'imagine qu'elle a réintégré l'axe, l'artiste a peint, en prolongement de la véritable porte, une seconde ouverture, identique; puis il a encadré le tout d'un somptueux portail avec colonnes et entablement recoupé; enfin, il a posé, couronnant l'ensemble, les armoiries des de Gottrau et de Reynold. Un escalier de façade parfaitement intégré à cette architecture feinte joue dans le sens de l'illusion d'ampleur. Les quatre fenêtres du rez-de-chaussée et de l'étage présentent aussi des éléments d'architecture peinte — appuis moulurés, fronteaux à volutes ou brisés. A l'étage mansardé, un encorbellement en trompe-l'œil «supporte» deux fenêtres qui simulent des vasistas à cul-de-bouteille. Côté sud, la porte ouvrant sur le vestibule et celle de la cave sont intégrées dans une composition architecturale à colonnes toscanes et fronton recoupé peuplé de figures allégoriques et de putti: c'est encore le jeu sans vergogne du trompe-l'œil qui permet de compenser la différence de grandeur entre les deux portes. Contrastant avec l'encadrement de la porte géminée, la peinture de la façade septentrionale revêt des formes plus frivoles et d'inspiration rococo. Avant ce mandat à Léchelles, Melchior Eggmann avait déjà eu l'occasion de prouver son talent de décorateur de façade. C'est effectivement en 1740 probablement qu'il exécuta sur la maison Brandenberg (Sankt Oswaldgasse à Zoug) des peintures qui, comme à Léchelles, maquillent l'asymétrie d'une façade du gothique tardif par le procédé de l'illusion d'optique.

P. M.

DELLEY

Le château

Jadis, Delley, Portalban et le hameau aujourd'hui disparu d'Agnens constituaient une petite seigneurie. On ne sait pas au juste si la famille de Delley possédait vraiment un château fortifié, peut-être seulement une résidence de pierre qui contrastait avec les maisons de bois des paysans. Le doute subsiste. Toujours est-il que cette famille fut contrainte au 14e siècle de vendre le domaine qui fut partagé entre les Du Moulin d'Estavayer et les Villarzel de Lucens. En 1679, suite à plusieurs changements de main, Delley tomba en possession de Jean-Pierre de Castella. C'est son fils Jean-Antoine (mort en 1725) qui fit élever l'actuelle campagne par les soins d'un architecte inconnu. Un seul indice pourrait nous permettre de préciser l'époque de la construction: nous savons qu'en 1706, Jean-Antoine de Castella, colonel et chevalier de l'ordre de Saint-Louis, fut démobilisé du service français pour cause de blessures et qu'il rentra au pays. En 1774, le corps de logis s'avérant apparem-

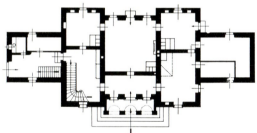

ment trop étroit, de Castella fit ajouter deux pavillons latéraux. Une allée conduit jusqu'au pied de la maison. De ce côté, la façade s'anime du jeu des ressauts et des retraits. Sous un toit à vaste croupe, légèrement brisée, le corps central projette latéralement deux pavillons. Dans l'espace qu'ils engendrent vient s'encastrer un portique qui, à son tour, rompt l'alignement. Cette construction en avancée, de maçonnerie apparente, se compose d'une triple arcade au faîte de laquelle se déroule une frise à triglyphes surmontée d'une balustrade au niveau de la terrasse du bel étage. Plus tard encore, trois annexes vinrent avec bonheur se subordonner au pavillon central. Abstraction faite de ces ultimes transformations, le château de Delley révèle une étonnante ressemblance avec la seigneurie de Buman à Avry-sur-Matran (construite antérieurement à 1704), avec cette différence toutefois qu'entre les avant-corps, la suite des trois arcs cintrés de Delley fait place à un seul arc en anse de panier. Le château de Delley et la seigneurie de Buman partagent avec d'autres campagnes du début du 18e siècle (par exemple la résidence de campagne de Nicolas-Alexandre d'Affry à Givisiez, 1703) une même tendance à la verticalité — qu'exprime l'élévation du faîte — et une même subordination des ailes, rajoutées après coup en vue d'un ensemble symétrique. Ce sont là bien sûr deux éléments empruntés à l'architecture renaissante française.

La disposition intérieure des pièces du château reproduit le schéma en faveur au 18e siècle: le rez-de-chaussée est occupé par le vestibule, la cuisine, les locaux de service et la salle à manger, l'étage étant réservé aux chambres à coucher et au grand salon, tout revêtu de tentures de cuir.

P. M.

Page de gauche. Léchelles, la maison De Gottrau. Façade orientale.
En haut. Delley, le château. Façade d'entrée avec allée.
Ci-dessus, à gauche. Plan du rez-de-chaussée.
Ci-dessus. Le grand salon orné de tentures de cuir.

VOGELSHUS

Le château de Lenzbourg

C'est à Vogelshus, un hameau rattaché à la commune de Bösingen, qu'on peut admirer une des plus élégantes maisons de maître Louis XV du canton, au cœur d'un parc peuplé de vieux arbres. Propriété privée des Deutschritter, le domaine passa en 1622 à la famille Lenzburger (appelée par la suite «de Lenzbourg») dont les descendants sont encore à ce jour propriétaires du bien-fonds. C'est à titre de ministériaux des comtes de Lenzbourg que les Lenzburger émigrèrent en pays fribourgeois; ils étaient alors de la petite noblesse. Ce n'est qu'en 1783 que Simon-Nicolas de Lenzbourg (1717–1806) reçut pour ses mérites militaires le titre héréditaire de comte qui lui fut remis des mains de Victor-Amédée III de Sardaigne. En 1758, il fit bâtir une nouvelle seigneurie sur le domaine dont il hérita. Les plans sont l'œuvre d'un certain Johann Paulus Nader (décédé en 1771), originaire d'Eiderstatt en basse Hongrie, réfugié persécuté pour sa foi. Avant d'entrer en 1748 au service de l'Etat de Fribourg, il était déjà l'auteur dans le canton de Berne de plusieurs églises et édifices profanes. Parmi les campagnes bernoises, on lui attribue le Baumgarten à la Bolligenstrasse à Berne. Il se peut qu'il participât également à la construction du Hofgut de Gümligen, puisqu'il y résida en 1743. Nader se manifesta une première fois sur le territoire fribourgeois l'année 1748 en créant une seigneurie qui porte le nom de Nouveau Château de Middes. Le type du manoir français à toit mansardé sur corps

Ci-dessus. Vogelshus, la Résidence de Lenzbourg. Façade sur cour.
Page de droite, en haut. Seedorf, le château Von der Weid. Façade au nord-ouest.
Page de droite, au milieu. Le plan du rez-de-chaussée.

de bâtiment allongé s'est aussi développé dans cette région. C'est encore par référence aux modèles français que Nader distingue la façade sur cour du château de Middes de la façade sur jardin. Côté cour, le front de bâtiment aux rangées de sept fenêtres se limite à souligner l'axe central par de simples pilastres à refends, alors que la façade sur jardin, destinée à une sphère plus intime, est traitée avec plus d'éclat: deux groupes de trois croisées flanquent un avant-corps central à trois axes de fenêtres couronné d'un fronton.

La modernité de la disposition intérieure tient au corridor qui traverse le bâtiment dans sa longueur, au salon central et au vestibule où l'escalier s'installe légèrement hors de l'axe. Un plan presque identique, des conformités surprenantes dans l'élévation, voilà ce qu'on découvre à l'observation de la résidence de campagne de Lenzbourg, si ce n'est qu'ici le traitement de la façade sur jardin est plus simple. Le point de vue que reproduit notre photo est pris du jardin surélevé d'où le regard peut enjamber le mur de clôture et atteindre la façade d'entrée. Ici, l'orchestration architecturale un peu sèche de la façade est compensée à la fois par des proportions équilibrées (l'annexe en léger renfoncement sur la droite date de 1885 seulement) et par le contraste plaisant du grès peint en ocre sur le crépi blanc des murs. Le sens de Nader pour le «design architectonique» se reconnaît plus spécialement à l'adoucissement des angles du bâtiment qui ménage une transition heureuse entre pilastres voisins. Comme de coutume à l'époque, toutes les croisées s'achèvent en cintre surbaissé, forme reprise par le portail. Les deux bâtiments destinés aux communs — coiffés comme la maison d'habitation d'un toit mansardé — sont reliés par un mur qui s'arque en plein cintre. Il cache en sa surface rentrante une ravissante fontaine.

L'intérieur du corps de logis a conservé l'essentiel de ses lambris, de ses poêles et du mobilier d'époque. Enfin, on ne manquera pas de découvrir les armoiries des de Lenzbourg entremises dans la ferronnerie de la rampe d'escalier.

P. M.

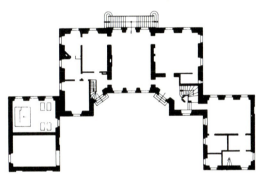

SEEDORF, PREZ-VERS-NORÉAZ

La résidence von der Weid

En 1769, Nicolas-Joseph-Emmanuel von der Weid, conseiller municipal et bailli de Saint-Aubin (mort en 1795), fit dresser une maison de maître sur un domaine au nord du lac de Seedorf d'où le regard peut s'étendre à perte de vue. Aujourd'hui, avec quelques bâtiments supplémentaires, la résidence accueille un institut d'éducation. Le plan ci-contre reproduit les dimensions primitives de l'édifice. Le corps de logis, de deux étages en façade, est flanqué de deux ailes à étage unique, dont l'une abrite la chapelle. Par leur disposition en retour d'équerre, les ailes engendrent une cour ouverte sur le nord. Une allée que le relief contraint de dévier de l'axe et d'avancer légèrement de biais, mène à la cour d'honneur. Autrefois, un jardin à la française s'étendait en contrebas de cette allée. Si on observe le plan, on notera que la face nord s'inscrit dans un demi-octogone. Les entrées occupent les pans de murs biais de part et d'autre du salon central, lequel tient toute la profondeur du corps de bâtiment. L'organisation interne se traduit sur la façade septentrionale par l'emploi de différents matériaux; le mur extérieur du salon et des pièces de l'étage est souligné par un appareil de grès, alors que les deux ressauts latéraux où s'intègrent l'escalier principal et secondaire se contentent d'un revêtement de crépi blanc qui accentue encore leur avancée.

Par opposition avec la façade d'entrée en mouvement de repli, la façade méridionale présente un front droit, ajouré de rangées de sept fenêtres. Deux pilastres servant d'appui à un fronton droit, qui se découpe sur le toit à la Mansart, animent la façade. Vers 1770, la famille Féguely fit construire de l'autre côté du lac, à Prez-vers-Noréaz, une résidence de campagne qui, tant par le plan que par l'élévation, apparaît comme la copie épurée du corps de logis du château de Seedorf.

P. M.

SIERRE

Le château de Preux à Villa

En bordure de Villa se dresse un puissant complexe architectural, jadis retranché derrière de hauts murs: c'est le château des de Preux. La partie la plus ancienne de l'édifice fut érigée au début du 16e siècle par les seigneurs de Platea. Le mot *platea* signifiait place du village, grande rue, jardin public. C'est par cette indication de lieu que la lignée des de Platea de Brigue se faisait reconnaître — d'autres familles portaient également ce nom, quand bien même on ne note aucun lien de parenté. Au terme du 14e siècle, une branche de cette lignée quitta Brigue pour s'établir à Sierre. Quant à la partie du château construite au 17e siècle, elle remonte aux de Preux, une famille de noble lignée.

Le château de Villa garde mémoire, tant en façade que dans la distribution des pièces, des deux édifications successives. Avec sa tour d'escalier hexagonale (aux fenêtres en accolade!), avec ses murs en alignement irrégulier, des hauteurs de fenêtres différentes et des pièces à recoins, le corps de bâtiment tourné au levant nous replonge dans une tradition architecturale moyenâgeuse; et déjà la construction venue s'accoster à l'ouest annonce de ses formes généreuses l'influence de la Renaissance. L'effet de repli du corps de bâtiment est maintenu, puisqu'un escalier intérieur droit remplace l'escalier en tour du gothique. Ici le fenêtrage obéit à une plus grande régularité, la disposition des pièces à plus de rationalité.

Ci-dessus. Villa près de Sierre, le château De Preux. Façade au sud-est.
Page de droite. Collombey, le manoir de Châtillon. Vue sur cour.

Un corridor voûté, traversant le bâtiment en long, coupe le plan en deux moitiés. Pareille disposition intervient au palais Stockalper de construction contemporaine. Hormis une chambre recouverte de lambris Renaissance et plafonnée de caissons, les pièces ne présentent qu'un caractère modeste. A présent, l'édifice loge un restaurant et accueille des expositions. Cela dit, il faut remarquer les portes au cadre de stucs et décor d'épigraphes, ainsi que les stucs de la cheminée dans l'ancien corps, témoins insolites de l'art ornemental du Valais d'autrefois.

P. M.

COLLOMBEY

Le château de Châtillon

Lorsqu'on approche de Collombey, on voit d'abord, au loin, le château des sires d'Arbignon, aujourd'hui transformé en couvent de religieuses. Mais Collombey possède encore une autre construction dont l'histoire plonge ses racines jusque dans le Moyen Age: c'est, à l'est du couvent, de l'autre côté de la route cantonale, le manoir des seigneurs de Châtillon-Larringes. Ses fondements cachent encore les soubassements d'une tour qui avait appartenu aux seigneurs de Collombey. En 1348, ceux-ci vendirent l'ouvrage fortifié à Guillaume de Châtillon-Larringes, ancien châtelain savoyard de Saillon et Conthey. Lorsqu'au début du 17e siècle la famille de Châtillon s'éteignit, le château entra dans la famille du Fay de Lavallaz; une branche de cette lignée habite encore le château. En 1650, l'ouvrage de plan carré fut presque entièrement ravagé par les flammes. Il fut reconstruit peu après et revêtit dès lors l'aspect que nous lui connaissons.

Pour entrer dans la cour, il faut d'abord traverser un portail en plein cintre, surhaussé d'un mâchicoulis en encorbellement sur les consoles duquel on peut lire la date de 1633. Il rejoint sur la gauche une aile dont l'étage est ajouré d'arcades et sur la droite un bâtiment de fortes dimensions servant de communs. Face au portail, le visiteur trouve la maison de maître avec ses deux étages parcourus de galeries à voûtes d'arête et d'arcades géminées. Une tour rectangulaire en plan tient le centre de la façade: elle dissimule un escalier à rampe droite coupée de deux palliers intermédiaires. Or, comme les escaliers à volées multiples ne furent introduits en Suisse qu'au cours du 17e siècle, on est en droit de supposer qu'avant l'incendie de 1650 la maison de Châtillon présentait encore l'escalier en vis d'un type plus ancien qui se traduisait extérieurement par une tour d'escalier ronde ou polygonale (voir Mex). Le principe de la tour d'escalier en façade communiquant avec des galeries est repris par le palais Stockalper. Seulement le palais a pu, à la mesure du luxe princier, façonner plus d'harmonie et plus de raffinement, alors qu'à Châtillon les piliers trapus sous les arcs massifs éveillent une impression de rusticité. Sauf une chambre recouverte d'un beau plafond à caissons, l'intérieur du château reflète la simplicité extérieure.

P. M.

BRIGUE

Le palais Stockalper

Une implantation avantageuse sur les contreforts septentrionaux du Simplon fit de Brigue, des siècles durant, une importante place de transbordement pour les marchandises qui transitaient par la voie la plus directe d'Italie en France ou à destination des pays rhénans. En 1215, il est déjà fait état de la localité. Au 17e siècle, l'épanouissement qui lui valut d'être surnommée «Briga dives» (Brigue la riche) est pratiquement le fait d'un seul homme: Kaspar Jodok Stockalper (1609–1691). Le «Grand Stockalper» ou encore le «roi du Simplon» — ainsi qu'on l'appelait pour ses hauts faits — reconnut bien vite combien il était important en cette époque déchirée par la guerre de Trente Ans d'assurer la sécurité des relations commerciales entre le nord et le sud. Avec un sens aigu de la démocratie, ce Fugger helvétique développa un vaste réseau commercial qui tirait l'essentiel de son revenu des taxes de magasinage et de transport prélevées sur le commerce du sel et de la soie. Parmi les nombreux entrepôts et refuges dont il eut l'initiative, mentionnons l'ancien hospice *(Spittel)* au Simplon et la *Suste* à Gondo. C'était encore faire acte de pionnier que d'organiser en 1648 une poste montée entre Genève et la Lombardie. Stockalper touchait encore bien d'autres recettes qui lui venaient de l'exportation de vin valaisan, du produit de ses mines ou de l'exploitation des bains et sources chaudes de Brigue. En reconnaissance pour les services qu'il rendit à l'Eglise, le nonce apostolique l'arma chevalier de Rome. De 1670 à 1678, il fut encore grand bailli *(Landeshauptmann)* du Valais. Le palais, entrepris en 1658 et conçu pour abriter le centre des activités de Stockalper, passe en Suisse pour être le plus grand bâtiment privé de son époque. Tant de richesses et de pouvoir rassemblés dans une seule et même main ne pouvait qu'éveiller la jalousie. En 1678, le Grand Stockalper fut suspendu de toutes ses fonctions sur décision de la Diète et dépossédé de la plus grande partie de ses biens. Cependant, le château lui resta. Stockalper partit en exil à Domodossola de 1680 à 1685. Faute de moyens et de présence, il ne put achever l'aménagement intérieur. On suppose que le maître de l'ouvrage traça lui-même l'essentiel des plans, car les sources ne mentionnent aucun architecte affecté à la réalisation d'ensemble du projet. Elles se voient de loin, les tours à bulbes dorés du palais Stockalper. Le vaste ensemble architectural comprend l'ancienne maison des Stockalper de 1533 à laquelle se rattache au sud le grand palais (1658–1678) communiquant à la maison d'habitation par une passerelle en loggia de deux étages. De là vient que la vieille maison construite par le grand-père s'est soudain retrouvée au cœur de la nouvelle composition architecturale. Kaspar Jodok Stockalper entreprit d'y porter des agrandissements (1640–1660), ce qui explique aussi certaines particularités stylistiques communes aux deux bâtiments. En regard de la complexité du plan adopté par l'ancienne maison, ce second château fait croire au contraire à une création sortie d'un jet. Le plan de la maison d'habitation montre une volonté — si propre aux constructions Renaissance — de simplicité et de symétrie: à chaque étage un passage voûté parcourt l'édifice et débouche sur une tour d'escalier. La grande tour renferme un escalier à repos avec volées rectilignes et alternées. C'était une conception moderne pour l'époque — il suffit pour s'en convaincre de le comparer à l'escalier en vis de l'ancien bâtiment. D'aspect extérieur, le bâtiment est sobre, avec même quelque chose d'hostile. Seule un peu de couleur tente d'animer les murs de crépi blanc: à intervalles réguliers les encadrements de fenêtres taillés dans du tuf jaune et les volets peints rythment la façade. D'étroits bandeaux de tuf se développent à partir des appuis de fenêtres et marquent la subdivision des étages. Le milieu du bâtiment porte sur toute sa hauteur un encorbellement long et étroit. L'entrée principale s'ouvre à la rue du Simplon dans une niche en plein cintre. Par le choix d'un fin matériau — une serpentine polie — le portail compense un parti décoratif qui sent l'économie de moyens.

Dans la cour, les arcades montées sur colonnes toscanes font pressentir le voisinage de l'Italie. S'étageant côté parc sur deux étages, et sur l'ensemble des trois étages pour le reste des façades, les arcades s'étirent le long de passages profonds, recouverts de voûtes d'arête. Les piliers de granit du rez-de-chaussée soutiennent d'amples arcs, tandis que des

A droite. Brigue, le palais Stockalper.
Ci-dessous. Le plan du rez-de-chaussée surélevé.
Double page suivante: la cour intérieure à arcades du palais.

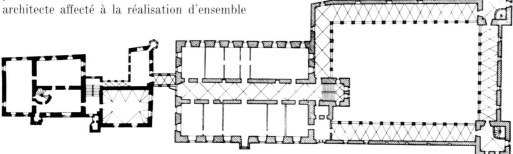

colonnes de tuf dressées sur piédestal imposent un rythme plus rapide à la rangée supérieure d'arcades. Seules, côté jardin, des balustrades viennent s'entremettre d'un piédestal à l'autre. L'absence de tout garde-corps sur les trois autres façades serait-elle donc en rapport avec le dessein qu'avait Stockalper de hisser jusqu'aux galeries les marchandises qu'il voulait entreposer? On peut en douter. Si elles manquent, c'est probablement parce que le Grand Stockalper ne put mener la construction à terme. Les loggias et les tours — chacune portant le nom d'un des trois Rois mages — servirent aussi à l'entreposage de marchandises. Cela dit, il ne fait aucun doute que le désir d'ostentation était au centre des préoccupations de Stockalper.

Si l'on se donne la peine d'entrer, il faut à tout prix voir la fameuse salle des Chevaliers *(Rittersaal)* et son plafond à solives d'allure moyenâgeuse; et deux chambres aussi, recouvertes de tentures Empire réalisées dans les ateliers Dufour à Paris. On admirera encore à la chambre du tribunal la tapisserie d'Enée créée en 1826 où l'on reconnaît, déambulant devant des colonnades, des personnages tirés de l'histoire grecque et romaine. La chambre du tribunal débouche sur la chambre du secrétaire dont les tapisseries transportent le visiteur dans la capitale française des années 1812, lui présentant un panorama de grands édifices au fil de la Seine. Sorties des manufactures du 19e siècle débutant (Joseph Dufour, Jean Zuber & Cie, Jacquemart & Bénard), ces tapisseries sont de vraies merveilles de perfection artisanale. Bien qu'à cette époque, autrement dit vers 1800, on utilisât déjà le cylindre gravé pour l'impression des étoffes, les tentures illustrées furent pendant longtemps encore imprimées à la main, à l'aide parfois de plus de mille gaufrures.

P. M.

SIERRE

La maison Pancrace de Courten

Les ancêtres de la famille de Courten sont natifs de Cantù, un village non loin de Côme qu'ils quittèrent au 11e siècle pour s'établir en Valais. A l'époque, ils portaient le nom de Curti mais l'échangèrent contre le patronyme qu'on leur connaît après avoir servi sous le drapeau français. De cette famille de haute volée, on vit sortir plusieurs grands baillis (ou *Landeshauptmann*) et des officiers encore en plus grand nombre qui s'engagèrent aux services français, espagnol, anglais ou dans la garde pontificale. Jean-Etienne de Courten (1653–1723), par exemple, fut chargé par Louis XIV en 1690 de lever un régiment portant son nom qui prit part à de nombreuses campagnes. Enfin, comme d'autres officiers de sa famille, J.-E. de Courten s'établit à Paris,

Page de gauche, en haut. Brigue, le palais Stockalper. La salle du tribunal avec les tapisseries dites d'«Enée».
Page de gauche, en bas. La chambre du secrétaire.
Ci-dessus. Sierre, la maison Pancrace De Courten. Façade nord.

d'où actuellement la présence en France des de Courten. Au cours des quatre siècles et plus qu'ils vécurent à Sierre, les de Courten laissèrent derrière eux quelques signes — architecturaux surtout — de leur passage. Le plus marquant est sans doute l'hôtel Château-Bellevue, situé non loin de la gare et transformé en restaurant. Une autre maison de maître construite en 1658–1666 par Jean-François de Courten (1624–1673) présente à front de rue deux arcades étagées s'étirant entre deux tours flanquantes. Citons encore le château des vidames qui, s'il ne fut pas construit par les de Courten, resta longtemps propriété de la famille. Quant au banneret François de Courten, il entreprit de construire à côté du château un édifice baroque de deux étages, avec rez-de-chaussée ajouré d'arcades et encorbellement sur la façade au nord (1636–1645) — suite à un changement de mains, la résidence s'appelle à présent maison de Chastonay. Plus à l'est, à la rue du Bourg, on croise l'ancienne résidence du grand bailli Antoine de Courten (1631–1701). D'allure plus modeste, à trois étages sur plan rectangulaire, le bâtiment sert aujourd'hui d'établissement de cure. En face pratiquement se tient l'hôtel Pancrace de Courten (ci-dessus) construit par un architecte inconnu en 1769 (date inscrite sur le balcon). Le maître de l'ouvrage était le jeune Jean-Antoine de Courten (1725–1803) qui commanda le régiment de Courten en France jusqu'au moment de sa dissolution par l'Assemblée nationale en 1792, après quoi il entra au service espagnol. Actuellement, la maison porte le nom du gendre du constructeur.

L'hôtel Pancrace de Courten se distingue des autres résidences familiales évoquées à l'instant par son style purement français. Quatre pilastres d'appareil rustique règlent l'ordonnance de la façade septentrionale où s'alignent deux rangs de sept croisées. Le centre de la façade projette un fronton cintré qui déborde sur un haut toit à la Mansart. Un œil-de-bœuf occupe le centre du fronton dont le couronnement, partiellement détruit, reproduit la forme d'un pied de candélabre. Un simple bandeau marque la séparation des étages. Les portes et fenêtres à cintre surbaissé portent des clés en forme de palmettes, de coquilles ou de grenades. L'économie extrême de moyens décoratifs est relevée par des ferronneries d'art d'époque ornant le balcon et l'imposte de l'entrée. Une balustrade du même goût se retrouve en rampe d'appui dans un large vestibule qui distribue toutes les pièces.

P. M.

LE NORD-OUEST

BERNE

Fondée pendant le haut Moyen Age par les Zähringen, Berne fut proclamée ville libre impériale en 1218. En liant la noblesse locale à la ville par l'assignation de fiefs, le duc contribua certainement dans une large mesure au développement précoce d'un patriciat. En 1223, Berne reçut de l'Empire un administrateur suprême portant titre d'avoyer et de bailli impérial; il jouissait de l'appui d'un conseil délibératif de douze membres. Très tôt déjà, on atteste une participation bourgeoise à la vie politique. En 1293, l'empereur accorda à Berne le droit d'élire son avoyer. Les désordres qui éclatèrent en 1294 amenèrent à la création d'un Conseil des Deux-Cents (le futur Grand Conseil) élu par le corps électoral des Seize à qui incombait de nommer le Petit Conseil. Désormais, l'autonomie de la ville était scellée.

Au 13e siècle, les principales structures administratives cantonales se mirent en place (avoyer, quatre bannerets, un, puis deux trésoriers). Pour la première fois aussi, un bourgeois fut porté à la charge d'avoyer. Malgré cela, la noblesse bernoise de vieille souche sut encore préserver son rang et son influence sur la ville pendant de longues années. Au gré de fortunes diverses, elle resta jusqu'au terme du 14e siècle la classe dirigeante. Plus tard, les nouveaux nobles suivirent leurs traces dans l'ascension sociale. De fait, le régime patricien — et donc la souveraineté exclusivement héréditaire — avait largement pris pied. Cet ordre ne permettait pas aux corporations d'assumer le moindre rôle majeur dans l'Etat. En revanche, l'association noble appelée «Gesellschaft zum Distelzwang» et l'association des quatre bannières offraient la clé du pouvoir: en 1638, vingt-six des vingt-sept sièges étaient tenus par des membres de ces cinq associations. En 1507, le mandat d'avoyer fut fixé à deux ans; la plupart des fonctions étaient devenues héréditaires. Le 17e siècle apporta la codification de la constitution aristocratique. Les nouveaux bourgeois se virent interdire l'accès aux charges politiques en 1643, tandis qu'en 1651 toute admission à la bourgeoisie fut suspendue; d'autre part, les membres de la bourgeoisie éligibles au Conseil se firent appeler «patriciens». En prolongement de ces événements, le Conseil ordonna en 1684 que fussent établis les registres généalogiques des familles siégeant aux conseils. En 1649, le Grand Conseil, fort de ses quelque trois cents membres (conseils et bourgeois ou *Rät und Bürgern*), obtint la souveraineté absolue au détriment de l'assemblée de bourgeoisie.

Le véritable pouvoir politique restait entre les mains du Petit Conseil ou Conseil quotidien *(Täglicher Rat)* dont les vingt-sept membres se recrutaient exclusivement dans le cercle restreint des familles régnantes. Au sommet de cette hiérarchie se tenait l'avoyer avec pour rôle la représentation de l'Etat devant l'opinion étrangère et locale. Quant à l'avoyer sortant *(Altschultheiss)*, il présidait le Conseil secret et le Conseil de guerre. La procédure électorale bernoise tenait du cérémonial purement formel depuis que l'ensemble des citoyens s'était constitué en un système de classes fortement structuré. Les membres du Conseil, élus de droit pour un an, y restaient à vie. Chaque année, le Grand Conseil confirmait le Petit Conseil. A son tour, le Petit Conseil renforcé de l'autorité électorale des Seize complétait l'effectif du Grand Conseil au gré des besoins ou des propositions. Le nombre des familles dirigeantes régnant au Grand Conseil s'élevait à 139 en 1651. En 1745, on en dénombrait encore 77. Quant aux familles habilitées à gouverner — autrement dit les familles théoriquement autorisées à siéger au Grand Conseil, leur nombre ne cessait lui aussi de diminuer au fil des ans, passant de 540 en 1650 à 243 en 1784. Précisons qu'à Berne, pendant le règne de l'aristocratie, six familles constituaient à elles seules le pinacle de la société: il s'agissait des von Erlach, von Diesbach, von Mülinen, von Wattenwil, von Bonstetten et von Luternau.

En revanche, les habitants perpétuels *(Ewige Einwohner)*, qui ne possédaient déjà aucun droit politique, furent réduits à une complète insignifiance politique depuis le décret des statuts de la bourgeoisie de 1643. Modèle remarquable d'organisation, l'administration bernoise, au lendemain de la conquête du Pays de Vaud, se composait de deux départements administratifs, l'un alémanique, l'autre romand (ainsi y avait-il un trésorier alémanique et un trésorier romand). Le territoire bernois comprenait cinquante bailliages, englobant aussi les territoires conquis d'Argovie et de Vaud. L'exercice d'une charge de bailli déterminait de manière décisive la situation économique d'une famille dirigeante ou l'ascension politique d'un homme public, car le patriciat bernois était presque exclusivement une aristocratie de politiciens et de militaires, l'Etat un pays agricole productif; aussi le négoce et l'artisanat ne recevaient-ils en partage que les rôles mineurs.

Le développement territorial de Berne débuta en 1224 avec le protectorat du couvent d'Einsiedeln, se poursuivit par le biais du droit de bourgeoisie et de l'accueil des bourgeois externes et aboutit enfin avec l'accès de Berne en position dominante dans la Petite Bourgogne. Avec la conquête du Pays de Vaud en 1536, Berne mit quasiment un terme à la constitution de son territoire. Il y eut encore, en 1555, l'achat de territoires au comte de Gruyère (Saanen, Rougemont, Œsch, Oron). Après son incorporation dans l'alliance fédérative, Berne défendit une politique résolument tournée vers l'ouest. Ce qui lui valut dès la fin des

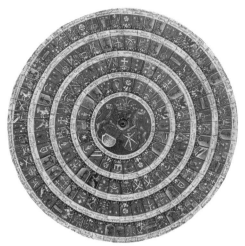

De gauche à droite :
Allégorie de la République bernoise. Peinture de Joseph Werner le Jeune, 1682.
Vitrail du Tribunal de Gränichen (AG), 1694.
Plaque de corporation appartenant à la corporation soleuroise des tanneurs.
Tambour bâlois, 1575.

guerres de Bourgogne d'être désignée au rôle de canton directeur *(Vorort)* de la Confédération. Lorsque sévirent les dissidences religieuses, Berne — premier canton-ville de Suisse occidentale — parvint à consolider le camp réformé en formant avec Zurich un axe politique efficace, qui eut pour conséquence de réduire l'autonomie des catholiques en politique extérieure et intérieure et d'affirmer dès la seconde guerre de Villmergen la suprématie des réformés. Avec ses voisins catholiques, Fribourgeois et Soleurois, Berne conserva des relations de détente apparente dans lesquelles elle marquait toujours sa position dominante. Côté politique extérieure, Berne se montrait, selon la situation, ami distant du Français. Au 18e siècle, elle se tourna résolument vers les Etats réformés d'Europe, notamment les Pays-Bas, sans jamais cependant réussir à rompre les liens avec la France. L'Etat bernois de l'Ancien Régime ne capitula que sous l'effet indirect des armées françaises de la Révolution, après l'occupation surprise de sa capitale en 1798. Même dépossédées de leurs privilèges, les familles patriciennes surent sauvegarder leur influence jusqu'à l'instauration du nouveau système étatique en 1833.

ARGOVIE

Au long de l'époque féodale et jusqu'à la veille de la conquête par les Confédérés, l'évolution politique avait lentement poussé toute l'Argovie dans la main des Habsbourg qui s'étaient investis du pouvoir comtal. Jusqu'en 1415, l'Argovie partagea la destinée de l'Autriche antérieure. Avec la guerre de Sempach, les Confédérés firent main basse sur les premiers territoires autrichiens, ainsi l'Entlebuch et la ville de Sempach passèrent à Lucerne. Après l'incorporation dans le landgraviat du bailliage de Baden (entre la Reuss et la Limmat) et du Freiamt, la notion géographique d'«Argovie» prit lentement réalité au long du 14e siècle — en dépit de ce que l'autorité politique de ce territoire habsbourgeois, constitué d'un conglomérat de grandes familles et de communes urbaines, avait été profondément ébranlée par le conflit avec les Confédérés. Il fallut que le duc Frédéric IV d'Autriche fût mis au ban de l'Empire pour que les Confédérés se laissent convaincre de marcher sur l'Argovie habsbourgeoise. Politiquement parlant, c'était combler un vide entre les cantons de Zurich, Lucerne et Berne, mais les Confédérés y voyaient surtout une région fertile et donc très favorable à l'approvisionnement économique. Berne en tête s'empara avec renforts de troupes de toutes les villes et seigneuries qu'elle trouva sur sa route jusqu'à l'embouchure de la Reuss et établit sa domination sur l'ensemble du territoire, sans manquer de confirmer les villes dans leurs anciennes franchises. Les Lucernois suivirent leurs traces, progressant jusqu'à Mellingen. Sur quoi les Zurichois se rendirent maîtres de Dietikon, dans la vallée de la Limmat, et du Freiamt, sur la rive droite de la Reuss. Enfin les contingents cantonaux réunis, à l'exception d'Uri et de Berne, prirent les fortifications autrichiennes de Baden.

Sitôt après s'être réconcilié avec le duc Albrecht, le roi Sigismond exigea la restitution des territoires conquis, alléguant que c'étaient des fiefs impériaux. Mais devant l'opposition unanime des Confédérés, il les commua en gages impériaux. Si, de droit, l'Argovie n'était qu'un gage, passible d'être retiré, de fait elle resta sans plus de contestation un pays sujet des Confédérés.

Personne ne chercha à contester les prétentions de Berne sur le territoire occupé qui fut lentement et systématiquement intégré à la souveraineté territoriale de son conquérant. Entre 1460–1468 et 1499, Berne obtura la dernière brèche qui séparait la frontière de son ancien territoire et la basse Argovie confédérée. Les premiers bailliages fondés entre 1416 et 1528 furent les bailliages (ou *Oberämter*) d'Aarburg, de Lenzbourg, Königsfelden et le chapitre de Zofingue. Suivirent encore jusqu'en 1732 les bailliages de Schenkenberg et de Casteln. L'ancien comté de Lenzbourg recensait encore un grand nombre de seigneuries restées en mains privées en tant que basses juridictions non soumises à Berne. Les seigneurs de Fahrwangen, Rued-Schöftland, Wildegg, Liebegg, Schafisheim et Umiken subsistèrent jusqu'en 1798. Si Berne fut autorisée à ranger ce nouveau territoire sous son administration et à le gouverner comme un pays sujet, c'est grâce à l'hommage féodal et aux seigneurs justiciers qui acceptèrent de se soumettre aux dispositions de l'accord conclu avec Berne en 1471 *(Berner Twingherrenvertrag)*.

Le comté de Baden et les bailliages libres furent désormais les pays sujets des cantons qui les avaient envahis. Ainsi Baden devint bailliage confédéral et à ce titre fut administrée tour à tour par chaque canton. Baden fut aussi désignée pour accueillir la Diète fédérale. L'Argovie bernoise fut réformée, tandis que les cantons catholiques imposèrent à leurs bailliages l'attachement à l'ancienne foi. Notons enfin que Mellingen et Bremgarten perdirent le droit d'élire librement leur avoyer.

L'Argovie fut durement secouée pendant la guerre des Paysans de 1653, mais grâce à la solidarité qui les unissait, les autorités fédérales étouffèrent tout germe d'indépendance. L'Argovie parvint aussi à éradiquer largement les deux guerres confessionnelles qui s'étaient implantées sur son territoire, mais ne put prévenir la transformation radicale qu'elles provoquèrent en

1712: le libre comté de Baden et le nord du Freiamt, avec Mellingen et Bremgarten, basculèrent sous l'administration de Berne et Zurich. Berne reçut également une part au gouvernement du Freiamt supérieur confédéré.

La dernière Diète fédérale se tint le 1ᵉʳ février 1798 à Aarau. Puis ce fut la franche rébellion. Les Bernois intervinrent, suivis des Français qui investirent le territoire. Enfin, pendant la République helvétique, le territoire fut divisé en deux cantons, l'un d'Argovie, l'autre de Baden.

SOLEURE

Soleure troqua la tutelle du royaume de Bourgogne contre la protection de l'Empire. Un avoyer désigné par l'empereur y exerçait les droits de haute justice et siégeait à la tête du Conseil municipal. La première mention d'un tel appareil administratif apparaît en 1252. Par suite, l'accession de la ville à la souveraineté suivit une évolution continue depuis l'acquisition de la charge d'avoyer en 1344 jusqu'à l'octroi par l'empereur du privilège de conférer des fiefs impériaux. Au 14ᵉ siècle, vingt-deux jeunes conseillers *(Jungräte)* vinrent s'ajouter aux onze conseillers anciens *(Alträte)*. Dès lors et jusqu'en 1798, ils formèrent le Petit Conseil, lequel avait la faculté de se compléter lui-même. Primitivement, son élection était soumise à l'approbation de l'assemblée des bourgeois, le fameux *Rosengarten* ou Roseraie. Au 16ᵉ siècle, le Grand Conseil — soit soixante-six membres auxquels s'ajoutaient les trente-trois du Petit Conseil — releva l'assemblée des bourgeois de l'exercice des droits de souveraineté. Jadis, le Grand Conseil pouvait encore prétendre au droit de décider de la politique extérieure, mais bientôt il ne parvint plus à s'imposer contre le Petit Conseil. Le Conseil secret *(Geheime Rat)* — un comité formé des six plus hauts magistrats (l'avoyer en charge, l'ancien avoyer, le banneret, le trésorier, le secrétaire de ville et le *Gemeinmann*) et des plus vieux des conseillers anciens finirent par gérer l'entreprise gouvernementale dans une relative indépendance. L'avoyer en charge et l'ancien avoyer se relayaient chaque année à la tête de l'Etat. Occupait ensuite la troisième place, par ordre d'importance, le banneret. A la mort de l'avoyer, le banneret lui succédait. La faculté dont disposait le conseil de se compléter lui-même fut le principe moteur de la formation d'un patriciat urbain. Il se constitua au cours du 16ᵉ siècle et reçut confirmation formelle dans les statuts de la bourgeoisie *(Bürgerrechtsordnung)* de 1682. Depuis ce jour, la population se répartit en quatre classes: les anciens bourgeois (ayant possédé un droit de bourgeoisie avant 1681) — cette classe se divisait elle-même en deux sous-classes: les familles patriciennes aptes au gouvernement et les anciens bourgeois à qui l'entrée au conseil était fermée — les nouveaux bourgeois, les habitants et les domiciliés. Ces derniers ne possédaient aucun droit, excepté l'autorisation de séjour. Dans la classe gouvernante figuraient essentiellement des familles d'officiers au service étranger, mais aussi de riches commerçants venus s'établir sur la place. En revanche, il n'y avait presque pas d'artisans. Ils n'avaient droit qu'à une maigre représentation au Conseil. Soixante-cinq familles siégeaient encore au Grand Conseil en 1600, plus que trente-sept en 1686.

L'attrait que l'aristocratie soleuroise manifestait toujours davantage pour la vie de cour était engendré par le modèle de l'ambassade française qui s'était établie à demeure dans la ville depuis 1530. Quant aux corporations de métier, Soleure les avait reléguées dans l'indifférence politique.

Au 14ᵉ siècle, les expéditions territoriales associèrent dans un combat commun Soleure et Berne contre la noblesse du Plateau. L'arrondissement du territoire soleurois débuta par la prise de la haute juridiction sur le Leberberg inférieur attachée à l'office d'avoyer, et s'acheva en 1532 par la confirmation aux dépens de Bâle du droit de souveraineté sur l'avouerie de Dorneck. Au 15ᵉ siècle, en dépit d'actions communes avec Berne, Soleure fut contrainte par son voisin d'abandonner le Plateau. Tout naturellement, Soleure porta ses visées expansionnistes sur le Jura. Ses relations avec Bâle n'en furent dans l'ensemble pas incommodées. Avec son admission dans la Confédération en 1481, Soleure décrocha du même coup le rôle majeur aux yeux des Confédérés de bastion nord-occidental. Des intérêts communs pour une politique occidentale unissaient Soleure à Berne et Fribourg, intérêts au demeurant non partagés par les Waldstätten. La Réforme bouleversa cette constellation. Soleure chercha à se dégager de Berne; dès lors elle fut livrée, entièrement et sans plus de protection, au pouvoir bernois. Quant aux cantons catholiques avec lesquels Soleure s'était unie en 1579, la séparation fut à la mesure de celle de leurs territoires. De ce fait, Soleure put se prémunir contre une trop forte tutelle des cantons primitifs et assumer au cœur de la Confédération le rôle de médiateur. Pour le reste, Soleure fut de ces cantons qui, dans le cadre de sa politique étrangère, s'appuya toujours très étroitement sur la France.

La campagne soleuroise se composait de onze bailliages qui vivaient essentiellement de l'agriculture. La bourgeoisie des villes, de son côté, puisait le gros de ses revenus dans les soldes du mercenariat. Le gouvernement soleurois entretint des relations suivies avec ses pays sujets. Il fut épargné par les luttes civiles, ce qui permit au patriciat d'exercer la souveraineté sans contraintes jusqu'en 1798 où il fut dissous par un gouvernement français provisoire.

BÂLE

Bâle suivit une évolution identique à Genève, passant de la ville épiscopale du Moyen Age à la ville des corporations de métier et du négoce. Non moins qu'à Genève, le développement de sa politique étrangère fut intimement liée à l'exposition de son territoire aux frontières de la France, de l'Empire et de la Confédération. Ce champ triangulaire de toutes les tensions européennes expliquait d'une part la signification politique dont jouissait alors Bâle, d'autre part son confinement à l'intérieur de frontières bien déterminées.

Au Moyen Age, l'évêque de Bâle et prince d'Empire gouvernait la communauté citadine avec l'appui de la noblesse ministériale constituée en un Conseil épiscopal. Les artisans, qui en 1226 formèrent une première corporation, ne furent pas immédiatement incorporés à la bourgeoisie éligible au Conseil. La Constitution urbaine édictée en 1262 par l'évêque prévoyait un conseil de quatre chevaliers et huit bourgeois. Au nombre de ces derniers figuraient essentiellement les grands négociants. Sous l'épiscopat de Johann Senn, le conseil fut complété de quinze représentants de corporations. Dès ce jour, la classe artisanale ne cessa d'accroître son poids politique.

Dans sa lutte pour la souveraineté, la communauté urbaine marqua un premier point en 1373 avec l'acquisition des droits de péage et de monnayage puis en 1385 avec l'obtention de l'office d'avoyer. Pour la première fois en 1374, le bourgmestre fut choisi hors des rangs de la chevalerie. En 1382, l'effectif du Conseil fut augmenté de quinze prévôts de corporations. Désormais, le président du Collège des prévôts de corporation, appelé l'*Obristzunftmeister*, fut à côté du bourgmestre la deuxième tête de la ville. Lorsque, au 15e siècle, des dissensions opposèrent Bâle à l'Autriche, presque toutes les grandes familles de chevaliers abandonnèrent la ville, à tel point qu'en 1450 le gouvernement était exclusivement assumé par des corporations. Mais déjà se profilait, dynamique entre toutes, la classe des marchands, ces hommes du grand monde, goûtant le risque, qui devaient plus tard s'emparer du pouvoir absolu et amorcer à Bâle le processus d'aristocratisation. Bâle était en passe de devenir une place marchande de premier ordre sur le haut Rhin et étendait ses relations économiques à travers la France et l'Allemagne.

La fondation de l'Université en 1460 permit à la ville rhénane d'avoir son rayonnement dans l'Europe humaniste. Le rapprochement de Bâle vers la Confédération fut scellé par l'Alliance de 1501. Lorsque, en 1521, elle s'affranchit de l'obligation de prêter serment à l'évêque et lui enleva toute participation dans la nomination du Conseil, la ville s'engagea dans l'indépendance politique. Juridiquement, les prétentions de l'évêque ne cessèrent qu'en 1585 sur sentence du tribunal arbitral qui fixa le montant du rachat à 200 000 florins. Mais entre-temps déjà, en 1528, l'évêque et le chapitre, talonnés par la Réforme, avaient abandonné la ville et élevé Porrentruy au rang de cité épiscopale.

Conséquence d'une révision de la Constitution très favorable aux corporations, Bâle porta pour la première fois en 1516 un membre de corporation à la dignité de bourgmestre. Le gouvernement corporatif se composait de deux moitiés — comprenant chacune quinze prévôts de corporation et quinze conseillers issus d'une corporation — qui se succédaient par simple confirmation. En tout, soixante membres qui avaient charge d'élire les quatre magistrats avec à leur tête bourgmestre et *Obristzunftmeister*. La «Chambre haute» jadis réservée aux nobles fut ouverte dès 1515 aux corporations. Les deux cent seize *Sechser*, autrement dit les présidents des corporations, formaient le Grand Conseil. Celui-ci était rarement convoqué. De son côté, le Petit Conseil (dit des Soixante-Quatre) déléguait peu à peu les compétences gouvernementales à un comité plus restreint, le collège des Treize, qui, sous cette forme, devint dès le 17e siècle le conseil secret présidé par quatre magistrats. Il se complétait lui-même et gérait les affaires politiques sans que le Conseil ne fût consulté.

Dès le 16e siècle, on note dans la répartition des sièges du Conseil une prédominance de quatre corporations: les grands négociants, les banquiers, les négociants en vin et les grands commerçants en denrées alimentaires — représentés respectivement par la Clé, l'Ours, la Cuve et le Safran. Sur les soixante-treize magistrats nommés de 1529 à 1798, plus des deux tiers des sièges appartenaient à ces quatre corporations. Cela s'explique par le fait que les artisans se déchargeaient toujours davantage de l'action politique sur les familles de commerçants dont les réfugiés étaient venus grossir les rangs. Les guerres de religion et la guerre de Trente Ans vivifièrent cette classe d'un afflux de sang neuf. La ville en tira profit, permettant une ascension politique illimitée aux immigrants qui en avaient la carrure, les Socin, Vischer, Sarasin, Bernoulli ou de Bary, une promotion que les villes de Zurich ou Berne, par exemple, leur refusèrent. Au renouveau intellectuel du 17e siècle succédera, au 18e siècle, l'engourdissement général des structures politiques.

Au 15e et début du 16e siècle, le gouvernement corporatif laissa passer des chances d'étendre sa puissance, alors qu'à la même époque les autres cantons confédérés ne manquaient pas une occasion de se tailler des territoires. En 1400, les Bâlois marchèrent sur le château de Homberg et les villes de Waldenburg et Liestal, et en 1534 déjà la conquête du Frickgau marqua le terme de leur expansion territoriale.

Bâle s'est toujours comportée en ville d'Empire, et c'est à ce titre qu'elle chercha à nouer des relations internationales. En tant que place marchande, elle joua un rôle important de médiateur économique et culturel entre le nord et le sud, semblable à celui que tenait Genève à l'ouest de la Confédération. Au 16e siècle, l'humanisme trouva une atmosphère propice à son développement et contribua largement à l'ouverture de Bâle sur le monde.

Les conditions sous lesquelles Bâle rallia la Confédération en 1501 firent de la cité rhénane un avant-poste en position délicate, et d'autre part lui attribuèrent un rôle effacé de médiateur à l'intérieur d'une Confédération déchirée. Sa liberté d'action sur la scène politique en fut considérablement réduite. En tant qu'Etat territorial, Bâle fit essentiellement peser dans la balance des forces politiques son poids de centre économique et de place financière.

JEGENSTORF

Le château

Vers 1111, vraisemblablement, les sires de Jegistorf dressèrent un château fort à douves avec beffroi, corps de logis et tours d'angle. Issus d'une famille de ministériaux attachés aux ducs de Zähringen, les sires de Jegistorf possédaient de grands biens entre l'Aare, la Sarine et le lac de Bienne, au nombre desquels ce château qui resta en leur possession jusqu'à l'extinction de la lignée en 1318. Après quoi le château fort et les droits de justice passèrent à Peter von Krauchthal dont la fille épousa trois ans plus tard le hobereau Burkhart von Erlach. Le château resta dans cette famille jusqu'en 1593 puis fut transmis à Ulrich von Bonstetten (1548–1608), homme élevé à la cour de Savoie et membre du Grand Conseil depuis 1585. En 1646, Niklaus von Wattenwyl (1624–1679), futur bailli de Sumiswald, épousa Anna Maria von Bonstetten et devint à son tour seigneur de Jegenstorf. En 1720, Albrecht Friedrich von Erlach (1696–1788) eut le château pour 14 000 livres. C'est lui, futur avoyer de Berne et châtelain d'Hindelbank, qui pria un architecte — dont on ignore le nom — de transformer l'ouvrage fortifié moyenâgeux en une résidence baroque; c'est alors que les douves furent remblayées. D'une main de maître, l'architecte transforma l'ancienne composition anguleuse en une résidence seigneuriale conçue pour être regardée de toutes parts. Il se peut que la silhouette d'ensemble ait été marquée par les tourelles d'habitation (ou *Türmchenhäusern*) que, non loin de là, Soleure avait mises en honneur.

Malgré l'absence d'alignement des façades en profondeur et des toits en hauteur, le premier coup d'œil rend une impression d'unité. Bâties sur le modèle de la tour d'angle au sud-est, trois constructions en manière de pavillon cantonnent la composition primitive. Elles sont reliées l'une à l'autre par des façades couronnées d'un fronton triangulaire, sauf sur la façade d'entrée au nord qui se distingue par un fronton curviligne. Seule la façade occidentale est dominée par le beffroi non crépi. Adossée au beffroi, une loggia de construction récente (1812), venue remplacer deux étages d'arcades, fait communiquer les deux pavillons d'angle.

Page de gauche. Jegenstorf, le château. Façades nord et ouest.
Ci-dessus. La grande salle avec échappée sur le sud.

Passé l'entrée au nord, puis le hall qui lui fait suite, on atteint les salles d'apparat disposées en enfilade côté sud, ce côté même qui au cœur de ses murs renferme le palais moyenâgeux. Ont pris place dans l'ancienne tour au sud-est le fameux Salon rouge, au centre le grand salon et dans la partie gauche le Salon bleu. Jouxtant l'entrée, la salle à manger expose un cycle allégorique de dix tableaux peints en 1690 par Joseph Werner le Jeune (1637–1710) à l'intention de Beat Fischer pour son château de Reichenbach. Ces tableaux retracent la vie de Katharina-Franziska de Perregaux-von Wattenwyl, espionne à la solde de la France. Au premier étage, les appartements tournés au sud se commandent eux aussi. La pièce dite «chambre de Tavel» *(Tavelstube)* rappelle par les documents qu'elle expose la mémoire de Rudolf von Tavel (1866–1934), poète bernois qui fit honneur à son patois et dont les écrits, maintes fois, rendirent vie aux manoirs baroques. Devant la maison, au sud, un long miroir d'eau avec, en son cœur, une nymphe dans une grotte: c'est un des derniers grands bassins qu'il soit encore donné d'admirer dans un parc de château bernois.

Le fils de von Erlach, Karl Ludwig (1727–1789), reprit le château de Jegenstorf lorsque, en 1746, le père recueillit l'héritage du château d'Hindelbank. Or, pas plus de douze ans plus tard, il vendit le château à l'amant de sa sœur mariée, Anton Ludwig Stürler (1725–1797), officier au service français. Pendant près de deux siècles, le château de Jegenstorf resta dans la famille Stürler. Lorsque eurent lieu au début de ce siècle des remaniements intérieurs, certaines parties de l'édifice subirent des transformations architecturales, et les intérieurs furent reconçus dans l'esprit du 18e siècle. Mis aux enchères en 1936, le château fut adjugé à l'Association pour la sauvegarde du château de Jegenstorf. Depuis 1955, le château est ouvert au public; c'est à présent un musée consacré à l'histoire de l'habitat bernois du 17e au 19e siècle.   Th. F.

Ci-dessus. Berne, le château Wittigkofen. Résidence au couchant.
Page de droite. Toffen, le château. Château et dépendances côté sud.

BERNE

Le château de Wittigkofen

Si l'on aborde Murifeld par le levant, on trouve — retranchée derrière des constructions modernes — la résidence de campagne de Wittigkofen. C'était jadis un fief de nobles accordé à des ministériaux des Zähringen. Le nom d'Heinricus de Wittenchoven apparaît vers la moitié du 13e siècle, désignant un membre du Conseil, et le patronyme fut désormais attribué au domaine. Heinrich administrait l'ancienne ferme que tenait le couvent d'Interlaken. En 1271, la communauté religieuse vendit le domaine pour 150 livres à Heinrich von Seedorf et à sa femme Mechthild qui fondera plus tard le couvent de l'Ile à Berne. Après quoi, Wittigkofen vit se succéder de nombreux propriétaires: il appartint à différentes familles de conseillers bernois, revenant par intermittences en possession du couvent d'Interlaken qui, par d'adroites conditions de vente, parvenait toujours à se faire admettre pour héritier. En 1570, l'avoyer bernois Beat Ludwig von Mülinen (1521–1597) acquit l'édifice moyenâgeux, mais six ans plus tard, il en céda une moitié à Hans Rudolf Steiger (1549–1577). Hans Rudolf fils fut propriétaire d'une moitié de domaine ainsi que Katharina, fille de celui-ci qui, en 1617, apporta sa part en mariage à Christoph Wurstemberger (1576–1628). Ainsi, les deux familles Steiger et Wurstemberger se partagèrent le château qu'elles transformèrent plusieurs fois.

En 1580, un incendie ne fit que cendres de la partie moyenâgeuse de l'édifice. Elle fut remplacée par une maison de plaisance conçue à la manière d'une tour et placée à l'angle nord-est de l'ensemble architectural dont les bâtiments principaux, plus une tour d'aisances, avaient été construits trois plus tôt. La tour d'escalier recouverte d'une flèche hexagonale et le corps de bâtiment au nord-est sont des adjonctions du début du 17e siècle. En 1680, Hans Ludwig Steiger (1631–1700), ancien bailli d'Yverdon de 1670 à 1676, put, à la faveur d'un mariage et contre versement

d'une certaine somme d'argent, rassembler le domaine dans une seule main. Afin que l'on vît clairement ce changement d'état, le nouveau propriétaire fit communiquer les deux bâtiments par une aile à colombage; c'est ainsi que prit forme un ensemble architectural fort irrégulier. Vers 1720, son fils, prénommé Hans Ludwig comme le père, procéda à différentes transformations dans le goût baroque affectant aussi le bâtiment principal. Enfin, peu après 1745, Hans Rudolf Wurstemberger (1715–1786) installa un salon à l'angle sud-ouest. Son fils, Johann Ludwig (1756–1819), hérita du domaine à l'âge de trente ans. Dans la nuit du 4 au 5 mars 1798, Wittigkofen fut ravagé et pillé par les troupes françaises. C'est peut-être à la suite de cette mise à sac que le château devint le quartier général des tenants de l'Ancien Régime. L'état-major des opposants à la nouvelle République helvétique vint aussi s'y établir temporairement. Rudolf von Tavel (1866–1934) consacra plusieurs récits aux années de troubles que connut le château de Wittigkofen, *Der Bourbaki*, *Houpme Lombach* ou *Götti u-Gotteli* pour ne citer que les titres principaux.

La variété de l'aménagement intérieur est à la mesure de l'histoire, longue et complexe, de la construction. On relève notamment un lambrissage de style gothique tardif dans la maison d'habitation et, au deuxième étage de la maison de plaisance, des grisailles en trompe-l'œil datant de 1581 et au premier étage des poêles cylindriques peints par le Zurichois Jakob Hoffmann en 1761. *Th. F.*

TOFFEN

Le château

C'est sur le flanc oriental du Gürbetal, dominant de peu la route Berne-Thoune, que fut dressée la résidence seigneuriale de Toffen, domaine privé jusqu'à ce jour. Construite en des temps immémoriaux, la propriété fut achetée en 1507 par un honorable commerçant bernois du nom de Bartholomäus May (1446–1531). Elle resta entre les mains des descendants pendant un siècle, soit jusqu'en 1628, année où Johanna Stürler née May vendit le château à Louis, dit Loy, Knoblauch (1568–1642) de Thoune. Deux ans plus tard, Johanna et Loy convolaient.

Le couple fraîchement marié entreprit de transformer partiellement le château fort moyenâgeux qui, à l'époque, se composait d'un corps de logis orienté au nord et protégé par une haute enceinte. La chambre d'apparat Renaissance, qui fut créée dans l'ancien prétoire à l'occasion des agrandissements, est une magnifique réalisation ornementale. Les lambris de bois furent charpentés en 1633 par deux menuisiers palatins, Hans Rudolf Obergfell et Mathias Schue. Les sculptures, quant à elles, sont l'œuvre d'Abraham Züwy de Payerne. Le lambrissage recouvre toutes les parois, les chambranles de porte en forme de portail, le cadre de la cheminée et le buffet. Des représentations de dieux ornent les niches des panneaux entre deux gaines d'hermès.

Par héritage, le château passa à la famille von Werdt; Johann Georg (1648–1714) résolut de remanier la maison de fond en comble. Il fit abattre des pans entiers du château moyenâgeux, l'enceinte, les portes et l'aile sud, dégagea la cour du château pour en faire une terrasse ouverte et réduisit la hauteur du corps central. Après quoi, il fit ériger une aile à l'ouest du bâtiment central qu'il dota d'une salle à boire, une salle de fête tout en longueur qui rappelle les galeries des grands châteaux.

En 1751, Georg Samuel von Werdt (1710–1792), petit-fils de Johann Georg, bailli de Vevey en 1752, substitua au corps de logis un nouveau bâtiment à deux étages et des rangées de cinq baies. Seuls ornements destinés à relever un parti décoratif modeste, un ressaut central surmonté d'un pignon triangulaire. A cette occasion, on reprit et intégra habilement au nouveau bâtiment la fameuse *Bretzelistube*, magnifique chambre lambrissée qui avait été créée un bon siècle auparavant. Malheureusement, le plafond en caissons, entièrement sculpté comme le reste, fut sacrifié à un plafond de plâtre. L'élévation du plafond qui résulta de la transformation produisit une large frise nue qui, peu après, fut ornée notamment de quatre grotesques du peintre bernois Joseph Werner le Jeune (1637–1710). Le salon d'été offre des paysages et des architectures imaginaires.

Malgré les élaborations et remaniements successifs, la composition ne paraît pas manquer d'unité. D'allure simple et modeste, l'édifice pourvoit également aux exigences de la vie rurale, ce qui explique la hauteur des fenêtres et des portes de l'aile centrale qui, arc-boutées en plein cintre, s'ouvrent à la lumière et au paysage. L'aile gauche, construite en péristyle, convie à déambuler. A ses pieds s'étend un parterre baroque clôturé par une haute haie. Des statues mythologiques dissimulées dans son feuillage créent des effets de surprise.

Th. F.

Ci-contre et page de droite. Toffen, le château. Détail des lambris Renaissance.

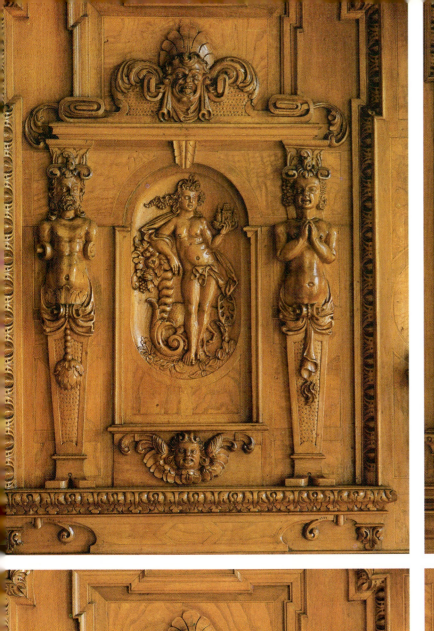

OBERDIESSBACH

Le nouveau château

Le «Generosissimus in Gallia Colonellus» engagé au service de la France, entendez Albrecht von Wattenwyl (1617–1671), fit élever une résidence de campagne (1666–1668) un peu à l'écart d'Oberdiessbach. C'est, dit-on, l'une des plus élégantes réalisations de la Renaissance française tardive sur terre bernoise. Elle se dresse légèrement au sud de l'ancien château (1546) qui avait servi pendant un siècle de résidence familiale aux seigneurs von Diesbach. Le nouveau château, conçu comme un seul corps de logis largement campé, fut vraisemblablement édifié par Daniel Edelstein, celui-là même qui à l'époque était à Berne le maître des travaux responsable de l'agrandissement de l'Hôtel de Ville. On note aussi que le «maistre architecte» neuchâtelois Jonas Favre participa à la conduite des travaux.

La façade occidentale, côté jardin, présente deux avant-corps latéraux à trois axes de fenêtres; des chaînes à refends d'appareil alterné lisèrent les angles. Une double arcade en plein cintre se loge en léger renfoncement entre deux pavillons latéraux faisant office de portique au rez-de-chaussée et, à l'étage, de balcon avec balustrade. Une délicate ordonnance régit la composition: le balcon et les pilastres toscans et ioniques, posés en saillie, font ressortir la double arcade en plein cintre d'entre les deux corps d'angle massifs; on retrouve ce même parti de mise en évidence dans la forme des ouvertures. Trois lucarnes percées dans un toit en croupe légèrement brisé en allègent le volume.

La tripartition de la façade traduit fidèlement la distribution intérieure. Le corps central s'ouvre sur la cage d'escalier qui, déployée au cœur du bâtiment, met en valeur l'édifice et ajoute à l'apparat. C'est à l'époque la première construction qui installe l'escalier à l'intérieur au lieu de l'exiler en façade. Outre l'avantage qu'il présente de restaurer l'unité extérieure, ce nouveau procédé permet de développer à plaisir un parti seigneurial à l'intérieur du bâtiment. A Oberdiessbach, la cage d'escalier marque aussi la séparation entre deux appartements, celui du maître de l'ouvrage d'une part, d'autre part celui de son frère Niklaus (1624–1679) qui était déjà depuis 1646 châtelain de Jegenstorf. L'intérieur Louis XIV, élégant sans pêcher par outrance, compte parmi les plus précieux de Suisse. A droite de l'entrée, la salle du rez-de-chaussée est recouverte d'un plafond à caissons peints d'or gris qui prêtent à la pièce un caractère

En haut. Oberdiessbach, Neues Schloss. Façade ouest.
Ci-dessus. Le portail de ferronnerie Régence commandant l'accès au jardin.
Page de droite, en haut. La salle du rez-de-chaussée aménagée dans le ressaut latéral droit.
Page de droite, en bas. Le plan du rez-de-chaussée.

Double page suivante: Reichenbach, Neues Schloss. Façade sud.

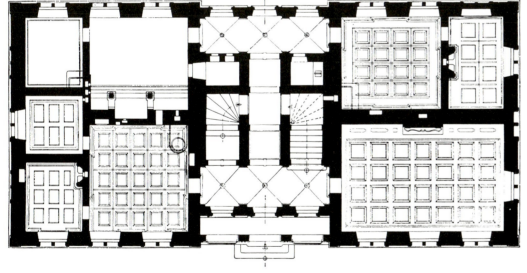

ZOLLIKOFEN

Le château de Reichenbach

Le fondateur des postes bernoises, Beat Fischer (1641–1698), acquit le château fort de Reichenbach pour la somme de 56 000 livres; c'était en 1683, Fischer était alors bailli de Wangen. Trois ans auparavant, l'empereur Léopold Ier lui avait conféré la dignité héréditaire de chevalier en récompense de ses efforts à développer le transport de la correspondance entre l'Empire allemand et les provinces espagnoles. La forteresse moyenâgeuse ne répondait déjà plus au désir d'ostentation de ses occupants et moins encore à leur statut, puisqu'elle devait abriter le siège de l'administration des postes fondée en 1675. Fischer donna ordre d'abattre la robuste forteresse qui occupait une boucle de l'Aar au nord de Berne et de la remplacer par un nouvel édifice, plus confortable et plus conforme au goût de l'époque, qui prit place un peu au-dessus de la rive. On l'attribue au bâtisseur de cathédrales bernois Samuel Jenner (1653–1720).

Le bâtiment était d'allure fort simple, monté sur plan rectangulaire — petit côté face à l'Aar — pourvu de rangs de huit croisées. Inversement, l'intérieur déployait une décora-

raffiné; aux murs, des gobelins français ravissent le visiteur dans des paysages arcadiens. A l'opposé du bâtiment, la salle à manger, lambrissée, est rythmée verticalement de pilastres ioniques.

La conception du nouveau château relève, quant au détail et à la disposition générale, des formes classiques de la Renaissance française. Cela dit, il convient de ne pas négliger l'apport d'influences baroques. Les principes baroques ont présidé non seulement à la façon de la cage d'escalier, mais surtout à celle de toute la composition qui, pour la première fois dans ce type d'édifice, est totalement intégrée au paysage, et le jardin enfin, avec ses parterres et les allées qui portent le regard au loin. Une grille de fer forgé Régence sépare le jardin de l'allée qui se déroule dans l'axe. Le nouveau château d'Oberdiessbach passe pour l'une des premières campagnes bernoises. De fait, il innove en conformant volontairement son architecture au paysage environnant et en concevant l'aménagement au gré de l'emplacement.

Th. F.

tion beaucoup plus somptueuse. En témoignent aujourd'hui encore la pièce à l'angle nord-est qui servit peut-être primitivement de salon ainsi que le hall d'entrée orné de stucs. Les scènes à caractère mythologique qui ornent la salle aux trompe-l'œil illustrent le nom de Fischer. Elles sont de la main de Wolfgang Aeby (1638–1694) de Soleure. On pense qu'il bénéficia de la collaboration des stucateurs de l'église des Jésuites à Soleure, les frères Neurone.

En 1710 déjà, Beat Rudolf, Samuel et Heinrich Friedrich, les trois fils de Fischer, résolurent d'ajouter une aile à l'ouest du bâtiment, longue de quatre axes de fenêtres. Avec ces travaux d'agrandissement, Reichenbach acquit la physionomie que nous lui connaissons. Le puissant bâtiment de trois étages en façade est bordé de chaînes d'angle à refends; la façade aligne régulièrement des rangs de huit fenêtres à cintre surbaissé. Les deux façades principales rachètent l'asymétrie du plan, évoquant un *palazzo* sorti d'Italie avec ses façades régulières. Avec Reichenbach, l'architecture bernoise connut l'un de ses premiers toits à la Mansart. Entre 1725 et 1730, après que Heinrich Friedrich avait vendu Reichenbach à son neveu Beat Fischer (1703–1764), l'aménagement intérieur subit des rénovations imposées par le goût du temps. Malheureusement, la décoration de stuc Régence dont s'ornait la salle des chevaliers — attribuée à Josef Anton Feuchtmayer (1696–1770) — ne fut pas épargnée. Lorsque Beat Fischer entreprit la construction du château de Gümligen, il céda à un cousin les droits de justice attachés au château de Reichenbach. Vint le dernier descendant des Fischer qui vendit l'ensemble de la propriété à un brasseur bavarois. La brasserie installée à côté du château resta en fonction jusqu'en 1971.

Tout de majesté et d'unité, l'édifice dominait autrefois des jardins en terrasse descendant de gradin en gradin jusqu'à l'Aar. Des parterres, des arbres d'ornements en pot, taillés dru, des bassins et leurs jets d'eau agrémentent à plaisir les différentes terrasses. Il faut préciser que ce type de construction n'est pas véritablement comparable aux campagnes bernoises, dans l'ensemble d'ailleurs plus récentes. Il s'en distingue par des dimensions massives et des formes équilibrées. *Th. F.*

BIENNE

La résidence de Rockhall

C'est entre Bienne et son lac, à l'ouest des portes de la ville, que Johann Franz Thellung (1655–1700) fit bâtir dans les années 1692 à 1694 une campagne baroque sur les contreforts d'un Jura planté de vignes. Comme tant d'autres, le maître de l'ouvrage, issu d'une famille de Glérresse, avait servi comme officier sous les bannières françaises. En 1689, le prince-évêque Johann Konrad von Roggenbach le nomma maire de Bienne — autrement dit représentant du seigneur foncier. Thellung décida de manifester honorablement sa nouvelle dignité par une résidence de haut rang.

L'édifice dresse deux étages de façade crépie sur un soubassement à bossages. Côté sud, la façade est revêtue d'une structure quadrillée faite de bandeaux et de moulures verticales taillées dans du grès d'Hauterive. Au-dessus de la porte d'entrée à laquelle monte un

Ci-dessous. Bienne, Rockhall. Façade sud. Page de droite. Cage d'escalier.

perron, le linteau porte gravée la date de 1694, marquant l'achèvement des travaux. La façade porte l'accent sur l'avant-corps central et son fronton cintré, non crépi. Sur la face opposée, la cage d'escalier fait saillie ainsi qu'un pavillon. Par l'emplacement, elle rappelle encore l'antique forme de la tour d'escalier, autrefois adossée à la façade postérieure et visible de l'extérieur, à ceci près que le noyau fermé a fait place au noyau creux. De même, l'accès par un large vestibule plutôt qu'un corridor fermé tenait à l'époque de la nouveauté et du progrès. L'enfilade des pièces au premier étage et le toit à la Mansart étaient encore de ces innovations rapportées de France. Le maître de l'ouvrage avait dû les découvrir, indirectement sans doute, lors de ses séjours en France. En revanche, l'architecture de Rockhall est directement influencée par la maison du fils du propriétaire, la maison de Montmollin à la place des Halles à Neuchâtel, où se retrouvent toutes les caractéristiques que nous venons d'évoquer. Les grisailles aux plafonds du hall d'entrée et de la cage d'escalier — deux pièces destinées à mettre en valeur le bâtiment — sont de l'époque de construction. Il s'agit pour une part de copies tirées de l'*Ornamentstichfolge* de Theodor Bang; l'ouvrage parut à Nuremberg au cours du premier quart du 17e siècle et fut largement diffusé; scènes de chasse, épisodes du travail de la vigne et allégories de la victoire, tout parle du maître de l'ouvrage.

Au 18e siècle, en 1763 plus exactement, Jean-Rodolphe de Vautravers accéda à la propriété de Rockhall. Il était né à Berne mais passait pour être bourgeois de Vevey et Glasgow. Ce de Vautravers dota la résidence, qui n'avait jamais été appelée autrement que «l'édifice», d'un nom nouveau à consonance étrangère par lequel il entendait faire observer l'emplacement de la maison (*hall*) sur un pan

Ci-dessus. Thunstetten, le château. Façade méridionale sur jardin.
Page de droite. Façade nord.

rocheux (*rock*) du Jura; à moins que le nom ne s'appliquât à la pierre utilisée pour la façade et l'intérieur, et dont la couleur claire frappe le regard. A l'époque, Rockhall était un foyer de culture aussi renommé qu'apprécié où se rencontraient la noblesse et le clergé. De Vautravers entretenait une correspondance avec Rousseau qui l'honora de sa visite à Rockhall. Johann Joseph Hartmann, un peintre originaire de Mannheim et considéré comme l'un des plus illustres petits maîtres de Suisse, passa de nombreuses années d'activité féconde à Rockhall où il reçut entre autres visites celle de Goethe.

Aujourd'hui, la résidence est occupée par l'administration de l'Ecole d'ingénieurs de Bienne; si l'on désire la visiter, il suffit de s'annoncer à l'avance. *Th. F.*

THUNSTETTEN

Le château

Non loin de Langenthal en haute Argovie, un château occupe une colline dégagée à la ronde. Il fut construit pour le compte du futur avoyer bernois, Hieronymus von Erlach (1667–1748). Issu d'une vieille et honorable famille bernoise qui tire son origine de Neuchâtel et de Nidau, von Erlach fut de nombreuses années colonel au service de la France puis de l'Autriche et participa enfin aux guerres de la succession d'Espagne. En 1701, il devint membre du Conseil des Deux-Cents (législatif suprême) et de 1707 à 1713, il occupa la fonction de bailli d'Aarwangen. C'est pendant cette période que von Erlach établit sa réputation, et au cours des deux ans qui suivirent, il demanda à l'architecte parisien Joseph Abeille de lui dresser les plans d'un château de plaisance dont l'exécution incomba au Bernois Abraham Jenner (1690–1764), sculpteur et maître des travaux.

Un toit en croupe aux vastes proportions prend le jour par deux rangs de lucarnes; il coiffe un corps de logis d'un étage, construit sur cave voûtée, qui prend place entre cour et jardin. Hormis les deux pilastres qui accompagnent l'entrée et un fenestrage différent, la façade sur cour et la façade sur jardin manifestent une grande ressemblance; côté cour et côté jardin, des chaînes d'appareil et de larges panneaux aveugles orchestrent les façades. Deux longues ailes basses — chacune articulée en trois pavillons à destination d'offices — longent une cour rectangulaire. Autrefois, la remise à calèches prenait place dans le pavillon central: à cet endroit, la continuité de la façade est interrompue par des arcades sur piliers. La composition d'ensemble comprenait essentiellement le jardin dans lequel le château occupait la place maîtresse. Ce jardin baroque façonné dans le style du maître jardinier français Le Nôtre fut le premier du genre sur territoire bernois. De toutes parts, des doubles rangs d'allées enclosent le jardin.

A l'intérieur du château, les pièces se suivent en enfilade tout autour du vestibule d'entrée. Le plan séduit par une claire symétrie qui mêle les axes longitudinaux et transversaux. Le déplacement des portes en coin a permis de rétablir l'unité de volume des différentes pièces. Le salon central, oblong, ouvre sur le jardin. Des cheminées garnissent les parois latérales. De magistrales huiles peintes en 1715 par le Zougois Johann Brandenberg (1661–1729) revêtent la paroi intérieure et le plafond du salon central ainsi que le motif central au plafond du cabinet d'angle. Elles illustrent sur le mode historico-mythologique le service armé de von Erlach, le retour à la vie paisible de la campagne et la gloire de sa famille. Avec son étage unique, le château mérite le nom de campagne; pour mieux s'ouvrir à la nature travaillée et façonnée qui s'étend devant elle, la façade au sud s'est dotée d'un important fenestrage qui produit l'effet d'une heureuse unité.

En 1746, von Erlach vendit la seigneurie de Thunstetten. Entre 1865 et 1970, le château fut propriété d'une famille de Bâle, les Le Grand qui s'en défirent au profit de la Fondation du château de Thunstetten. *Th. F.*

HINDELBANK

Le château

En 1718, Hieronymus von Erlach (1667–1748) perdit son épouse, Anna Margaretha Willading, après vingt-trois ans d'union. Il hérita de son beau-père une fortune considérable se montant à plus d'un million de livres bernoises. De 1721 jusqu'à la veille de sa mort, von Erlach exerçait la fonction suprême d'avoyer bernois. Or, il trouvait trop longue et par trop fatigante la distance qui séparait Berne de son nouveau château de Thunstetten. Il conçut donc, à la faveur du prodigieux héritage qu'il venait de toucher, de construire une seconde résidence, plus grande encore et plus prestigieuse que la première, qui convenait parfaitement à la dignité où il avait été porté et qui disait bien par ailleurs son goût du faste. Car von Erlach vivait sur un grand pied. Qu'on en juge par cette illustre anecdote: un jour, von Erlach offusqua le Conseil en arrivant dans un carrosse tiré par quatre chevaux; le conseiller fut admonesté mais n'en fit qu'à sa tête: il récidiva avec un attelage à six bêtes.

Après trois ans de travaux, le château se dressait au sommet d'une colline faiblement pentue, un peu à l'écart du village d'Hindelbank — là encore d'après des plans livrés par Joseph Abeille. La direction des travaux fut assumée par Daniel Stürler (1674–1746), gentilhomme bernois et architecte, qui, la construction achevée, devint bailli de Lenzbourg. Hindelbank développe et synthétise logiquement la disposition adoptée par les bâtiments de Thunstetten. Le bâtiment principal — ici de deux étages — adopte le même emplacement entre cour et jardin; il aligne en façade des rangées de sept fenêtres et porte aux angles des chaînes appareillées en liséré sur l'avant-corps central. Au-dessus, un fronton présente les armoiries de von Erlach portant une couronne à cinq fleurons. La cour — oblongue contrairement à Thunstetten — est flanquée de quatre pavillons d'angle subordonnés au corps central d'un demi étage et autrefois reliés, côté cour, par des arcades ajourées montées sur pilastres.

Côté jardin, le corps de logis se détache de la composition par une puissante saillie; ici, de même, le ressaut en pierre de taille — élargi à trois fenêtres — supporte un fronton armorié sur fond d'étendards baroques. Sises en renfoncement, les deux ailes latérales focalisent aussi le regard sur un avant-corps au fronton curviligne qui n'a pas son pendant côté cour. Les fenêtres du rez-de-chaussée portent toutes le cintre surbaissé, celles de l'étage un linteau droit. Au premier étage du versant central, des portes vitrées en plein cintre donnent sur un balcon.

L'affectation primitive du bâtiment fut la suivante: l'aile gauche reçut les étables, la remise du carrosse, une chambre de serviteur et l'orangerie, tandis qu'à droite on trouvait la cuisine du château, la salle de chauffe et la chambre des domestiques. Ce type de construction porte le nom de «communs». Là encore, le corps de logis se caractérise par l'enfilade des pièces qui s'alignent le long des murs extérieurs comme des perles sur un collier. La cage d'escalier par où l'on accède au bel étage occupe comme il se doit une place plus centrale qu'à Thunstetten.

Page de gauche. Hindelbank, le château. Château et dépendances côté nord.
Ci-dessus. La cour d'honneur au sud-ouest.
Ci-contre. La salle centrale de l'étage supérieur.

Dans ce riche intérieur, le grand salon du bel étage laisse la plus profonde impression. Les trois parois ainsi que les panneaux introduits entre ces fenêtres se prêtent à des trompe-l'œil qui, à la manière de décors baroques, élargissent l'espace sur plusieurs niveaux. De puissantes architectures feintes — praticables à l'œil et qui invitent le regard à gravir les marches des parois latérales ou à déambuler sous une loggia arrondie en coupole — enclosent la pièce. Ces architectures s'entremettent entre l'espace réel et le décor peint qui se poursuit derrière elles. Le chemin s'entend à nous conduire par un escalier dérobé au regard jusqu'à un parterre de broderie qui, orné de jets d'eau, de hauts murs d'enceinte et d'immenses bosquets, prend des airs quasi gigantesques. De ce côté, on arrive à une gloriette en arc de triomphe qui, pareille aux décors, donne une impression d'infini renforcée par la somptueuse loggia au centre de la paroi. Cette

ornementation dit bien toute l'importance accordée à la nature — et donc au jardin. L'architecture est entièrement mêlée au paysage, elle s'ouvre à lui par de grandes fenêtres pleines de lumière. Mieux encore, le dedans attire la nature à lui; les murs, niés, forcés, s'effacent devant une pièce de théâtre qui se joue de tous les côtés à la fois. Et l'on peut aisément imaginer quelle impression devait susciter le jardin, aujourd'hui hélas disparu, qui descendait en pente vers le nord. Deux lions au repos, vestiges de la terrasse, voilà tout ce qui reste de la splendeur d'antan. Ils furent exécutés vers 1750 sur commande d'Albrecht Friedrich von Erlach (1696–1788) qui, déjà châtelain de Jegenstorf, avait hérité deux ans avant la mort de son père du château d'Hindelbank. Le sculpteur était Johann August Nahl l'Ancien (1710–1781) à qui l'on doit par ailleurs l'épitaphe d'Hieronymus von Erlach dans l'église d'Hindelbank.

Le château resta aux mains de la famille von Erlach jusqu'en 1866, puis il fut ravalé au rang de maison de correction pour femmes. Quatre années de travaux (1962–1966) permirent de restaurer l'édifice d'autrefois. *Th. F.*

GÜMLIGEN

Le château

Beat Fischer (1703–1764) possédait déjà le château de Reichenbach depuis dix années, lorsqu'il hérita en 1735, à la mort de Maria

Page de gauche. Hindelbank, le château. Détail du trompe-l'œil.
Ci-dessus. Gümligen, le château. Façade sud.

Magdalena von Grafenried, sa belle-mère restée veuve, du château de Gümligen. C'est un édifice gothique de la dernière période, construit sur le flanc méridional du Dentenberg. Evidemment, le bâtiment, sans prétentions et qui plus est passé de mode, ne pouvait en aucune façon satisfaire Beat Fischer, habitué après la transformation du château de Reichenbach à un style plus imposant. Aussi demanda-t-il à Albrecht Stürler (1705–1748) de construire un nouveau château (1736–1739) qui incorporerait partiellement l'ancien édifice. Avec son jardin contemporain des transformations, Gümligen réalise le type parfait de

Ci-dessus. Gümligen, le château. Morceau d'architecture à colonnes dans le jardin.
Page de droite. Gümligen, Hofgut. Façade au sud.

la résidence bernoise de style baroque tardif. Albrecht Stürler, illustre créateur de plusieurs remarquables édifices privés en ville de Berne, passe pour avoir conçu les plans de la résidence. Il créa un édifice d'une grande unité, qui n'a pas la prétention d'une somptueuse composition comme Hindelbank par exemple, mais tire sa majesté d'une parfaite harmonie entre l'extérieur et l'intérieur.

La résidence dresse deux étages sur plan carré; des annexes en partie plus récentes ont pris place contre la façade latérale ouest. Un ressaut central surmonté d'un fronton triangulaire à hauteur de toit porte l'accent sur la façade méridionale qui présente au jardin cinq axes de fenêtres. Au premier regard, l'élévation rappelle fort la façade sur jardin d'Hindelbank, laquelle assurément fut prise en modèle, à tout le moins constitue comme une marque de l'autorité du père, Daniel Stürler. On notera certains détails discrets qui hissent le château de Gümligen à la perfection. Des pilastres appareillés marquent les angles du bâtiment ainsi que les bords du ressaut central; sauf qu'ici, au lieu d'être d'équerre, ils esquivent l'angle en s'incurvant, d'où une transition sans raccord ni soudure. Si l'on est attentif au langage des formes, on peut déceler un écho à ce motif dans l'avancée convexe qu'entreprend le ressaut central de la façade d'entrée. Les ouvertures de fenêtres des deux étages sont pourvues de linteaux à cintres surbaissés; les portes à vantaux des deux salons superposés se distinguent à peine des autres baies bien que présentant le canonique plein cintre. Les volets foncés animent la façade lorsque, ouverts, ils reproduisent l'ébauche d'un cintre surbaissé. Les armoiries du fronton d'Hindelbank, exécutées dans un esprit de fière exaltation, cèdent ici la place à un relief où l'on voit, portée par les nues, la déesse Cérès qui montre à l'entour la fertilité des champs et désigne le château comme le siège de l'exercice seigneurial.

L'édifice repose sur des terrassements de différents niveaux, ce qui explique que la façade d'entrée soit décalée d'un demi-étage sur le bas. L'architecte tira un parti génial d'une situation à vrai dire défavorable en plaçant la

cage d'escalier au centre, juste derrière la porte où conduisent quelques marches. Lorsque l'on vient du dehors, sitôt sur le palier, on peut poursuivre tout droit et arriver au salon central, ou emprunter les deux volées latérales menant au bel étage. L'heureuse harmonie où se fondent les deux façades opposées du bâtiment règne aussi à l'intérieur entre le rez-de-chaussée et l'étage. Les deux salons centraux, agrandis par le renflement du ressaut, sont accessibles par une enfilade. Les cabinets d'angle mettant un terme aux déambulations, on y installa des miroirs pour prolonger la perspective — optiquement du moins — jusqu'à l'infini. L'aménagement intérieur Régence, d'un goût délicat, s'accorde à la magnifique disposition des pièces.

Autour du château, le jardin — grandiose — obéit à un système d'axes. Au nord comme au sud de la façade principale, un bassin s'offre au regard pareil au nymphée, tandis qu'en bout de l'allée orientale, sorte de point de vue derrière une fontaine jaillissante, une composition baroque de colonnes et trumeaux conclut la perspective.

En 1742 déjà, Beat Fischer vend le château à Samuel Tillier (1704–1781) qui, sous peu, allait endosser la charge de bailli d'Interlaken. A cette époque, Fischer travaillait déjà aux nouveaux plans du domaine voisin, le Hofgut. Par la suite, le château de Gümligen revint aux familles von Stürler puis von Tscharner, dernière propriétaire en date.

Th. F.

GÜMLIGEN

Hofgut

A peine le château de Gümligen était-il achevé que Beat Fischer (1703–1764) le vendit pour acquérir en 1741 un domaine voisin ayant appartenu à Anna Margaretha von Werdt, née von Wattenwyl, qui ne pouvait plus en supporter la charge. Quatre ans plus tard se dressait un nouveau palais entre cour et jardin. Aucun indice jusqu'à présent ne nous permet d'attribuer la paternité des plans à Johann Paulus Nader, cet architecte que l'on vit construire des maisons patriciennes jusqu'en pays fribourgeois et dont on put prouver qu'il séjourna au Hofgut. En 1754, les descendants de Fischer héritèrent de la propriété; par la suite, Gümligen passa entre les mains de plusieurs familles avant d'appartenir en 1977 à la Fondation Hans Rufener-von Camp.

Le Hofgut de Gümligen a été conçu sur le modèle de Thunstetten ou d'Hindelbank, autrement dit selon un type de construction classique. Ici cependant, la composition donne l'impression d'être plus équilibrée et donc plus précise. Le système d'axes longitudinaux et transversaux est abandonné au profit d'une progression dans le lointain. Lorsqu'on aborde Gümligen par le nord, on gravit un escalier à double rampe en manière de niche qui conduit plus loin jusqu'à la cour d'honneur. Cette cour n'accueille plus les voitures à leur arrivée; elle est devenue un espace ouvert, bordé d'architectures où l'on flâne à loisir. Deux ailes la bordent de part et d'autre. On remarquera que leur longueur équivaut à deux fois la profondeur de la maison de maître, d'où vient que ces proportions sont harmonieuses et plaisantes au regard. Vues de l'extérieur, ces ailes présentent l'aspect de constructions à toit mansardé, alors que de l'intérieur elles s'ouvrent sur la cour par un péristyle. Les galeries s'aboutent à la façade principale par une simple colonne d'angle créant une impression de légère transparence. C'est à ce même effet que visent les peintures murales de la façade sur cour et de la paroi de galerie, peintures pleines d'originalité dues à un artiste inconnu. Des niches habitées par des statues et des fronteaux incurvés, qu'on dirait saillants par le jeu de l'illusion picturale, permettent d'amplifier une façade limitée à trois axes de fenêtres.

Page de gauche, en haut. Gümligen, Hofgut. Façade au nord.
Page de gauche, en bas. Un détail de l'aile gauche.
Ci-dessus. Un bouquet d'arbres concentrique.
Ci-contre. Une statue dans le parterre.

L'entrée, en soi fort simple, acquiert de l'arrangement de colonnes qui lui sert de cadre et du fronton en ressaut un surcroît de grandeur qui en fait un somptueux portail baroque. A la balustrade qui sépare le rez-de-chaussée du bel étage, des domestiques vaquent ainsi qu'à l'ordinaire aux travaux ménagers. Sans oublier, détail charmant, le fresquiste qui s'est représenté lui-même à l'ouvrage. Cette scène fait basculer l'ornementation toute entière dans l'univers du divertissement et ménage une habile rencontre entre le peintre fictif et l'actuel spectateur. De même, les parois des communs créent l'illusion que l'on accède à de superbes terrasses d'où le regard échappe au loin dans des campagnes idylliques. Le mur n'est dès lors plus conçu comme une impasse.

La disposition intérieure s'accorde à la composition d'ensemble. Le seuil franchi, on accède à un corridor étroit qui à l'origine parcourait toute la largeur de la maison jusqu'à une porte communiquant avec le jardin. On trouve, à main droite, disposés le long du couloir, un cabinet octogonal et la cage d'escalier; à gauche une salle qui s'étend parallèlement au corridor. La décoration, tendre et délicate, donne à la pièce un caractère particulier, propre au Hofgut.

Le jardin est — comme le veut l'usage — une des pièces de la composition. Celui-ci est particulièrement étonnant. Contrairement au jardin du château voisin, celui du Hofgut ne s'étend qu'au sud du bâtiment. La pente s'échelonne en trois étages de terrasses communiquant par des escaliers. Le bâtiment domine la pente d'un front majestueux: au centre, le corps principal est orchestré comme il se doit par des chaînes d'angle appareillées et un ressaut central lui-même souligné par des lignes de refend et un balcon; de côté, les ailes, plus basses et en retrait, communiquent ici aussi par un péristyle. Comme une scène déployée au pied de l'édifice, la terrasse ornée d'obélisques s'étend jusqu'au jardin proprement dit. Les chemins convergent en étoile sur le bassin central entouré de statues allégoriques et d'obélisques. A l'écart, le bouquet d'arbres planté en cercles concentriques remplace un ancien bosquet de haies. La grâce magique de la composition valut au domaine le nom de «Trianon de Gümligen», le faisant du coup accéder à la sphère des archétypes.

Th. F.

TSCHUGG

La maison Steiger

Christoph I Steiger (1651–1731), bailli de Lenzbourg depuis 1687 et futur avoyer bernois (1718–1731), avait épousé Anna Katharina Berseth, originaire de Tschugg; en 1712, le beau-père mourut, et Steiger entra en possession du domaine de Tschugg. A la suite de la succession de Neuchâtel, le roi Frédéric Guillaume Ier de Prusse lui accorda le titre de baron héréditaire en reconnaissance des services qu'il rendit à la Prusse dans cette affaire.

Le domaine, construit au cœur des vignes sur le flanc méridional du Jolimont, tire son origine d'une petite bâtisse viticole datant de la fin du gothique. En 1664, les premières transformations en firent un bâtiment de deux étages alignant des rangées de sept fenêtres. A la mort de Christoph I, son fils Christoph II Steiger (1694–1765) recueillit l'héritage. Il suréleva le bâtiment central d'un étage et fit apondre l'actuelle aile gauche à la façade nord-ouest. Le jardin en terrasse, de l'autre côté de la ruelle, date de la même époque. Christoph III Steiger (1725–1785), neveu du précédent, à qui le domaine fut attribué, était avoyer lui aussi. A son tour, il élargit et modifia la maison selon ses vues. Sur des plans du Bernois Erasmus Ritter (1726–1805) — plus connu encore comme archéologue — la façade sud reçut une signification nouvelle: une construction à l'angle gauche permit de combler l'espace qui séparait autrefois les deux corps de bâtiment. Au bel étage, derrière l'ensemble formé par la porte-fenêtre en plein cintre du balcon et les deux fenêtres latérales se tient la salle de fêtes, dite «galerie». La grille du balcon marquée aux armoiries des Steiger fut conçue par Niklaus Sprüngli (1725–1802) alors qu'il venait d'être nommé architecte de la ville. L'asymétrie donne au front de bâtiment un caractère très

Ci-dessus. Tschugg, la résidence Steiger. Façade sud. Page de droite. Niche peinte dans la salle à manger.

particulier et même unique. Les aménagements tinrent compte de ce qui existait déjà, à tel point qu'on peut encore lire sur la façade chacune des étapes de la construction.

A la mort de Christoph III, le domaine fut repris par Karl Friedrich von Steiger (1754–1841). Entre 1793 et 1796, le philosophe Hegel fut précepteur chez les Steiger, chargé de l'éducation et de la formation des enfants dans la ligne toute progressiste des Lumières. Von Steiger établit le contenu de sa bibliothèque dans un catalogue réunissant 3871 volumes.

Après avoir appartenu quelque temps à l'Etat, le domaine fut transformé en 1893 et abrite depuis lors une clinique pour épileptiques.

Th. F.

KEHRSATZ

La résidence du Lohn

A la mort de son beau-père en 1776, Beat Emanuel Tscharner (1753–1825) entra en possession d'un petit manoir au Lohn. En 1782, il se décida à le remplacer par un nouvel édifice plus somptueux. Il choisit pour ce faire l'architecte Carl Ahasver von Sinner (1754–1821) dont la réputation était déjà acquise par de nombreuses autres constructions. Si l'on en croit le registre des travaux qu'il établit de sa propre main, von Sinner reçut la somme de 30 louis d'or pour l'ensemble du projet. Le Lohn occupe une terrasse naturelle sur le versant septentrional du Längenberg, dominant le Belpmoose. Cette résidence classique passe pour être une réalisation de la période de grande maturité de von Sinner.

Lorsqu'il fait face à la monumentale façade d'entrée, le visiteur n'imagine pas qu'il s'agit en fait du petit côté du bâtiment. Quatre pilastres colossaux d'ordre ionique servent d'appui à un fronton curviligne orné d'un cartouche aux initiales du maître de l'ouvrage. Ils forment un ressaut central dont l'avancée est à peine perceptible. Au rez-de-chaussée, l'avant-corps forme un portique, à l'étage une loggia. Ces deux éléments permettent une douce transition entre l'intérieur et l'extérieur, tout en conférant à l'édifice un caractère de résidence seigneuriale, élégante et suburbaine.

Il y a du génie, véritablement, dans la manière de développer le plan à partir de l'entrée. Un petit couloir mène au vestibule — typique de la main d'un von Sinner, avec des niches aux encoignures — lequel vestibule, comme un maillon central au cœur de la maison, commande toutes les pièces à l'entour. On peut alors soit prendre à gauche par un escalier à triple volée menant aux appartements de l'étage, soit entrer à droite dans la salle orientée plein sud. Par la disposition des pièces et la façon dont elles se suivent, l'architecte veilla à obtenir un maximum d'espace et de commodité. Si l'on traverse la salle du rez-de-chaussée qui communique avec le jardin par trois portes à vantaux, on débouche sur un palier traité à la manière d'une terrasse qui mène en contrebas à un parterre baroque avec bassin.

La façade sur jardin offre, là encore, en dépit des espérances, le type courant du frontispice à ressaut central sur lequel règne un fronton triangulaire. Il n'empêche que le langage des formes employé ici est, par comparaison avec des édifices du début du 18e siècle, plus simple et plus pur. Ainsi les angles du ressaut, laissés vifs et sans façon, ou les linteaux de fenêtres droits ressortissent au classicisme dont la froide rigueur se passe pour ainsi dire d'ornements. Dernier tribut toutefois au style précédent, des bandes de méandres contre les murs et les fronteaux cintrés qui vont à l'encontre du mot d'ordre dicté par la forme.

De noble maintien, le Lohn semble destiné à accueillir honorablement d'illustres occupants. L'héritage de Tscharner fut recueilli par le célèbre sculpteur bernois Karl Emanuel von Tscharner (1791–1873); après plusieurs transferts, la résidence fut acquise en 1897 par Friedrich Emil Welti, un historien du droit. A lui l'honneur d'avoir remeublé l'intérieur à neuf et surtout de l'avoir enrichi de nombreux tableaux grâce auxquels le Lohn peut prétendre au titre de petit musée de la peinture suisse du 18e au 20e siècle. En souvenir de son père, Emil Welti, conseiller fédéral, Friedrich Welti légua le Lohn à la Confédération. Entre 1959 et 1960, la nouvelle propriétaire apporta les aménagements nécessaires afin que le Lohn fût digne d'accueillir les hôtes de marque de ses visites officielles. La remise, côté est, fut transformée en salle de banquets et rattachée au bâtiment principal par un péristyle de construction récente parfaitement adapté à l'esprit de la campagne. Le Lohn est ouvert au public quelques week-ends par année. Th. F.

Ci-dessus. Façade sud.
Page de gauche. Kehrsatz, Lohn. Façade d'entrée au couchant.

SCHAFISHEIM

Le château

Vers 1450, les seigneurs von Baldegg entrèrent en possession du château et de la seigneurie de Schenkenberg après qu'en 1386 les Confédérés avaient ravagé leur résidence ancestrale. Il semblerait que le château de Schafisheim fût érigé à cette même époque; le premier document authentique le mentionnant date de 1474. Ce n'était pas le siège fortifié d'un seigneur, mais un petit château d'habitation et de chasse. Dès 1482 déjà, Walther von Hallwyl, intendant à la cour de l'évêque de Constance, apparaît au titre de propriétaire; les Bernois lui avaient remis le petit château en fief. Au début du 17e siècle, l'édifice appartenait à Hans Friedrich von Hallwyl et à son épouse Katharina. Celui-ci fit construire la tour d'escalier cylindrique et entreprit des transformations affectant l'intérieur du bâtiment. Les Hallwyl restèrent propriétaires jusqu'en 1671. En 1736, les Bernois transmirent le fief à Etienne Brütel (1683–1756) qui devint le nouveau châtelain. Ce dernier fit bâtir une aile contre le flanc sud du château destinée à la fabrique d'indiennes. L'entreprise fonctionna jusqu'en 1821; les champs aux alentours étaient utilisés pour herber la lessive. En 1845, le château et ses annexes passèrent à un nouveau propriétaire dont les descendants logent aujourd'hui encore dans le château.

Le tronc du bâtiment, massif, se dresse sur quatre étages de maçonnerie; les plats alentour accentuent encore son allure imposante. Les étages inférieurs sont pourvus de petites fenêtres, rectangulaires et étroites, cernées de jambages rouges qui contrastent d'autant plus que la façade est enduite d'un blanc éclatant. L'étage supérieur, de bois recouvert de bardeaux, déborde du gros œuvre et permet d'enchaîner sur un toit en croupe pointu. Accolé à la façade septentrionale, à gauche de l'axe central, se dresse la tour d'escalier — dite de «l'escalier en colimaçon» en raison de sa forme. Elle est couverte d'un comble pyramidal aux arêtes vives terminé par un poinçon. Les fenêtres, se succédant selon le déroulement de l'escalier, sont séparées à chaque hauteur d'étage par des cordons.

C'est par la façade orientale que l'on accède à l'intérieur du bâtiment où un hall d'un étage et demi accueille l'arrivant. Un escalier à vis, enroulé dans le sens des aiguilles d'une montre, conduit aux étages supérieurs. La salle à l'angle sud-est est doublée jusqu'à mi-hauteur d'un lambris de sapin de la même époque, orné de frises à triglyphes et d'une corniche à denticules; des pilastres cannelés encadrent l'entrée. Le dernier étage de la tour abrite une chambre dont les caissons du plafond distribués en étoile présentent une grisaille à motifs de rinceaux. L'aile sud — un ajout d'Hallwyl également — ainsi que l'an-

cienne fabrique d'indiennes aujourd'hui tranformée en maison d'habitation, toutes deux allongées et de moindre hauteur, ne compromettent en aucune façon la simplicité claire qui caractérise l'expression formelle du château.   Th. F.

Ci-dessus. Schafisheim, le château. Vue du côté nord. Page de droite. Oberflachs, Kasteln. Château et dépendances au sud-est.

OBERFLACHS

Le château de Kasteln

Le domaine du château de Kasteln se dresse sur un promontoire rocheux en plein cœur du Schenkenbergertal, parmi les vignes et les bois. Primitivement, les deux châteaux de Kastelen et de Ruchenstein, construits l'un derrière l'autre, appartenaient à la maison des Habsbourg. Au début du 14e siècle, Berchtold von Mülinen fit l'acquisition du domaine postérieur, puis un peu plus tard du premier château et les réunit en un château fort jumelé. Par achat et dévolution, Johann Ludwig von Erlach (1595–1650) entra en possession des deux châteaux. C'était en 1631. Général de grande estime et de grand talent, il avait découvert dans sa jeunesse déjà les nations étrangères alors qu'il était page à la cour du prince Christian von Anhalt de 1611 à 1616. Lorsque la guerre de Trente Ans éclata, il entra à son service comme officier. Il servit tour à tour dans les troupes de Brandebourg, de Brunswick et de Suède, jusqu'au jour de 1638 où, au service du duc Bernard de Saxe-Weimar, il reçut le grade de major-général et exerça les fonctions de gouverneur de Brisach.

Or, il se trouva que tous les domaines du duc Bernard tombèrent — sous le coup d'un habile contrat — en mains de Louis XIII, de sorte que von Erlach se retrouva soudain sujet de la couronne de France. A la mort de von Erlach, le roi tint à ce qu'on lui rendît honneur par l'attribution posthume du titre de maréchal. Le corps de von Erlach repose toujours en l'église de Schinznach.

C'est depuis sa résidence militaire de Brisach que von Erlach dirigea la construction du château de Kasteln. Comme nul autre dans toute l'Argovie, ce château doit sa silhouette caractéristique et comme tracée d'un seul jet au maître de l'ouvrage. Grâce aux actes de construction et à la correspondance détaillée qu'entretenaient le secrétaire du général à Brisach et l'intendant du domaine à Kasteln qui remplaçait von Erlach en son absence, le nom de différents artisans engagés à la tâche nous fut transmis. La conduite des travaux était assumée par Bernhard Dölling, un tailleur de pierre originaire de Mägenwil. Sont encore mentionnés les noms de différents maçons, charpentiers et poêliers. Par la suite, de 1642 à 1650, le premier des deux châteaux fut agrandi et transformé en une résidence baroque, orientée au sud-est. Quant au château de Ruchenstein, déjà à l'abandon, ce fut une carrière bienvenue lors des travaux.

Le château est un complexe de plusieurs constructions apondues. Le corps principal, qui dresse ses quatre étages à l'angle sud-ouest, présente encore des éléments d'architecture ressortissant au gothique tardif. De part et d'autre viennent s'ajouter dans l'axe du faîte deux constructions flanquantes recouvertes ainsi que le corps central d'un toit en bâtière pentu. Les pignons en gradins — ou pignons à redans — sont ornés de volutes plates et de ferrures, d'obélisques et de coquilles au couronnement; des fronteaux surmontent les fenêtres. Les riches ornements de la Renaissance tardive furent suggérés par le maître de l'ouvrage tandis qu'il séjournait dans le haut Rhin. C'est ainsi qu'il adopta et importa la décoration qu'il voyait être à l'honneur.

Accroché à un éperon rocheux à l'angle sud-est de la composition, le Bärenschloss se dressait autrefois sur de hautes fondations. Ce château, rasé en 1840, tenait son nom d'un blason bernois ornant le mur. C'était comme une anticipation sur le bâtiment principal, un pendant aussi au pressoir à vin construit en contrebas du flanc nord-est du château. Sur le modèle du corps central, les gâbles des deux constructions flanquantes sont travaillés en gradins ornés de volutes imbriquées. Un peu plus bas, à l'est, s'étend une terrasse artificielle. Ceinturée de tourelles d'angle, elle est conçue comme un jardin avec son parterre de broderie, ses bassins et en son centre un pavil-

Ci-dessus. Schlossrued, le château. Façade sud-est.
Page de droite. Beinwil, Horben. Façade au levant.

lon. Et donc, bien que ressortissant à la Renaissance finissante par l'expression du détail d'un style attardé, la composition d'ensemble se présente déjà sous une allure qu'on peut qualifier de baroque. Certes, elle n'obéit pas encore aux règles de stricte symétrie, toutefois d'échelon en échelon elle se rassemble jusqu'en son centre pour culminer dans le corps principal qui domine tout l'ensemble. C'est ainsi que la forteresse moyenâgeuse, d'inhospitalière qu'elle était, devint une composition ouverte, satisfaisant tout souci de prestige. *Th. F.*

SCHLOSSRUED

Le château

Les de Ruodan étaient une famille de noble lignage. Mentionnés pour la première fois en 1155, leur mémoire survit encore à travers le nom de l'actuelle localité, Schlossrued. Jadis, les de Ruodan possédaient une résidence ancestrale sur le flanc d'ombre de la vallée, en face de l'actuel château. Mais sitôt la moitié du 13ᵉ siècle, les châtelains décidèrent de passer sur le versant ensoleillé, et c'est là qu'à l'époque des ministériaux Kybourg et Habsbourg un nouveau château vit le jour. Plus tard, il fut attribué en fief aux barons d'Aarburg et à l'évêque de Bâle. En 1520, il passa aux mains de l'ancien bailli de Lenzbourg, Glado May, pionnier convaincu de la Réforme, et resta pendant plus de trois siècles en possession de la famille von May de Berne. A la suite d'un incendie en 1775, le château moyenâgeux, déjà transformé et retransformé, ne subit qu'une remise en état rudimentaire. Ce qui décida Carl Friedrich von May (1708–1799), colonel au service de la Hollande, à entreprendre une nouvelle construction. Il confia cette dernière grande commande à son cousin Carl Ahasver von Sinner (1754–1821) qui dressa les plans et exécuta les travaux de 1792 à 1796. L'architecte bernois de la fin du 18ᵉ siècle s'était déjà établi une réputation en construisant la résidence du Lohn à Kehrsatz et bien d'autres résidences patriciennes remarquables. Les travaux terminés, von Sinner ne reçut pour l'ensemble pas même la somme convenue pour les plans, sur quoi, résigné, il consigna dans son registre des travaux: *«werde aber allem Anschein nach nichts erhalten»* («selon toute apparence, je ne toucherai rien»).

Conçu comme un seul corps de logis, le château se dresse du haut de ses quatre étages au sommet d'une colline, promontoire dominant le Ruedertal. L'édifice massif prend assise sur le plan légèrement trapézoïdal que lui imposèrent les soubassements de la construction précédente. Un toit en croupe pesant, à peine brisé, décide majestueusement de la silhouette. La façade d'aval est rehaussée d'un avant-corps central en forme de tour percé à chaque étage de deux fenêtres. La façade opposée, sur cour, fait face à une esplanade bordée de platanes. Elle s'avance au-dessus

d'un fossé que les gravats de l'ancien édifice permirent de remblayer. Au balcon, une balustrade de ferronerie porte un cartouche monogrammé de facture moderne qui rappelle la mémoire du maître de l'ouvrage. Pour le reste, les consoles en cul-de-lampe, propres à von Sinner, qui soutiennent les appuis et les linteaux de fenêtre, constituent le seul ornement plastique de tout l'édifice. L'équilibre des formes et des volumes — fenêtres rectangulaires disposées en ordre régulier, lourde toiture — sans doute est-ce là ce qui fait la marque de cette maison de campagne. *Th. F.*

BEINWIL

Le château de Horben

Plazidus Zurlauben (1646–1723), qui en tant que premier prince-abbé du couvent de Muri eut l'initiative d'un projet de transformation baroque de l'abbaye, fit ériger au début du 18e siècle une résidence d'été, ou plutôt une maison de repos où les membres du couvent étaient autorisés à passer un jour de congé par an. Il choisit à cet effet un cadre somptueux au Lindenberg. L'édifice fut de belle apparence, couvert d'un toit à croupe faîtière. Autrefois s'étendait au levant un parterre baroque à la française où gargouillaient des fontaines jaillissantes. Hans Rey était le maçon; le charpentier s'appelait Hans Mäder.

En 1739, sous l'abbatiat de Gerold I Haimb, la maison fut une première fois remise en état et agrandie; nécessité obligeait, car, le temps de repos des moines ayant passé à deux jours, l'édifice devenait petit. De cette époque date également la chapelle construite à l'extérieur de la maison, côté sud, consacrée à sainte Wendelin et sainte Ursule. Le couvent était aussi propriétaire d'une ferme et de pâturages aux environs qu'il exploitait. Sous l'abbatiat de Bonaventura II Bucher (1757–1776), la maison fut transformée en un véritable petit château de plaisance «afin que la récréation d'automne puisse s'y dérouler commodément».

Au rez-de-chaussée se tenaient le réfectoire, les locaux de service, les chambres des pères ainsi que celles des gens de maison; les appartements de l'abbé et les chambres des conventuels occupaient le premier étage. Le deuxième étage était réservé à la grande salle commune.

Pour les besoins de la décoration intérieure, on fit appel à différents artistes et artisans, notamment au peintre Caspar Wolf (1735–1783). Il exécuta quatre vues du châtelet présentant l'édifice sous une apparence sensiblement identique à l'actuel château. Les façades liserées de chaînes d'angle présentent sur les murs-gouttereaux cinq fenêtres à cintre surbaissé en alignement régulier. Les volets flammés sont des ajouts récents. Au levant, la façade met l'accent sur un grand portail avec fronton curviligne brisé, alors que la façade orientale, d'aval, prolonge l'axe central en couronnement de toiture par une coupole bulbeuse néobaroque de construction récente.

Les papiers peints dont Caspar Wolf orna quelques pièces créent une atmosphère exceptionnelle de solennité et d'apparat, notamment les deux pièces principales du premier étage, côté est, où se déploie un faste particulier. La chambre de la chasse (angle nord-est) est toute habillée d'une tenture peinte posée sur plus des deux tiers de la hauteur. Des paysages familiers ou exotiques servent d'arrière-plan à des scènes tirées de l'histoire des Habsbourg ou de la Bible. Cette peinture d'atmosphère a été réalisée en 1762, peu après la parution d'un ensemble de gravures que Johann Elias Ridinger (1698–1767) consacra à des scènes de chasse. Visiblement, certains motifs leur sont empruntés. Des stucs rococo, légers, avec des oiseaux en vol et des reliefs délicats sur un thème de chasse sont le pendant décoratif adéquat aux scènes peintes. La chambre de l'abbé, de dimensions réduites, orientée au sud-est, est historiée de scènes peintes tirées de la légende de Bénédict. Ce qui fait d'elles des œuvres caractéristiques, c'est un style fidèle à la nature, enrichi de scènes rappelant les petits maîtres, un style où vibre déjà une tonalité romantique. Une balustrade en trompe-l'œil derrière laquelle se rangent de très belles natures mortes s'entremet à la frontière de l'espace réel du contemplateur et de l'univers imaginaire du tableau. Si l'on a coutume de se représenter le château sous un extérieur plutôt modeste et si l'on considère son intérieur comme un modèle de décoration rococo, c'est sans doute surtout grâce au travail de Caspar Wolf.

Th. F.

BRUGG

La maison Frölich

On raconte que Johann Jakob Frölich (1699–1774), «homme d'un génie extrêmement vif», amassa une fortune considérable comme secrétaire privé d'un certain Lord Sandwich. Cet argent lui permit de construire un élégant domicile (1748–1749) aux abords de la ville de Brugg. L'identité de l'architecte est à présent oubliée. La maison se dresse à front de rue, sur l'axe routier sud. Elle passe pour l'une des plus riches maisons bourgeoises de Brugg, «*ein Denkmal seiner [Frölichs] mit vielen Gefahren und unverdrossener Arbeit erzieleten Fortun*» (un monument à sa fortune qu'il [Frölich] acquit à grands risques et à force d'un travail acharné»). Un beau jour, au retour d'un de ses lointains voyages — les travaux touchaient à leur fin — Frölich découvrit que la rue passait juste devant sa maison. Il se fâcha et, en manière de protestation, attendit jusqu'en 1754 pour emménager définitivement.

Les façades crépies sur deux étages d'élévation s'inscrivent entre des pilastres d'angle d'ordre ionique. Des guirlandes de clochettes retombent du chapiteau. La façade à front de rue présente cinq axes de fenêtres. Dans l'axe central se tient la porte avec imposte dans un encadrement mouluré et orné de crossettes. Toutes les fenêtres sont à cintre surbaissé et croisillons. Une lourde toiture en croupe percée de mansardes recouvre un corps de maçonnerie à base quadrangulaire. Il repose sur une cave imposante et voûtée en berceau.

L'intérieur de la maison est traversé en long par un corridor qui, de la porte, aboutit au jardin. Contigu, orné de parterres de broderie, ce jardin venait à l'origine en prolongement de l'axe central. Les stucs permettent de suivre, dans chaque pièce, le passage stylistique de la Régence au rococo. Par la forme et les masses, les stucs sont encore partiellement tributaires de la Régence. Au premier étage, on verra trois poêles de Steckborn créés dans les ateliers des poêliers Johann Heinrich Meyer et Rudolf Kuhn. Ils sont contemporains de la maison Frölich. Installé dans la chambre au nord-est, le poêle cylindrique aux peintures bleues permettait de chauffer deux pièces à la fois. Les faïences, de dimensions diverses, traitent des scènes horticoles sur fonds de parcs à la française. Des jardiniers travaillent dans un jardin baroque, passant le rouleau ou taillant avec les outils de l'époque. Sont aussi représentés mille jeux d'eau qui introduisent dans la stricte symétrie du jardin une fraîcheur apaisante. Ce poêle ne ressemble pas aux faïences ordinaires peintes de paysages imaginaires et d'antiques décors de ruines. Celui-ci nous livre un véritable morceau d'histoire de la civilisation qui, malgré une représentation très fantaisiste, s'en tient pour le fond à la réalité. Dans les pièces où domine le blanc des plafonds de stuc, les poêles bleus jettent comme un charme

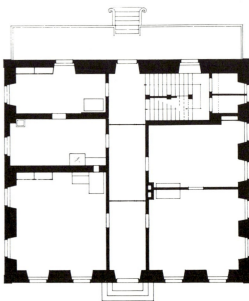

*En haut. Brugg, Frölichhaus. Façade sur rue.
Ci-dessus. Le plan du rez-de-chaussée.
Page de droite. Un détail du poêle cylindrique ornant la chambre à l'angle nord-est.*

discret: l'espace et son aménagement participent d'une unité. Aussi sont-ils en étroite dépendance.

En 1909, la ville de Brugg acquit le bien-fonds et y installa l'Hôtel de Ville.

Th. F.

LENZBOURG

Bleicherain

Le maître de l'ouvrage du Bleicherain, Gottlieb Hünerwadel (1744–1820), était issu d'une famille schaffhousoise qui immigra au début du 17e siècle. En 1688, les descendants de cette famille construisirent une blanchisserie qui allait devenir l'une des premières fabriques d'indiennes de Suisse. Gottlieb Hünerwadel ne se lança pas dans l'entreprise, préférant pour sa part embrasser une carrière militaire. Il fut successivement major du second régiment de basse Argovie, major du pays, lieutenant-colonel du régiment de Lenzbourg, et enfin en 1798 président de la municipalité et commandant de la basse Argovie. Avant même d'être élu en 1803 membre du Petit Conseil d'Argovie — le canton venait à peine d'être constitué — il confia à Ahasver von Sinner (1754–1821) le soin de lui construire une maison de maître. Elle se campa dans un cadre grandiose, à l'ouest de la localité, entourée d'un aménagement en terrasses dominant l'Aabach.

La maison — un édifice de belle apparence, à trois étages en façade et toit en croupe — se dresse sur une terrasse à mi-pente. A l'arrière de la maison, une cour en hémicycle bordée d'un mur sert d'entrée. De ce côté-ci, la façade ordonne ses cinq axes de fenêtre autour d'un ressaut central fortement saillant. De part et d'autre de l'avant-corps, les fenêtres se massent contre les chaînes d'angle appareillées. Manifestement, l'accent majeur est ici porté sur le ressaut central au-dessus duquel règne un fronton triangulaire. La véritable façade principale développe six croisées face au jardin; elle paraît beaucoup plus calme, plus simple, et par là même beaucoup plus expressive. Enlaçant le bâtiment, un cordon marque une séparation entre le rez-de-chaussée et les étages supérieurs. Le premier étage est traité comme un bel étage avec ses fronteaux droits et ses portes-fenêtres à doubles vantaux, accompagnées de colonnettes. Elles ouvrent sur un petit balcon porté par deux modillons — où l'on verra comme la signature de von Sinner sur la façade. Juste au-dessous se trouve la grande porte communiquant de plain-pied avec la terrasse. Entourée de chaînes appareillées et de voussoirs, l'entrée est prise dans la pierre. Ce détail n'est pas sans relation avec le salon qui se tient derrière. En effet, bien que partie intégrante de l'intérieur, le salon s'adresse manifestement au jardin, tant par la situation que par la fonction. Du socle que forme la terrasse, le jardin est accessible par une double rampe à pas-d'âne.

Par contraste avec le riche parti des façades, l'intérieur est plutôt simple. Les pièces se groupent autour d'une cage d'escalier centrale, simple elle aussi. A chaque étage, la partie orientale encadre de deux chambres d'angle

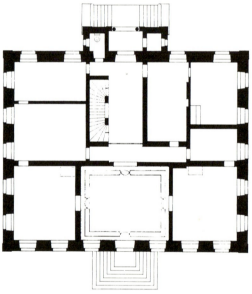

rectangulaires une salle centrale également rectangulaire, mais oblongue. Au bel étage, cette pièce est ornée d'un plafond de stuc Louis XVI et de superbes poêles.

Si l'architecte mit en valeur la dimension horizontale dans la façade sur jardin, c'était, dans un art admirable, pour apporter à un édifice d'une grande élévation, qui plus est placé dans un cadre échelonné en hauteur, un puissant contre-accent. Le cadre fait encore ressortir le caractère unique de cet édifice de transition entre le style Louis XVI et le classicisme, édifice qui passe pour la plus somptueuse architecture patricienne qu'ait produit le 18e siècle finissant en Argovie. *Th. F.*

LENZBOURG

Burghalde

La Burghalde tire son nom de son emplacement au pied du Schlossberg de Lenzbourg. La Burghalle désigne tout à la fois l'ancienne maison à pignon dressée à front de rue, et la maison neuve bâtie en retrait sur une terrasse légèrement surélevée. Les deux bâtiments sont raccordés par deux étages d'arcades, de sorte que la nouvelle maison semble davantage une annexe qu'un édifice à part entière et indépendant.

L'ancienne maison fut construite en 1628 pour le futur avoyer Johann Jakob Spengler. C'était l'une des premières maisons de campagne dans la tradition du style gothique tardif qui prit place hors des murs de la ville. Le bâtiment, dressé sur trois étages, porte une toiture en bâtière qui projette des avant-toits fort saillants, soutenus par des aisseliers sculptés. Le pignon est fait de pans de bois. Une tour ronde se dégage de la façade latérale gauche à demi hors-œuvre et traverse le bas du rampant. Attenante à la face opposée, une aile allongée, avec mur-gouttereau en frontispice, recevait autrefois les appartements et le pressoir à vin. Au début du 18e siècle, on aménagea une salle d'un étage et demi à l'arrière du bâtiment dans une ancienne grange — croit-on savoir. Les travaux furent exécutés pour le marchand bâlois Lucas Gernler qui, en 1702, avait épousé Margreth Spengler, fille de l'avoyer. Les quatre cartouches aux encoignures du plafond proposent des allégories des

saisons. Peut-être sont-ils l'œuvre d'un stucateur de Schaffhouse. Ce sont assurément, sur le territoire de la Berne ancienne, des témoins de la décoration de stuc du baroque primitif.

En 1793–1794, le *Landammann* Johann Rudolf Dolder (1753–1807) traça les plans d'une maison de deux étages en façade, légèrement surélevée. Il travailla pour le compte de Johann Jakob Bär d'Aarburg, autrement dit le beau-fils du propriétaire de la Burghalde qui était à l'époque l'avoyer Samuel Seiler. L'architecte responsable de l'exécution des travaux était le maître d'Etat de la ville Franz Müller; le nom de plusieurs autres artisans nous fut en outre transmis. Un escalier double incurvé monte latéralement du portail en fer forgé jusqu'à l'esplanade arrangée en terrasse. L'élévation de l'édifice est traitée avec simplicité; la façade, ajourée de suites de cinq fenêtres, possède pour toute décoration deux chaînes d'angle à refends et un cordon à la séparation des deux étages. La disposition intérieure est guidée par un souci de grande clarté. Dans la partie postérieure du bâtiment, un couloir mène à une vaste cage d'escalier. Un escalier à triple volée rejoint l'étage supérieur. De là une porte centrale permet d'accéder directement à la grande salle éclairée par trois baies.

Le contraste qui naît du voisinage des deux façades, celle tout en hauteur de l'ancien bâtiment et celle étirée en largeur de la maison neuve, reflète les différents habitats.

Depuis l'été 1985, l'ancienne maison abrite le musée de la ville de Lenzbourg, comprenant des salles d'exposition consacrées à la préhistoire, à l'histoire de la ville et aux débuts de l'histoire de l'industrie locale. *Th. F.*

Page de gauche, en haut. Lenzbourg, Bleichenrain. Façade principale au nord-est.
Page de gauche, au milieu. Le plan du rez-de-chaussée.

En haut. Lenzbourg, Burghalde. Côté couchant, à droite, l'ancienne bâtisse de 1628.
Ci-dessus. Cartouches de stuc aux angles du plafond de la grande salle.

Ci-dessus. Zuchwil, Emmenholz. Châtelet au midi avec dépendances à l'arrière-plan.
Page de droite. Soleure, la résidence d'été de Vigier. Façade sud.

ZUCHWIL

Le petit château d'Emmenholz

Depuis 1977, date à laquelle les autorités helvétiques décidèrent son incorporation dans la commune, le petit château d'Emmenholz appartient à la localité de Zuchwil non loin de Soleure. Le château se tient au nord-est du village sur un terrain protégé par deux cours d'eau, car c'est là que l'Emme se jette dans l'Aar. Aussi n'est-ce pas un hasard qu'un château s'y implantât. Un château fort à douves l'y avait déjà précédé — des fouilles l'ont démontré. La seigneurie d'Emmenholz réunissait quatre fermes, comprenant chacune une maison seigneuriale et une grange. On parlait de l'Emmenholz d'en haut, du milieu et d'en bas, ce dernier étant encore subdivisé en deux domaines, l'un à l'est, l'autre à l'ouest. Au terme du 17ᵉ siècle, l'ensemble des quatre domaines y compris celui au levant, autrement dit l'actuel petit château, était aux mains du riche avoyer Johann Ludwig von Roll (1643–1718). Il le tenait de ses ancêtres qui le possédaient depuis plus de deux cents ans.

Le propriétaire et architecte de l'Emmenholz d'en bas, côté levant, était l'avoyer Peter Sury le Jeune (1624–1674). Sa veuve d'abord, puis sa fille se succédèrent au titre de propriétaire. Lorsque celle-ci épousa le bailli Urs Buch (1637–1699), elle apporta en dot le domaine qui continua à se transmettre d'une génération à l'autre, jusqu'à ce qu'en 1859 l'héritier, Johann Hänggi (1791–1868) de Nunningen, accédât à la propriété du reste du domaine pour la somme de 186 900 francs. Voilà comment tout l'Emmenholz, soit 218 hectares, fut à nouveau remembré. Sur la base de méthodes de culture modernes, on y développa un domaine modèle qui donna d'excellents résultats. En 1946–1947, le petit château fut rénové; aujourd'hui, il est habité par un fermier qui poursuit l'exploitation du domaine.

L'architecture ramassée, préférant le développement en hauteur plutôt qu'en largeur, dénote à l'évidence un caractère archaïque. Au midi cependant, ce parti d'ancienneté est habilement dissimulé par deux tourelles flanquantes avec chaînes d'angle, débordant sur le jardin à la manière de deux avant-corps. Elles donnent au bâtiment une allure de château, le transformant en *Türmlihaus*. L'origine du *Türmlihaus* s'inscrit dans le contexte du 16ᵉ siècle soleurois. A l'époque, Soleure était le siège de l'ambassade de France. Aussi connut-elle un grand train de vie et des déploiements d'élégance. L'influence s'en ressentit évidemment dans l'architecture des maisons de campagne. On les vit réinvestir les formes

du château Renaissance qui avaient été elles-mêmes engendrées par des modèles moyenâgeux. Emmenholz en fournit un bon exemple en tant qu'il illustre une forme transitoire engendrée par le type de la maison locale. Le petit château d'Emmenholz présente un plan rectangulaire; on remarquera l'importante toiture à demi-croupe boiteuse et l'étagement caractéristique des fenêtres. Ces mêmes éléments sont repris par la façade postérieure, en plus de quoi s'ajoute un escalier faisant saillie sur la cour. Par son double visage, l'Emmenholz témoigne avec éloquence de deux époques très différentes: la première qui fit d'Emmenholz une simple habitation domestique, puis celle où prévalut le souci de faire montre de son rang. *Th. F.*

SOLEURE

La résidence d'été de Vigier

La résidence de Vigier, avec son corps central élevé sur plan rectangulaire oblong et sept axes de fenêtres, est un exemple typique de *Türmlihaus* soleurois. L'édifice fut construit en 1648 par un capitaine de la garde de France, Philippe Vallier von Grissach. Margaritha von Schauenstein, son épouse, grisonne, en fit sa résidence d'été. Bientôt veuve, Margaritha von Schauenstein se mit en quête d'un gendre à sa convenance. L'une des filles mourut jeune. La seconde, Maria Magdalena, épousa Johann Ludwig von Roll (1643–1718). C'est à lui que revint la résidence d'été. Après avoir tour à tour porté les titres de trésorier, banneret et avoyer, von Roll reçut de l'empereur Léopold Ier d'Allemagne le titre de *reichswohlgeborener Baron* — précisons qu'entretemps, par dépit de voir sa compagnie française dissoute, von Roll avait embrassé la cause de l'Empire allemand. Ses terres s'étendaient jusqu'au lac de Neuchâtel, autant dire que sa fortune était gigantesque. La maison resta propriété de la famille von Roll jusqu'en 1777, puis elle fut vendue au trésorier de l'ambassade, François Louis Anzillon de Berville (1734–1794). Enfin, en 1821, la résidence d'été revint par voie d'héritage au colonel et conseiller d'Etat Franz Josef Diethelm Urs Viktor Vigier von Steinbrugg (1788–1845) dont les descendants continuent d'habiter la résidence.

L'histoire de la construction de Vigier et des transformations intérieures est à l'image du récit des transferts et changements de mains, mouvementés et marqués par les rebondissements. Au nord, la façade se constitue de deux pavillons d'angle de même hauteur et d'un pavillon central servant d'entrée et de cage d'escalier. Au midi en revanche, les deux tourelles d'angle surélevées d'un étage mettent en évidence les pièces d'enfilade aménagées côté jardin. Malgré une composition simple, l'architecture ne donne pas l'impression d'être pauvre; à l'inverse, elle reçoit de cette allure équilibrée et du contraste, non sans charme, qui se dégage des différentes parties une expression claire et harmonieuse. Lorsqu'on passe l'entrée qui se tient côté nord comme un porche couvert, on arrive dans un corridor en T menant soit directement vers la terrasse du jardin, soit, parallèlement à la façade nord, vers les chambres et la cuisine. A l'angle gauche de la maison, une salle de la largeur de deux fenêtres tient toute la profondeur du bâtiment.

L'intérieur du salon central au premier étage remonte probablement à l'époque où l'avoyer von Roll était propriétaire. Les parois sont toutes revêtues de précieux lambris Régence peints de tons clairs. Ici ou là, des panneaux sont occupés par des grands miroirs. La chambre à coucher d'Anzillon de Berville, jouxtant le salon, présente une pièce d'apparat, un lit d'alcôve bordé d'une broderie de soie, tout décoré de dragons chinois; le même motif revient sur le revêtement d'une des parois. Les fresques du salon furent créées à cette même époque.

Le jardin, muré, date lui aussi de 1777 alors que la résidence appartenait au trésorier. Il correspond, dans son arrangement singulier, aux peintures murales du salon. Devant la façade méridionale, le parterre, soigneusement nivelé, est divisé en six compartiments. L'axe central ainsi que la croisée des chemins tracés d'équerre sont marqués par des ifs taillés: leur forme, originale, est faite de l'assemblage de différents éléments géométriques. *Th. F.*

FELDBRUNNEN

Le château de Waldegg

De 1682 à 1684, Johann Viktor Besenval (1638–1713) fit construire une vaste demeure au pied du Jura qu'il institua en fidéicommis en faveur de sa famille. Cette demeure, c'est le château de Waldegg à Feldbrunnen-Sankt Niklaus, au nord de Soleure. Le maître de l'ouvrage était une notabilité soleuroise. Avant même que de construire la résidence d'été de Waldegg, Besenval avait déjà revêtu quelques hautes dignités; il avait occupé tour à tour les fonctions de bailli de Locarno, de jeune conseiller *(Jungrat)*, puis, à l'époque de la construction de Waldegg, il était membre du Conseil ancien, enfin trésorier et banneret. L'année 1689 marqua le couronnement de sa carrière, puisque Besenval fut porté alors à la dignité suprême d'avoyer. A l'heure de gloire du patriciat soleurois, des efforts furent entrepris pour concentrer et limiter le pouvoir de l'Etat entre le plus petit nombre de personnes. A l'époque, cette intention se manifesta sous la forme de belles constructions: il y eut non seulement Waldegg, mais aussi les principaux édifices soleurois dont l'église des Jésuites, plusieurs palais et l'aménagement définitif des tranchées, autant de manifestations à la gloire de la souveraineté absolutiste. Une gravure nous montre Besenval, peu avant sa mort, portraituré dans une pose mi-baroque, mi-seigneuriale; Waldegg et son parc apparaissent contre le bord droit de la gravure, comme accessoirement. Outre un simple rapport personnel qu'elle établirait entre deux sujets représentés, la gravure tente d'insinuer un rang social et politique dont Waldegg serait la représentation symbolique. Cette interprétation est corroborée par la légende selon laquelle Besenval aurait construit Waldegg pour y accueillir Louis XIV en personne.

Dans un premier temps, un architecte — inconnu — dessina un édifice rectangulaire interrompu par trois pavillons en forme de tour faisant face au jardin; entre chaque pavillon s'intercalent deux corps de bâtiment à trois axes de fenêtres et pignons latéraux. Lorsque, en 1689, Besenval fut nommé à la charge d'avoyer de la République de Soleure, le château se devait naturellement d'incarner cette accession au pouvoir suprême. On étira donc le bâtiment en ajoutant de part et d'autre des galeries d'un étage ponctuées à chaque bout d'une tour d'angle. Primitivement, des statues se dressaient sur la corniche du toit. C'était des allégories des saisons exécutées par Johann Peter Frölicher (1661–1725), grand sculpteur sur pierre et sur bois. Mais pendant la première moitié du 18e siècle, ces statues furent transportées dans des niches au rez-de-

Feldbrunnen, le château Waldegg.
Vue d'ensemble au midi.

chaussée, car les galeries avaient été exhaussées après l'ajout d'une allée d'arcades et recouvertes de toits en croupe. Avec son étirement tout en longueur et sa silhouette très découpée, l'édifice adhère à la conception française du château. D'où la présence typique de toits en croupe fortement inclinés, de ressauts, de niches habitées par des statues ou encore de chaînes d'angle à refends, de pilastres et de parois de fond de galeries.

Venant de la cour au nord, on traverse d'abord le pavillon central servant d'entrée, puis on débouche sur un hall qui occupe toute la profondeur du bâtiment. C'était autrefois la salle à manger. Les parois lambrissées sont peintes de représentations allégoriques des arts et des sciences. Le grand escalier, traité avec simplicité, est relégué contre la paroi ouest. D'en bas il est possible de parcourir du regard toute l'étendue de l'enfilade qui s'en va, à gauche comme à droite, longer la façade au midi. Si l'on aborde la partie occidentale du bâtiment, on rejoint le cabinet d'angle après avoir d'abord traversé le salon avec ses peintures en trompe-l'œil dues à Wolfgang Aeby (1638–1694) de Soleure et la galerie attenante.

Page de gauche, en haut. Feldbrunnen, le château Waldegg. Porte d'honneur à l'entrée sud du jardin.
Page de gauche, en bas. Façade sur jardin.
Ci-dessus. L'intérieur de la chapelle Sankt Michael.

Dans l'aile opposée se suivent deux autres salons: l'un présente un plafond en grisaille peint de paysages et de motifs empruntés à l'héraldique, l'autre, revêtu de lambris de noyer, était l'ancienne salle de billard. Les deux salons conduisent également à une galerie et un pavillon d'angle. C'est dans ce dernier qu'a été installée la petite chapelle domestique, décorée, elle aussi, par Wolfgang Aeby.

La cour au nord du château est contenue entre le bâtiment abritant les offices et une seconde chapelle. Celle-là fut construite en 1721 par Johann Viktor Besenval (1671–1736), le fils du châtelain.

Le parterre qui se déroule au pied du château ne fut pas aménagé à la française. C'était plutôt une étroite levée de terre, une terrasse parallèle à la façade méridionale qui intégrait admirablement le panorama de la vallée de l'Aare et des Alpes. Des socles de pierre déguisés en pommes de pin, des obélisques, des pylônes ainsi que des ifs d'ornement constituaient l'unique décoration d'une terrasse aux contours animés. La composition culminait, au bout de l'axe central, sur l'escalier extérieur et le portail de ferronnerie. Si l'on repère aisément l'influence française dans l'architecture, on ne saurait non plus méconnaître le modèle italien dans la conception scénique du jardin; probablement le maître de l'ouvrage en avait-il vu de ses propres yeux lorsque, jeune, il parcourut l'Italie. *Th. F.*

SOLEURE

Le château de Steinbrugg

Lorsqu'on emprunte la route qui rejoint Bâle par le nord-est, on croise un bâtiment de trois étages flanqué au nord de pavillons carrés et d'ailes de service en prolongement. Il s'agit du château de Steinbrugg construit entre 1670 et 1672 sur le modèle «entre cour et jardin». Le maître de l'ouvrage était Johann Josef Sury von Steinbrugg (1633–1672), mercenaire au service de la France. On prétend que l'architecte était de Paris. Sury devait — c'était la volonté de son beau-père, l'avoyer Johann Wilhelm von Steinbrugg (1605–1675) — accompagner son propre nom de celui de «von Steinbrugg». Le château était lié à la famille par un fidéicommis.

Le corps central est calé en renfoncement entre deux pavillons et surmonté d'un fronton. A chaque étage, il est occupé par une pièce traversante prenant jour par trois baies. Cette disposition valut au château le nom de «maison transparente». La pièce centrale garantit à chaque étage l'équilibre du plan. Autour de ce noyau, comme autour d'une «rotule», les pièces du bâtiment central s'articulent en symétrie. Devant le hall d'entrée, une colonnade couverte concilie le dehors et le dedans; au premier étage, elle est aménagée en balcon et donc praticable. Le balcon de la façade méridionale offre une vue splendide sur l'ancien jardin baroque, noblement aménagé tout en profondeur; la perspective se prolonge par une allée de tilleuls jusqu'à l'Aar. Le rez-de-chaussée est occupé par la cuisine, une petite salle à manger ainsi qu'une salle de séjour. Au cours des années, les salles de fêtes des deux étages supérieurs subirent diverses transformations. Au premier étage, la pièce est revêtue de tapisseries rococo d'un goût exotique, ornées de grands motifs chinois. Au second, des tentures classiques en grisaille sur le thème d'Amour et Psyché, exécutées au début du 19e siècle dans un atelier parisien, décorent les murs de la salle. En revanche, la chapelle domestique du pavillon ouest a conservé son plafond primitif, œuvre de Wolfgang Aeby (1638–1694) peinte en trompe-l'œil comme s'il s'agissait d'une coupole baroque.

Depuis 1927, le château appartient à l'évêché de Bâle qui y installa un séminaire. A cette époque, l'aile ouest fut reconstruite. Aujourd'hui l'édifice est occupé par l'administration épiscopale.

Th. F.

Page de gauche. Soleure, le château Steinbrugg.
Façade sur jardin.
Ci-dessus. Architectures peintes en trompe-l'œil dans la chapelle du château.
Ci-contre. Le plan du rez-de-chaussée.

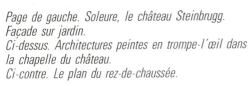

SOLEURE

Le château de Blumenstein

Franz Heinrich von Stäffis-Mollondin (1673–1745) fut le dernier gouverneur de Neuchâtel avant l'annexion de la principauté à la Prusse. En 1725, il fit construire la résidence de Blumenstein pour son propre séjour et celui de sa femme Maria Franziska, née Greder. Le frère de Maria, Lorenz Greder (1658–1716), lieutenant-général sous Louis XIV, était le précédent propriétaire du domaine. Comme il était resté célibataire, Maria hérita du bien qu'elle appela «Le Laurentin» en l'honneur de son frère. A maintes reprises, Mollondin reçut du bois «pour la construction d'écurie, d'une bonne maison et autres bâtiments nécessaires à sa maison de plaisance dite Lorentin in den Steingruben». Après plusieurs projets ambitieux, on entreprit enfin de construire une maison aux dimensions plus modestes sur le versant qui borde la vieille ville par le nord. En 1910, une petite véranda avec toit en terrasse vint s'accoter à l'angle sud-est.

En empruntant par l'ouest le chemin qui longe les locaux de service, on débouche sur la cour d'honneur. Elle est bordée d'un mur et, face à la pente, du lavoir de l'ancienne résidence, construit en forme de pavillon. Le château, de plan massé, présente en chacune de ses façades ocre des alignements de cinq fenêtres et une orchestration classique de chaînes d'angle à refends, de bandeaux, fenêtres cintrées au rez-de-chaussée et fronton triangulaire au couronnement des façades principales. Les différentes hauteurs d'étage manifestent à l'évidence que la distribution intérieure a séparé les appartements de parade des pièces d'habitation. Tirant un habile parti de la déclivité du terrain, l'architecte a traité le rez-de-chaussée comme un entresol. Côté jardin, la déclivité est rachetée par un soubassement que percent les fenêtres de la cuisine et de la cave.

Un escalier incurvé accède à l'entrée. Alors qu'on est encore sous l'impression d'une construction massive et équilibrée, à la symétrie sévère, on est surpris, passé le seuil, par l'aménagement raffiné de l'intérieur. Tout éclat superflu s'est effacé devant la discrète intimité du salon: son goût précieux n'en est que mieux mis en valeur. Les différentes pièces se tiennent derrière le vestibule et la cage d'escalier qui lui est attenante sur la gauche. L'accès n'est pas commandé par un corridor central. On atteint les pièces par l'arrière en traversant la salle à manger. Celle-ci — appelée aussi *Steinerner Saal* («salle de pierre») en raison de son carrelage de terre cuite — est recouverte de lambris en hauteur. L'un des grands côtés de la pièce est tenu par un dressoir Régence accompagné de petits lave-mains. Une cheminée s'est intercalée entre les deux portes vitrées au-dessus de laquelle pend un miroir à traverses constitué de quarante-

Page de gauche, en haut. Soleure, le château Blumenstein. Façade au midi.
Page de gauche, en bas. Le salon vert au rez-de-chaussée.
Ci-dessus. La salle à manger, dite «salle de pierre».

trois pièces. Derrière la façade au midi s'alignent en enfilade trois pièces de grandeurs diverses, la chambre du poêle, le Salon vert et le Grand Salon. Mordant sur la tenture, une frise de stuc court tout autour des murs du salon central, ou Salon vert. Parmi les plus belles pièces d'ameublement, on notera une console dorée de Funk, un piano à queue Empire ainsi que le portrait tout enguirlandé de Maria Franziska surmontant le miroir de la cheminée. L'angle sud-est du bâtiment est occupé par le Grand Salon; il prend le jour par plusieurs fenêtres; une galerie d'ancêtres orne ses murs. Au premier étage, un système entortillé de couloirs et de pièces conduit aux nombreuses chambres à coucher et chambres d'invités. La petite chapelle domestique a été installée dans la partie septentrionale de l'édifice.

Depuis 1952, le château abrite le musée d'histoire de la ville de Soleure, plus spécialement consacré à l'habitat au 18e siècle, puisqu'il est encore essentiellement décoré du mobilier d'époque. Il présente en outre la collection d'histoire et d'antiquité de la ville.

Th. F.

BÂLE

La maison Thomas-Platter

La campagne qui s'étend au sud des murs de Bâle jusqu'au pied du Bruderholz avait la réputation, dès le Moyen Age, d'un lieu de villégiature. Malheureusement, dès la seconde moitié du 19ᵉ siècle, plusieurs résidences d'été que la présence de sources avait permis d'entourer de douves furent sacrifiées à la construction de nouveaux quartiers. La maison Thomas-Platter, dite aussi l'«Untere Mittlere Gundeldinger Schlösschen», seul vestige des quatre domaines de Gundelding, est maintenant encerclée de blocs de béton.

Cette résidence de campagne, attestée au 14ᵉ siècle déjà, fut acquise en 1549 par un humaniste d'origine valaisanne, Thomas Platter (1499–1582). Il l'obtint contre la somme de 660 florins. A cette époque déjà, Platter laissait derrière lui une tranche de vie mouvementée. Il avait quitté sa vallée de montagne pour courir toute l'Allemagne en compagnie d'étudiants nomades; après quoi, il se rendit à Zurich. Animé d'une soif avide de connaissances, il entreprit l'étude des langues anciennes. Mais comme il lui fallait gagner son pain, Platter apprit en sus la corderie et s'en alla peu après parfaire son métier à Bâle. La réputation de sa science se répandit très vite, lui permettant bientôt de mettre à profit son savoir au cours notamment de leçons d'hébreu. Après une halte à Viège et à Porrentruy pendant laquelle il enseigna, Platter revint à Bâle. En 1544, il fut nommé recteur de l'école latine Auf Burg, et réussit, en restructurant plus rationnellement l'organisation scolaire, à redonner à l'établissement un nouvel essor. Aux heures perdues que lui laissait son professorat, Platter équipa le petit château de Gundelding, qu'il avait acquis entre temps, d'une exploitation agricole. Pendant une courte période qui fit suite à la mort de Platter, la maison resta entre les mains du fils, Félix (1536–1614), médecin de ville et anatomiste qui marqua le cours de l'histoire de la médecine.

La maison, à présent isolée, occupait jadis le centre d'un vaste domaine retranché derrière une enceinte. Elevé sur plan irrégulier, un bâtiment de belle allure, qui avait destination de dépendances, formait l'angle nord-est du domaine. Quant à la maison de maître, qui se dresse à distance respectable au centre d'un étang bordé de sapins, elle se distingue des premiers bâtiments et par l'emplacement et par l'allure. Des jardins dans la pente marquaient comme une transition jusqu'à l'étendue des champs. Le bâtiment élève ses deux étages sur plan presque carré; plaquée contre le flanc occidental de la maison, une tour d'escalier à colombage accessible par une porte se dresse un étage au-dessus de la gouttière, perçant un toit en croupe presque pyramidal. Au-dessus du rez-de-chaussée, maçonné et de construction antérieure, Platter éleva un étage de colombage, en très léger renfoncement sur l'alignement du socle. Un bandeau décoratif court tout autour des quatre façades, sous les grandes fenêtres à meneaux. Selon qu'on le regarde, l'ornement est soit en tenailles soit en losanges. Son rôle est de présenter les appartements de l'étage comme dignes de propriétaires tenant leur rang. L'étage à colombage — d'ordinaire saillant plutôt que rentrant comme ici — rappelle par son traitement ornemental les maisons à colombage de Sundgau. Les pièces de l'étage s'alignent le long d'un corridor en L qui aboutit sur la tour d'escalier. La grande salle à l'angle nord-est de la maison est recouverte d'un plafond à solives orné de peintures; une frise murale agrémentée de peintures typiquement Renaissance et de festons s'étire au-dessus des fenêtres.

Après un changement de mains en 1842 qui plaça la maison de Platter en possession de l'Hôpital des Bourgeois, le canton de Bâle-Ville devint à son tour propriétaire de l'édifice pendant plus d'un siècle. Un comité d'action pour la sauvegarde de la maison Thomas-Platter, fondé en 1965, permit la rénovation complète de l'édifice (fin des travaux en 1974).

Th. F.

RIEHEN

Les maisons Wettstein

Johann Rudolf Wettstein (1594–1666) fut bailli bâlois de Riehen de 1626 à 1635. En 1641, il fit l'acquisition d'une maison paysanne — presque en face de l'église fortifiée — qu'il entreprit de transformer. Le bâtiment, remarquable par ses proportions massives et son toit à croupe faîtière, est orienté face à la rue. Dans l'actuel contexte architectural, l'édifice surgit comme un point de mire. En qualité de bourgmestre de la ville de Bâle et représentant officiel de la Confédération, Wettstein participa au Congrès de Westphalie à Münster et Osnabrück dont les traités mirent fin à la guerre de Trente Ans. C'est lui qui y négocia la séparation formelle et définitive de la Suisse avec l'Empire allemand. Au début des années cinquante, l'homme d'Etat que ce succès avait couvert de prestige résolut d'agrandir sa résidence de Riehen. Le nouveau bâtiment, de base oblongue, coiffé d'un toit en bâtière, constitue la partie postérieure du domaine. Il se raccorde à la première maison par une longue arcade latérale. C'est une construction à colombage ainsi que l'étage supérieur du bâti-

Page de gauche. Bâle, la maison Thomas-Platter. Façades nord et ouest.
Ci-dessus. Riehen, Wettsteinhäuser. Le groupe des maisons Wettstein côté rue.

ment qui était autrefois réservé pour les besoins de l'exploitation agricole. La construction à colombage, mais aussi le portail en plein cintre ouvert au centre de la façade et la catelle — cette poulie surmontant la fenière — sont caractéristiques des domaines agricoles. En revanche, la tour d'escalier polygonale qui s'affirme à l'angle droit de la façade prête à la maison un maintien seigneurial.

En 1661, la ville décida d'allouer une indemnité à Wettstein en reconnaissance de ses précieux services. Ce qu'elle fit en lui cédant pour 2000 florins les Wettinger Gefälle de Riehen. Il s'agissait de vignobles et de pâturages ayant appartenu au cloître de Wettingen, ainsi que de redevances. Un an plus tard, Wettstein fit l'acquisition d'un domaine jouxtant le sien côté ville. Une maison y avait été bâtie pendant le deuxième tiers du 16e siècle pour le compte de Balthasar Meijl, intendant du domaine du chapitre cathédral. C'est une résidence de deux étages à caractère seigneurial, tenue en retrait de la rue par une esplanade plantée d'arbres rappelant une cour. Les deux frontispices, ornés de pignons à redans, donnent à l'édifice, autrefois encore retranché derrière un mur, l'apparence d'un ouvrage défensif. Le portail en plein cintre ouvre sur un profond hall d'entrée, dit «la maison d'été». A gauche, deux salles constituent les pièces d'apparat de la maison, tandis qu'à droite se trouvent la cuisine et la descente qui mène à la cave. La tour polygonale permettant de passer de la maison d'été à l'étage supérieur est venue s'ajouter contre la façade opposée à la demande de Wettstein. En plus du mobilier ancien et précieux, qui fut répertorié sous forme d'inventaire sitôt la mort de Wettstein, de splendides peintures murales contribuent à la magnificence de l'édifice. Outre des vestiges de fresques d'époque sur le thème du travail de la vigne, on remarquera les trompe-l'œil peints sur les chambranles des portes et les plafonds à solives qui annoncent une nouvelle tendance stylistique contemporaine de l'époque des transformations (1662).

Malgré une construction étagée sur tant d'époques différentes, le complexe des maisons Wettstein donne l'impression d'un ensemble extrêmement uni et dense, impression encore renforcée par le cabinet d'angle construit au 18e siècle. Pendant plusieurs siècles, la propriété resta entre les mains des descendants de Wettstein. Le dernier propriétaire privé fut le peintre bâlois Jean-Jacques Lüscher (1884–1955). En 1964, les maisons Wettstein passèrent au domaine public, devenant propriété de la commune de Riehen. La maison antérieure — autrement dit l'ancienne maison Wettstein — abrite à présent la collection de jouets du Musée suisse d'art populaire; la partie postérieure a reçu le musée villageois. Quant à la nouvelle maison Wettstein, elle reste à disposition de la commune. *Th. F.*

Page de gauche. Bottmingen, Weiterschloss. Côté nord.
Ci-contre. La cage d'escalier.

BOTTMINGEN

Le château

Le château de Bottmingen, ouvrage d'assise presque carrée, est implanté sur la rive droite de la Birsig, au cœur d'un bassin qu'elle alimente au fond du Leymental antérieur. Le premier document authentique faisant état du château date de 1363. Par son plan régulier — quatre tours d'angle, mur d'enceinte et bâtiment d'habitation sur le côté — le château de Bottmingen se range dans un type architectural plus particulièrement représenté en Bourgogne et en Savoie. Il se peut aussi que l'édifice ait subi l'influence des châteaux, nombreux aux environs de Bâle, construits dans un étang et qu'on appelait *Weiherschloss*. Au début du 16e siècle, le château appartenait à la ville de Bâle. C'était une résidence noble et libre. Or, la ville dut bientôt l'aliéner, à la condition toutefois qu'elle continuerait à jouir d'un droit de préemption. Les années passèrent, les changements de propriétaires se succédèrent et le château tomba progressivement dans l'abandon. Cela dura jusque vers la moitié du 17e siècle. Alors, toujours dans la ronde des propriétaires, le château fut transformé et agrandi au cours de trois campagnes qui, au total, durèrent cent trente-cinq ans. La composition définitive constitue une synthèse très heureuse de tendances architecturales, allant du Moyen Age au terme du 18e siècle, qui se succèdent autant qu'elles se complètent.

Le premier propriétaire à entreprendre des transformations fut le noble palatin Johann Christoph von der Grün qui fit l'acquisition du château en 1645. Von der Grün était adjudant-général dans l'armée du duc de Weimar avant d'être nommé en 1648 gouverneur du Thann alsacien. Il entreprit de remplacer le pan septentrional de l'enceinte par une aile raccordant les deux tours d'angle. Ensuite, il couronna le portail d'un fronton chantourné de volutes et coiffé d'une coquille.

En 1720, le petit château prit l'allure que nous lui connaissons. Il la doit au maître de l'ouvrage d'alors, Johannes Deucher. L'homme, originaire de Steckborn, avait fait fortune par l'achat d'actions boursières. La transformation de Bottmingen comprenait le remplacement des archaïques toits en croupe et en bâtière par les toits à la Mansart, raides, que l'époque mettait à l'honneur, ainsi que les dômes bulbeux des deux tours flanquantes. L'entrée fut également remaniée avec l'ajout au rez-de-chaussée d'un chambranle à refends et d'un double encadrement de pilastres au premier étage. Une nouvelle construction abritant la cage d'escalier, adossée à la façade occidentale, remplaça la vieille tour calée entre la tête et le bâtiment principal. L'inhospitalité suscitée par l'enceinte fermée incita Deucher, dans un véritable coup d'audace, à abattre l'angle au sud-est avec la tour ainsi que la moitié des deux murs jouxtant. Apparut soudain une terrasse surélevée qui correspondait pleinement aux récentes exigences de l'habitat. De l'esplanade s'étendait une vue splendide sur le jardin avoisinant l'étang. La porte arrière, percée au sud dans l'axe central, et un pont en commandaient l'accès. Le cœur du jardin est marqué par un jet d'eau — précisons qu'avec le jardin de Bottmingen, Bâle reçut son premier jardin à la française. Tout autour du rond-point gravitent des parterres aux contours plantés d'obélisques, des vases sur piédestal et de petits arbres d'ornement.

Parallèlement à ces considérables transformations architecturales, l'intérieur reçut, dans le goût du temps, un décor Régence et s'orna de parquets, lambris, impostes et cheminées. La cage d'escalier, qui motive à elle seule une aile de bâtiment, est unique en son genre: la construction dégagée et aérienne, à peine étayée par des longerons arqués et ponctués de clés pendantes, en a fait le chef-d'œuvre du sculpteur bâlois Franz Obermeyer. La partie inférieure, massive, est exécutée dans la pierre, alors que les tronçons supérieurs sont de bois. Les volées droites de l'escalier, interrompues par des paliers, tournent autour d'un noyau ouvert qui porte le regard au plafond sur une peinture. L'auteur en est le bâlois Isaak Merian qui l'exécuta en 1721; elle représente la naissance d'Athéna dans le cercle des dieux de l'Olympe.

La dernière étape de la construction date de 1780 alors que le château appartenait à Martin Wenk (1751–1830), membre du Conseil puis bourgmestre. Poursuivant l'œuvre de son prédécesseur, Wenk nivela la terrasse qui venait d'être créée à l'angle sud-est du château. Il en coûta l'intégrité de la cour intérieure qui apparaît maintenant comme une esplanade angulaire au milieu de l'étang. Wenk eut la main plus heureuse pour le décor intérieur. C'est ainsi qu'à gauche de l'entrée, la salle occupant l'aile septentrionale reçut — d'un maître d'état inconnu — une décoration de stuc de très haute valeur. Aux parois, les panneaux sont ornés d'emblèmes délicats, les impostes donnent à voir des scènes enfantines légères sur décors de paysage, et aux encoignures, des cartouches présentent des védutes. Quelques années plus tard, le parc à la française fut transformé en jardin anglais, tel qu'il se présente aujourd'hui encore.

Classé monument historique en 1938, le château fut entièrement rénové entre 1943 et 1945. En 1957, le château — avec l'entreprise de restauration qui y travaillait — passa en possession du canton de Bâle-Campagne.

Th. F.

RIEHEN

Bäumlihof (Klein-Riehen)

Au 18ᵉ siècle, de riches Bâlois entreprirent de construire des résidences de campagne au nord de la ville, dans une région de vaste étendue où la vue n'était gênée par aucune fortification dans le voisinage, ni par aucun lieu d'exécution. Aucune construction déjà existante ne venait importuner le regard. Légèrement à l'écart de la route qui relie Bâle à Riehen se trouve, dans un décor d'arbres et de vastes champs, la belle propriété de Klein-Riehen. C'était jadis une petite communauté indépendante avec maison seigneuriale, jardins et communs, établie à proximité du village de Riehen, de là sans doute son nom.

En 1686, le *Lohnherr*, un fonctionnaire affecté au traitement des employés de la ville du nom de Samuel Burckhardt-Parcus (1623–1689), ayant acquis le domaine, y fonda un bâtiment de deux étages et trois axes de fenêtres. Au début du 18ᵉ siècle, son fils exhaussa le bâtiment d'un étage et lui donna de l'ampleur, créant la silhouette que nous lui connaissons.

Un toit en croupe, raide, couvrait les trois étages de la maison de maître avant d'être remplacé, dans les années 1920, par un toit à la Mansart. En 1865, le rez-de-chaussée prit l'aspect d'un soubassement à refends; les fronteaux et le pignon traversier datent de la même époque. Deux ailes basses établies légèrement à l'avant du bâtiment flanquent le corps central. La longueur totale des trois bâtiments détermine les proportions du jardin établi de l'autre côté de la maison, au-delà d'une cour. Sur ce point, la composition d'ensemble diverge du schéma classique de la maison «entre cour et jardin». Guère plus habituelle non plus, l'allée d'accès qui se dirige vers la maison en décrivant un angle droit au lieu du classique tracé rectiligne imposé par l'axe central. Burckhardt était si impressionné par la résidence du prince-évêque à Bruchsal dans le Bade-Wurtemberg, où lui-même était propriétaire d'une grande saline, qu'il voulut que sa demeure en fût une copie en miniature.

De nombreuses gravures nous renseignent sur l'ordonnance du jardin baroque. On retrouve semblable jardin au Wenkenhof, aménagé pour Zäslin, le beau-frère de Burckhardt. Une petite construction Régence de plan transversal borde l'allée latérale droite. Elle renferme un salon. C'est, dit-on, de tout le baroque bâlois, la création qui a réalisé la plus belle unité de volume. On en attribue la paternité à Johann Carl Hemeling qui avait déjà construit un hôtel particulier pour le compte de Burckhardt. Dans la seconde moitié du 19ᵉ siècle, une véranda de verre et de fer fut dressée à l'avant du salon. En 1802, le jardinier de la cour du landgraviat de Bade, Johann Michael Zeyher (1770–1843) — chargé à l'époque de transformer plusieurs parcs bâlois — fit du jardin du Bäumlihof, très strictement symétrique, un jardin anglais romantique, avec, à plaisir, des bosquets d'arbres et des sentiers qui serpentent. Néanmoins, l'ancienne composition baroque transparaît encore au travers de cadres rigides et d'allées latérales dirigées sur les bâtiments d'angle. On découvre ainsi avec plaisir l'épanouissement des conceptions stylistiques à la charnière de deux époques.

Th. F.

En haut. Riehen, Bäumlihof. Façade nord.
Ci-dessus. Pavillon de jardin dans le parc.
Page de droite. Riehen, Wenkenhof. Façade sur jardin.

RIEHEN

Wenkenhof (Neuer-Wenken)

Au 8ᵉ siècle déjà, le domaine apparaît dans les documents sous le nom de «Vahcinchova». Au Moyen Age, c'était un fief, propriété du cloître Saint-Blaise, puis après la Réforme l'Alte Wenken passa aux mains de la riche noblesse bâloise. En 1735–1736, Johann Heinrich Zäslin (1697–1752), négociant de profession et directeur de l'association des commerçants, se fit construire une nouvelle maison de plaisance. Elle avait un seul étage et se tenait entre cour et jardin. L'étage unique — voyez l'Amalienburg à Nymphenburg ou le Trianon à Versailles de construction contemporaine — est propre aux châteaux de plaisance baroques: les pièces n'avaient d'autre fonction que de servir de cadre à d'occasionnelles festivités. On présume que l'architecte fut Johann Carl Hemeling, celui-là même qui quelques années auparavant avait levé les plans du Ramsteinerhof à Bâle sur commande du beau-frère de Zäslin. Hormis ce lien de parenté, des concordances formelles justifient l'attribution du bâtiment à Hemeling.

Tel qu'il apparaît aujourd'hui dans sa belle prestance, le Wenkenhof l'est essentiellement devenu à la suite de deux transformations. En 1860 d'abord, l'architecte bâlois Johann Jakob Stehlin le Jeune (1826–1894) — déjà connu pour d'autres constructions, villas et édifices publics — suréleva la maison d'un étage, lui donnant l'allure d'une villa de maître Empire. Pendant la Première Guerre mondiale, le Wenkenhof était propriété d'Alexander Clavel (1881–1973), un homme qui tira profit du textile et de la teinturerie. C'est pour lui que Henry B. von Fischer (1861–1949) — rénovateur réputé de l'ancien style baroque bernois — rajusta l'élévation de l'architecture baroque primitive. Et le petit château retrouva sa silhouette d'antan.

Côté jardin, la façade s'ordonne en sept axes de fenêtres autour d'un ressaut central couronné d'un fronton aux armes de Clavel. En plan, plus de la moitié de la maison est occupée par trois pièces d'enfilade où l'on admirera un fin décor de stuc Régence. Une vaste terrasse conduit au jardin aménagé sur un terrain de pente douce.

De l'ancien jardin baroque et de ses riches atours, il ne reste plus que le bassin central, les parterres et les allées flanquantes. Sitôt la fin du 18ᵉ siècle, il fut agrandi et partiellement transformé en jardin paysager, mais en 1918, les frères Mertens restaurèrent la claire ordonnance du jardin baroque d'autrefois, en en modifiant toutefois le contenu selon le style d'époque du jardin d'agrément.

Alexander Clavel, qui était un passionné d'équitation, acquit les terres avoisinantes pour y établir des écuries et y organiser des courses de chevaux à longs parcours. Il accueillit dans sa demeure les délégations des hautes écoles d'équitation (l'Ecole d'équitation du Manège espagnol de Vienne, par exemple) mais aussi des artistes, Rilke, Hofmannsthal, ou encore Piguet, grand couturier parisien. Ainsi qu'au siècle du Roi Soleil, le maître de l'ouvrage était le centre adulé d'une société distinguée et curieuse d'art. Actuellement, une fondation a charge d'entretenir le parc et le Wenkenhof. Le parc est public, tandis que l'édifice est ouvert uniquement à l'occasion de manifestations culturelles.

Th. F.

BÂLE

Sandgrube

Le fabricant de rubans Achilles Leissler (1723–1784), comme tant d'autres bourgeois dotés d'une coquette fortune, se fit établir une résidence d'été hors des murs du Petit-Bâle, sur la route qui mène à Riehen. Les plans furent livrés en 1745 par le futur ingénieur de la ville Johann Jakob Fechter (1717–1797), et l'exécution des travaux confiée à l'architecte Daniel Büchel (1726–1786). Aux environs de 1780, une chronique rapportait: «Le palais d'été de Leissler ... avec son charmant jardin, son orangerie, ses remises et ses écuries est sans conteste le plus bel édifice de tout le Petit-Bâle.»

L'édifice comporte un seul corps de logis placé entre cour et jardin. La cour, pavée et transversale, s'intercale entre la maison et le portail d'entrée; elle est bordée par des remises et des pavillons à front de rue qui étaient jadis destinés aux écuries et à la conciergerie. Un ressaut central développé sur la largeur de trois fenêtres s'incurve en courbes et contre-

courbes et arbore en couronnement un fronton triangulaire. Le traitement chantourné de ressaut, mais davantage encore l'unité de ton du grès rouge qui met discrètement en valeur les pans latéraux de crépi blanc, donnent à la façade plus d'intensité. Un balcon orné d'une délicate ferronnerie ajoute encore à la grâce légère de l'avancée onduleuse.

A l'inverse de la maison Wildt — œuvre plus tardive de la même main — la distribution intérieure est ici encore soumise au schéma conventionnel, lequel prévoit d'aligner dans l'axe central, au-delà du vestibule, un salon de plan transversal donnant sur le jardin. On y admirera la finesse des stucs rococo du plafond. Les autres pièces sont recouvertes de tentures diversement peintes. Celles qui ornent la chambre à l'angle sud du rez-de-chaussée méritent une mention particulière. Les tentures fixées sur des panneaux individuels sont en réalité des estampes chinoises coloriées à la main; sous des arbres abondamment fleuris, la gent aérienne, grande et chatoyante, se pavane. Rien à voir avec les chinoiseries jadis tant prisées, entendez les éléments de décor exécutés au pays dans le style chinois: il s'agit bien ici de «vraies» peintures importées.

L'orangerie se tient à présent dans l'axe central, au-delà du jardin à la française et de ses parterres. Primitivement, elle occupait au sud du domaine une place voisine du jardin potager. Lorsque, en 1840, Johann Heinrich Merian-von der Mühll (1818–1874) hérita de la résidence, il armoria le fronton de la maison et apposa ses initiales à la balustrade du balcon. Aujourd'hui, la Sandgrube abrite l'école normale d'instituteurs du canton. *Th. F.*

Page de gauche, en haut. Bâle, Sandgrube. Façade sur cour côté rue.
Page de gauche, en bas. Chambre à l'angle sud du premier étage.
En haut. Détail du ressaut central.
Ci-dessus. Détail des tapisseries dans la chambre de l'angle sud.

BÂLE

La maison Wildt

Jeremias Wildt-Socin (1705–1790) était membre du Conseil et conseiller au trésor *(Rechenrat)* auprès du contrôle des finances. Ayant acquis deux fonds de terre au nord de la Peterplatz, entre les deux murs d'enceinte, Wildt y fit construire un édifice de style baroque tardif. Les plans furent livrés en 1762 par le contremaître de la ville Johann Jakob Fechter (1717–1797) qui, plusieurs années auparavant, avait dessiné le projet de la Sandgrube. Construite aux portes de la ville, la Sandgrube s'apparente à la maison Wildt par l'ordonnance extérieure. La façade s'articule en rangées de sept fenêtres sur deux étages d'élévation. L'accent se porte au centre sur un ressaut chantourné qui, laissé en pierre naturelle comme à la Sandgrube, contraste avec les ailes latérales de la façade peintes de couleur claire. Un large fronton cintré prend le jour par un œil-de-bœuf enluminé de crossettes de feuillage et de cornes d'abondance. Quatre pilastres ioniques accompagnent les ouvertures cintrées des portes et des fenêtres, tandis que le balcon et les barres d'appui de ferronnerie interviennent comme autant d'accents horizontaux. Contrairement à la Sandgrube, le frontispice de la maison Wildt touche directement à la rue. A l'alignement de la façade viennent enfin, de part et d'autre, deux grands portails en plein cintre, appareillés sur le modèle de la porte d'entrée. Au-delà de ces passages, deux rampes permettent d'accéder à la cour.

La déclivité du terrain obligea à pratiquer un souterrain qui apparaît sur la façade postérieure comme un étage supplémentaire. On y installa une resserre, outre la cuisine et d'autres locaux de service. L'entrée se fait sous un escalier extérieur conçu à la manière d'une estrade, un élément architectural indépendant qui, adossé à la façade postérieure, conduit au rez-de-chaussée par une double montée. Au-dessous encore du souterrain se trouve une immense cave recouverte de voûtes d'arêtes qui occupe toute la base de la maison. L'abondant fenestrage, que met encore en valeur le ressaut, est d'un effet splendide. Sur les côtés et à l'arrière-plan, l'architecture reçoit un développement scénique par l'effet des rampes et des escaliers qui s'élèvent vers le centre. A

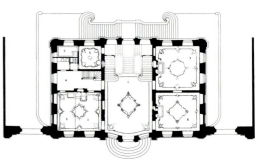

travers ce mouvement focalisant des bords vers le centre en même temps que vers le haut, le principe formel du baroque se manifeste dans sa plus grande vigueur. La façade opposée, sur rue, est plus chantournée, moins pompeuse, encore qu'ici la même tendance soit à l'œuvre.

L'ordonnance grandiose en façade se pose en reflet fidèle du faste intérieur. L'aménagement décoratif s'étendit jusqu'en 1770. Au rez-de-chaussée, le vaste hall d'entrée — dit maison d'été — dégage sur une non moins vaste cage d'escalier qui rappelle par sa composition libre d'autres réalisations apparaissant dans des résidences baroques du sud de l'Allemagne. Cet escalier est dans son genre

Page de gauche, en haut. Bâle, la maison Wildt. Façade antérieure donnant sur la Petersplatz.
Page de gauche, au milieu. Le plan du rez-de-chaussée.
Ci-dessus. Le salon central au premier étage.

assurément l'un des mieux réussis et des plus prestigieux. Les deux montées qui partent latéralement des issues de jardin s'élèvent et se rejoignent à mi-hauteur en un palier qui surmonte le vestibule. De là, l'escalier se poursuit en une seule montée rectiligne. Au rez-de-chaussée, les pièces sont alignées l'une derrière l'autre, parallèlement à la maison d'été, tandis qu'au bel étage, elles s'allongent en enfilade le long de la façade. Pour les besoins de la décoration, on engagea différents artistes. Joseph Esperlin (1707–1775) peignit les nombreuses impostes, les dessus de miroir et fresques de plafond; ces dernières sont encadrées soit de stucs exécutés par Johann Martin Fröwis, soit de sculptures de la main de Johann Friedrich Funk (1706–1775), auteur également des cheminées de marbre. On trouve en outre quelques poêles provenant de différents ateliers; ainsi le salon central du premier étage est-il chauffé par un poêle cylindrique exécuté à la manufacture Frisching, en ville de Berne. Les panneaux rocaille se prêtent à des ruines sur paysage méridional. Cette pièce est une parfaite illustration de la façon dont peintres, stucateurs, ébénistes et poêliers collaborèrent à la création d'un ensemble harmonieux et charmant.

Depuis 1952, une fondation s'occupe d'entretenir le somptueux bâtiment récemment remis en état. Aujourd'hui, l'Université et le gouvernement en disposent pour leurs réceptions et autres cérémonies.   *Th. F.*

MÜNCHENSTEIN

Bruckgut

Le Bruckgut se tient sur la rive droite de la Birse à Münchenstein; son nom évoque le voisinage d'un pont qui avait été mis en place au Moyen Age. Entre le fleuve et les bâtiments, le long du mur d'enceinte du domaine, vient encore se faufiler la route de Bâle. Si l'on en croit les représentations dont nous disposons, la propriété comprenait à la fin du Moyen Age la maison seigneuriale avec tour d'escalier octogonale, autour de laquelle gravitaient plusieurs bâtiments de service réunis en un vaste domaine. En 1759, le bien-fonds fut cédé à Marcus Weiss-Leissler (1696–1768), rubanier et directeur de l'association bâloise des marchands; deux ans auparavant, quittant l'entreprise qu'il dirigeait avec son beau-père, Weiss-Leissler fonda sa propre fabrique. Les deux années qui suivirent connurent la transformation du Bruckgut en une splendide résidence de campagne baroque.

La maison domaniale, de deux étages en façade, imite en plan la forme d'un chevron. Des éléments du premier bâtiment furent intégrés à la nouvelle construction, notamment les fondations de l'aile principale droite avec ses rangs de quatre fenêtres, le pignon à redans et la tour d'escalier sur la façade postérieure; l'aile gauche en revanche est un ajout remontant aux années de transformations. Chacune des deux façades présente la division horizontale d'un cordon et aligne des suites de cinq fenêtres cintrées. Seul varie le rythme. Côté entrée, la façade obéit à une ordonnance symétrique et tripartite imposée par des chaînes en pierre de taille. Les éléments structurants exécutés en pierre foncée ressortent visiblement sur le revêtement clair. La petite tour d'horloge posée sur le faîte ne remonte qu'à 1890.

La disposition intérieure et la décoration des pièces ne se conforment nullement au parti de simplicité recherché par la façade. L'entrée ouvre sur la maison d'été. La pièce, presque carrée, occupe toute la profondeur du bâtiment. On s'accorde à y voir un élément propre à la maison bourgeoise en région bâloise. Une salle à manger et une salle de séjour s'y rattachent, occupant les angles. Une niche de stuc imitation marbre est scellée dans la paroi septentrionale de la maison d'été avec, à l'intérieur, une fontaine qui servait de lave-mains avant les repas. En bout de salle se tient la tour d'escalier: son exiguïté contraste avec l'ampleur de la maison d'été. Les plus belles chambres sont à l'étage: la petite chambre au midi et la pièce au-dessus de l'entrée sont tendues de tapisseries cirées, créées à Francfort dans la manufacture des frères Nothnagel. Elles portent des motifs peints dans le goût de l'époque. Sur un décor de paysages mi-exotiques mi-imaginaires, pour lesquels le rococo témoignait une grande prédilection, des scènes bucoliques se jouent sous un travestissement de chinoiseries. L'effet de bigarrure, atteint

En haut. Münchenstein, Bruckgut. Façades nord et ouest.
Ci-dessus. Tapisserie dans la grande salle chinoise.
Page de droite. Sissach, Ebenrain. Façade d'entrée et cour d'honneur au midi.

par la riche diversité des paysages, des êtres et animaux venus d'ailleurs, est soutenu par des coloris chargés de lumière. Les autres pièces offrent des stucs, des lambris et un riche mobilier.

Le domaine n'est pas, comme à l'ordinaire, flanqué de jardins; ici, exceptionnellement, l'édifice s'inscrit dans une perspective dont les points de fuite, à quelque 700 mètres du centre, sont marqués au sud par un petit

coteau de vignes et au nord, par-delà la Birse, par un obélisque. De la maison d'été, on peut à loisir aller ou simplement regarder — car les pièces d'angle sont à cet effet pourvues de portes vitrées — dans l'une ou l'autre direction. On saisit mieux dès lors le rôle éminemment important que tenait la nature aux yeux des maîtres de l'ouvrage et architectes de l'époque.

Th. F.

SISSACH

Ebenrain

Martin Bachofen (1727–1814) gérait une manufacture d'indiennes (ou toiles de coton imprimées) à la Münsterplatz dans le Rollerhof bâlois. Grand amateur de peinture et d'architecture, Bachofen était de plus un passionné de chasse. Aussi choisit-il les hauts de Bâle-Campagne, réputés giboyeux, pour se faire élever une résidence patricienne. Il obtint des paysans de Sissach le terrain où se déroulaient autrefois les exécutions. Les plans de l'édifice furent l'œuvre d'un architecte bâlois, Samuel Werenfels (1720–1800), auteur de quelques palais baroques, en ville notamment, qui assirent sa réputation. La campagne fut construite entre 1773 et 1775. A présent encore un peu à l'écart du village, elle se campe sur une petite colline surplombant l'ancienne route nationale qui relie Bâle à Aarau.

Le bâtiment, de deux étages en façade, suit le modèle classique «entre cour et jardin». Ici, curieusement, le jardin est au nord et la cour au sud. La cour s'allonge entre deux ailes destinées aux dépendances jusqu'à une grille de ferronnerie travaillée comme en filigrane. La lourde toiture en croupe, ajourée de lucarnes depuis peu, accentue encore l'effet que produit cette ample bâtisse avec ses rangs de sept ouvertures. Côté cour, la façade se limite à une ornementation simple de fenêtres à cintre surbaissé; la façade sur jardin, quant à elle, révèle un plus grand souci de parade. Au centre de la façade, un avant-corps tient la largeur de trois croisées. Un fronton triangulaire posé en couronnement le met en évidence, ainsi que d'autres éléments encore, particulièrement caractéristiques. Ce sont par exemple les chaînes qui partagent la façade en travées verticales. Ou le contraste qui surgit de la confrontation entre les ouvertures en plein cintre du rez-de-chaussée donnant sur le salon et les fenêtres cintrées des corps latéraux. Ou enfin les impostes grillagées au rez-de-chaussée et à l'étage et l'ornementation — presque classique — des clés de fenêtres ornées de guirlandes qui se concentre sur cette partie médiane. Les petites fenêtres à volets des corps latéraux, taillées dans un mur au crépi de couleur, sont la marque du baroque bâlois. La disposition à la française, en revanche, pratique de grandes ouvertures sans volets dans une façade de grès non crépie, ainsi que l'illustre le ressaut central côté jardin.

Une grande terrasse conduit, par l'entremise d'un escalier, dans un jardin en pente où l'architecte bernois Niklaus Sprüngli (1725–1802) tailla quatre terrasses ornées de parterres et de jets d'eau. Un regard attentif aura sans doute noté que l'allée est déplacée sur l'arrière du bâtiment, que les parterres sont nivelés, les bosquets si chers aux Bâlois absents, et il aura sans doute reconnu qu'il s'agit d'éléments de décoration empruntés aux jardins bernois. Ce sont peut-être les données topographiques qui ont motivé l'orientation au nord du jardin, puisqu'en effet elle permet de dégager la vue sur Sissach, accroché au versant opposé du coteau. Au 17e siècle, le parc se transforma en un jardin anglais planté de bouquets d'arbres.

A l'intérieur de la maison, la disposition des pièces, compartimentée selon un agencement compliqué, s'harmonise peu avec le caractère extérieur d'une maison de maître. Seuls les salons côté jardin échappent à cette ordonnance: de proportions plus généreuses, ils forment une enfilade avec les pièces voisines. Au rez-de-chaussée, les parois du salon sont habillées de lambris de style classique, gris clair et blancs. Les panneaux, entre lesquels s'intercalent des pilastres, sont dépouillés de tout ornement.

Depuis 1951, le château est propriété du canton de Bâle-Campagne qui l'ouvre au public lors d'expositions et de concerts principalement.

Th. F.

LA SUISSE CENTRALE

LUCERNE

Vers 1240, en plein essor du trafic du Saint-Gothard, Lucerne se retrancha derrière des murs d'enceinte. Antérieurement déjà, des textes avaient fait mention de l'existence d'une place marchande en bout du lac des Quatre-Cantons. Un acte de 1252 mentionne pour la première fois un Conseil appelé à traiter les affaires de la cité. Il se composait de dix-huit membres élus pour six mois. L'*Ammann*, derrière qui se profilaient les intérêts du seigneur — autrement dit du couvent de Murbach — vit, sur la fin du 13e siècle, son autorité décliner progressivement au profit d'un avoyer urbain. En 1291, l'abbé de Murbach céda la ville à la Maison d'Autriche. Dès ce jour, les baillis de Rothenburg disposèrent des droits de souveraineté ducale. Le duc pourvut d'abord lui-même à la charge d'avoyer en recrutant le candidat parmi les bourgeois, mais en 1334, la ville revendiqua pour le Conseil le droit d'élire l'avoyer sur proposition ducale. Le processus d'affranchissement aboutit en 1385 avec la modification de la Constitution autorisant l'élection libre de l'avoyer. A cette même époque, la ville se vit encore accorder la juridiction de vie et de mort. L'amorce d'une séparation d'avec l'Autriche, qu'un traité de «paix perpétuelle» *(Vertrag der ewigen Richtung)* viendra ratifier en 1474, transparaissait déjà au travers des relations que Lucerne entretenait avec ses voisins (alliance avec les cantons forestiers en 1332 et alliance avec Zoug en 1352). Enfin, Lucerne devint ville impériale.

Avec l'alliance des villes en 1477 émergea au grand jour le conflit qui se développait entre les Waldstätten et les cinq cantons-villes. C'est alors aussi que se manifesta le double statut de Lucerne. Depuis les temps les plus reculés, Lucerne était une ville à régime patricien où nobles et artisans se partageaient les charges politiques. Celles-ci avaient déjà été déclarées héréditaires dans une lettre jurée de 1252. En 1492, on fixa définitivement les conseils dirigeants en désignant le Collège des conseillers et des Cent ou *Rät und Hundert*. Il réunissait le Petit Conseil fort de ses deux assemblées de dix-huit membres élues à la mi-année (*Winterseite* et *Sommerseite*) et le Grand Conseil ou Conseil des Cents qui en fait se réduisait à soixante-quatre membres. Le Conseil avait la faculté de se compléter par cooptation. Les familles aptes à gouverner devaient commencer par siéger au Grand Conseil. L'assemblée de bourgeoisie, quant à elle, était convoquée deux fois l'an à seule fin de reconduire le conseil. La charge d'avoyer, celle de son lieutenant, les postes de président du tribunal et de trésorier passaient pour être les dignités suprêmes. Les années 1602 et 1638 furent marquées par une restriction d'accès au droit de bourgeoisie qui eut pour effet de hiérarchiser les citoyens en quatre classes juridiques bien connues: les bourgeois de plein droit, les bourgeois non résidents jouissant des droits réels mais tenus à l'écart des droits politiques, les habitants enfin avec ou sans droit d'établissement.

Le développement de l'ancien patriciat lucernois en une aristocratie moderne ne fut pas entravé par l'intervention d'un mouvement corporatif comme ce fut le cas dans d'autres villes suisses. La transition fut continue et ne nécessita pas de bouleversements constitutionnels. A Lucerne, les corporations restèrent des sociétés purement professionnelles. Seule la compagnie des artilleurs (Gesellschaft der Herren zu Schützen) — une *Herrenstube* ou assemblée patricienne — jouissait d'un statut particulier, puisque ses membres étaient autorisés à voter. Dès le 17e siècle, les familles représentées au Petit Conseil prétendirent au titre de *Junker*, celles qui siégeaient au Grand Conseil à celui de *Herr*. A cette époque, le patriciat se constituait de l'ensemble des familles participant au gouvernement. Ce ne fut pas toujours le cas. Ainsi, en des temps antérieurs, ne comprenait-il que les familles siégeant au Petit Conseil. Dès le jour où Ludwig Pfyffer parvint à la charge d'avoyer, soit en 1571, sa famille tint comme nulle autre le haut du pavé politique jusqu'en 1798. Cette situation ne fut possible que grâce à une condition essentielle: que les familles collatérales (les Altishofen, Wyher, Mauensee) jouissent de l'exclusivité électorale. En 1509, les Pfyffer occupèrent un premier siège au Petit Conseil, passant à deux en 1570 et à sept enfin en 1597. Il en allait de même des autres familles: les branches représentées au Petit Conseil jouissaient de plus d'estime publique que les autres. Un membre du Petit Conseil n'exerçait en principe aucune activité professionnelle, car les revenus de ses rentes et de ses charges lui permettaient de se consacrer exclusivement à la politique. La loi fondamentale de 1773 fixa définitivement à vingt-neuf le nombre des familles habilitées à gouverner, de même qu'elle définit les différentes classes sociales par la création de registres généalogiques des familles représentées aux Conseils *(Geschlechtsregistern)*. Ce dernier point est d'importance, puisque à Lucerne toutes les charges honorifiques, les grades d'officier, les prébendes, l'essentiel des pensions ainsi que la prétention à un fief dépendaient de l'appartenance au gouvernement — tout comme d'ailleurs le titre de seigneur et la particule nobiliaire.

Entre 1332 et le 16e siècle, Lucerne parvint, à coup d'acquisitions et d'expéditions militaires, à rassembler ses territoires sujets en une formation politique de quatorze bailliages dans laquelle le territoire de l'Entlebuch occupait une position privilégiée. A maintes reprises d'ailleurs, l'Entlebuch fomenta les trou-

De gauche à droite:
Plaque d'huissier lucernoise dans le style d'époque, 1760 environ.
Maison dite «Steinhaus» à Kerns avec chambranles de portes et de fenêtres de style gothique tardif.
Portail de la petite salle du Conseil à l'Hôtel de Ville de Zoug.
Bannière schwyzoise de Julius.
Etude pour un carreau armorié du canton d'Uri, 1576.
Plaque d'huissier glaronnaise du 15e siècle.

bles de la paysannerie, lesquels troubles allaient gagner ensuite tout le territoire lucernois.

Jusqu'au 16e siècle, le trafic du Saint-Gothard représenta un solide apport financier pour Lucerne et son aristocratie. Les 17e et 18e siècles gonflèrent encore ces recettes des soldes du service étranger et des pensions du mercenariat qui constituèrent bientôt la plus grande part des revenus. La franche sympathie politique que Lucerne manifestait à l'égard de la France ne fut remise en cause qu'au moment de l'alliance avec l'Espagne, soit à partir de 1587. Pendant les siècles où firent rage les troubles religieux, Lucerne prit la tête du camp catholique et passa à l'époque pour le *Vorort* (canton directeur) incontesté de la Confédération partisane de l'ancienne foi. Dans ce contexte, on saisit le rôle déterminant joué par le collège des Jésuites que le Conseil avait fondé en 1577. L'ancien Etat libre lucernois prit fin au début de l'année 1798. Une commission de réforme se mit en place, sur quoi le patriciat abdiqua au profit d'une assemblée constituante.

UNTERWALD

Le territoire «*ob und nid dem Kernwald*» semble avoir été partiellement repeuplé au 10e siècle. Jusqu'au 13e siècle, les nombreux paysans libres de la région avaient constitué une communauté autonome, directement soumise au landgrave, qui avait ses lieux d'exécution à Wisserlen dans la forêt de Kern. Quelques seigneurs s'installèrent à demeure sur ces territoires, parmi lesquels le couvent d'Engelberg qui formait un domaine immunisé, et les seigneurs de Wolhusen qui étaient les intendants des biens du couvent de Murbach. Le territoire de Nidwald se constitua plus rapidement en unité politique qu'Obwald, si bien qu'en 1261 les deux paroisses de Stans et de Buochs appendaient déjà au pied des documents ce sceau: «*Universitas hominum intramontanorum vallis inferioris*».

En 1291, la communauté rurale de Nidwald conclut un triple pacte d'alliance avec Uri et Schwyz. Les gens d'Obwald rallièrent l'alliance par un rattachement à la communauté de Nidwald sans pour autant que cela débouchât sur la formation d'une puissance politique organisée. Sous le règne du roi Albert, Unterwald semblait unifié et paraissait disposer dans l'ensemble d'une administration autonome: un collège d'*Ammann* présidé par un *Landammann* dirigeait les affaires du pays. Il semble que des gens d'Obwald, d'ancienne condition libre, y tinrent un rôle de dirigeants politiques. En 1316, après la bataille de Morgarten qui avait été si fatale à l'Autriche, les gens d'Unterwald obtinrent par décret royal l'immédiateté impériale. Dès 1325, la charge de *Landammann* fut alternativement confiée à Obwald et à Nidwald. C'est à cette époque que Nidwald sentit se réveiller la vieille autonomie interne de la vallée, si bien qu'en 1348 il fut expressément question de deux *Ammann* pour les vallées de l'un et l'autre côté du Kernwald. C'est ainsi que se réalisa, vraisemblablement au 14e siècle, la division du pays en deux Etats indépendants. Mais afin de ne pas modifier le rapport d'alliance à l'intérieur de la Confédération, Unterwald resta vis-à-vis des autres cantons une formation politique unie. En réalité, elle ne pesait plus dans la Ligue du même poids politique qu'un canton à part entière. D'autre part, un coutumier unique resta en vigueur pour les anciennes familles bourgeoises des deux territoires, de même que la *Landsgemeinde* continua à rassembler les habitants des deux vallées et à traiter les principales affaires du pays jusqu'en 1432.

Quant aux charges publiques, aux légations et fonctions militaires, il fallut trouver après la séparation d'Unterwald un mode de répartition alternatif qui donna lieu jusqu'au 18e siècle à de continuelles frictions entre les deux territoires, car Obwald, non content de la moitié de la souveraineté, prétendait aux deux tiers et de fait les obtenait. Des arbitrages fédéraux et des accords furent entrepris en 1589, 1616 et 1755–1757 enfin, mais ils ne suffirent pas à régler la dissension fondamentale. Au cours des 16e et 17e siècles, Nidwald, qui s'était fortement développé, s'opposait aux prétentions d'Obwald.

Dès le 14e siècle, Obwald et Nidwald suivirent chacun leur destinée politique et culturelle propre. Ils avaient chacun leur *Landsgemeinde* et leur Conseil et assistèrent chacun dès le début du 16e siècle au vaste développement d'une hégémonie de castes qui, disons-le, ne vint jamais à bout de la *Landsgemeinde*. Au tournant entre le 17e et le 18e siècle, le Conseil de Nidwald tenta de grands efforts pour s'approprier totalement la direction des affaires politiques. Les circonscriptions électorales se présentaient sous forme de paroisses à Obwald, tandis qu'à Nidwald c'était de beaucoup plus petits groupements, dit «groupements autonomes d'usagers» ou *Uerte*. A partir du 16e siècle, elles commencèrent à se fermer toujours davantage aux nouveaux venus, ainsi peu à peu augmenta le nombre des habitants qui ne disposaient pas des pleins droits politiques *(Beisassen)*. S'ils pouvaient exercer leur droit de vote aux *Landsgemeinden* pour l'élection des magistrats, ils n'étaient en revanche admis qu'aux fonctions inférieures.

Ainsi qu'il en allait dans les autres cantons campagnards de Suisse centrale, la classe dirigeante dépendait financièrement du service étranger — pierre angulaire de l'économie populaire — et des pensions du mercenariat. Sans ces conditions économiques, le *Landammann* Melchior Lussy (1529–1606) n'aurait jamais connu d'aussi longues années de règne absolu.

Au long de son histoire, Obwald se vit refuser toute expansion territoriale. De son côté, Nidwald n'obtint que des arrangements territoriaux avec Lucerne ainsi que la subordination à sa souveraineté politique d'une partie du domaine immunisé d'Engelberg. Au chapitre de la politique étrangère, notons qu'entre 1403 et 1422 Obwald prit part, en solitaire d'abord, à l'occupation uranaise de la Léventine, après quoi il se retira; et ce n'est qu'en 1512 qu'il reçut une part au gouvernement du Tessin. Quant à Nidwald, il participa aux campagnes des Confédérés à Eschental peu avant 1416, puis, dès le 16e siècle, administra conjointement avec Uri et Schwyz, mais sans Obwald, les bailliages de Bellinzone, Blenio et La Riviera sur lesquels il fit valoir ses droits jusqu'en 1798.

En 1794, Obwald présenta rapidement sa soumission aux Français; les gens de Nidwald, au contraire, se battirent armes à la main aux côtés des Schwyzois jusqu'à la défaite. Là-dessus Obwald et Nidwald furent incorporés au canton des Waldstätten.

ZOUG

Fondation des Kybourg, la ville de Zoug n'est certainement pas étrangère à l'ouverture du col du Saint-Gothard. La région fut occupée au temps des Alamans, et très tôt déjà des documents attestent les domaines royaux de Cham et de Baar. La cour établie à Cham était celle d'un roi franc; elle fut plus tard offerte à l'abbaye de Zurich, alors que la cour de Baar passa des mains habsbourgeoises au couvent de Kappel. En 1242, les documents parlent de Zoug comme d'un *oppidum* et en 1255 ils mentionnent son château fort ou *castrum*.

Zoug, qui appartenait à une branche cadette des Kybourg, fut transmise en 1273 aux Habsbourg. La dynastie autrichienne y délégua un *Ammann* pour rendre la haute et la basse justice à la place des comtes. L'alliance des Waldstätten n'allait pas tarder à réduire le petit territoire autrichien à l'isolement politique. En 1352, les Confédérés assiégèrent Zoug qui jura l'alliance, mais la même année, elle fut contrainte, suite à la Paix de Brandenbourg, de rentrer sous la domination de l'Autriche. Enfin en 1368, à la Paix de Thorberg, la maison d'Autriche reconnut l'agrégation de Zoug à l'alliance fédérale. De 1371 et jusqu'au début du siècle suivant, les Schwyzois désignèrent le *Landammann* au nom de la Confédération. Aux environs de 1400, le roi Wenceslas accorda à Zoug un tribunal en propre connaissant des causes criminelles sur la ville et le bailliage, mais en 1404 déjà une sentence accorda à tous les bourgeois de la ville et du bailliage la même capacité électorale, et donc l'égalité politique. Il n'était désormais plus possible de contraindre les communes rurales de Baar, Menzingen et Aegeri au statut de pays sujet comme Zoug l'avait fait pour ses cinq bailliages (Cham, Hünenberg, Gangoldwil, Walchwil et Steinhausen). A vrai dire, cela n'empêcha nullement la ville et ses familles de conseillers d'avoir la haute main dès le 16e siècle.

Zoug s'ouvrit largement au mercenariat. Les pensions et les charges d'officier, en France d'abord, se chargèrent d'importance aux yeux des familles dirigeantes de la ville. Au 18e siècle, le parti français subit l'influence des Zurlauben contre qui se dressait depuis 1725 le mécontentement politique de l'ensemble des citoyens. Au terme du 18e siècle, ce fut une nouvelle fois l'éclat de colère lorsque l'*Ammann* en charge se fit attribuer à vie les pensions françaises. Arriva 1798 et son cortège de bouleversements: les cercles dirigeants se montrèrent rapidement gagnés à un nouvel ordre politique. Le 13 février 1798, les cinq bailliages furent déliés de la souveraineté de la ville. En revanche, il y eut opposition contre l'invasion étrangère. Après une vaine résistance, la ville accepta finalement la Constitution helvétique. Et en 1799, Zoug fut désignée pour deux ans chef-lieu du canton de Waldstätten.

SCHWYZ

Si au Moyen Age Schwyz apparaît morcelé entre différents seigneurs ecclésiastiques et laïques, il faut savoir que primitivement son territoire était rattaché au Zurichgau. La première mention de Schwyz remonte à 972. Aux 11e et 12e siècles, les occupants d'alors entreprirent de défricher de vastes territoires et étendirent l'exploitation des Alpes jusqu'à la source de la Sihl, de l'Alp et de la Biber, de sorte que s'imposa en 1217 une délimitation de frontière avec le couvent d'Einsiedeln. Après avoir obtenu en 1240 que l'empereur Frédéric II l'affranchisse du comté, Schwyz tenta, sans succès durable, de se soustraire aux Habsbourg qui exerçaient les droits comtaux sur le territoire. En raison de certaines circonstances politiques, le pays n'accéda formellement et définitivement à l'immédiateté impériale qu'en 1361. De fait, les paysans jouissaient depuis longtemps déjà de la libre disposition de leurs biens et de l'administration de la communauté foncière ou *Markgenossenschaft*. Le pays était divisé en quatre quartiers que présidaient des *Ammann* élus par le peuple sous réserve de confirmation par le landgrave ou le roi. Tout à la fois fonctionnaires seigneuriaux et présidents de la communauté foncière, ils représentaient à ce titre l'autorité du pays. L'un d'eux était encore juge de la vallée et présidait la *Landsgemeinde*. Il semble que le corps des *Ammann* fut dissous en 1291 au profit du premier *Ammann* ou *Landammann*. Cette année-là, le roi Rudolf munit les gens libres de Schwyz du privilège de ne plus comparaître à l'avenir que devant sa propre personne ou le juge de la vallée (ou *Landammann*). Les premières dispositions juridiques de 1294 visèrent essentiellement au maintien de la libre propriété foncière et fondèrent l'interdiction d'aliéner des propriétés immobilières aux étrangers.

Après la fondation de l'alliance perpétuelle des Waldstätten, Schwyz assuma le rôle de canton directeur de la nouvelle Confédération. Depuis le rattachement d'Arth en 1353, le canton compta six quartiers; en 1414, son rapport politique à la Marche et à Einsiedeln fut réglé par contrats *(Landrechtsbriefe)*. Dès ce jour, les gens d'Arth, de la Marche et d'Einsiedeln eurent droit d'accéder à la bourgeoisie schwyzoise, tandis que les domaines ou *Höfe* de Wollerau et de Pfäffikon conquis pendant l'ancienne guerre de Zurich restèrent dans un rapport de sujétion. Aux environs du 15e siècle, le territoire de Schwyz avait déjà pratiquement atteint sa superficie actuelle. Cependant, avec l'avènement de l'absolutisme étatique au 17e siècle, les rapports contractuels furent abolis et commués sur décision du conseil et de la *Landsgemeinde* en un état de soumission politique. Aussi Schwyz eut-elle dès le 17e siècle ses ressortissants ou *Angehörige* et ses sujets ou *Untertanen*. Constitutionnellement parlant, Schwyz était une démocratie dans laquelle l'organe politique suprême s'appelait *Landsgemeinde*. Il n'empêche que seul un cercle restreint de familles avait la haute main sur les charges cantonales et la *Landsgemeinde*. La finance d'admission au droit de bourgeoisie cantonal *(Landrecht)* et au droit de jouissance du domaine commun *(Allmendrecht)* augmenta de telle sorte qu'au 17ᵉ siècle le cercle des membres de la communauté (les *Allmendgenossen*) se ferma toujours davantage. Simultanément, la population se répartit en trois classes: les bourgeois, appelés à Schwyz *Landleute* (bourgeois à part entière et aptes à gouverner), les habitants dits *Beisassen* (sans capacité électorale) et les ressortissants ou *Angehörige* (appartenant à un territoire soumis situé hors des quartiers schwyzois).

Après Marignan, Schwyz s'éloigna pour quelques dizaines d'années du mercenariat, ce qui lui permit de se dégager de l'influence française. Mais sitôt la moitié du 16ᵉ siècle, le service étranger réapparut sur le devant de la scène politique et économique, et la classe supérieure du pays redevint presque exclusivement une oligarchie mercenaire. Ainsi la France continua à exercer son influence sur la politique étrangère du pays depuis le début des guerres de religion jusqu'à la fin de l'Ancien Régime, exception faite de quelques rapprochements passagers du côté des puissances catholiques. Lorsque les conflits religieux gagnèrent la Confédération, Schwyz se montra farouchement hostile au puissant voisin réformé qu'était Zurich. En 1798, l'ancienne Confédération frisait l'écroulement politique; mais aussitôt Schwyz, d'entente avec les Waldstätten, résolut de s'opposer à l'invasion des Français. Le 8 juin 1798, l'ancien Conseil voyant la situation désespérée abandonna la place à un gouvernement transitoire. Schwyz fut lui aussi incorporé au canton helvétique des Waldstätten.

A Schwyz plus que dans tout autre pays de la Ligue, la classe élevée se concentra presque toute dans le chef-lieu et s'y réalisa comme nulle autre au travers de maisons de maîtres. Ces résidences ancestrales, de l'aube ou de la fin du baroque, sont, tels des châtelets, élevés sur un terrain dégagé ou un versant ensoleillé dominant l'ancien bourg. Prises comme un tout, elles sont une manifestation impressionnante de la conscience seigneuriale en Suisse centrale.

URI

Uri est mentionné pour la première fois en 732 dans le cadre d'un événement relaté par une chronique. Pendant le haut Moyen Age, de nombreux seigneurs étrangers, ecclésiastiques ou laïcs, y détenaient des terres; parmi eux, le Frauenmünster de Zurich, l'abbaye de Wettingen ou les comtes de Rapperswil. Pour le reste, Uri se partageait en propriétés privées assez importantes. Le bailli impérial de Zurich était muni des droits de haute justice sur l'ensemble du territoire. Cette dignité, qui revenait depuis le 10ᵉ siècle à la famille comtale de Lenzbourg, passa entre 1172 et 1218 aux ducs de Zähringen. Pendant le haut Moyen Age, le col du Saint-Gothard, qui constituait la voie la plus directe entre le haut Rhin et les pays lombards, fut à nouveau rendu praticable. Et les deux corporations foncières voisines d'Urseren et d'Uri purent enfin être réunies. En 1240, le trafic des marchandises constituait déjà pour une large part de la population une importante source financière.

A l'époque où Uri était un bailliage impérial, les gens du canton s'administraient en grande partie eux-mêmes: ils étaient membres d'une seule et grande association foncière. Pendant le haut Moyen Age, ils poussèrent la colonisation en direction de Glaris, Engelberg et Schwyz et se taillèrent des territoires dans les Alpes. En 1231, les Uranais reçurent confirmation écrite de leur immédiateté impériale après s'être dégagés, moyennant finance, d'une récente mise en gage des Habsbourg. L'immédiateté impériale agit sur le développement d'Uri comme un puissant moteur d'autonomie. Les Uranais créèrent leur propre *Landsgemeinde* avec à sa tête un *Ammann*. A l'accession au trône du roi Rudolf, la politique territoriale des Habsbourg se révéla au grand jour: mettre sous une seule main toute la route du Saint-Gothard. Dans ce contexte, l'alliance de 1291 apparaît donc essentiellement comme une tentative de déjouer cette menace. Ce n'est qu'en 1334 que l'Autriche renonça tacitement à ses prétentions sur le fief impérial d'Uri. Le trafic du col du Saint-Gothard qui s'intensifiait considérablement offrit à Uri et aux Waldstätten la possibilité de mener une politique d'expansion territoriale (alliances avec Lucerne, Zurich, Zoug, Glaris et Berne). Profitant du démantèlement de la famille Attinghausen en 1358, les Uranais abattirent différents droits de propriété féodaux. Dès le 15ᵉ siècle, Uri dirigea ses visées expansionnistes vers le sud. En 1410, il conclut avec les gens d'Urseren un droit éternel de bourgeoisie, par quoi il s'assurait la fonction de canton protecteur. Depuis l'exploitation du Saint-Gothard, Uri avait également développé d'étroites relations avec la Léventine. Entre 1402 et 1422, Uri, tantôt en solitaire, tantôt aux côtés des cantons orientaux, progressa vers le sud jusqu'à Bellinzone. Mais en 1426, Zurich, Berne et Schwyz se désolidarisant de la politique d'outre-monts, il lui fallut renoncer formellement aux terres conquises. Pourtant, les Uranais n'abandonnèrent pas la partie: en 1439, les revoilà en Léventine, soutenus par les Léventinais eux-mêmes, de sorte qu'en 1441, le duc de Milan leur remit en gage le territoire convoité. Uri, Urseren et la Léventine constituèrent alors la Fédération du Saint-Gothard, qui eut une influence durable et capitale pour la Confédération. Pendant les guerres de Milan, le château fort de Bellinzone passa sous la domination commune d'Uri, Schwyz et Nidwald. Mais après Marignan, il ne fut plus question ni pour Uri ni pour la Confédération d'expéditions italiennes. Dans l'alliance fédérale, Uri n'eut plus qu'à se plier à la cause commune des cantons primitifs. Cela dit, il jouit aux 16ᵉ et 17ᵉ siècles de l'estime des membres de l'Alliance et sa voix était écoutée. Ainsi, dans le cadre des négociations d'indépendance qui se tinrent en 1648, Uri délégua le *Landammann* Sebastian Peregrin Zwyer von Evibach qui fut le plus haut représentant de la Confédération à côté du bourgmestre de Bâle Wettstein. Comme tous les Waldstätten, Uri était par tradition très attaché au service étranger: les grandes familles uranaises y puisaient richesses et considération. Entre-temps, le transfert des marchandises et le commerce du bétail par les Alpes répandait plus d'aisance sur le pays.

La *Landsgemeinde* d'Uri — investie de l'autorité suprême — se réunit pour la première fois en 1233. A l'instar de ce qui se faisait dans les autres cantons établis sur le même régime, la *Landsgemeinde* élisait les fonctionnaires et les magistrats, percevait les impôts et décidait en matière de politique étrangère. Puis un Conseil se constitua, mentionné pour la première fois en 1373. Des magistrats y siégeaient au nombre de sept ou huit ainsi que quarante-quatre conseillers choisis parmi les *Genossamen* (corporations communales). Ce Conseil représenta d'abord l'autorité exécutive, puis, sous l'aristocratie, il s'enrichit d'un prestige social dont jouirent les plus grandes familles du pays. En 1798, pendant l'occupation française, Uri dut renoncer à son autonomie et rallier le nouveau canton des Waldstätten.

GLARIS

Glaris est une vallée murée de trois côtés par les montagnes. Cette situation imposa au petit Etat des frontières naturelles et canalisa tout aussi naturellement ses visées expansionnistes en direction de la plaine de la Linth où transitaient justement les principales voies de commerce partant de Zurich vers le Vorarlberg et les cols des Grisons. C'était pour Glaris l'unique possibilité d'expansion territoriale. Seulement, le territoire compris entre le lac de Zurich et de Wallenstadt attirait des intérêts concurrents, territoriaux autant qu'économiques, derrière lesquels se profilaient Schwyz et Zurich. C'est donc au cœur de ce champ de tensions qu'il faut replacer la politique du pays de Glaris. En 1352, le pays conclut un traité d'alliance subordonné avec les cantons forestiers d'Uri, Schwyz et Unterwald ainsi qu'avec la ville de Zurich. Lors de la bataille de Näfels en 1388, les Glaronnais, armes à la main, arrachèrent leur indépendance aux Habsbourg après quoi, en 1395, la vallée racheta les anciennes redevances auxquelles la soumettait l'abbaye de Säckingen. Peu après, le pays fit alliance avec les vallées voisines des Grisons (alliance avec la Ligue grise en 1400). Pendant l'ancienne guerre de Zurich, Glaris, secondée par Schwyz, s'empara de l'important comté d'Uznach et Gaster dont elle fit un bailliage commun. S'ajoutèrent plus tard encore les territoires riverains du lac de Wallenstadt qui, en 1462, furent réunis dans le bailliage fédéral de Sargans. Glaris y nommait un bailli tous les deux ans. Outre les seigneuries qu'il gouvernait conjointement avec ses compagnons d'alliance, Glaris, ayant acheté en 1517 le comté de Werdenberg et la seigneurie de Wartau, constitua son propre pays sujet qu'il fit administrer par des baillis. C'est en 1473, dans une atmosphère marquée par les guerres de Bourgogne, qu'eut lieu le renouvellement de l'alliance entre Glaris et les Confédérés, à l'occasion duquel Glaris obtint d'être mise formellement sur le même pied que les membres de l'Alliance. La Confédération n'allait pas tarder à lui confier un rôle d'arbitre.

Au 15e siècle, tandis que Glaris se constituait en un Etat territorial, il fut question de nommer un véritable chef-lieu. En 1419, la petite ville de Glaris fut désignée à ce rang. Simultanément, on transféra le marché de Näfels à Glaris. Dès sa création, le Conseil siégea dans le nouveau chef-lieu. Si on ignore où prirent place les premiers hôtels de ville, on sait en revanche qu'en 1558 Aegidius Tschudi en érigea un nouveau au Spielhof. Glaris était une démocratie à *Landsgemeinde*, ainsi que les pays voisins. A peu de choses près, cette forme constitutionnelle poursuivit à Glaris un développement identique aux régimes établis en Suisse centrale. En 1387, la *Landsgemeinde* se dota des premiers statuts, fondements de toute constitution démocratique. Le plus ancien coutumier ou *Landbuch* qui nous ait été transmis avec la Constitution remonte à 1448.

La *Landsgemeinde* décidait de la paix et de la guerre, réglementait l'accession à la bourgeoisie — qui depuis le 17e siècle devenait toujours plus fermée — et jugeait en matière de législation. C'est elle aussi qui procédait à l'élection des magistrats qu'à Glaris on appelait pendant les 17e et 18e siècles les *Schrankenherren*. La fonction suprême, qui ralliait le plus d'estime, était celle de *Landammann*, tout à la fois président du Conseil, juge suprême et chef militaire. Au nombre des *Schrankenherren* figuraient, outre le *Landammann*, son lieutenant (ou *Landesstatthalter*) qui, de coutume, succédait au *Landammann*, le trésorier, le banneret qui avait la garde de la bannière du pays, le grand capitaine, le porte-drapeau et jusqu'en 1663, le directeur des Travaux publics. Un peu plus tard, on trouve aussi l'intendant de l'arsenal, responsable de l'armement militaire. Enfin, les anciens *Landammann* et les anciens baillis de Baden avaient place également dans le cercle des *Schrankenherren*.

La première mention d'un Conseil à Glaris remonte à 1419. Il compta d'abord 30 membres, puis 60 et 63 enfin au lendemain de la séparation confessionnelle. Chaque commune ou *Tagwen* avait droit d'y déléguer deux à quatre représentants. Exceptionnellement, lors de grandes décisions, chaque *Tagwen* était autorisé à envoyer un à trois députés supplémentaires, de sorte que pendant ces sessions extraordinaires, c'était un conseil deux à trois fois plus grand qu'à l'ordinaire qui décidait, une sorte de comité issu de la *Landsgemeinde*. Celle-ci d'ailleurs lui transmettait une part de ses compétences, dont la juridiction criminelle.

L'accession aux magistratures passait par la *Landsgemeinde*, c'était là un fait de conséquence pour le système gouvernemental de la fin de l'Ancien Régime. Ce mode électoral encourageait la formation de partis et la vénalité des charges publiques. La nécessité devant laquelle se trouvait l'élu d'offrir des pots-de-vin et de s'acquitter de hautes redevances à la *Landsgemeinde* impliquait que seuls les hommes de condition élevée pouvaient accéder aux charges honorifiques.

En 1529, la *Landsgemeinde* introduisit la Réforme tout en veillant à préserver la parité confessionnelle. Quelques églises se prêtèrent alternativement au culte et à la messe. C'est alors que le pays céda aux remous des antagonismes confédéraux et se trouva exposé notamment à l'emprise de Schwyz, son voisin catholique. A la seconde paix nationale de Glaris en 1564, les cinq cantons renoncèrent à user de la force pour ramener Glaris à la vieille foi, mais s'appuyèrent peu après sur le parti catholique du pays pour mener à bien leurs efforts de Contre-Réforme. Glaris riposta en resserrant ses liens avec Zurich (alliance de 1590). Lorsque le conflit religieux reprit, la Diète fédérale intervint et prononça en 1623 un nouvel arbitrage qui renforça sérieusement la position de la minorité catholique (aux environs de 1600, le rapport était de 1:7) et fit éclater le pays en deux camps politico-confessionnels, sans toutefois amener à la division territoriale. Désormais, il y eut deux *Landsgemeinden*, l'une catholique, l'autre protestante. Les magistratures leur étaient attribuées selon un prorata déterminé et la *Landsgemeinde* commune qui siégeait à Glaris ne pouvait que les confirmer. On créa de même deux Conseils, un par religion ; le Conseil commun se composait quant à lui de 48 représentants protestants et 15 catholiques. La magistrature suprême de *Landammann* était attribuée pour trois ans au parti protestant, puis pour deux ans aux catholiques. Quelques fonctions honorifiques furent dédoublées, ainsi y avait-il aussi deux capitaines du pays et deux porte-drapeau. Dans les bailliages confédérés, Glaris accordait deux mandats aux représentants réformés contre un aux catholiques. En outre, les bailliages d'Uznach et de Gaster furent administrés par des représentants cantonaux catholiques, tandis que le bailliage de Werdenberg fut attribué aux réformés.

Le désaccord confessionnel qui déchirait le pays causa par la suite de profondes disparités économiques et culturelles. En 1683, lors d'un cinquième traité de paix, les deux partis résolurent de confirmer les rapports existants. Le Conseil commun n'avait guère d'autre droit que de décider en matière de politique étrangère et d'instructions des députés à la Diète, alors que les expéditions militaires, par exemple, étaient généralement du ressort des *Landsgemeinden* catholique et protestante.

Jusqu'au 16e siècle, l'économie du pays reposait presque exclusivement sur l'agriculture — principalement l'élevage — et, dès le 15e siècle, sur le mercenariat. Le service étranger prodiguait, en plus de prestigieux grades d'officiers, l'estime publique et les revenus considérables qu'assuraient les soldes et les pensions. Les bénéficiaires se recrutaient principalement parmi la classe dirigeante. Sur les quelques mille officiers que le pays fournit entre le 16e et le 19e siècle, deux cents appartenaient à la seule famille des Tschudi. Après la séparation du pays, le camp catholique perpétua bien davantage que les réformés la tradition du mercenariat.

La filature du coton fit son entrée à Glaris en 1715 à l'initiative du diacre zurichois Heidegger. Toute une industrie domestique se développa qui devint bientôt l'une des principales sources de revenus de la population locale. Cette nouvelle branche économique mit entre les mains de nombreuses familles de la classe dirigeante glaronaise une très grande puissance économique. Ces familles fonctionnèrent d'abord comme intermédiaires d'industries textiles étrangères, mais dès le 18e siècle la plupart d'entre elles établirent leur entreprise ou commerce indépendant. L'industrie textile locale ne connaissant pas l'entrave des corporations, elle put entrer en concurrence avec le système des comptoirs développés dans les deux villes voisines de Zurich et Saint-Gall.

Le développement économique ne fit qu'accentuer la scission confessionnelle, créant des différences sociales considérables entre une population protestante dans l'ensemble très aisée et des catholiques de condition plutôt modeste. Comme dans les autres cantons confédérés, les familles dirigeantes locales se distinguaient des autres bourgeois par leur revenu, leurs propriétés, la considération et le pouvoir. Lorsqu'elles étaient réformées, ces familles s'adonnaient essentiellement au commerce, tandis que les quelques catholiques au pouvoir tiraient du service étranger et de la propriété foncière l'essentiel de leurs revenus.

ALTISHOFEN

Le château

Le château d'Altishofen se dresse à l'endroit où la pente paresse en replat, dominant toute la vallée. Considérée dans son contexte architectural, avec les bâtiments de service établis en contrebas, la cure et l'église reconstruite en 1771, la maison seigneuriale constitue un groupe d'habitations unique en son genre. En 1190, Heinrich von Buochs, prêtre séculier de son état, fit cadeau du domaine au couvent d'Engelberg. Quelques siècles plus tard, en 1571, le puissant «Roi des Suisses», entendez Ludwig Pfyffer, acheta la seigneurie. La famille Pfyffer, qui désormais s'appela «von Altishofen», vendit le château en 1858 à Johann Karl Kesselbach, lequel le céda en 1868 à la commune d'Altishofen.

Sitôt après avoir acheté le domaine en 1571, Ludwig Pfyffer s'attela à la reconstruction du petit château. C'est une haute construction — trois étages de pierre — que flanque côté nord une tour d'escalier octogonale. Les chaînes d'angle et les chambranles de fenêtres peints de gris accentuent délicatement les profils du bâtiment. La façade d'aval au levant présente, parmi ses fenêtres qu'elle aligne par trois, différentes formes de croisées gothiques, dont certaines sont ornées de meneaux. Au milieu de la façade, dans un encadrement mouluré de profils, une porte ouvre sur un salon dont l'aménagement date du 18e siècle. Une annexe s'est adossée d'équerre contre la façade au midi. Elle fut construite récemment dans un souci manifeste d'unité de style. Un jardin ordonné en parterres à la française avec des bordures de buis vient comme un cadre idéal border la maison seigneuriale. Passons le portail orné de me-

Ci-dessus. Altishofen, le château. Château et dépendances côté nord-ouest.
Page de droite, en haut. Un détail du poêle.
Page de droite, en bas à gauche. Chambre d'apparat.
Page de droite, en bas à droite. Marqueterie dans la chambre d'apparat.

neaux et de moulures. Il porte au-dessus du linteau les armoiries sculptées des Pfyffer et Segesser. Derrière, un escalier en colimaçon dessert les différents étages. Une salle d'apparat fut aménagée au premier étage entre 1575 et 1577. La pièce, toute lambrissée, reçut une riche décoration dont une colonne Renaissance taillée dans le grès qui se dresse entre les niches vitrées, deux buffets de marqueterie, un plafond à caissons et un poêle cylindrique peu ordinaire. Au deuxième étage, on notera surtout la salle de fêtes baroque et une chambre qui fut recouverte de bois vers 1700.   *D. F.*

ETTISWIL

Le château Wyher

Le château fort à douves qu'était jadis Wyher se dresse dans un fond de vallée au relief accidenté, sis un peu à l'écart du village, au sud de la route conduisant à Grosswangen. Un mur d'enceinte aux angles renforcés de tours rondes défend la propriété. En 1304, un premier document fait état du château fort. Il appartenait à l'époque aux barons von Hasenburg. Un transfert le plaça entre les mains des seigneurs von Luternau jusqu'en 1380, date à laquelle un mariage le fit entrer dans la famille Büsinger. Leur succédèrent au titre de propriétaire la famille Bircher en 1455, en 1493 Petermann Feer et en 1588 Ludwig Pfyffer, maître de l'ouvrage du château d'Altishofen. La branche de la famille Pfyffer qui s'établit à Ettiswil se fit dès lors appeler «von Wyher». En 1837, la résidence devint propriété de la famille Hüsler, des mains de qui le canton de Lucerne l'acquit en 1965 pour y établir une fondation.

On suppose que le bâtiment principal fut érigé vers 1510 par la famille Feer. Les propriétaires se limitèrent vraisemblablement à transformer et à agrandir une construction déjà existante. Les dates de 1590 et de 1667 correspondent à des transformations intérieures. Au 19e siècle, le pan oriental du mur d'enceinte fut flanqué de tours d'angle. Malheureusement, en 1963, la foudre s'abattit sur la maison, provoquant un incendie qui ravagea l'édifice. Il fallut attendre 1976 pour que, bout par bout, des travaux de restauration, qui se poursuivent encore, rendent progressivement au château son aspect primitif.

Les anciennes douves sont remblayées. L'ouvrage fortifié, resté pour ainsi dire intact, est à présent accessible par une chaussée. Le bâtiment principal — une bâtisse de la dernière époque du gothique — prend place excentriquement dans la cour. Un toit à demi-croupe rabattue et un auvent tiré en travers du pignon abritent les trois étages de la maison. La façade principale, qui faisait face à l'ancien pont au midi, s'ouvre au milieu du rez-de-chaussée par un portail daté de 1510. Des moulures en boudin s'ingénient à la rehausser, ainsi que, surmontant le linteau, une plaque armoriée datée de 1670 dont les écus disparurent en 1798 probablement. Toutes les façades sont pourvues d'un fenestrage régulier, simple en général. Au premier étage de la façade ouest, une petite fenêtre en accolade du 14 ou 15e siècle a été murée. Au rez-de-chaussée, trois des quatre faces du bâtiment portent chacune deux meurtrières, des archières-canonnières plus précisément; la façade orientale présente en plus une porte du 18e siècle et un cadran solaire daté de 1629. Les chaînes d'angle peintes en pointes de diamant grises, ainsi que les volets, rayés de jaune et de noir, constituent les seuls accents colorés de la façade. Il y a peu à dire de l'aménagement intérieur à cause bien sûr de l'incendie de 1963. Une cave, double et voûtée, contient une table de pierre datant du 17e siècle. Un escalier, de pierre également, dessert les différents étages. Il porte, inscrite sur le pilastre de départ, la date de 1665 et déroule une balustrade de ferronnerie. Un salon aux murs peints, comme on en rencontre souvent dans les résidences de campagne lucernoises, occupe la partie septentrionale du rez-de-chaussée. A l'étage supérieur, des fresques avec scènes de chasse et rinceaux habillent les parois du corridor.

Une aile de deux étages loge les dépendances. Appelée «Klösterli» en raison de sa forme, elle s'allonge à l'ouest du bâtiment principal comme une galerie et vient buter au droit du mur septentrional de l'enceinte. La muraille est percée d'un double rang de fenêtres. La chapelle, au flanc de la colline, fut bâtie en 1592 par Ludwig Pfyffer et consacrée l'année d'après. La construction en est simple. Elle présente un chœur fermé sur trois côtés et des fenêtres à lancettes avec remplage en flammes typiques de la construction de l'époque. Des peintures murales et un autel exécuté en 1660 dans un baroque primitif avec des statues de Hans Ulrich Räber constituent toute l'ornementation de la chapelle.

Ce type de château, jadis encerclé d'eau, n'a fait que de rares apparitions dans le canton de Lucerne. Ici l'ouvrage défensif a reçu une véritable muraille censée l'abriter contre toute menace extérieure et se distingue en cela même des résidences rurales plus tardives, façonnées par l'esprit de la Renaissance. A Mauensee, Wartensee et Altishofen — autant de réalisations plus récentes — une simple clôture longe la maison et le jardin. Les tours rondes enfin, fichées aux angles du mur, rappellent le style des châteaux savoyards tel qu'il s'est manifesté chez nous en Suisse romande.   D. F.

BUTTISHOLZ

Le château

La résidence seigneuriale de Buttisholz prit place au levant du village, légèrement en bordure, là où la colline reprend en pente douce. On ignore au juste si au Moyen Age déjà un château tenait l'emplacement. Ce qui est sûr, en revanche, c'est qu'en 1570 Leopold Feer, de Lucerne, fit élever le présent bâtiment. En 1757, les deux derniers représentants de la famille Feer fondèrent le fidéicommis de Buttisholz en faveur de leur beau-frère Anton Rudolf Pfyffer. Actuellement, la résidence est toujours propriété de la famille Pfyffer-Feer.

Le château ne présente aucun des caractères du château fort. Pendant la première moitié du 18e siècle, différents ajouts et transformations modifièrent sa silhouette. Le bâtiment principal, d'origine bas moyenâgeuse, et la ferme sont bordés d'un haut mur dans lequel s'inscrit un portail cintré. Les quatre étages de la maison de maître s'abritent sous un toit à pans rabattus dont le faîtage suit en parallèle la façade principale. Celle-ci s'organise en trois niveaux réguliers avec, au centre, une fenêtre à meneaux. Le fenestrage des façades latérales en revanche est irrégulier. On pénètre dans la maison par une porte dépouillée de tout ornement; seul le linteau est couronné d'armoiries (datées de 1570). Au rez-de-chaussée, à droite en entrant, se situe le salon. Au premier étage, le grand salon se distingue par son décor tout en tons de jaune, rouge et gris réalisé aux environs de 1720–1740. Le buffet s'inscrit

Page de gauche. Ettiswil, le château Wyher. Enceinte côté sud.
Ci-dessus. Buttisholz, le château. Buffet dans le grand salon du premier étage.
A droite. Façade d'entrée au midi.

dans cette même période. La pièce attenante présente un plafond à caissons baroque et un poêle rococo.

D. F.

GELFINGEN

Le château de Heidegg

Le château de Heidegg se dresse comme un emblème au-dessus du village de Gelfingen, promontoire dominant le Seetal lucernois. Pour la première fois en 1185, un document désigne nommément un membre de la famille Heidegg. Les Heidegg étaient, croit-on, au service des comtes de Lenzbourg dont la lignée s'éteignit en 1173. En 1245, l'empereur Frédéric II délia la famille de toute servitude envers les Habsbourg, mais sous le règne du roi Rudolf, les Heidegg retombèrent sous tutelle habsbourgeoise. Plus tard, lorsque les Lucernois marchèrent sur le Seetal, le château fut remis aux Confédérés comme *Offenhus* (maison non fortifiée). Après de nombreuses mutations aux 15e et 16e siècles, le château fut acquis en 1618 par Heinrich von Fleckenstein qui le céda en 1664 à Franz Heinrich Pfyffer von Altishofen dont la famille se fit dès lors appeler «Pfyffer von Heidegg». En 1700, un nouveau transfert permit au canton de Lucerne d'acquérir la seigneurie qu'il fit administrer par un feudataire. Le châtelain qui lui succéda transforma l'édifice en auberge. En 1875, Ludwig Pfyffer racheta l'ancienne propriété de famille. Actuellement, le château est redevenu propriété du canton de Lucerne qui l'acquit en 1950 et y installa le musée du Seetal.

Au moment de la construction, le bâtisseur fut contraint par les différents niveaux de terrain de poser de hautes fondations. Un mur entoure l'ouvrage. Le donjon fut construit au 11e ou 12e siècle sur plan rhomboïdal. Il était jadis de moindres dimensions et devait comporter une superstructure de bois. En 1618, ce bâtiment principal se mua en une résidence de campagne seigneuriale de style baroque. On surhaussa l'édifice de trois étages; de grandes fenêtres y furent pratiquées en disposition régulière, et une tour d'escalier vint s'adosser au front septentrional. La vieille entrée surmontée d'un cintre surbaissé a laissé sa trace à 6 mètres de hauteur dans la façade. L'ancienne plaquette (datée de 1618) aux emblèmes d'Heinrich Fleckenstein-Küng couronne à présent l'entrée de la maison voisine. Plusieurs meurtrières sont enclavées dans le rez-de-chaussée. Un toit en croupe met fin à cette haute construction aux allures de tour. On accède au premier étage par un escalier à vis autoportant, exécuté en bois de chêne. Les pièces sont en partie ornées de lambris et de stucs. La chambre médiane au levant abrite un poêle cylindrique de style rococo. Ses catelles montrent des paysages. Au deuxième étage, la salle de fêtes occupe toute la largeur méridionale du bâtiment. La porte sommée d'une imposante décoration de stuc s'oppose au dépouillement des murs. Le plafond est incontestablement le morceau d'apparat de la pièce. Le soin mis à l'exécution du stucage donne à

A gauche. Gelfingen, le château Heidegg. La salle de fêtes au deuxième étage.
Ci-dessus. Le château et les dépendances. Façades sud et est.

penser que des artistes tessinois prêtèrent leur main à ce travail. Un vaste tableau tient tout le centre du plafond, entouré de médaillons ovales.

Aucune information n'a filtré les siècles quant à la maison féodale sise au couchant. Elle se conforme au type local et courant de la maison de campagne ou cure baroque. Depuis le 19ᵉ siècle, un pignon traversier est pratiqué dans le rampant nord. La chapelle du château, dont on trouve une première mention en 1597, présente une abside arrondie en hémicycle. Elle forme pour ainsi dire le pilier angulaire de la composition architecturale. L'intérieur montre une décoration de stuc réalisée au 19ᵉ siècle. L'autel de stuc, travaillé à la façon d'un marbre noir, date des années 1760–1780. Bien au-delà d'Ettiswil, on remarque au loin le caractère défensif de l'ouvrage moyenâgeux qu'accentue encore la position dominante du bâtiment et sa silhouette.

D. F.

ALBERSWIL

Le château de Kasteln

En 1680, Franz von Sonnenberg, commandeur de l'ordre de Saint-Jean de Jérusalem à Reiden et Hohenrain et grand prieur de l'ordre de Malte de Hongrie, se rendit acquéreur de la seigneurie de Kasteln et en fit un fidéicommis qui se perpétue encore. Un premier bâtiment avait été construit sur la colline mais fut détruit en 1653. C'était une puissante résidence seigneuriale juchée au sommet de la colline en pain de sucre. Les vestiges de l'édifice moyenâgeux, qu'il faut ranger parmi les principaux ouvrages fortifiés du canton, sont en possession de l'Etat de Lucerne. En 1682, le neveu de Franz, Heinrich von Sonnenberg, bailli de Willisau, fit bâtir sur le flanc oriental de la colline un manoir inspiré des résidences de campagne lucernoises de style baroque. Depuis sa construction, l'édifice est resté pour ainsi dire intact.

L'édifice se dresse sur un plan en T face à la vallée. En amont, la façade d'apparat — qui est aussi le grand côté — est fortement réduite en raison de la dénivellation. Au nord, l'avancée latérale a été occupée au début du 20e siècle par une annexe servant de cuisine. Au-dessus du socle se dressent deux étages d'habitation. La façade sur jardin orientée au levant aligne deux rangs de sept fenêtres. L'axe central se distingue par un troisième niveau en forme empiétant sur le toit. Le toit est à croupes avec des décrochements aux angles occidentaux. Au levant, deux pavillons de jardin occupent l'encoignure de l'enceinte. L'accès au manoir passe par deux portails cintrés qui se font pendant.

L'entrée du château est à l'arrière, ouverte dans l'axe central de la façade. Une partie des chambres du rez-de-chaussée donne sur la cage d'escalier, les autres se commandent entre elles. Les pièces au levant s'alignent en une enfilade baroque. Parmi elles, on remarquera plus particulièrement le salon et le faste de sa décoration: plafond à solives peint en tons de gris bleu, orné de dorures; motif central portant les armoiries complètes de Sonnenberg avec les seigneuries de Kasteln, Fischbach et Ballwil; enfin, buffet du 18e siècle richement travaillé. La chapelle tient l'angle nord-ouest du château, alors que jadis elle se trouvait à l'angle opposé de la maison qu'occupe maintenant une chambre. La voûte d'arête témoigne cependant encore de l'usage sacré de cette pièce.

D. F.

PFAFFNAU

Le presbytère

La commune de Pfaffnau occupe le nord-ouest du canton de Lucerne. Son histoire est étroitement liée à celle du couvent Sankt Urban implanté sur son territoire. En 1272, il est fait état d'une famille de l'endroit, de noble souche, du nom de «von Pfaffnau» qui détenait la basse juridiction. Par la suite, cette famille fit don de sa propriété au couvent Sankt Urban qui la lui restitua sous forme de fief héréditaire. En 1428, le couvent acquit l'église de Pfaffnau et arrondit ainsi ses domaines seigneuriaux en une vaste propriété. Ce beau presbytère fut construit en 1764–1765 sous l'abbatiat d'Augustin Müller. Il était destiné à servir de résidence d'été aux religieux. Le bâtiment se rattache donc à une tradition très répandue, bien que généralement auprès de couvents plus importants. Le nom de l'architecte, Beat Ringier von Zofingen, nous est fourni par le livre des comptes de l'abbaye où il figure à deux reprises en 1764 et 1768.

Le presbytère de Pfaffnau, érigé sur un versant de colline au nord de l'église, ressortit plutôt au prieuré ou à la campagne noble, ne

Page de gauche. Alberswil, le château Kasteln. Façades nord et est.
Ci-dessus. Pfaffnau, la cure. Façade sud.

serait-ce que par son style très soucieux de tenir le rang. C'est un bâtiment équilibré qui élève ses trois étages sur plan de rectangle. Des chaînes à refends marquent les angles. Les deux grands côtés sont pareillement percés d'une porte et de trois rangs de cinq fenêtres, alors que les petits côtés se limitent à trois fenêtres de largeur. Au nord et au sud, le groupe central de trois fenêtres est rassemblé entre des pilastres. Au-dessus, un fronton triangulaire plat porte un cartouche armorié et un décor de stuc. Les deux entrées sont prises dans une ornementation de pilastres avec linteau chantourné. Les volets des fenêtres cintrées présentent un motif de chevrons rouges et blancs emprunté aux armoiries cisterciennes. Un haut toit à la Mansart parachève la composition.

A l'intérieur du presbytère se tient au rez-de-chaussée un salon orné des portraits d'abbés de Sankt Urban. A l'étage supérieur, un second salon présente une décoration de la fin du 18ᵉ siècle. Témoins de cette époque, des stucs dans les impostes et un poêle peint de bleu — poêle de forme inhabituelle pour le canton de Lucerne, qui ressemble un peu à une armoire qu'on aurait taillée d'un bloc. *D. F.*

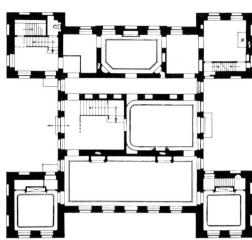

LUCERNE

Le château de Steinhof

Le château de Steinhof est assurément l'édifice le plus imposant que Lucerne ait jamais eu à cette époque. Il se campe, puissant bâtiment, au sud-est du Sonnenberg, là où le contrefort s'allonge en terrasse. Entouré de ses jardins, Steinhof est resté un îlot d'apaisement au cœur d'un quartier fortement urbanisé. Il est déjà question du fonds de terre en 1405. Au 16e siècle, la famille Fleckenstein s'y fit bâtir une maison de campagne, toute simple, que les gens d'alors appelaient le «château de sable». L'avoyer Heinrich Fleckenstein céda la propriété à Ranutius Pfyffer, mais en 1674 ses héritiers s'en défirent en faveur d'Heinrich von Sonnenberg. Jusqu'en 1924, le château resta propriété de la famille, après quoi il fut vendu à la Province suisse des infirmiers de Trèves qui le transforma en un hospice pour personnes âgées.

Johann Thüring von Sonnenberg (1718–1805), maréchal au service de la France, aurait été à la fois maître de l'ouvrage et architecte du château. La construction se fit durant l'année 1759, mais les aménagements s'étirèrent jusqu'en 1777. On suppose que le château absorba la maçonnerie d'une construction antérieure. Des dépendances furent construites à la suite du château. N'étant plus que ruines au début de ce siècle, elles furent entièrement reconstruites, telles qu'autrefois, entre 1924 et 1926.

Le château dessine un plan presque carré. En élévation, il dresse trois étages de façade, les angles précisés par des tours hors d'œuvre. En chaque façade, les fenêtres s'alignent par rangs de cinq: les trois baies centrales sont rassemblées sous un fronton — au nord et au sud seulement des ressauts précisent le motif central. Au deuxième étage, des balcons s'étirent sur toute la longueur des quatre façades, tous ornés des armes parlantes du maître d'œuvre, autrement dit un soleil mis pour «Sonnenberg». Le corps central porte un toit à la Mansart, tandis que les tours sont recouvertes de dômes bulbeux couronnés de balustrades. L'entrée principale, côté sud, ouvre directement sur la cage d'escalier. Celui-ci, parcouru d'une balustrade de style Louis XVI (dessinée par le maître de l'ouvrage), monte en double volée aux étages supérieurs. Le rez-de-chaussée comporte plusieurs salles qui méritent d'être mentionnées. Au nord, la salle à manger d'été revêt ses murs d'ornements et de trophées martiaux stuqués. Une cheminée de marbre gris-blanc (datée de 1777) et un sol de marbre noir et blanc composé en damier prêtent à la pièce une froide noblesse. Lui fait suite, au levant, la salle de fêtes qui prenait autrefois toute la largeur du bâtiment, maintenant réduite de moitié. A remarquer des instruments de musique en stuc, plaqués sur des panneaux, et une cheminée gris marbré qui constituent les deux accents de la pièce. A l'ouest de la cage d'escalier part un corridor qui, vraisemblablement, intégra des pans de bâtisse antérieure. Au milieu du couloir, une porte ouvre sur l'ancienne salle à manger d'hiver assistée de deux pièces attenantes. A l'ouest de la résidence seigneuriale se dresse une dépendance sur plan de fer à cheval avec ailes en retour d'équerre. Une chapelle est installée dans l'axe central du bâtiment. Le plan des communs disposés à gauche et à droite de la chapelle suit la forme d'un S rectiligne. Un toit à la Mansart recouvre l'unique étage de ces constructions.

La puissante architecture de Steinhof ne fit point école dans la région. Le maître de l'ouvrage, Johann Thüring von Sonnenberg, architecte amateur de talent, emprunta des éléments d'architecture aux châteaux français. La cour des communs à l'ouest du bâtiment rappelle une cour d'honneur. Le bâtiment principal cantonné de tours reflète le type du château baroque qui s'articule en pavillons. Pareilles tendances se manifestent à la même époque dans diverses résidences de campagne lucernoises où le même effet est obtenu par des pavillons de jardin.

D. F.

En haut à gauche. Lucerne, le château de Steinhof. Façade principale côté sud.
En haut. Le plan du château de Steinhof (antérieur à 1925).
Page de droite, en haut. Lucerne, Himmelrich. Façade d'entrée au sud-ouest.
Page de droite, en bas. Le salon blanc au deuxième étage.

LUCERNE

Himmelrich

Dans un cadre de jardins à la française, l'Himmelrich passe pour être le plus élégant manoir jamais construit à Lucerne. Au 16e et au 17e siècle, le Grosse Hof im Obergrund fut d'abord aux mains de la famille Pfyffer avant de passer au 18e siècle à la famille Schumacher. En 1772, Franz Plazidus Schumacher (1725–1793) substitua à la maison de campagne en bois l'actuelle construction de pierre. De retour au pays au terme de sa proscription, il habita sa nouvelle maison de campagne où il se consacra à des études scientifiques. Franz Xaver, connu comme l'auteur du plan de la ville et de nombreux édifices, aliéna la maison de maître en 1807. Anna Maria Bühler, épouse de feu le médecin Kaspar Bühler, lui succéda au titre de propriétaire. Son fils, Joseph Anton Bühler (1801–1846) fit remanier la façade dans le style Empire, ce pour quoi il lui suffit de mettre en valeur les pilastres stuqués du frontispice. La maison appartient actuellement toujours à la famille Bühler.

La maison assied ses trois étages de façade sur une base rectangulaire. Le frontispice et la façade sur jardin se répondent par une même ordonnance. Aux sept fenêtres pratiquées dans la longueur correspondent trois ouvertures en profondeur. Les fenêtres sont régulières et ornées de cintres surbaissés. Les ouvertures du socle et du troisième étage sont de proportions réduites. Le groupe des trois fenêtres centrales de la façade principale marque une légère saillie; un ordre de pilastres ioniques en stuc règle l'ordonnance. D'autres éléments architectoniques à effet structurant — l'appareil à refends horizontaux du socle et des chaînes d'angle par exemple — animent la façade. L'édifice, enfin, se couvre d'un toit à la Mansart au faîte duquel est juchée une petite tour rococo: c'est là que loge l'observatoire. Un perron se dresse devant l'entrée (datée de 1772). De là, un couloir traverse la maison en long. La cage d'escalier occupe l'angle septentrional. Au nord-ouest se trouvait autrefois le cabinet scientifique. Une armoire à instruments et une horloge astronomique témoignent encore de l'ancienne affectation. Au deuxième étage se tient le salon blanc. C'est une pièce d'apparat ornée de panneaux rocailles, hauts et blancs, et d'une cheminée de grès. De l'ensemble se dégage une grande élégance.

Deux pavillons ont été posés en symétrie, précédant la maison de maître. Ils s'abritent sous un toit à la Mansart où pointe un clocheton bulbeux. Le pavillon au sud loge la chapelle. Des perspectives feintes de style rococo ornent ses murs et le plafond. L'Himmelrich compte, avec le Holzhof à Emmen et le tout proche Grundhof, parmi les plus charmants ensembles à pavillons du canton.   D. F.

LUCERNE

Oberlöchli

La résidence d'Oberlöchli se tient au pied du Homberg au voisinage immédiat de deux autres maisons de campagne, le Dorenbach et le Dietschiberg. L'Oberlöchli tient son nom du *löch* moyen-haut allemand qui signifie à peu près «petit bois» ou «bosquet», car les environs en étaient tout recouverts. Jusqu'à la fin du 19e siècle, Lucerne s'entourait d'une couronne de villas et de résidences campagnardes construites dans la verdure à la lisière de l'agglomération. Aujourd'hui, l'urbanisation a déjà progressé jusque-là.

L'Oberlöchli était une des *Pfyfferhöfe* qui florissaient dans les environs de Lucerne. En 1619, la propriété, qui appartenait alors au chevalier Beat Am Rhyn, passa par voie de succession à Leodegar Pfyffer. Plus tard, le domaine eut pour maîtres Franz Walter, Leodegar II puis Franz Rudolf Pfyffer qui chercha à le vendre en 1719. Mais usant de son droit de veto, Franz Ludwig Pfyffer se saisit de la propriété. L'Oberlöchli resta encore jusqu'en 1854 dans la famille Pfyffer, fut ensuite peu de temps en possession de la famille Lusser-Zimmermann, avant d'appartenir en 1878 et pour plus de cent ans à la famille Suidter. Actuellement, des travaux de rénovation sont en cours.

La résidence fut construite en 1745 pour Heinrich Ludwig Pfyffer. Depuis, elle est restée pour ainsi dire intacte.

Le bâtiment à base rectangulaire oblongue tourne sa façade principale au couchant. En raison de la déclivité, la moitié postérieure de l'édifice est partiellement encastrée dans le relief. Un large soubassement supporte deux étages complets de façade qui alignent des suites de huit fenêtres. Deux mansardes percées de deux fenêtres chacune sortent du toit en croupe. L'entrée est placée à l'angle sud-est sur la façade postérieure. L'encastrement de l'édifice produit un espace semblable à une cour, formé par une *sala terrena* cintrée — et maintenant vitrée — une fontaine et la façade d'entrée. La disposition intérieure est simple: un long corridor dans l'axe nord-sud traverse le bâtiment de bout en bout. A chaque extrémité, un escalier à double volée rejoint les étages supérieurs. Ceux-ci destinent les pièces au levant aux locaux de service, cuisine et antichambre. Les pièces d'habitation, pièces d'apparat, richement peintes et tendues de tapisseries d'ornements, occupent la moitié occidentale de la maison; elles se suivent en enfilade le long du couloir. Au premier étage côté sud-est, au-dessus du salon, prend place une chapelle. La grande salle lui est attenante. Ses parois, lambrissées de bois, montrent des peintures d'ornement de style Régence et Louis XV. Viennent ensuite, contre le nord, trois autres chambres revêtues de tentures

Page de gauche, en haut. Lucerne, Oberlöchli. Salon au deuxième étage.
Page de gauche, en bas. Deux pièces du second étage avec tentures de toile et plafond peint.
Ci-dessus. La salle de fêtes au premier étage.
Ci-contre. Façade principale au couchant.

précieuses avec ornements de damas. Ce sont encore d'autres tentures peintes qui recouvrent les murs de la «chambre verte» et de la pièce en bout de couloir où l'ornementation a revêtu des formes bizarrement découpées. La pièce qui tient le centre de l'enfilade se distingue par le travail très soigné des lambris. Toutes les portes de l'enfilade sont placées sur le même axe — à quoi l'on reconnaît la conception baroque qui tend toujours à porter l'accent sur le centre.

Par son architecture, l'Oberlöchli se range dans la lignée des résidences baroques à la suite de Geissenstein, Tannenfels, Kasteln, Willisau. Les remarquables peintures de ses tapisseries et parois font tout son prestige. Quant aux tentures peintes à l'huile, elles sont uniques dans toute la région.   D. F.

ZOUG

Zurlaubenhof

Le Zurlaubenhof fut la résidence familiale des Zurlauben de Zoug, une lignée qui s'éteignit en 1799. Pendant les années 1597 à 1621, Konrad Zurlauben (1571–1629) fit bâtir le domaine et pourvut à son aménagement. A 19 ans déjà secrétaire de ville, Konrad Zurlauben obtint ensuite une charge de conseiller, puis de député et finit capitaine au service français. Il choisit pour maître d'œuvre Jost Knopflin (1552–1615) qui fut également l'architecte du couvent des Capucins ainsi que de la maison du confesseur appartenant au couvent de Frauenthal. En 1623, le maître de l'ouvrage fit dresser au Zurlaubenhof une chapelle placée en 1635 sous le patronage de Sankt Konrad. La maison de maître resta jusqu'en 1799 en possession de la famille Zurlauben. Plusieurs dates inscrites sur les bâtiments permettent de reconstituer la chronologie de la construction. Ainsi apprend-on qu'en 1645, une ferme vint compléter le domaine; qu'une galerie la raccorda d'équerre au bâtiment principal en 1736. Peu après, on aménagea dans la ferme une salle dite «salle blanche». L'année 1747 marqua l'extension de la résidence au levant et la pose d'un nouveau portail. Entre 1799 et 1843, les transferts se succédèrent et placèrent finalement le domaine en mains de la famille Bossard de Zoug qui, par étapes, entreprit de le restaurer.

Le Zurlaubenhof doit sa belle prestance à l'édifice principal auquel s'ajoutent au nord la chapelle et au sud — légèrement en retrait sur l'alignement — la maison du métayer. Ces deux annexes sont accessibles depuis le premier étage du bâtiment principal grâce à une galerie couverte. La loggia qui prolonge la ferme et vient au droit de la maison est une architecture classique rythmée par des obélisques.

La résidence élève quatre étages sur plan carré. Le large socle maçonné porte aux angles des deux premiers étages des chaînes harpées en carreaux et boutisses. Les étages supérieurs dissimulent sous le crépi une construction à colombage. Trois rangs réguliers de trois fenêtres géminées orchestrent la façade principale à l'ouest. Hormis les fenêtres, plus grandes, du quatrième étage et celles de la chambre à l'angle nord-ouest de l'étage inférieur, toutes les croisées présentent des jambages et un encadrement maçonné. Chacun des deux murs-gouttereaux avance sous le toit une galerie ouverte. La tour d'escalier qui s'imposait autrefois hors d'œuvre sur la façade posté-

Page de gauche. Zoug, Zurlaubenhof. Façade sud-ouest.
Ci-dessus. Loggia attenante à la métairie.

rieure est à présent complètement absorbée par le bâtiment et l'entrée déplacée au sud. La tourelle et son toit en pavillon surmontent la bâtisse et sa toiture à croupe faîtière.

La chapelle, simple et modeste, regarde l'orient; elle s'aligne sur l'axe oriental de la ferme. La métairie, de plan allongé, se trouve encastrée à l'arrière par la construction de la salle blanche. Elle ouvre, côté jardin, deux rangs de cinq croisées. A l'inverse du bâtiment principal, la métairie oppose à la pente son mur-gouttereau. L'axe central est précisé par une lucarne ouverte à l'étage mansardé.

Un portail pris entre un linteau droit et des pilastres à hermès et surmonté des armoiries des Zurlauben-Kolin garde l'accès au bâtiment. Ne manquons pas de mentionner à cet étage la chambre brune occupant l'angle nord-ouest. Sa décoration se concentre toute entière sur les lambris (datant de 1612) et le plafond à caissons dont le motif est reproduit, comme par reflet, sur le plancher. L'angle de la chambre est pris par un poêle cylindrique de faïences blanches et bleues réalisé par Johann Georg Buschor. A l'étage supérieur, la somptueuse salle de fêtes occupe toute la largeur occidentale du bâtiment: c'est la plus grande salle d'apparat — la plus splendide aussi — de toutes les habitations privées du canton. Aux murs, des lambris de demi-revêtement parcourent la salle en arcatures régulières retombant entre des pilastres. Sous chaque arcature, un homme d'armes, peint, illustre une époque du développement de la Confédération. A l'origine, des peintures auraient dû orner la bande de mur comprise entre les lambris et le plafond. Mais l'exécution se limita au panneau surmontant la crédence et le linteau de porte. L'artiste prit pour thème une scène du mythe de la délivrance qu'il groupa synchroniquement par deux épisodes sous les arcades peintes. Quelques petites modifications plastiques intervinrent encore sur la fin du 17e siècle. Soixante-trois portraits de rois de France achèvent de décorer le bandeau mural. Ils représentent l'un après l'autre toute la lignée des rois, de Pharamond à Henri VI. On suppose que l'artiste était français. Deux larges poutres transversales partagent le plafond à caissons en trois travées. En 1621, le peintre P. Stocker Putten illustra les cinquante-deux panneaux d'attributs divers et plaça au centre les armoiries des Zurlauben et des Zürcher. On verra un second plafond à solives (datant de 1645) dans la salle blanche, à l'étage supérieur

Ci-dessus. Zoug, Zurlaubenhof. La salle d'apparat la plus somptueuse de tout le pays de Zoug.
Ci-contre. Détail des lambris.
Page de droite. Détails du plafond à caissons peint en 1621.

de la métairie, jouxtant la loggia. Plus tard, dans l'esprit du rococo, des cloisons cherchèrent à réduire les dimensions de la pièce, le plafond se colora dans le goût du temps et des rosettes agrémentèrent les caissons du plafond. Des peintures habillent les murs, copies libres d'après Boucher et Lancret.

Le Zurlaubenhof porte les marques typiques d'une maison de maître qu'ont nourrie différentes époques. L'habile agencement des différents bâtiments et le respect de la concordance des axes disent combien les architectes successifs se sont efforcés d'obtenir une composition équilibrée.   *D. F.*

195

STANS

Rosenburg

Le Rosenburg — que le dialecte appelle «Höfli» — s'est installé non loin de la place du village, au nord-ouest de la route menant à Lucerne. A l'origine, cette maison était le siège des majordomes mandatés par le couvent de Murbach-Lucerne pour l'administration de son domaine seigneurial à Stans. Le lignage prit fin en 1340 avec la mort du chevalier Hartmann. De tous les propriétaires qui lui succédèrent, limitons-nous à mentionner ceux qui furent de véritables maîtres de l'ouvrage et qui, à ce titre, laissèrent sur l'édifice l'empreinte de leur main. Il y eut Sebastian Kretz pendant la première moitié du 16e siècle, Johannes Waser dès 1558, Nikolaus Keyser à partir de 1692 et enfin la fondation Höfli en 1969.

L'édifice actuel comprend une tour d'habitation d'origine moyenâgeuse à laquelle on adossa, côté sud, un corps de logis avec annexe. Au midi, trois étages de loggia raccordent cette construction en saillie à la tour d'escalier mise à l'angle nord-ouest de la tour d'habitation. Une toiture à croupe faîtière d'un seul tenant enveloppe les deux bâtiments. Le toit en appentis qui abrite la loggia marque un décrochement d'un étage en contrebas. L'annexe rajoutée à la façade ouest du corps de logis présente deux étages de colombage. Au nord, une construction en encorbellement se dresse jusqu'au niveau du premier étage de façade. Un mur d'enceinte, de restauration récente, marque la propriété autour du bâtiment principal et de la dépendance. Différents niveaux de styles, des vestiges de mur d'époques diverses prouvent bien que la construction se fit en plusieurs étapes. Au nord, la partie la plus ancienne est constituée par le donjon du château des majordomes: elle remonte au 13e siècle. En 1532, Sebastian Kretz fit rajouter une annexe. Il s'agissait d'un bâtiment de trois étages — d'après les fondations — dont le faîte suivait la même orientation que l'actuelle charpente. C'est à cette époque que la tour d'habitation dut s'orner d'un pignon à redans. Un toit à bâtière, d'axe perpendiculaire au premier, complétait l'édifice moyenâgeux. Le Rosenburg est redevable de sa présente architecture à Johannes Waser. Lors d'une première campagne (1559–1566), il établit une annexe au nord de la tour et procéda dans le même temps à des transformations intérieures. Au cours d'une deuxième étape, en 1584, il ajouta à l'angle nord-ouest du donjon une tour d'escalier à flèche pyramidale, puis une loggia tendue entre cette tour

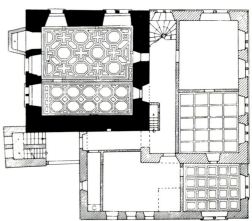

et l'annexe au midi. Par ailleurs, il supprima le pignon à redans et aligna le faîte du toit sur celui de l'auvent sud. La dernière étape — à laquelle la ruine du maître de l'ouvrage mit un terme précoce — prévoyait la démolition de l'annexe méridionale. Les deux édifices furent alors réunis sous un seul toit. A l'intérieur, seule la salle d'apparat, aujourd'hui transférée et exposée au Landesmuseum de Zurich, donne une idée de ce qu'aurait dû être le décor intérieur si sa réalisation n'avait été interrompue. Vint ensuite Nikolaus Keyser qui fit lambrisser et peindre quelques chambres. Il fit ensuite dresser un encorbellement contre la façade nord de la tour moyenâgeuse afin d'y

Page de gauche, en haut. Stans, Rosenburg. Façade ouest et Chäslager.
Page de gauche, au milieu. Le plan du premier étage.
Ci-dessus. La chambre d'apparat du Rosenburg, actuellement transférée au Musée national.

placer une chapelle domestique. L'étage mansardé reçut la salle de fêtes, très richement ornée de peintures. L'annexe occidentale, qui vient en prolongement de l'annexe sud, date également de cette époque. Les deux étages supérieurs sont à colombages. Au 19e siècle, la jolie loggia dut faire place à de nouvelles constructions. Entre 1974 et 1981, enfin, la Fondation Höfli restaura l'édifice et tenta de lui rendre l'allure qu'il présentait en fin de 17e siècle. L'exemple du Rosenburg illustre une fois encore comment une famille pétrie d'ambition cherchait à légitimer son statut au moyen d'un édifice dont la valeur architecturale se doublait d'une certaine signification historique. L'évolution historico-architecturale du Höfli est d'autant plus intéressante que l'édifice raconte une époque capitale tant pour l'histoire de Nidwald que pour celle de la Suisse tout entière. On remarquera que la maison de Winkelried à Stans illustre cette architecture Renaissance façon province à laquelle la loggia se rattache elle aussi. Peut-être Johannes Waser s'inspira-t-il des bâtiments qu'il avait vus lors de son service armé à l'étranger, mais, à n'en pas douter, les superbes édifices Renaissance de Lucerne ne le laissèrent pas indifférent.

D. F.

SARNEN

Grundacher

La propriété de Grundacher se dresse dans une vallée grande ouverte qu'arrose le Sarner Aa, un peu en retrait de l'ancienne agglomération. Elle dépendait jadis de la maison Am Grund, jusqu'à ce que, quelques siècles plus tard, la ligne ferroviaire du Brünig s'interpose entre le domaine et la maison. Par suite du mariage du *Landammann* Niklaus Imfeld avec la riche héritière Wiberta von Einwil, la propriété entra dans la famille Imfeld. Le premier texte attestant Niklaus Imfeld au titre de propriétaire date de 1571. Son fils, le *Landammann* Marquard Imfeld, dota le domaine d'une première maison. D'après la date surmontant l'entrée, le bâtiment fut élevé en 1593. C'était une maison paysanne d'allure modeste, avec pignon suraigu et entrepôt ou dépendance. Le *Landammann* Kaspar Imfeld imposa au domaine de Grundacher quelques petites transformations, parmi lesquelles figurait certainement l'aménagement de la chambre lambrissée de style fin 17e siècle. A la mort de Kaspar Imfeld, la famille se divisa en deux branches: la première continua d'habiter la maison Am Grund, tandis que l'autre s'installait au Grundacher. C'est le *Landammann* et banneret Just Ignaz Imfeld qui, en 1737, assigna à la résidence son architecture présente. Lui et son frère, le prince-abbé Nikolaus II d'Einsiedeln, laissèrent à la postérité deux monuments qui témoignent d'un goût raffiné pour l'architecture. Just Ignaz reste dans les mémoires non seulement comme l'instigateur de la reconstruction de l'église paroissiale de Sarnen, mais aussi comme le maître de l'ouvrage de la maison de la société de tir au Landenberg, ainsi que du nouveau bâtiment du collège et des deux arches traversant le Sarner Aa. Just Ignaz était un homme soucieux de paraître, et son désir de parade exigeait une résidence mieux adaptée à son état. Il essaya de rivaliser à Sarnen avec les de Flüe qui avaient bâti à Sachseln un édifice de grande allure. Le différend acharné qui de surcroît l'opposait à cette famille dut conforter ce projet. L'exigence d'espace trouva une solution dans le raccordement du bâtiment principal avec l'annexe. Les deux bâtiments furent donc assemblés au moyen d'une sorte de petit pont enjambant d'une arche la distance de l'un à l'autre. En 1736, la famille Zurlauben créait une même architecture jumelée au Zurlaubenhof. De fait, Just Ignaz Imfeld ne faisait que reprendre une tradition déjà pratiquée dans la région d'Obwald; entre Sachseln et Giswil, nombreuses sont les maisons reliées aux dépendances par une construction enjambante. Au premier étage de l'annexe, un plafond orné de stucs précieux prête à la salle de fêtes une atmosphère solennelle. Ce grand train de vie conduisit bientôt Imfeld à la faillite. A sa mort, son fils, le *Landeshauptmann* Niklaus Anton Imfeld, ne put sauver que la propriété paternelle. Mais bientôt, à cause de la ligne dure de sa politique pendant la République helvétique et à cause aussi de son querelleur de fils qui s'empêtra dans d'invraisemblables procès, il fut contraint en 1826, en dépit de ses efforts, d'aliéner la maison. Le nouveau propriétaire, Franz Josef Halter, originaire de Lungern, rénova le Grundacher dans un style légèrement Biedermeier. En 1846, la mort, subite et inattendue, l'emporta, et bientôt sa veuve abandonna la maison. Au début des années 1850, Josef Emmenegger-Siegwart fit entrer la maison dans sa famille qui la garda plus de trois générations. A la mort d'Oskar Emmenegger, en 1926, la commune de Sarnen racheta le Grundacher. En 1968, un incendie, dû à l'imprudence, dévasta la grande métairie, causant la perte de l'une des rares constructions à colombage du canton. A présent, le Grundacher appartient au canton d'Obwald et abrite la bibliothèque cantonale.

Le bâtiment principal, de quatre étages en façade, est accessible à l'est par une construction dissimulant la cage d'escalier. La façade sur jardin s'ordonne en cinq axes de fenêtres compris entre des pilastres d'angle. Une entrée datée de 1593 occupe la face ouest du bâtiment. Un simple toit à croupe faîtière abrite la maison. Quant au bâtiment voisin, raccordé au premier par une arche, il adopte un même parti, mais avec des proportions réduites, puisqu'il ne compte que trois étages. Des murs crénelés font le tour de petits jardins à l'avant de chaque maison. Au premier étage du bâtiment principal, il faut signaler la chambre bleue, qui était l'ancienne chambre à coucher. De là on passe dans la chambre aux lambris, exécutée en fin de 17e siècle, avec son plafond morcelé en lourds caissons, un poêle lucernois et un buffet, enfin, datant de la moitié du 18e siècle. Un passage pratiqué dans le bâtiment communiquant et suivi de trois marches offre un accès direct à la salle de fêtes du bâtiment voisin. Le plafond, dans sa splendide décoration de stucs, est orné de quatre paysages imaginaires alternant avec des tro-

Page de gauche. Sarnen, Grundacher. Façade sur jardin de l'édifice jumelé. A droite, corps de bâtiment principal et primitif.
Ci-dessus. Wolfenschiessen, Höchhaus. Façades sud et est.

phées martiaux sur décors de rinceaux et d'entrelacs. Les motifs floraux de stuc rappellent ceux de l'église de Sarnen que l'on attribue au stucateur de Wessobrunn, Franz Joseph Rauch. Par son caractère mi-paysan mi-patricien, le Grundacher est la composition la plus originale du canton. *D. F.*

WOLFENSCHIESSEN

Höchhaus

Trônant au-dessus du village de Wolfenschiessen, le Höchhaus domine l'Engelbergertal. Le chevalier Melchior Lussy était propriétaire de la maison de Winkelried à Stans. Au retour d'un voyage en Terre sainte, il émit le désir de se retirer et de mener une vie contemplative non loin de la cellule de frère Konrad Scheuber. Il lui fallut d'abord surmonter la résistance qu'avait éveillé chez sa femme la décision de mener la vie des moines d'Einsiedeln. C'est pourquoi, en 1586, il fit construire cette grande maison de bois. A la mort de Lussy, sa fille, qui avait épousé un petit-fils de frère Scheuber, hérita de la propriété. Lorsqu'en 1851 la famille s'éteignit, la maison revint par voie de succession aux Zelger. En 1853, la propriété fut aliénée; elle passa entre différentes mains paysannes, jusqu'en 1921, date à laquelle elle fut acquise par l'écrivain bâlois Emanuel Stickelberger dont la famille est encore à ce jour propriétaire.

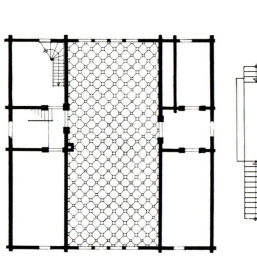
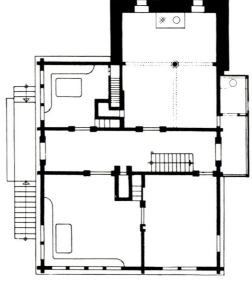

La maison se dresse face à la pente, du haut de ses trois étages posés sur un grand socle blanc. Les têtes de pannes, traitées à la manière de *Rössli*, soutiennent de petits auvents. Au premier étage, les fenêtres, par groupes de deux ou de trois, sont prises dans des empiècements à tiroir sculptés. Au-dessus du linteau, les fronteaux de bois baroques (1733) s'ouvrent sur des grotesques humaines et animales. Les volets sont marqués aux armoiries des propriétaires. Un toit à croupe faîtière recouvre la maison avec, au sommet, un petit clocher pointant une flèche. On accède à l'intérieur par une arcade. Le plan de la maison reproduit le schéma en usage dans la région: un couloir central coupe la maison transversalement au faîte. Il dessert, côté vallée, la pièce de séjour et la chambre à coucher attenante. En face leur répondent une seconde salle de séjour, plus petite, et la cuisine. Un escalier monte du corridor jusqu'aux chambres à coucher. Signalons tout particulièrement la grande salle de séjour ou Stube et son plafond à solives ornés de reliefs gothiques. On reconnaît sur les montants de fenêtres sculptés une crucifixion, saint Sébastien et saint Jacques, ainsi que frère Scheuber. A présent, un poêle de faïences vertes chauffe la pièce au lieu de l'ancien poêle cylindrique sur lequel étaient peints des apôtres et des textes tirés des Actes des Apôtres. La date de 1586 figure en toutes lettres au-dessus d'un linteau de porte en accolade. La pièce voisine présente aussi un montant de fenêtre sculpté, ici à l'effigie de frère Klaus. Au rez-de-chaussée, la pièce attenante à la cuisine fut entièrement redécorée au 17e siècle. Une salle de fêtes aménagée dans les combles occupe toute la profondeur du bâtiment. L'impression d'espace est donnée par

Page de gauche, en haut. Wolfenschiessen, Höchhaus. Fenêtres et encadrements à coulisse baroques.
Page de gauche, en bas. Le plan du rez-de-chaussée (gauche) et des combles.
Ci-dessus. La salle de fêtes dans les combles.

une voûte de bois déployée en larges berceaux, eux-mêmes structurés en panneaux. Un carrelage vert, émaillé, oppose au plafond un contraste séduisant. Des jambages cannelés et un linteau arqué en accolade rehaussent la porte.

Le Höchhaus s'aligne sur le type courant de la maison paysanne. Pour répondre à un besoin de place, on remplaça le toit en bâtière par un pignon pointu. En effet, la première manifestation de maison à pignon suraigu engendrera une véritable lignée de maisons rurales patriciennes. Ce type de maison de bois — par lequel le propriétaire cherchait à se mettre en valeur — est particulièrement répandu dans la région d'Obwald et de Nidwald. Jadis, on précisait le caractère de la maison en la peignant de rouge. Sauf de rares exceptions, elles présentaient un riche fenestrage et réservaient les combles pour la salle de fêtes, pièce fort appréciée qu'on ornait de peintures. A cette lignée de maisons se rattachent également l'Untere Turmatt à Stans, la Maison rouge à Sarnen et le Götzental près de Dierikon.

D. F.

GRAFENORT

Herrenhaus

Elle a fière allure, la maison seigneuriale du couvent d'Engelberg, sise au fond de la vallée, sur la route de Stans à Engelberg. En 1210, le comte Rudolf l'Ancien de Habsbourg échangea ce domaine contre une propriété à Sarnen. Le nom de «Grafenort» rappelle donc le temps où le comte *(Graf)* était propriétaire du domaine. Bien plus tard, à la fin du 17ᵉ siècle, l'abbé Burnott fit bâtir la présente maison (1689–1690) à la place d'une «Rotes Haus». La nouvelle construction reprit des pans de murs de l'ancienne bâtisse. P. Augustin Reding (1651–1707) fut mandaté pour dresser les plans; c'est lui qui, plus tard, sera désigné comme chef des travaux pour la sacristie et la bibliothèque du couvent d'Engelberg. La maison seigneuriale servait tout à la fois de relais de voyage, de gîte et de résidence d'été.

En haut. Grafenort, Herrenhaus. Détail des lambris peints.
Ci-dessus, à gauche. Façade principale.
Ci-dessus. Salle commune avec peintures exécutées par Martin Obersteg.
Page de droite. Stans, Breitenhaus. Résidence seigneuriale construite après 1790 dans le style Louis XVI.

Par surcroît, le bâtiment faisait office de plaque tournante pour les stocks de marchandises. Les vastes pièces du rez-de-chaussée et les lucarnes surélevées — jadis dotées de monte-charges — sont encore là pour en témoigner. La maison seigneuriale forme avec la ferme qui lui fait face et la chapelle une très jolie composition architecturale.

L'édifice maçonné, trapu, tourne sa façade principale contre la route. Trois étages prenant jour par sept fenêtres s'élèvent sur plan rectangulaire. L'organisation rythmique de la façade s'accompagne de peinture claire sur le socle, les angles, les axes ainsi que les encadrements des fenêtres. Les locaux de service placés au rez-de-chaussée sont accessibles par une large porte en plein cintre pratiquée dans l'axe central et timbrée des armoiries de l'abbé Burnott avec la date de 1690. Aux sept fenêtres en largeur correspondent cinq croisées en profondeur. Un toit en croupe, assorti d'une haute lucarne dans chaque rampant, couvre l'ensemble. Un mur enserre le jardin, ne s'interrompant qu'en un coin pour un pavillon de jardin octogonal à comble bombé. De l'autre côté, une chapelle lui fait pendant.

Rendons-nous à l'intérieur du bâtiment. La salle conventuelle et la chambre de l'abbé ont pris place au premier étage. La salle conventuelle, dans sa décoration solennelle, se couvre d'un lambris de demi-revêtement. Les décors des parois et du plafond sont l'œuvre d'un peintre de Stans, Martin Obersteg (1777): des panneaux rocaille sur fond bleu encadrent des scènes mythologiques caricaturales. Au plafond sont exécutées les armoiries du maître de l'ouvrage, l'abbé Leodegar Salzmann. Habillé de catelles damassées vertes et bordé de faïences bleues, le poêle porte les armoiries et les initiales de l'abbé Albini. Il fut exécuté par Jakob Küchler en 1699. Au deuxième étage se trouvait une chapelle domestique qui fut supprimée il y a quelques années.

Ce puissant édifice de pierre illustre bien le type de la résidence de campagne baroque tel qu'il est représenté par le château de Kasteln à Alberwil, la maison de campagne de Geissenstein et l'Oberlöchli à Lucerne.

D. F.

STANS

Breitenhaus

La Breitenhaus se situe sur la route de Buochs, légèrement à l'écart du centre de Stans. Johann Melchior Fidel Achermann (1733–1809) se rendit acquéreur du domaine de la Breitenmatte qui, plus tard, donnera son nom à la maison que l'on y construira. Johann Achermann était issu d'une ancienne famille villageoise d'Ennetbürgen. A l'exemple de ses ancêtres, il occupa des charges militaires et politiques. Il se tailla une réputation en ser-

vant d'abord comme capitaine dans le régiment français de Salis-Samaden, puis comme chevalier de l'ordre de Saint-Louis. En 1761 enfin, il fut porté à la charge de banneret. Il avait pour femme Maria Josefa Trachsel. C'est lui qui déjà, entre 1769 et 1770, entreprit de remanier dans le goût français de l'époque l'Oberhaus, sur la place du village. En 1790, il chargea Niklaus Purtschert des plans d'une résidence à la Breitenmatte: le devis détaillé de l'architecte énonce la somme de 3500 gulden. Le projet de façade fut réalisé à quelques modifications près. Mais pour cause d'opinions politiques, Achermann fut contraint de s'établir à Lucerne, et la construction fut alors interrompue. Lorsque le 26 novembre 1807, son fils, le capitaine Louis Achermann (1773–1835), céda la propriété à Valentin Durrer pour 16 650 gulden, l'intérieur de la maison n'était pas encore achevé.

Deux générations plus tard, l'arrière-petit-fils de Durrer, le célèbre historien et historien d'art Robert Durrer (1867–1934), vint y établir résidence. En 1964 enfin, sa famille revendit la propriété au canton de Nidwald qui, le destinant à son administration, y apporta les transformations nécessaires.

Le bâtiment Louis XVI s'élève sur trois étages à partir d'un plan rectangulaire, avec, en élévation, un strict parti de symétrie. Un haut toit en croupe flanqué de cheminées faîtières couronne le bâtiment. La façade principale, éclairée de sept fenêtres en largeur, se structure autour d'un ressaut terminé par un fronton plat et bordé de chaînes d'angle en bossage rustique. Les armoiries des Durrer, rouges et blanches, règnent au centre du fronton. Les croisées du ressaut se distinguent du reste du fenestrage à linteau droit par un cintre surbaissé. L'entrée est percée au sud, sur une façade de cinq axes de fenêtres. Un perron monte jusqu'à une porte de chêne sculpté prise dans un chambranle de grès très riche et animé.

La disposition intérieure est simple et reprend le schéma courant avec, à l'arrière du bâtiment, un escalier à triple volée accompagné d'une balustrade de chêne. A chacun des trois étages, le sol du couloir est recouvert de catelles de grès. Les pièces d'habitation se desservent mutuellement. Il faut mentionner bien sûr l'ancienne salle de fêtes au rez-de-chaussée qui se signale par une ornementation de stuc faite de pilastres ioniques et de décors d'encadrement. La dernière rénovation s'ingénia à purifier encore les traits dépouillés du bâtiment.

Plus qu'une somptueuse décoration, c'est une dignité toute de modestie et de simplicité qui distingue le Breitenhaus. L'architecte était Niklaus Purtschert (1750–1815), élève de Jakob Singer, qui alla parfaire son métier à Paris. C'est à lui que revient le mérite d'avoir introduit le classicisme français en Suisse centrale. La Breitenhaus se fait l'expression des conceptions françaises en même temps que du goût du maître de l'ouvrage, Johann Melchior Fidel Achermann. Partant de cette double exigence, Purtschert chercha l'expression architectonique adéquate.

D. F.

SCHWYZ

La maison Ital-Reding

La riche et puissante lignée des Reding compte aujourd'hui encore au nombre des familles les plus anciennes et les plus influentes de Schwyz. Le nom de Reding (*ahd retig* = le conseiller) indique qu'il s'agissait d'une famille de juges et de jurés. Les premiers représentants authentifiés de la famille Reding apparaissent au début du 14e siècle. Les Reding jouèrent immédiatement un rôle majeur sur la scène politique et historique du canton de Schwyz et se distinguèrent également sur la scène confédérale. Cela dit, le mercenariat fut, à n'en pas douter, le vrai moteur de leur ascension sociale. Hommes de talent, à la tête d'une troupe de mercenaires, ils portèrent les grades d'officier dans les armées impériales de France, d'Espagne ou de Savoie. En 1585, le roi Henri II anoblit Rudolf Reding (1539–1609). Plus tard, ses fils allaient bâtir les principales maisons Reding de Schwyz. Du vivant de Rudolf, Ital, le fils, apparaît déjà au titre de propriétaire du domaine de la Rickenbachstrasse. Actuellement, la propriété est toujours aux mains des familles Glutz-von Reding et Orelli-von Reding.

La maison fut bâtie en 1609. En 1633, elle s'enrichit de l'oriel, des pignons et des tourelles faîtières. L'année 1699 vit la construction des pavillons de jardin. Un jardin d'ornement se déroule à l'est et au sud de la maison, tandis qu'à l'ouest se tient la bâtisse, longue et étroite, d'une dépendance. La maison dessine un rectangle oblong. Les fenêtres du rez-de-chaussée ont un profil Renaissance, tandis qu'aux étages supérieurs, elles adoptent le moule gothique. La concomitance des formes gothique et Renaissance est propre à ce début de 17e siècle. Des auvents ceinturent tout le bâtiment entre le premier et le deuxième étage, se doublant sur le mur-pignon. Les angles de la maison sont recouverts de pierres de taille peintes en perspective, comme vues d'en bas. Sur la façade nord, un portail Renaissance montre une riche ordonnance. Il porte en couronnement un oriel carré que soutiennent des colonnes toscanes fichées sur la rampe d'escalier. En 1663, le toit fut complètement transformé. C'est alors vraisemblablement qu'il adopta la cassure. Deux hauts pignons coiffés de toits suraigus à croupe faîtière surgirent de chaque rampant, de manière à former un toit à faîtes croisés. A l'intersection du faîte et des pignons se dressent deux lanternons. Ils portent un dôme bulbeux, coiffé d'une boule sur laquelle est plantée une girouette.

Les pièces d'apparat tiennent le premier étage de la maison avec ce que la Suisse centrale possède de plus beau dans le genre lambrissé. Elles furent, croit-on, exécutées entre 1630 et 1632. L'angle sud-ouest est occupé par

Page de gauche. Schwyz, la maison Ital-Reding. Vue côté est.
En haut. La chambre d'apparat.
Ci-dessus. Détail de la marqueterie du parquet.

une salle à manger au plafond orné de caissons allongés et plats. La marqueterie dont les murs se parent reprend des formes géométriques traditionnelles. On notera que la marqueterie et l'architecture du buffet encastré s'harmonisent avec la décoration des parois. Le lave-mains d'étain est frappé de quatre médaillons où l'on peut voir deux allégories de la Paix et de la Tempérance; le troisième médaillon est également consacré à une figure allégorique et le dernier aux Noces de Cana. Rendons-nous à présent dans la grande salle, à l'angle sud-est du premier étage. Là sont les plus riches lambris de la maison. Les murs, dépouillés de profils, sont entièrement animés par la marqueterie. Le buffet encastré tient à lui seul presque toute la paroi septentrionale. Son architecture, parfaitement plate, se fond avec les lambris. Dans la niche du lavabo d'étain, un grand médaillon représentant Bellone (déesse romaine de la Guerre) fait pendant à la Paix, vue précédemment sur le lavabo du buffet à la salle à manger. Un plafond vigoureusement morcelé en caissons pèse sur la légère ordonnance des lambris de tout le poids d'un contraste soutenu. De plus petits panneaux, plats et carrés, s'immiscent entre les profonds caissons octogonaux. Quant aux ornements, l'artiste employa l'astragale, ainsi que des motifs de feuilles et d'oves. A l'inverse des pièces marquetées qui se rencontrent d'ordinaire à Schwyz, les lambris de la grande salle ne sont pas vernis et produisent, grâce aux variétés de bois, un élégant effet de matité. Le parquet est encore un morceau d'apparat. De larges planches dessinent de grands carrés. Le cœur des panneaux est marqué par des rosettes et des sphères coupées en perspective, les angles par des fleurs de lys et des fleurs de la passion. A l'entrecroisement des planches formant l'encadrement, l'artiste plaça des têtes de Maures, de Turcs et de Sarrasins casqués. Les incrustations ont conservé les dessins originaux exécutés à l'arcanne. Entre les niches de fenêtres

cintrées se dressent des cariatides en gaine d'hermès vigoureusement modelées. A l'angle nord-ouest de la pièce se loge un superbe poêle cylindrique, daté de 1679, que l'on doit à la main de Hans Heinrich Graf, de Winterthour. Y sont peintes des batailles, et des villes décrites en vers. Ainsi qu'un panonceau, les armoiries des Reding sont fixées à la corniche.

Ch. O.

Ci-dessus. Schwyz, la maison Ital-Reding. Motif d'angle, parquet de la chambre d'apparat.
Page de droite, en haut. Schwyz, Schmiedgasse. Façade sud.
Page de droite, au milieu. Le plan du rez-de-chaussée.

SCHWYZ

Schmiedgasse

La maison Reding de la Schmiedgasse fut construite entre 1614 et 1617 pour le compte du capitaine Rudolf Reding. Depuis lors, elle n'a pas connu d'autres propriétaires que les Reding. Le corps de bâtiment est un ouvrage de fin Renaissance, simple et équilibré. Le fenestrage, d'une grande régularité, porte encore la marque du gothique tardif. Aux étages supérieurs, les fenêtres s'assemblent par deux ou trois. L'entrée principale est au levant, désaxée parmi les fenêtres du rez-de-chaussée. Un toit proprement original recouvre les trois étages de la maison (l'aile septentrionale est rehaussée d'un étage). Les pignons traversiers, arqués en accolade, remontent à la fin du 17e siècle. Il s'agit là en fait de pignons purement décoratifs: l'aile sud en compte trois, ils sont deux à l'est, autant à l'ouest, l'aile nord quant à elle s'abstient de tout ajout. Les sphères sur lesquelles se terminent les sept épis de faîtage portent des girouettes forgées. La maison Reding de la Schmiedgasse est l'unique maison de maître dans tout Schwyz à présenter une cour intérieure ouverte. Tout le rez-de-chaussée est circonscrit par un portique. Aux étages supérieurs, des galeries longent les murs de la cour, faites de travées apparentes. Selon l'usage schwyzois, le couloir central s'étend d'un mur-gouttereau à l'autre. Au midi,

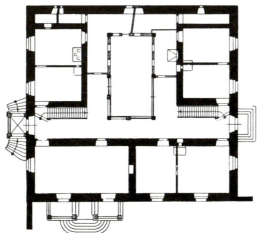

c'étaient les appartements et les pièces d'apparat et de réception. La moitié ouest reçut le salon. Seule l'aile sud fut excavée. Au pied de la façade méridionale s'étend un jardin clos d'un mur à pavillons d'angle. Bien inhabituelle en contexte schwyzois, la disposition de la maison Reding trouve peut-être une explication dans les relations qu'entretenait le maître de l'ouvrage avec la cour florentine. En effet, Rudolf von Reding (1539–1606) était agent florentin de la Confédération, auquel titre il entra en contact étroit avec le duc de Florence. Ses fils, dont le maître de l'ouvrage de la maison de la Schmiedgasse, avaient même été dans leur jeunesse pages à la cour de Florence. Plus encore que le reste, le portique intérieur traduit l'influence italienne. A quoi il faut cependant ajouter que les maisons de maître lucernoises du 16e siècle avec cour intérieure lui servirent aussi bien de modèle.

De l'aménagement intérieur, il faut signaler — outre des stucs rococo — que l'un des frères Moosbrugger créa pour deux pièces du deuxième étage vers 1760 — deux poêles de faïence. L'un d'eux se prête à des illustrations empruntées aux fables de La Fontaine; l'autre, un poêle cylindrique créé en 1690 par David et Heinrich Pfau, est une superbe pièce. Les catelles de faïence montrent des scènes peintes tirées de l'histoire de la Suisse centrale et de la mythologie, commentées de textes en vers.

Ch. O.

SCHWYZ

Immenfeld

Jusqu'en 1662, Johann Sebastian Ab Yberg (1629–1662) resta maître de la maison Immenfeld, dont on suppose qu'elle fut édifiée aux environs de 1637 par le père de celui-ci, le capitaine Hans Ab Yberg. En 1662, la propriété passa dans la famille de Johann Franz Betschart où elle resta jusqu'en 1778. Ce fut alors que les héritiers de Betschart la cédèrent au capitaine et trésorier Karl Reding. Le dernier changement de mains se fit en 1947 en faveur de Joachim Weber. Sitôt après être sortie de la famille Ab Yberg, l'Immenfeld subit d'innombrables transformations; il y eut, au nombre des principales innovations, le mur de la cour et l'entrée sur cour, puis l'ajout d'un oriel au-dessus de la porte au nord et la construction de pignons traversiers. Après quoi, en 1678, eurent lieu simultanément la construction de la chapelle et le stucage de l'entrée. Aujourd'hui, la maison présente une structure complexe qui se développe à partir d'un noyau formé par l'ancienne maison à pignon orientée au sud. L'aile orientale construite en 1710 aligne son pignon sur celui de la bâtisse primitive. La façade au levant dresse un pignon traversier, alors que côté couchant, le toit est percé de deux lucarnes. Un auvent s'étire en travers des façades, excepté à l'angle sud-est. Au-dessus, les pignons eux-mêmes projettent de petits auvents au niveau des étages supérieurs. Le fenestrage irrégulier garde mémoire des multiples transformations et ajouts. Seule la façade occidentale élevée en 1662 présente en disposition symétrique des fenêtres groupées par deux ou trois. Au nord, la porte d'entrée se couvre d'une espèce de dais ou portique à trois arcades retombant sur deux colonnes toscanes. Trois petits escaliers montent aux trois voussures. Une boule décore les pilastres de départ. Le portique, par ailleurs, supporte une construction octogonale en encorbellement, coiffée d'un charmant dôme bulbeux jadis recouvert de bardeaux et aujourd'hui de cuivre. Accroché à l'encorbellement, un auvent ménage la transition entre le portique quadrangulaire et l'oriel polygonal puis se raccorde à l'auvent de la façade principale. Le portique est orné d'un haut-relief de stuc, une composition mêlant des têtes d'anges et des cartouches aux feuilles d'acanthe et aux guirlandes de fruits. Elle fut exécutée par les mêmes artistes que les stucs de la chapelle, deux stucateurs tessinois du nom de Giovanni Bettini et Giacomo Neuroni. Un entablement avec fronton règne sur la porte d'entrée. Sur les rampants du fronton, deux lions présentent les armoiries des Betschart sur fond de trophées martiaux.

A l'intérieur de la maison, le plan suit une disposition symétrique. De toutes les pièces, la chambre lambrissée de l'angle sud-ouest a le plus de valeur. Au-dessus de la porte, les lambris portent mention de la date 1637; l'ouvrage est réalisé presque exclusivement en bois de tilleul. Comme à la maison Ital-Reding, les parois n'accusent presque aucun relief, mais se parent d'une très somptueuse marqueterie. L'ornementation joue avec les figures géométriques, les pilastres hermétiques et les entrelacs. Engagé dans la paroi septentrionale, le buffet se pare du plus beau décor. Il s'ordonne en trois étages selon trois rythmes différents. Des hermès adossés aux pilastres constituent un système décoratif cohérent: ce sont eux qui règlent l'ordonnance verticale. Le plafond, profondément creusé en caissons, contraste avec le traitement plat des parois. Le long du mur, côté fenêtres, s'alignent des bahuts servant de bancs. Au sud-ouest, à l'angle des

Ci-dessus. Schwyz, Immenfeld. Façade ouest et chapelle.
A droite. Portail principal sur la façade nord.

deux murs extérieurs, a pris place une crucifixion sculptée. On remarquera enfin un petit orgue domestique portatif à double soufflet et buffet incliné d'inspiration Renaissance.

Le jardin s'étend au sud et à l'ouest de la maison. Un mur le circonscrit. Au nord, il s'arrête au pied d'une chapelle tournée vers l'occident dont l'entrée se trouve à l'extérieur de la clôture. En 1681, Johann Dominik Betschart avait fait vœu solennel d'élever une chapelle pour remercier Dieu d'avoir sauvé sa femme de la mort apparente. De fait, il ne s'acquitta de sa promesse que six ans plus tard. La construction, achevée en 1688, fut consacrée à saint Antoine. La chapelle de style baroque primitif est précédée d'un porche à l'ouest porté par deux colonnes toscanes. Un clocheton de section circulaire se perche sur un toit en bâtière brisé. Une voûte en berceau recouvre la nef. Des stucs, admirables, façonnés en cartouches, guirlandes de fruits, figures d'anges ou putti sont le plus beau morceau du décor. Sur la paroi latérale, des tableaux dans des cadres stuqués racontent les miracles de saint Antoine, alors qu'une fresque au plafond représente l'apothéose des saints. Ces peintures sont attribuées à un maître italien de la fin du 17e siècle.

Ch. O.

Ci-dessus. Schwyz, Immenfeld. Chambre lambrissée avec buffet et orgue domestique.
Page de droite, en haut. Schwyz, Waldegg. Façades sud et est.
Page de droite, au milieu. Le plan du rez-de-chaussée.

SCHWYZ

Waldegg

Jusqu'au 19ᵉ siècle, la maison Waldegg porta le nom de Murghof. Pignon suraigu, plan rectangulaire avec corridor traversant, Waldegg correspond au type de la maison rurale patricienne. L'édifice fut construit en 1600 par Sebastian Ab Yberg, celui qu'on appelait le Grand Landammann. Au 19ᵉ siècle, la propriété passa par voie d'héritage à la famille Reding. La résidence subit de nombreuses transformations au long des siècles, dont la principale fut sans doute l'adjonction de la cage d'escalier contre le mur-gouttereau oriental: au 18ᵉ siècle, plusieurs maisons de maître schwyzoises reçurent, en prolongement du corridor central, une cage d'escalier avec pignon, traversant le toit comme une tour. Au cours de la deuxième moitié du 19ᵉ siècle, le jardin fut complètement remodelé et transféré face au mur-pignon méridional, tandis que deux pavillons vinrent en marquer les angles. Au nord, un petit bâtiment en U servant de dépendances se raccorde au mur de jardin de manière que la maison soit clôturée de toutes parts. Quatre auvents garnissent les pignons.

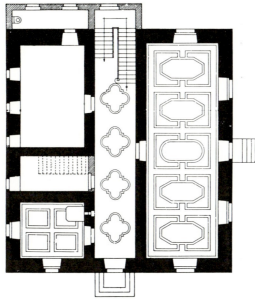

Le plan intérieur de la maison, régi par un corridor partageant la maison en son milieu, dispose les chambres de part et d'autre de cet axe central. Au midi, la rangée est toute entière occupée par cinq salons qui ont conservé leur décor des années 1697–1699. Autrefois, les cinq motifs centraux — le panneau central ovale et les quatre surfaces octogonales — étaient posés sur de simples plafonds de bois. Dans le panneau central est représenté le grand-père, les quatre autres montrent des allégories des saisons. Les tableaux sont exécutés à la manière du Corrège, mais de légères maladresses dans la technique du *di sotto in sù* laissent à penser que l'exécutant était un maître du cru qui apprit son art d'après des modèles italiens. Il se pourrait bien que les peintures fussent l'œuvre du peintre méconnu — et *Landammann* — Johann Sebastian Wüörner. C'est à l'angle sud-est du premier étage que se tient la chambre la plus richement décorée, une grande salle de séjour qui a conservé son plafond de bois d'origine et un buffet encastré à cinq vantaux datant de 1677. Au-dessous du dessin marqueté apparaît un motif dont les premiers artistes de la Renaissance firent grand usage, le volet ouvert représenté d'après une perspective dominante.

Ch. O.

SCHWYZ

Maihof

Ce n'est qu'au début de ce siècle que l'édifice prit le nom de Maihof. Autrefois, il s'appelait palais Niederöst. La famille Niederöst — comme les Reding d'ailleurs — joua un rôle important dans l'activité au service étranger et dans la vie politique de Schwyz. Si l'on en croit la tradition locale, le palais fut construit par le général Franz Leodegar Niederöst vers la fin du 17e siècle. La date exacte de la construction reste dans l'ombre. D'anciennes représentations donnent à voir un ouvrage baroque du début du 18e. Toutefois, certaines particularités stylistiques incitent à supposer une date antérieure, correspondant à la fin du 17e siècle. Si tel était le cas, cela impliquerait que le château ne revêtit son aspect définitif qu'après plusieurs campagnes.

Etabli sur le coteau, en haut de Schwyz, le palais Niederöst jouit d'une vue parfaitement dégagée sur toute la vallée. Au midi, le jardin fut aplani en terrasse. Il s'avance jusqu'à deux pavillons de jardin carrés. Autrefois, un axe est-ouest traversait toute la composition. Partant au levant d'un portail monumental aujourd'hui disparu, il se poursuivait à l'ouest par une allée, disparue elle aussi. L'édifice a beaucoup pâti des campagnes successives et en particulier de la destruction du portail et du bâtiment de service autrefois placé à l'est de la maison. Jadis, cette maison de maître baroque déployait au cœur de Schwyz une grande richesse qui laissait le visiteur sous le coup d'une forte impression. L'édifice possède trois étages dressés sur plan rectangulaire. Le grand côté est traité en façade principale. Le fenestrage établit sept axes sur les longs côtés, trois sur les petits. La façade antérieure au midi rachète la déclivité du relief par un soubassement surélevé. A l'étage supérieur, une mezzanine prend le jour par des fenêtres d'embrasure ovale. Un toit en croupe légèrement incliné et percé de lucarnes basses recouvre la maison. L'entrée principale est au nord; un portique la rehausse, soutenu par deux colonnes. Le balcon qui fut aménagé sur le portique au

En haut. Schwyz, Maihof. Façade sud.
Ci-dessus. La salle de fêtes.
Page de droite. Détail des architectures peintes en trompe-l'œil dans la salle de fêtes.

19ᵉ siècle remplace un oriel jadis destiné à la chapelle domestique.

Un escalier à double volée occupe le centre de la maison. Lui fait suite, au nord, un vestibule autour duquel toutes les pièces sont distribuées. Au premier étage, la grande salle de fêtes investit deux étages, soit le premier et la mezzanine. Elle est somptueusement décorée de peintures en trompe-l'œil du début du 18ᵉ siècle qui la recouvrent du sol au plafond. Les architectures feintes, peintes en perspective, imitent le marbre rouge, brun, bleu ou gris. Elles créent l'illusion d'une structure architectonique de deux étages. L'étage principal est traité comme un socle recoupé: des pilastres ornés de chapiteaux corinthiens à feuilles d'acanthe soutiennent une balustrade. A la hauteur de la mezzanine, c'est un décor de putti, de vases et de couronnes. Le plafond, lui aussi jadis orné de trompe-l'œil, fut repeint au 19ᵉ siècle. Précisons que cette salle de fêtes du palais Niederöst abrite la dernière décoration en trompe-l'œil encore intacte de tout Schwyz.

Ch. O.

SCHWYZ

Le palais Weber

Le maître de l'ouvrage de l'actuel palais était Josef Anton Weber (1709–1740), membre de l'influente et notable lignée des Weber von Arth. La maison fut construite entre 1738 et 1740, par les frères Lorenz et Vit Rey. Malheureusement, le maître de l'ouvrage mourut l'année même où prit fin la construction. Comme il était sans enfants, la propriété revint à son frère Félix Ludwig. Par la composition et la forme, le palais Weber ressortit au type de la résidence baroque du 18e siècle et, en ce sens, rompt totalement avec l'architecture locale. La marque du baroque primitif se repère au plan allongé avec corps central et avant-corps latéraux. Cinq croisées le long du corps central, neuf pour l'ensemble de la façade structurent l'édifice en travées régulières. Au midi, deux baies éclairent les deux ressauts d'angle. Le fenestrage est régulier, sauf sur la façade septentrionale où les croisées sont rassemblées en deux groupes de trois. Les deux étages de l'édifice sont recouverts d'un toit à la Mansart traité comme un troisième étage. Toutes les fenêtres — y compris celles des mansardes — s'ouvrent en cintre. Des escaliers gagnent le milieu de la façade méridionale où s'ouvre une porte moulurée de profils simples. Un cartouche armorié tient le haut du fronton cintré. Au pied de cette façade s'étend un parc agrémenté d'un petit bassin rond avec jet d'eau. Le jardin est rigoureusement gouverné par un axe de symétrie.

Le plan a conservé la disposition primitive des pièces: au rez-de-chaussée, le corps central est occupé par l'escalier dans sa moitié nord et dans sa moitié sud par un vaste vestibule; à l'étage prend place une salle de séjour d'égale importance au vestibule. Les appartements proprement dits sont logés dans les deux pavillons d'angles. Dans la moitié septentrionale du rez-de-chaussée, deux pièces de

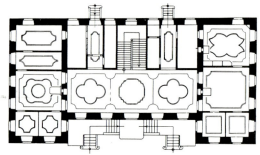

dimensions réduites flanquent une vaste cage d'escalier à double volée. Les vestibules reçurent des sols de grès, alors que les chambres s'ornent de beaux parquets d'érable et de chêne. On ne manquera pas non plus de remarquer les splendides stucs qui enrichissent le hall, les sous-faces d'escaliers ainsi que les chambres du second étage. Ils reproduisent les deux grands motifs Régence que sont l'entrelacs et le quadrillage, à quoi s'ajoutent d'autres éléments décoratifs tels que les palmettes ou les vases à anses emplis de bouquets de fleurs.

Ch. O.

SCHWYZ

Ab Yberg

La lignée des Ab Yberg figure au nombre des fondateurs de la Confédération, comme l'histoire l'a montré. Un document authentique de 1281 prouve l'existence de la famille: elle possédait alors déjà le droit de bourgeoisie cantonal de Schwyz. Les Ab Yberg jouèrent un rôle considérable dans l'histoire et la politique schwyzoise: Konrad I fut premier *Landammann* de Schwyz en 1291 et 1295, et c'est à ce titre qu'il prit part à la fondation de l'ancienne alliance. Au début du 17ᵉ siècle, Conrad Heinrich Ab Yberg confia aux frères Lorenz et Vit Rey le soin de construire l'actuelle maison. Près de trois siècles plus tard, vers 1870, Caspar Alois Ab Yberg décida de remplacer le toit à la Mansart par un toit en croupe avec fronton. Une chapelle domestique fut construite en 1592 dans le périmètre de la propriété, mais en 1863 la nouvelle Muotathalerstrasse l'isola du domaine. La maison se dresse sur plan longitudinal. A l'est, une annexe à destination de communs réserva un espace étroit constitué en cour intérieure. Un jardin s'étend au sud à l'intérieur d'un mur aux angles renforcés de deux pavillons octogonaux. Quant à l'ancienne construction de bois de 1562, seule une imposte sculptée en garde la mémoire: elle porte les armoiries des Ab Yberg-Auf der Maur surmontées de la date de 1562. L'édifice montre un équilibre monolithique. Il est à peine structuré par des chaînes d'angle appareillées et de modestes fronteaux aveugles. Au midi, les fenêtres s'alignent rigoureusement par sept. L'étage, qui à l'origine correspondait au pignon, se mua, avec la transformation du toit à la Mansart, en un troisième étage. L'actuel toit en croupe est orné de frontons.

Depuis l'entrée principale sur la face ouest, un étroit corridor central se dirige vers l'escalier à l'autre extrémité de la maison. La

Page de gauche, en haut. Schwyz, le palais Weber. Façade au sud.
Page de gauche, au milieu. Le plan du rez-de-chaussée.
Ci-dessus. Schwyz, Ab Yberg. Façade sud et enceinte.
Double page suivante: Beroldingen, le castel. Vue du nord.

disposition du rez-de-chaussée avec corridor central se répète à chaque étage. Les deux poêles de faïence aux deuxième et troisième étages furent créés aux environs de 1746 dans les ateliers de Hans Jörg Buschor. Le couloir du deuxième étage possède une armoire marquetée et rehaussée d'une riche ornementation (environ 1600). Signalons enfin les plafonds de stuc Régence et la finesse de leur arrangement, ainsi que les portes sculptées et leurs belles incrustations.

Ch. O.

SEELISBERG

Le manoir de Beroldingen

Le charmant manoir de Beroldingen trône parmi les alpages au-dessus du lac des Quatre-Cantons. Les Beroldingen furent authentifiés en 1257. Plus tard, on assiste à leur accession au clergé du cloître de la Fraumünster de Zurich. Mais c'est au 15e siècle que sonna leur heure de gloire. Heinrich von Beroldingen fut *Landammann* et député à la Diète. A maintes reprises, il dut intervenir dans différentes affaires politiques en qualité d'intermédiaire. Son petit-fils, Andreas, revêtit lui aussi de hautes fonctions politiques. Quant au chevalier Josua (1495–1593), le fils d'Andreas, il se battit à Marignan et scella au nom du canton d'Uri la première paix de Kappel en 1529. C'est lui qui, vers 1530, fit ériger le manoir. Il y a lieu de supposer que l'architecte profita d'un bâtiment déjà existant — comprenant probablement même un noyau moyenâgeux — pour le transformer en édifice patricien. En 1598, Sebastian von Beroldingen institua le domaine en fidéicommis; actuellement, la disposition est encore en vigueur. S'il n'est plus de Beroldingen à Uri, on retrouve trace de cette branche en Allemagne, en Autriche et en Espagne. Aussi est-ce au canton d'Uri que revient la charge d'administrer la fondation.

Le bâtiment, sis sur base rectangulaire, présente une allure dépouillée. L'entrée se fait à l'est, du côté où les murs s'avancent en brise-vent, accentuant les angles. Toutes les façades sont maçonnées, sauf l'étage supérieur au levant fait de bois et de bardeaux. Le fenestrage n'obéit à aucun ordre particulier. Une chapelle surmontée d'un clocheton recouvert de bardeaux s'adosse au flanc sud du château. Elle recèle un petit triptyque gothique offert par le chevalier Konrad von Beroldingen (1558–1636), fondateur de la branche tessinoise. Ouvert, le triptyque représente la Vierge et, à ses côtés, sainte Catherine et sainte Barbara ainsi que saint Pierre et saint Paul. Lorsque les volets sont fermés apparaît un tableau de l'Annonciation entre des représentations de saint Thomas et saint Laurent. En 1716, la chapelle fut agrandie et communique dès lors au château par une galerie.

A l'intérieur du bâtiment, la grande chambre de l'étage supérieur mérite qu'on s'y attarde: elle possède un poêle de faïence blanc et bleu avec cette inscription: «Meister Johann Jost Nigg: Hafner In Gersau: Anno 1783.» Notez enfin que le châtelet de Beroldingen se distingue par un emplacement exceptionnel, puisqu'il occupe un point autrefois stratégique de la ligne du Saint-Gothard, entre Bauen et Seelisberg. D'architecture sobre, le bâtiment s'unit étroitement au paysage d'alpage qui l'environne.

D. F.

SEEDORF

Le château A Pro

Le château A Pro a pris place, lui aussi, sur la route du Gothard, à l'extrémité du lac, sur une rive marécageuse d'où il domine toute la vallée. C'est un bel ouvrage retranché derrière des douves et un mur d'enceinte crénelé dont les angles saillants font croire à des bastions. La famille A Pro est originaire de la Léventine. Les premières apparitions de ce patronyme dans les documents coïncident avec la période florissante du trafic du Gothard. Jakob A Pro — celui qui s'était illustré par ses hauts faits pendant la guerre de Souabe — fut admis en 1513 à la bourgeoisie cantonale d'Uri. Son fils, Jakob, qui s'était taillé une large fortune dans le commerce, fit construire l'édifice seigneurial entre 1556 et 1558. Il se vit confier d'importantes fonctions officielles et en 1545 fut admis à la noblesse. La construction du château d'A Pro devait témoigner de sa réussite. Son fils, Peter, se fit aussi un nom par ses faits d'armes et son activité politique. En 1578, il fonda le fidéicommis d'A Pro, une fondation de droit public d'assistance aux pauvres. La lignée prit bientôt fin avec la mort des deux fils. En 1959, le canton d'Uri obtint d'abroger la disposition juridique, après quoi, entre 1962 et 1967, il entreprit la restauration de l'édifice.

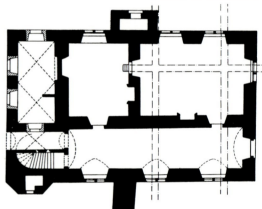

La muraille est percée au sud d'un portail en plein cintre accessible par un pont. De là, on pénètre dans l'enceinte. Au-dessus de l'entrée sont frappées les armoiries des A Pro. Un porche en plein cintre surmonté de deux étages complets fut ajouté à l'avant de la maison au moment d'entreprendre des transformations pour rendre le bâtiment habitable en morte saison. L'édifice comprend trois étages sur plan rectangulaire. A l'angle sud-est, une tour d'escalier avec pignon se dresse à travers le rampant. Un toit en bâtière, surélevé après coup, recouvre la bâtisse. Un auvent contre la façade sud, un oriel à l'ouest, ici des meurtrières, là des fenêtres aux moulures gothiques encadrées de grès, parfois échelonnées, sont des éléments de pure décoration destinés à animer l'édifice. Les armoiries du bâtisseur sont reprises au-dessus de la porte.

Le rez-de-chaussée du château est occupé par la grande salle des chevaliers. La pièce

Page de gauche, en haut. Seedorf, le château A Pro. Façades sud et ouest.
Page de gauche, au milieu. Le plan du rez-de-chaussée.
Ci-dessus. Bürglen, la maison In der Spielmatt. Façades nord et est.

s'orne d'un épais plafond à caissons. On remarquera aussi la cheminée et les jambages de pierre enserrant la porte. Un escalier en vis gagne le premier étage. La grande cuisine, au nord, se signale par une hotte de cheminée originale. La salle de parade loge à l'ouest. Un poêle cylindrique et des lambris constituent toute sa décoration. Le poêle, daté de 1562, porte les armoiries des A Pro-Zumbrunnen. Il est monté sur socle de grès et recouvert de catelles damassées. La salle verte, au second étage, mérite plus grande attention. Les peintures qui font sa décoration illustrent des scènes bibliques de l'Ancien Testament. Comme ce sont des thèmes rarement illustrés en pays catholique, on est amené à supposer un rapport direct entre le sujet peint et le maître de l'ouvrage. La chapelle du château occupe un angle de la tour d'escalier. En 1567, les châtelains reçurent l'autorisation du pape Pie V de lire la messe. La petite Pietà sur l'autel date du milieu du 16e siècle. Les éléments de style se limitent à la voûte d'arête, les remplages aux fenêtres et le sol carrelé. Une embrasure donnant sur la cage d'escalier permettait au personnel de maison de participer au service divin. La chapelle domestique du château A Pro est la plus petite du genre. Les fresques de Tell peintes par Karl Leonz Püntener, qui ornaient jadis la chapelle de Guillaume Tell au bord du lac d'Uri, furent transférées sous les arcades du vestibule sud lorsque le bâtiment fut démoli en 1880.

Le mur d'enceinte crénelé et les bastions d'angle relèvent de l'architecture fortifiée. Cependant, si le Moyen Age attendait de ces ouvrages un appui défensif, la Renaissance ne les garda que pour leur forme ornementale.

D. F.

BÜRGLEN

La maison In der Spielmatt

La maison In der Spielmatt est une résidence digne d'un magistrat, à la fois fière et rustique. Le bâtisseur en était le *Landammann* Peter Gisler, une personnalité noble et influente qui entra dans l'histoire sous les traits d'un grand homme d'Etat. Né en 1548, il épousa en premières noces Ursula Im Ebnet. En second mariage, cet homme du monde choisit une femme de Lucerne, du nom d'Anna Maria Pfyffer. Dans ses jeunes années, Peter Gisler avait été capitaine à Venise puis en France. En 1577, nommé banneret, il entra au gouvernement et jusqu'à sa mort, en 1616, il participa à la Diète en tant que député.

Gisler fit construire cette belle maison en 1609. Des travaux de restauration effectués en 1840 exhumèrent de l'une des pommes de pin du toit des plans annotés qui fournirent d'amples renseignements: ainsi apprend-on que le maître charpentier Martin Tunberg, le serrurier Jakob zum Biel ainsi que divers autres artisans participèrent à la construction. A la mort de Peter Gisler, la maison échut au greffier cantonal Mathias Käs. Au nombre des propriétaires ultérieurs figurent le *Landammann* Johann Kaspar Arnold, la famille Planzer et Paul Arnold.

L'édifice, destiné à mettre en valeur le prestige de son bâtisseur, et la tour d'habitation moyenâgeuse — actuel musée Guillaume Tell — font le cachet du village. Deux étages complets se dressent sur un socle maçonné. La façade principale en aval marque la dimension horizontale par des auvents, tandis que des poutres verticales apparentes rapportent en façade les dispositions intérieures. Toutes les fenêtres sont pourvues de vitrages en cul de bouteille. Aux deuxième et troisième étages, des enfilades de deux ou cinq fenêtres s'ornent d'encadrements sculptés à volets coulissants — les fameux *Zug*— u. *Schiebladenumrahmungen*. L'entrée s'ouvre au nord de plainpied: la porte, en plein cintre, est prise dans un encadrement de grès portant la date de 1609. Une galerie couverte s'étire sur toute la longueur du deuxième étage. L'arrière du bâtiment est entièrement maçonné. Jadis, on aménagea contre la façade orientale, légèrement décalée du centre, une petite construction servant de lieux d'aisance qui fut agrandie pendant le 19e siècle aux dimensions de dépendances. L'entrée postérieure occupe l'axe central. Les fenêtres sont distribuées régulièrement sur toute la façade. La variété des éléments décoratifs — les aisseliers, les *Rössli* (panonceaux traditionnels) ou les billettes par exemple — montrent le goût de l'architecture paysanne pour l'ornementation.

A l'intérieur, la chambre à boire (angle nord-ouest du rez-de-chaussée) mérite de retenir la plus grande attention par ses peintures murales: sur la paroi sud, un bœuf charrie des matériaux de construction; au levant, c'est une crucifixion entre la représentation de saint Antoine et du frère Klaus. Au mur septentrional, enfin, le maître de l'ouvrage fit représenter des Confédérés. Deux jolies petites armoires Renaissance prennent place sous les armoiries peintes des Pfyffer, Gisler et Im Ebnet, et l'inscription de la date 1615. Un corridor recouvert de planelles de terre cuite — tel qu'autrefois tous les corridors — dessert au premier étage à droite une grande pièce. Elle contient un poêle de faïence vert (daté de 1860) et un riche buffet qui ne dut arriver dans cette pièce que plus tard. La chambre au midi abrite un beau poêle cylindrique Renaissance daté de 1611 et portant les initiales HBM. Les parois lambrissées et le plafond sont peints de motifs de fleurs et de rinceaux beiges sur fond gris. Les armoiries des Planzer se rapportent au maître de l'ouvrage qui commanda ce décor.

D. F.

En haut. Altdorf, Eselmätteli. La Chambre de l'Ours.
En haut à droite. Le plan du premier étage.
Ci-contre. Façades nord et ouest.
Page de droite. Le plafond de la sala terrena.

ALTDORF

Eselmätteli

Le nom d'Eselmätteli tire son origine d'une coutume qui voulait qu'au dimanche des Rameaux un âne de bois longeât la propriété. Seule et de plan massé, la maison fut bâtie en bordure de la route principale, à l'alignement d'autres maisons de maître qui donnèrent à cette rue d'Altdorf le nom de Herrengasse. En 1684, le bailli Johann Franz Scolar obtint la propriété des mains du *Landammann* Johann Heinrich Bessler. Et c'est sans doute vers 1684–1688 qu'il fit édifier la maison. Des raisons autorisent à penser que son frère, le curé Johann Jakob Scolar inspira la construction: c'était en effet un architecte amateur à qui l'on doit l'église de Bürglen et le couvent de femmes de Seedorf. En 1693, la maison alla au Dr Vinzenz Müller, et en 1764 un nouveau changement de mains la plaça en possession du *Landammann* Carl Franz Müller (1738–1797). Müller était capitaine et commandant d'une compagnie dans le régiment napoléonien de Wirz. Il fut ainsi à plusieurs reprises député à la Diète de Frauenfeld. De retour au pays, il entreprit de transformer sa maison en résidence féodale. Le splendide second étage, de même que mille et une touches d'un goût délicieux dans la décoration intérieure datent de cette époque. Carl Franz Müller légua la maison à son épouse Maria Josefa Müller-Brand. En 1799, l'Eselmätteli échappa à un incendie qui ravagea tout le village. Or, justement pendant cette période d'occupation française, la résidence, qui passait pour la plus patricienne de toutes les maisons qu'Altdorf avait pu sauver, fut choisie pour servir de quartier général aux officiers de l'Empereur. L'Eselmätteli échut ensuite par héritage au petit-fils de l'ancien propriétaire, le Dr Franz Müller, puis au fils de celui-ci, le Dr Alban Müller. Enfin, en 1918, la demeure fut acquise par la compagnie d'électricité d'Altdorf, aux mains de qui elle est restée jusqu'alors.

L'édifice élève une architecture régulière de trois étages sur base rectangulaire. Aux façades nord-sud rythmées par l'alignement de quatre fenêtres s'opposent les façades est-ouest à l'articulation réglée en cinq axes. La façade sur rue, au levant, souligne l'axe central par un balcon de ferronnerie et une entrée en plein cintre d'appareil rustique. Malheureusement, le portail qui précédait l'entrée principale fut légèrement déplacé sur l'est. Un oriel fait saillie au premier étage de la façade nord. Au couchant, la façade sur jardin découvre une articulation irrégulière motivée par la disposition intérieure. Un toit à croupe faîtière parachève l'édifice.

La disposition intérieure est ordonnée par un corridor central distribuant les pièces de part et d'autre. Une *sala terrena* occupe l'angle nord-est du rez-de-chaussée. Le décor de la pièce réside tout entier dans un plafond d'inspiration italienne aux stucs façonnés de puissants reliefs. Les peintures des médaillons représentent Orphée au centre jouant de sa harpe et, groupés tout autour de lui, des animaux venus des quatre continents. Toutes les pièces d'habitation du premier étage sont revêtues de somptueux lambris de noyer, parfois ornés de sculptures. Les pièces d'angle côté rue sont dotées de poêles cylindriques. Au deuxième étage se tient la chambre aux ours *(Bärenzimmer)* et l'antichambre attenante, les parois tendues de toiles peintes illustrant des scènes de chasse et de danses, et des scènes aussi de la vie des bohémiens. Un superbe poêle cylindrique aux tons de rose, peint de ruines, ainsi qu'un plafond de stuc rococo mettent une dernière touche à l'ornementation de la pièce. La chambre à l'angle sud-est reçut un plafond tendu d'étoffe: au centre, un jeune guerrier est couronné des mains d'une jeune femme. Armé de son arc, Amour veille sur le couple. Un damas de soie pare les murs. Dans l'encoignure se dresse un poêle de Küchler daté

de 1773 et illustré de scènes de chasse. Les parois de la chambre d'angle au sud-ouest sont également recouvertes de tentures. Au centre du plafond, Aurore apparaît, entourée de représentations allégoriques des quatre saisons.

Autrefois, le mobilier s'harmonisait à ce très pur environnement rococo. L'architecture simple correspondait au modèle baroque d'un intérieur de Suisse centrale tel qu'au château de Mauensee (LU) ou dans quelques édifices patriciens d'Altdorf, à cette différence toutefois que si la plupart des maisons de maître de Suisse centrale concentrent la magnificence du décor sur une ou deux pièces, l'Eselmätteli, en revanche, déploye une ornementation somptueuse à tous les étages — ce qui lui vaut de compter parmi les plus belles résidences en son genre.   D. F.

GLARIS

La maison In der Wies

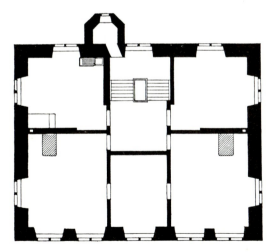

Page de gauche. Glaris, la maison In der Wies. Façades sud et est.
Ci-dessus. Détail d'une tapisserie du troisième étage.
Ci-contre. Le plan du premier étage.

Cette remarquable maison bourgeoise glaronnaise du 18e siècle se tient à proximité de la route principale qui débouche de la vallée par le nord. C'est Johann Heinrich Streiff qui fit dresser cette belle construction dans les années 1746–1748. On attribue à J.U. Grubenmann, un des membres de la famille d'architectes Grubenmann dont témoignent aujourd'hui encore plusieurs constructions en Suisse orientale. Johann Heinrich Streiff, le maître de l'ouvrage, naquit en 1709. Il fut conseiller, député du canton de Glaris, puis major du pays et bailli de Thurgovie. En première noces, il épousa Emerentia Zwicki de Mollis. Sa seconde femme, Margarita Convert, était originaire de Neuchâtel. C'est Streiff qui, en 1740, installa sur les rives de Strengenbach à Glaris la première fabrique d'indiennes du canton, posant en quelque sorte la première pierre de l'indiennerie glaronnaise dont l'industrie était appelée à connaître bientôt une réputation mondiale. A sa mort en 1780, la propriété revint à sa fille Anna Maria Streiff qu'une mort précoce emporta en 1799, faisant de son époux Heinrich Blumer, de Glaris, le nouveau propriétaire. L'amitié que celui-ci professait pour les Français le contraignit à quitter biens et patrie à l'arrivée des troupes autrichiennes la même année. C'est ainsi qu'en 1800 la maison in der Wies reçut un nouveau propriétaire en la personne du frère de Heinrich, le chef de chœur Johann Jakob Blumer (1756–1825). Le riche décor en plusieurs pièces est une commande de cet homme cultivé et doué d'un sens artistique aigu. La bibliothèque qu'il monta dans sa maison devait plus tard constituer le noyau primitif de la bibliothèque cantonale de Glaris. Dans le défilé des propriétaires, on verra apparaître en 1825 Cosmus Blumer et en 1886 le juge cantonal, Bartholome Heinrich Tschudi-Streiff dont la famille est restée jusqu'à aujourd'hui propriétaire du domaine.

L'édifice est cossu, construit en moellons sur toute la hauteur de ses trois étages. Ses quatre façades montées sur un petit socle obéissent à une ordonnance régulière. La façade sur jardin et celle qui lui est opposée occupent le petit côté d'un plan transversal. La façade principale prend le jour par des alignements de cinq croisées. Vers 1850, l'axe central fut rehaussé d'un portail accompagné

de colonnes toscanes et un balcon orné d'une balustrade en fer forgé s'avança à l'aplomb du portail. La façade antérieure au couchant s'organise en suites de trois fenêtres. Lui est adossée, de façon un peu inattendue, une annexe à dôme romand. Les façades au nord et au sud ne présentent que deux fenêtres en longueur, toutes surmontées d'un fronteau peint et chantourné. Les décorations d'angle retiennent aussi l'attention. Des pilastres en trompe-l'œil donnent à la maison un caractère seigneurial. Des ornements rococo, frivoles, accompagnés de délicats portraits, en enluminent le pied, le fût et le chapiteau. Le toit à pignon, avec ses deux rampants concaves et mansardés, répond à une prédilection marquée dans la région.

Un couloir central commande les différentes pièces. A l'extrémité postérieure, un escalier à double volée monte aux étages supérieurs. Au premier étage, l'ancienne chambre de travail du maître de l'ouvrage présente un beau poêle rococo exécuté par Heinrich Bleuler en 1771. La bibliothèque que constitua Johann Jakob Blumer se situe au troisième étage. Les impostes portent des représentations de jeux pratiqués dans la Grèce antique et des scènes de sacrifices. La pièce attenante est ornée de tapisseries illustrées ramenées de Paris en 1811. On y voit des paysages peints et des représentations architecturales reposant sur une plinthe illustrée de symboles et ornements de style Empire. Il faut encore signaler, aux plafonds de plusieurs pièces, des stucs moulés en cartouches, rinceaux et paysages imaginaires. Ils sont l'œuvre des frères Andreas et Peter Anton Moosbrugger. Non loin, au Haltli à Mollis ou à la maison Sunnenzyt à Dornhaus, de semblables décorations de stuc sont attribuées à la même main.

Un parterre à la française, agrémenté de bordures de buis et d'allées de gravier, ajoute au style de la maison patricienne.   *D. F.*

MOLLIS

Haltli

L'ancienne maison seigneuriale du nom de Haltli est accrochée, bien en vue, au-dessus du village de Mollis. Son nom lui vient du versant — *Halde* en langue allemande — auquel elle fut construite. C'est entre 1782 et 1784 que Konrad Schindler (1757–1841) fit dresser l'ouvrage. Après avoir suivi une formation d'architecte à Paris, Schindler fit preuve de son savoir en transformant le château de Grünenstein près de Balgach, une résidence appartenant à son père. Grâce aux biens de son épouse, Dorothea Zwicki, de Glaris, et grâce à l'héritage qu'il fit de la belle fortune paternelle, il put entreprendre un projet ambitieux inspiré des palais du baroque français. Schindler prit pour modèle la composition en U — bâtiment principal avec doubles dépendances flanquantes — qu'innova le château de Marly près de Versailles (1676–1686), édifice érigé en modèle stylistique souvent repris. Effectivement, les ensembles à pavillons manifestent très concrètement les structures absolutistes et démonstratives qui sous-tendent la conception des résidences de campagne seigneuriales.

Le puissant monolithe rectangulaire que forme le corps du bâtiment principal était dans

Page de gauche. Glaris, la maison In der Wies. Bibliothèque avec tapisseries et plafond de stuc. Ci-dessus. Mollis, Haltli. Ancienne maison de maître, façade sud.

les environs de Glaris — exception faite du palais Freuler et de l'Hôtel de Ville de Näfels — une nouveauté et dut apparaître comme le contre-pied du type traditionnel en usage jusqu'alors qui prônait un corps de bâtiment plutôt élevé. Seules les dépendances avec leur toit chantourné se rattachent à la tradition architecturale de l'endroit. En retrait, adossées à la pente, elles forment avec le bâtiment principal une cour — avec fontaine — qui reprend l'idée d'une cour d'honneur. Le Haltli changea plusieurs fois de propriétaires jusqu'en 1911, date à laquelle la société d'utilité publique du canton s'en porta acquéreur et y installa une école pour handicapés.

La façade principale de la maison de maître, puissamment rythmée, compte trois étages. L'effet de structure régulière procède de la répartition des fenêtres en groupes de trois. Des chaînes qui, aux étages supérieurs, se muent en pilastres colossaux, opèrent une subdivision optique à la verticale. Le groupe central de trois croisées est traité à la manière d'un ressaut avec fronton en couronnement et accompagnement de pilastres. Le portail pratiqué dans l'axe central intensifie encore l'accentuation apportée à la partie médiane. Des pilastres corinthiens superposés flanquent l'entrée. Un fronton à volutes orné d'une nature morte sculptée s'étire jusqu'à l'appui de fenêtre supérieur. La dimension horizontale de la façade est assumée par un socle à refends, un cordon et la corniche. La façade opposée, sur cour, adopte un parti plus simple. Seul l'axe central a suscité un traitement particulier: un escalier mène à l'entrée; au même aplomb, deux fenêtres pratiquées entre les étages permettent d'éclairer la cage d'escalier; un fronton, enfin, sert d'amortissement à l'axe central. Un haut toit en croupe parachève l'imposant édifice.

A l'intérieur, le plan est partagé par un couloir traversant, à l'extrémité nord se tient une cage d'escalier à double volée. Un corridor d'équerre parcourt la maison en sa longueur. Les chambres s'enfilent l'une derrière l'autre selon la disposition baroque. Autrefois, toute la moitié d'amont du rez-de-chaussée était réservée aux locaux de service. Le salon au premier étage a conservé son arrangement primitif. Les parois sont habillées de tapisseries à motifs floraux provenant de la manufacture Réveillon à Paris. Composent l'ornementation: une petite console Louis XVI richement enjolivée et accompagnée d'un miroir, des stucs rococo avec des représentations allégoriques du printemps, de l'été et de l'automne, un poêle cylindrique, enfin, tenu dans une harmonie bleue et blanche qui incarne la saison froide. Au second étage, la grande salle occupe tout le côté ouest de la maison. Ses parois sont ponctuées de pilastres ioniques sur lesquels repose un entablement. Tout au long de la frise, des stucs racontent la chasse, la guerre, l'agriculture, les arts, les sciences. Deux grands médaillons tout enguirlandés ornent le plafond.

Le Haltli est, avec le palais Freuler, le plus seigneurial des édifices du canton. La conception baroque de l'ensemble avec pavillons trouve ici une réalisation exemplaire adaptée au mode d'expression du baroque français.

D. F.

NÄFELS

Le palais Freuler

L'édifice seigneurial de Näfels porte le nom de son constructeur, Kaspar Freuler (1595 environ — 1651). Freuler fut lieutenant au service du roi de France en l'an 1614; en 1635, il servit comme colonel dans le régiment des gardes suisses. Deux ans plus tard, soit en 1637, Freuler fut élevé à la dignité de chevalier par Louis XIII en personne. Il épousa en premières noces Margareta Hässi, de Glaris, la fille de l'*Alt-Landammann* Fridolin Hässi qui, en 1619, succéda à Gallati à la tête du régiment de la garde. Après la mort de sa première femme, Freuler épousa Anna Reding, de Biberegg, née d'une famille de *Landammann* schwyzois et de capitaines de la garde. En l'absence de son époux, elle dirigeait la construction, car Kaspar Freuler ne faisait que de brefs séjours dans sa ville natale. En 1651, il mourut des suites d'une blessure.

Nous savons bien peu de choses du déroulement de la construction. Seules quelques dates gravées sur le bâtiment nous donnent des rudiments d'information: les travaux durent commencer aux environs de 1642 (date portée par des tuiles de la toiture). En 1645, le toit était posé. Une inscription gravée sur la poutre du comble livre le nom du charpentier: «Meister Hans Fries aus dem Alghei.» L'aménagement intérieur s'étendit jusqu'en 1647. Le maître de l'ouvrage prit apparemment une large part à la conception de l'édifice. En revanche, la disposition du palais et de la cage d'escalier accréditent l'hypothèse qu'intervint également la main d'un architecte accompli. Le palais Freuler resta en possession de la famille jusqu'en 1837. En 1840, la commune de Näfels l'acheta pour y loger une école, une maison des pauvres et un foyer pour orphelins. Près d'un siècle plus tard, en 1937, une fondation glaronnaise racheta le palais et entreprit de le restaurer. Actuellement et depuis 1946, le bâtiment abrite le musée cantonal de Glaris où un département entier est consacré à l'indiennerie glaronnaise. En 1983 débutèrent de nouveaux travaux de restauration lors

Page de gauche, en haut. Näfels, le palais Freuler. Côté cour (avant la restauration de 1984). Page de gauche, en bas. Le portail principal face à la route. Ci-dessus. Détail du plafond dans la petite chambre d'apparat.

desquels on s'attacha plus particulièrement au chromatisme de la façade: à cet effet, les volets flammés furent restitués et les chaînes équarries. Quant à l'intérieur, des examens minutieux permirent de rendre les somptueux stucs à leurs coloris primitifs.

La maison patricienne se compose de deux ailes assemblées d'équerre. L'aile nord était destinée aux domestiques, l'occidentale aux maîtres. A la verticale, des chaînes d'angle d'une grande unité plastique, à l'horizontale, des cordons sont autant d'éléments qui accentuent l'homogénéité du bâtiment. Des dépendances flanquent l'édifice au midi, circonscrivant l'espace d'une cour. Les deux ailes ont trois étages d'élévation et sont l'une et l'autre recouvertes d'un toit en bâtière percé de lucarnes. L'aile principale compte cependant un étage supplémentaire de mansardes lui permettant de se distinguer de la seconde comme un corps principal d'un pavillon. En outre, elle arbore deux pignons, un à chaque extrémité, structurés de pilastres et d'auvents. Au midi, l'axe principal de la façade est mis en valeur par un oriel correspondant à une chapelle et deux niches. Côté rue, la façade aligne des rangs de huit croisées. L'axe central, déterminé par une entrée monumentale et la

lucarne médiane, s'aligne sur la cinquième fenêtre. Le portail est fait de deux vantaux richement sculptés et d'un remarquable chambranle de grès. Le fronton curviligne interrompu porte les armoiries de Freuler et de ses deux épouses Hässi et Reding. Au-dessous se déroule une inscription, datée de 1646, concernant le maître de l'ouvrage. Le portail placé côté cour sur une façade de cinq fenêtres est plus simple et parle déjà le langage des formes de l'aube baroque.

La disposition intérieure du bâtiment principal s'organise à chaque étage le long d'un large corridor traversant. Au nord, la cage d'escalier est ajourée d'arcades. Adoptant la conception architecturale baroque, le constructeur traita l'escalier et le couloir comme s'il s'agissait d'un seul vaste hall. Une balustrade façonnée en remplage — avec, aux étages supérieurs, des ornements Renaissance — accompagne l'escalier. Le corridor et la cage d'escalier forment le noyau spatial à partir duquel se développe la structure intérieure. Dans le vaste hall du rez-de-chaussée, l'attention est retenue par deux grandes portes de

style baroque primitif ornées de panneaux sculptés et de chambranles de grès armoriés à la clé. Outre des locaux de service, cet étage abrite une *sala terrena*. Tout le charme de cette salle naît du contraste entre la voûte en ogive surbaissée et son opulence de stucs, d'une part, et de l'autre le sol carrelé de calcaire noir et poli. Les pendentifs d'angle se prêtent à quatre ravissantes allégories des vertus cardinales — le Courage, la Justice, la Prudence et la Tempérance. Le premier étage remplit son rôle d'étage noble, puisqu'il comprend les pièces les plus luxueuses, distribuant au midi les pièces d'apparat et au nord les appartements privés du maître de maison. Au-dessus très exactement de la *sala terrena* s'étend la salle de fêtes. Le somptueux plafond à caissons, mais aussi une cheminée et des stucs délicats sur l'embrasure des fenêtres confèrent à la pièce un caractère solennel. La chapelle domestique est aménagée au sud. Une scène stuquée de l'Annonciation à Marie encadre une *Adoration des Bergers* en tableau d'autel. Les stucs d'inspiration italienne sont de la même main que ceux de la *sala terrena*. Les deux salles d'apparat, face à la route principale, comptent parmi les plus précieux intérieurs 17e de toute la Suisse. La plus petite des deux est entièrement boisée de hauteur. Des sculptures et une marqueterie pleine de couleurs et de fantaisie ornent les lambris ainsi qu'un buffet bâti selon les règles de l'architectonique. Dans la chambre de Freuler, le plaisir ornemental s'efface devant un confort accueillant. Les parois et le plafond sont également recouverts de lambris. A ce décor s'ajoute encore l'armoire Renaissance datée de 1619. Notons enfin, dans les deux pièces, de magnifiques poêles provenant des ateliers de Pfau, poêlier à Winterthour. Bien qu'ayant motivé un luxe moins abondant, les pièces du second étage se signalent tout de même par leurs plafonds à caissons. En outre, à l'extrémité sud du couloir se trouve une chambre au décor somptueux; l'œil contemplera avec ravissement les lambris des parois, un plafond à caissons ainsi qu'un poêle de faïence peint datant de la moitié du 18e siècle.

On peut dès lors affirmer que le palais Freuler de Näfels compte parmi les plus prestigieux édifices de la Suisse du 17e siècle. Avec sa silhouette monolithique et allongée, il adhère aux modèles de la Renaissance italienne et de Suisse centrale. Le traitement différencié des pignons rappelle une tradition suisse-orientale ou allemande. Remarquons enfin qu'en Suisse la coexistence des styles gothique, Renaissance et baroque relève presque de la tradition.

D. F.

Page de gauche, en haut. Näfels, le palais Freuler. Sala terrena au rez-de-chaussée.
Page de gauche, en bas. La chapelle domestique au premier étage.
En haut. Représentation de la Prudence dans la sala terrena.
Ci-contre. Cage d'escalier.

LA SUISSE ORIENTALE

ZURICH

Dès la Préhistoire, le passage de la Limmat joua un rôle clé dans la communication entre l'est et l'ouest. Les Romains y dressèrent une place forte qui connut un tel développement qu'à l'aube du Moyen Age elle avait atteint les dimensions d'une ville massée autour d'un palais royal. A partir du 8e ou 9e siècle, les deux grands établissements religieux du canton, l'abbaye du Fraumünster et la prévôté du Grossmünster, exercèrent une influence décisive sur le développement politique de la ville. Très tôt déjà, ils tinrent du roi une riche propriété foncière des environs. Au 10e siècle, Zurich accéda au rang des plus prestigieuses villes de Souabe. Sa puissance, elle la devait essentiellement à un emplacement avantageux au carrefour de deux voies de commerce, la première allant d'est en ouest, la seconde ralliant le nord au sud (col du Saint-Gothard et cols des Grisons). A l'époque déjà, une puissante classe marchande inspirait à la cité un développement économique et politique considérable. La ville dut aussi une part de son essor aux Zähringen qui étaient les tenanciers du bailliage impérial dès 1098. Lorsque le lignage prit fin, les droits seigneuriaux restèrent en mains royales. Détentrice du droit de monnaie, de péage et de marché, et responsable de désigner le juge dans l'avouerie, l'abbesse se considéra désormais le maître et seigneur de la cité. Les premiers soulèvements en faveur de l'autonomie de la ville furent fomentés par les marchands-exportateurs en soieries dont l'industrie, en ces 12e et 13e siècles, faisait florès. Alors ressurgirent — comme un contrepoids — les vieilles souches nobles des ministériaux de l'abbaye. En 1220, on relève les traces d'un Conseil constitué de ces deux classes. Tous les quatre mois, il se relayait par tiers de douze membres. Au terme du 13e siècle, la bourgeoisie avait acquis la haute main sur la politique, et l'abbesse passait lentement sous son protectorat. Le mouvement d'émancipation connut son apogée en 1262 avec la reconnaissance par le roi d'une bourgeoisie libre et impériale. La première codification d'un droit urbain remonte à 1291 (*Richtebrief* ou lettre jurée).

Le renversement du Conseil, ourdi par Rudolf Brun, déboucha en 1336 sur la participation au gouvernement de la corporation des artisans dont l'influence croissait à la mesure de l'essor économique de la ville. En première conséquence, noblesse et artisanat cohabitèrent au Conseil. En 1393, à la faveur d'une révision de la Constitution, les treize corporations se virent adjuger la supériorité politique au Petit Conseil: Zurich se muait irrésistiblement en ville de corporations. En 1351, un acte confirme pour la première fois l'existence d'un Conseil des Deux Cents ou Grand Conseil qui s'investit rapidement d'un poids politique tel qu'il s'appropria bientôt la conduite de l'Etat. De ce jour et jusqu'en 1713, la Constitution de la cité subit six révisions, sans qu'aucune ne portât la moindre atteinte à son caractère corporatif. Dès la fin du 15e siècle et pendant tout le 16e siècle, l'artisanat fournit au régiment ses principaux chefs de file. Bientôt la classe marchande tint le haut du pavé, et jusqu'en 1798 c'est elle qui constitua la base de l'aristocratie zurichoise.

Zurich inaugura sa politique territoriale en 1358 avec l'achat de Stadelhofen et de Zollikon — deux localités des bords du lac de Zurich — et la poursuivit jusqu'à la moitié du 15e siècle. Certes, à cette époque, le territoire de l'Etat de Zurich manquait encore de cohésion, cependant il était déjà organisé en bailliages *(Landvogteien)*. Il couvrait toute la région s'étendant depuis le haut du lac de Zurich jusqu'au Rhin. En 1467, Zurich obtint des Habsbourg les droits de souveraineté sur Winterthour qui devint ainsi sa première ville de province. Un siècle plus tard, en 1558, Zurich avait amplement arrondi son territoire. L'ancienne guerre de Zurich (1439–1446) mit aux prises Schwyzois et Zurichois alors qu'ils nourrissaient des visées identiques d'expansion sur l'axe nord-sud, le long du lac de Zurich.

Vers la fin du 15e siècle, sous le bourgmestre Waldmann, Zurich obtint la prééminence sur les autres cantons en se faisant désigner canton directeur *(Vorort)* de la Confédération, un privilège que la ville n'abandonnera qu'en 1798. Jusqu'en 1663, Zurich, contrairement à Berne, se tint à l'écart de l'influence politique omniprésente de la France, de même qu'elle s'opposa dans les premiers temps avec succès au mercenariat. Pendant la Réformation, Zurich se distingua non seulement en donnant au mouvement un chef spirituel en la personne de Zwingli, mais davantage encore en prenant la tête des villes confédérées partisanes de la nouvelle doctrine et, à ce titre, provoqua de graves dissensions politiques au sein même de la Confédération. Mais en 1531, la défaite à Kappel renversa d'un seul coup la situation, donnant aux catholiques un avantage qu'ils conservèrent jusqu'à la victoire des cantons réformés à Villmergen en 1712. En Thurgovie particulièrement, le canton directeur mena une politique tout à sa propre faveur, qui la dressa contre les cantons corégents de Suisse centrale.

L'accueil des réfugiés réformés fuyant le Tessin en 1550 provoqua dans la ville corporative de Zwingli une révolution économique sans commune mesure avec celle que connurent les autres villes suisses. On comprend dès lors mieux pourquoi entre 1650 et 1798 la ville fut gouvernée uniquement par le grand négoce. Il ne fait aucun doute que le régime corporatif empêcha Zurich de franchir le pas qui, à la même époque, menait Berne,

De gauche à droite:
Panneau armorié du canton de Zurich exécuté par Hans Asper en 1567.
Vitrail du tribunal de Niederbussnang, Thurgovie, 1591.
Abbaye de Saint-Gall: armoiries ornant le fronton de la Stiftskirche.
Le «Livre rouge» de l'Etat impérial et République de Saint-Gall, 1673.
Vitrail aux armes du canton de Schaffhouse, 1669.
Faïence en couronnement de poêle avec armoiries en pyramide des Rhodes-Extérieures d'Appenzell, début du 17ᵉ siècle.

Lucerne, Fribourg ou Soleure vers le patriciat. Cela dit, il aboutit non moins qu'ailleurs à la constitution d'une véritable oligarchie.

Au siècle de *l'Aufklärung*, Zurich retrouva grâce à un cercle d'érudits le rayonnement qui faisait d'elle un foyer de culture européen. L'intense commerce d'idées qu'elle établit avec l'étranger prouva une fois de plus et jusqu'à la chute de l'Ancien Régime la traditionnelle ouverture sur le monde dont elle était capable. Les troubles qui secouèrent la campagne zurichoise non encore émancipée menèrent en 1794 à la déstabilisation du pouvoir aristocratique dont l'hégémonie fut subitement renversée en 1798.

THURGOVIE

En 1460, l'année même de sa conquête par les Confédérés, le landgraviat de Thurgovie n'était qu'une formation politique incohérente. Même sous domination confédérée, la Thurgovie n'atteignit pas à l'unité. En effet, si la souveraineté foncière sur le landgraviat fut jusque tard dans le 15ᵉ siècle l'apanage des Habsbourg, puis dès 1460 le privilège des sept cantons confédérés, en matière de basse juridiction en revanche le territoire se disloquait en une multitude de petites, voire minuscules seigneuries. Le changement de souverain ne modifia nullement les juridictions ni n'altéra leurs différentes prérogatives. A telle enseigne que, jusqu'en 1798, on vit se côtoyer en Thurgovie de véritables seigneurs justiciers ou *Gerichtsherren,* temporels et ecclésiastiques, à qui revenait de droit l'exercice de la basse juridiction (ainsi en allait-il d'Altenklingen et de Sonnenberg, par exemple) et des baronnies, ou *Freisitze,* dépourvues de l'exercice de la basse justice (Mammertshofen, Salenstein ou Arenenberg). D'autres villes encore qui, comme Arbon ou Bischofszell, n'avaient pas appartenu aux Habsbourg mais à l'évêque de Constance, passèrent sous la souveraineté confédérée.

Le tribunal de grande instance *(Landgericht)* dont dépendait la Thurgovie fut dans un premier temps séparé de la souveraineté foncière et releva de l'évêque de Constance. Les Confédérés ne se l'approprièrent qu'en 1499. Dès lors, le tribunal transféra son siège de Constance à Frauenfeld, lieu de résidence du bailli confédéré. C'est alors seulement que furent réunies dans une seule main la souveraineté foncière et justicière sur tout le pays. Tour à tour, chacun des sept cantons (Berne n'accéda pas immédiatement à la corégence) y nommait un bailli pour deux ans. Au fil du temps, le nombre des seigneuries ne cessait de varier en fonction des morcellements ou des remembrements. De soixante-dix qu'elles étaient environ lorsque la Thurgovie fut soumise à la domination confédérée, elles passèrent à cent trente. La relation entre la nouvelle autorité territoriale et les seigneurs justiciers était — conformément aux différents droits de ces derniers — réglée par des contrats de teneur diverse; le premier fut établi en 1501 avec le prince-abbé de Saint-Gall, puis en 1509 avec l'abbé de Constance, et la même année enfin avec tous les autres seigneurs justiciers qui à cette occasion purent affirmer leur indépendance à l'intérieur du landgraviat. Leurs anciennes franchises ne périrent pas sous le coup d'un assujettissement global. A cet égard, les Confédérés — rendant justice à la condition de hobereau — accordèrent à l'évêque et aux barons le droit de chasser sur leur propre seigneurie. Cela dit, le gros gibier revenant de droit à la souveraineté territoriale, l'autorité confédérale en gardait la jouissance.

Certaines villes du landgraviat de Thurgovie se considéraient de tout temps privilégiées. C'était le cas de Frauenfeld, par exemple, qui, ayant déjà reçu confirmation de ses privilèges par les Confédérés eux-mêmes en 1460, ne se comptait pas au nombre des territoires du landgraviat. Aussi disposait-elle d'un conseil et d'un tribunal municipal. Diessenhofen jouissait d'une situation analogue. En outre, une vieille rivalité opposait Frauenfeld et Weinfelden. Les seigneurs justiciers qui, déjà sous les baillis habsbourgeois, avaient dû lutter pour leurs droits, se dressèrent aussitôt contre la tutelle confédérée sans toutefois parvenir à s'entendre sur une attitude conjointe. En 1542 enfin un conflit soulevé par une expédition offensive aboutit à un rapprochement constitutif. Désormais le bailli confédéré dut compter avec la coalition des seigneurs justiciers — laïques et ecclésiastiques — et des détenteurs de baronnies, une espèce d'assemblée de seigneurs à qui les Confédérés accordent l'élection libre d'un chef des armées, d'un capitaine et d'un lieutenant général. En d'autres termes, les seigneurs justiciers eurent droit à une part de gestion politique. Mais à vrai dire, le congrès des seigneurs justiciers était à tel point déchiré par les dissensions confessionnelles depuis la Réforme — la situation ne fit qu'empirer sous la suprématie catholique — qu'il risquait à tout moment la dissolution.

Ainsi, en Thurgovie, les divergences confessionnelles ne se reflétèrent pas uniquement dans l'attitude des localités dirigeantes comme ce fut le cas à Schwyz ou à Zurich, mais furent également perceptibles auprès des détenteurs de juridiction ainsi qu'on a pu l'observer auparavant à propos de von Beroldingen, bourgeois catholique d'Uri, propriétaire des seigneuries de Sonnenberg et de Gündelhart ou encore des Werdmüller, bourgeois réformés propriétaires d'Œtlishausen. Dans ce climat profondément tendu, la minorité réformée des seigneurs justiciers se rallia autour du bailli zurichois de Weinfelden, lequel occupait dans la hiérarchie cantonale la première place après les seigneurs temporels. En 1618, la ville de Zurich entra en possession de la seigneurie de Weinfelden. Mais sa position devint délicate dès lors qu'elle était codétentrice de Weinfelden, Bussnang et Pfyn. C'est pourquoi, dans l'idée de renforcer son influence politique, elle poussa les réformés — et plus particulièrement ses propres bourgeois — à acquérir des juridictions seigneuriales.

A partir du 16e siècle, de très nombreuses seigneuries thurgoviennes passèrent de la noblesse d'ancienne roche à de riches bourgeois, indigènes ou étrangers, à des patriciens, des gens de négoce ou encore des nobles étrangers. Quant au motif qui poussa villes et fondations religieuses à l'acquisition de tribunaux et de juridictions seigneuriales, il était d'ordre essentiellement politique. Les principaux couvents de Suisse orientale avaient une représentation parmi les seigneurs justiciers: aux côtés de l'évêque de Constance figuraient les abbayes de Reichenau, Saint-Gall, Einsiedeln, Rheinau, Muri et Sankt Urban. En 1585, la ville de Saint-Gall se rendit maître de la seigneurie de Bürglen qui constitua d'ailleurs son premier territoire sujet. Zurich quant à elle possédait, outre la seigneurie de Weinfelden, quantité d'autres juridictions seigneuriales. Autant dire que la notion de seigneur justicier était, socialement parlant, très étendue. Aux côtés de l'ancienne noblesse — dont les seigneurs de Hohen et Breitenlandenberg, nombre de familles patriciennes en ville de Zurich, Constance et Saint-Gall, ou encore les Muntprat de Constance — on trouvait à ce rang quelques familles parvenues à s'élever au-dessus de leur condition paysanne, parmi lesquelles les Kesselring de Bachtobel. A quoi il faut encore ajouter des membres de grandes et notables familles d'autres cantons confédérés, parmi eux les Beroldingen d'Uri.

L'association des seigneurs justiciers disposait de trois magistratures. Il s'agissait des charges de capitaine général, de lieutenant et de banneret (*Landesfähnrich*). A l'origine, ces trois magistrats avaient charge de diriger les expéditions militaires. Mais dès 1628, par suite d'une réorganisation de l'armée, ils se trouvèrent définitivement relevés de cette fonction, de sorte qu'elle ne fut bientôt qu'une charge purement honorifique. Un greffier du tribunal fonctionnait à l'assemblée des seigneurs justiciers ou *Gerichtsherrentag*. Ce poste, à l'inverse des trois fonctions honorifiques, pouvait fort bien être occupé par un non-patricien. Pendant la guerre de Trente Ans, la Thurgovie fut divisée en huit quartiers conduits par des capitaines de quartiers. Leur assemblée annuelle constitua dès lors l'organe politique des *Landsgemeinden*. L'association des capitaines de quartier pouvait parfaitement entrer en opposition avec l'assemblée des seigneurs justiciers et faire valoir de cette manière la volonté de la population.

En Thurgovie, le bailli confédéré, qui incarnait encore l'ancien pouvoir comtal, devait faire face à deux états différents constitués par la classe des seigneurs justiciers et l'assemblée des capitaines de quartier. Or, cet état de droit ne pouvait être modifié de la seule volonté d'une des parties. Il fallait nécessairement un consensus. Plus tard seulement, l'Etat thurgovien moderne décréta le peuple souverain au terme de la loi.

SAINT-GALL

La principauté ecclésiastique

En 818, l'abbaye de Saint-Gall obtint l'immédiateté impériale, en vertu de quoi elle fut aussitôt dégagée de tout lien envers l'évêché de Constance. Cet affranchissement marqua le début d'un essor économique et spirituel qui la nantit bientôt d'une riche propriété foncière. L'abbaye possédait au 10e siècle déjà des domaines dispersés jusqu'en Alsace et au pied du Vorarlberg. A la fin du Moyen Age, comme elle cherchait à remembrer son territoire, elle échangea ses terres lointaines contre des propriétés environnantes. En plus du territoire de la principauté qui s'étendait jusqu'au lac de Constance, l'abbaye possédait les communautés rurales appenzelloises. L'ensemble de son domaine était organisé en bailliages (*Aemter*) confiés à des intendants, puis plus tard à des *Ammann*. Le transfert des droits du bailli d'Empire à l'abbaye en 1345 posa les conditions favorables à l'établissement d'une souveraineté abbatiale. Dans les premiers temps, l'abbé désigna un *Ammann* à la tête de la ville qu'avaient engendrée autour du couvent les ministériaux de l'abbaye. Au cours des 13e et 14e siècles, les citoyens acquirent toujours plus d'indépendance et d'autonomie en matière administrative, faisant de leur agglomération une ville corporative et seigneuriale. Cette évolution déboucha peu avant 1362 sur la rédaction d'une constitution corporative et la formation d'un conseil. Après plusieurs années de vive lutte entre 1401 et 1429, les Appenzellois arrachèrent à l'abbé leur indépendance qui, aux environs de 1460, fut scellée par le tracé définitif d'une frontière entre l'abbaye et les Rhodes appenzelloises. Et en 1457 enfin, une sentence arbitrale affranchit officiellement la ville de Saint-Gall de la tutelle abbatiale.

En 1463, soit peu après cette amputation territoriale, l'abbaye entreprit, à l'instigation d'Ulrich VIII Rösch, de se réarmer. Nanti des droits de basse justice, Rösch érigea le domaine abbatial en souveraineté exclusive et fonda l'Etat territorial de la principauté ecclésiastique. Cette politique acharnée fut couronnée par l'achat du comté du Toggenbourg en 1468. Peu avant, l'abbaye avait été admise dans la Confédération en tant que pays allié (1451). Elle y était considérée comme la plus importante des trois principautés alliées, les deux autres étant la principauté-évêché de Bâle et la principauté de Neuchâtel.

A partir du 15e siècle, le domaine de l'abbaye fut constitué de deux territoires à l'administration fondamentalement différente. De Wil à Rorschach, le territoire de la principauté longeant le lac de Constance était directement soumis à l'abbaye, sans libertés ni franchises. L'abbé et le chapitre incarnaient la souveraineté territoriale. La représentation de l'autorité suprême dans les bailliages était confiée à des baillis (*Obervögter*). Quant à la perception et à l'administration des redevances, la charge était confiée aux gouverneurs qui secondaient les baillis dans leur tâche d'administration.

Malgré son annexion à l'abbaye, le Toggenburg était parvenu à sauvegarder quelques privilèges politiques. Depuis la mort du dernier comte, il était lié à Schwyz et à Glaris par un traité de combourgeoisie qui l'assurait d'appuis contre les prétentions d'hégémonie de l'abbé. Il avait aussi sa propre *Landsgemeinde* — mais pas souveraine — et choisissait lui-même l'huissier (*Landweibel*) et le secrétaire du canton (*Landschreiber*), deux hauts fonctionnaires cantonaux qui représentaient la province devant le chapitre. Reste que le pouvoir législatif était entièrement aux mains du tribunal du prince *(Landgericht)* que désignait l'abbé. Lorsqu'au 16e siècle le Toggenbourg accueillit la foi réformée, il se détourna davantage encore du souverain. La guerre du Toggenbourg ne lui permit pas, comme Appenzell autrefois, d'obenir son indépendance; néanmoins il put, grâce au soutien des cantons évangéliques, défendre ses droits politiques à la paix de Baden en 1718. Il acquit même un conseil ou *Landrat* paritaire qui avait force de représenter le pays auprès du souverain. Le protectorat ne fut plus catholique, schwyzois et glaronnais mais évangélique, zurichois et bernois. Le pays jouissait de la liberté de culte. C'est lui qui, avec le consentement de l'abbé, désignait les officiants. Pour régler les différends entre l'abbé et le pays, il fallut créer une cour arbitrale fédérale — la souveraineté du prince-abbé s'en trouva grandement amoindrie. Cette souveraineté assumait face au Toggenbourg le rôle d'une monarchie constitutionnelle. En revanche, sur l'ancien domaine de la principauté, l'abbé régnait en seigneur absolu. Le chef-lieu du Toggenbourg était alors la petite localité de Lichtensteig sur laquelle un bailli nommé par le prince-évêque exerçait le pouvoir seigneurial.

L'autorité politique de l'Etat abbatial se répartissait entre quatre ressorts différents qui étaient le chapitre de Saint-Gall, le Hof à Wil, la Statthalterei de Mariaberg à Rorschach et le bailliage de Lichtensteig. A partir du 16e siècle, l'Etat abbatial de Saint-Gall ressembla toujours davantage à une principauté absolutiste où le prestige du rang et la cour des dignitaires de l'Etat tenaient un rôle politique considérable.

La cité

Dès le 10e siècle, les ministériaux s'étaient regroupés au proche voisinage du couvent, formant une agglomération qui était alors si insignifiante que l'abbé ne lui accorda le droit de monnayage et de marché qu'après Rorschach. La séparation au 15e siècle de Saint-Gall et de l'abbaye eut de grandes répercussions sur la concurrence que se livraient les deux villes marchandes de Saint-Gall, la libre et impériale, et Rorschach, la princière. On ignore à quelle date Saint-Gall — qui, il faut le dire, était éloignée de toute grande voie de communication — reçut un marché. On sait seulement que vers 954 l'agglomération se retranchait derrière les murs d'enceinte du couvent. Au 12e siècle, un document fait état pour la première fois de la *civitas* — entendez l'ensemble des citoyens constituant la ville — d'un marché et de la condition libre des marchands. Apparemment, la communauté saint-galloise se consolida grâce à la prospérité de l'industrie textile. Au Moyen Age, un *Ammann* abbatial administrait la basse justice sur la ville seigneuriale. Un acte de 1291 mentionne que la ville possédait une Constitution — en réalité pareille charte fondamentale était en vigueur depuis plusieurs décennies déjà. En 1281, la ville reçut l'immédiateté impériale et donc un statut seigneurial. En revanche, elle ne disposait à l'époque d'aucun Conseil. En cette fin de 13e siècle, la communauté urbaine commençait à prendre forme. Il faut encore attendre jusqu'en 1312, lorsque la ville conclut sa première alliance avec Zurich, Constance et Schaffhouse, pour trouver mention d'un Conseil de bourgeois. A cette époque, Saint-Gall apposait déjà son propre sceau, mais l'abbé prétendait encore au droit de désigner l'*Ammann* et le Conseil; mais celui-ci finit bientôt par se constituer lui-même. Le régime corporatif auquel la ville était soumise depuis 1305 se mua, vraisemblablement vers 1350, en une puissante constitution corporative. Enfin, en 1354, un bourgmestre prit la tête du Conseil, pesant dans la balance politique comme un contrepoids à l'*Ammann* nommé par l'abbé.

Le rattachement de Saint-Gall à la Ligue des villes souabes en 1376 s'inscrit dans le cadre du conflit provoqué par la lutte d'indépendance de la cité. En 1401, devant la menace des désordres de la guerre, la ville se ligua aux Appenzellois contre l'abbaye, et à leur suite conclut alliance avec les sept cantons confédérés un an après eux, soit en 1412. Au cours du 15e siècle, l'abbaye et la ville tentèrent toutes deux un rapprochement avec la Confédération qui se conclut pour la ville de Saint-Gall en 1454 par son agrégation en tant que pays allié de la Confédération, après l'Abbaye de Saint-Gall et le pays d'Appenzell. Trois ans après, soit en 1457, la ville se vit accorder sur sentence arbitrale l'indépendance juridique à l'égard de la principauté, et ce moyennant le rachat de la basse juridiction, du droit de battre la monnaie, du droit de péage, et des poids et mesures. A quoi s'ajouta le droit d'élire librement son conseil. L'Etat-ville de Saint-Gall était né. L'adoption de la Réforme en 1527 provoqua la séparation confessionnelle de la communauté et du couvent.

La cité saint-galloise était entièrement cernée par le territoire du couvent et, par ailleurs, elle devait absolument tolérer dans ses murs le siège du prince-abbé. Cela allait être capital pour le développement territorial de la ville. Il faut noter cependant que le chapitre cathédral constituait un gage tout proche que la ville sut préserver en 1489 sous l'abbatiat d'Ulrich VIII Rösch lorsque, de concert avec les Appenzellois, elle empêcha le transfert du couvent à Rorschach. Seuls les appuis dont l'abbé disposait auprès du canton protecteur lui permirent de soutenir le conflit. Cependant, l'interdépendance qui ne faisait que croître entre l'abbaye et la cité empêcha cette dernière de se constituer, comme n'importe quel autre Etat-ville, un vaste territoire et, partant, une base économique saine. Ce qui explique qu'Appenzell — la libre — servit longtemps à la ville corporative d'arrière-pays économique. N'oublions pas que les tout proches chefs-lieux de la principauté (Rorschach et Wil), et les deux Appenzell (Appenzell, Trogen et Herisau) lui livrèrent une forte concurrence économique et que Saint-Gall dut pratiquement abandonner tout espoir de renommée internationale à la suite de mesures protectionnistes prises par la France au 17e siècle. Cette situation en revanche valut à Rorschach sa réussite économique. Jusqu'à la chute de l'Ancien Régime, la cité de Saint-Gall se composait du seul territoire occupé par la ville et — à bonne distance — de la seigneurie de Bürglen que la ville faisait administrer par un bailli. De fait, les circonstances économiques ne permirent jamais à Saint-Gall d'évoluer en une formation étatique d'envergure, si bien qu'elle ne put dépasser le rang d'une ville de province en dépit des relations commerciales nouées par ses citoyens.

Saint-Gall fut, dès le 13e siècle, un centre d'industrie textile. De toute la Suisse orientale, elle fut la seule à s'être dotée dès la fin du Moyen Age d'une véritable industrie d'exportation, notamment en matière de production textile. En 1364, Saint-Gall possédait un règlement statuant de la fabrication et du commerce des toiles; plus tard, la corporation des tisserands rejoignit les plus puissantes corporations. Dans la ville, la vie politique fut des siècles durant essentiellement marquée par les toiliers, puis, dès le 17e siècle, par les marchands. Cette évolution empêcha la formation d'une aristocratie, contrairement à d'autres villes confédérées où elle trouvait à l'époque plus ou moins libre cours. Bien que la richesse de certaines familles de marchands détînt ici aussi une influence croissante, les gens de négoce montrèrent étonnamment plus d'empressement à revêtir des charges publiques. A tel point que, dès 1401, une amende vint punir celui qui refusait la dignité de bourgmestre. Les marchands saint-gallois orientèrent leur commerce vers de multiples destinations, allant de Nuremberg aux Pays-Bas et de la France jusqu'à Venise.

SCHAFFHOUSE

A l'origine, Schaffhouse était vraisemblablement une petite localité née du commerce, un port marchand sur le Rhin qui ne tarda pas à recevoir le droit de tenir un marché. Fondé aux environs de 1050 par la dynastie des Nellenburg, le couvent d'Allerheiligen reçut du pape les privilèges de l'immunité en 1087 et se développa jusqu'à devenir une importante communauté religieuse à l'intérieur même des murs de la ville. Après un 12e et un 13e siècle agités, Schaffhouse fut donnée en nantissement par Louis de Bavière à la Maison d'Autriche. La ville resta autrichienne jusqu'en 1415, date à laquelle Frédéric d'Autriche fut mis au ban de l'Empire. Alors seulement Schaffhouse recouvra la liberté impériale dont elle avait joui autrefois et reçut de surcroît le droit de désigner le bailli impérial. A la suite de querelles qui l'opposèrent à la noblesse locale, la communauté urbaine se tourna résolument vers Zurich. Elle établit d'autre part des relations avec les Confédérés et conclut en 1454 une première alliance avec six des huit cantons. Grâce aux renforts confédérés, Schaffhouse n'eut pas à souffrir pendant la guerre de Souabe de sa position exposée.

En raison de son implantation stratégique à la frontière, Schaffhouse obtint d'être admise dans la Confédération sur le même pied que les autres cantons (1501), ce qui lui épargna des complications politiques dans plus d'une situation périlleuse (guerre de Trente Ans, etc.). Tant que dura sa mise en gage à l'Autriche, Schaffhouse ne put concevoir d'expansion territoriale. Ce ne fut donc qu'en 1451 que la ville eut jouissance de la haute juridiction sur le territoire de Mundat. Puis en 1525 la seigneurie de Neunkirch passa sous la souveraineté de Schaffhouse, suivie en 1657 par le dernier territoire du Klettgau. Dans le Reiath, l'acquisition de la justice criminelle ne lui fut accordée qu'en 1723 en dépit de ce que la ville détenait depuis longtemps déjà la basse juridiction. Toute une série de bailliages ne passèrent en possession de Schaffhouse que progressivement et par parties, souvent même indirectement, par l'entremise de bourgeois; ainsi en alla-t-il de Dörflingen, Stein, Hemishofen et Ramsen (1798). Le pays comprenait un bailliage ou *Landvogtei* (Neunkirch) et dix hauts bailliages ou *Obervogtei*. Les baillis des *Obervogteien* avaient leur résidence dans la ville.

Rien ne permet de dater précisément la constitution de la souveraineté urbaine non plus que l'affranchissement de la ville envers le couvent d'Allerheiligen. On croit savoir en revanche qu'un avoyer commença par exercer la basse justice et qu'il reçut ensuite la juridiction criminelle, transférée du bailliage. Sous les Zähringen, il était choisi dans la bourgeoisie de la ville. Le Conseil fut d'abord et surtout une assemblée consultative à disposition de l'abbé d'Allerheiligen. Mais au 14e siècle, cet organe prit toujours davantage l'allure d'autorités municipales: en 1350 déjà, on dénombrait parmi ses membres un tiers d'origine artisane; la création d'une nouvelle autorité électorale en 1375 dépouilla les vieilles familles de leur droit de vote exclusif; trois ans plus tard, la noblesse se vit retirer ses privilèges électoraux et en 1411 enfin la Constitution corporative entra en vigueur.

Lorsque la ville ouvrit ses églises à la foi réformée, le couvent d'Allerheiligen fut sécularisé (1529) et ses biens saisis par la ville. A Schaffhouse, ville et campagne suivirent deux destinées économiques très différentes, la première vivant de l'industrie et du commerce, la seconde restant exclusivement attachée à l'agriculture. En ville de Schaffhouse, le négoce du vin et la tannerie se taillaient la part du lion, colonisant les rives du Rhin avec plus de cinquante entreprises. Dès le 16e siècle, la ville corporative fut dominée par quelques familles, dont les Stokar ou les Peyer, sans pour autant jamais développer véritablement de tendances aristocratiques marquées. La concentration du pouvoir dans une seule main ne durait jamais, comme le démontre l'exemple du bourgmestre Tobias Holländer.

Au début de l'année 1798, suite aux premiers soulèvements de la campagne en 1790, une assemblée de vingt-deux communes revendiqua l'égalité de droits pour la ville et la campagne et obtint la mise en place d'une nouvelle assemblée électorale de cent soixante-six députés. Le 13 mai de la même année, l'ancien gouvernement démissionna.

APPENZELL

Les prémices de l'histoire d'Appenzell sont marquées par des luttes d'indépendance contre la souveraineté de l'abbé de Saint-Gall. Dès le 15e siècle, Appenzell chercha à assurer sa protection par des alliances: le pays se ligua une première fois en 1401–1405 avec la ville de Saint-Gall — laquelle de son côté luttait pour se soustraire à la domination abbatiale — puis avec Schwyz en 1403 et finalement en 1411 avec les sept cantons confédérés — à l'exception de Berne. Même si, à l'époque, les Appenzellois n'avaient pas encore obtenu l'égalité de traitement avec les autres Confédérés, ils acquirent néanmoins, grâce à la médiation des cantons, une indépendance formelle à l'égard de l'abbaye de Saint-Gall. En 1456, au milieu des rivalités entre l'abbé et la communauté urbaine de Saint-Gall, les Appenzellois firent échouer le transfert des droits baillivaux à la ville de Saint-Gall dans le seul but d'empêcher leur voisine d'étendre son territoire. De fait, l'histoire des futurs cantons de Saint-Gall et d'Appenzell fut marquée par une rivalité économique et politique avec, en arrière-plan, des Confédérés cherchant à étendre leur zone d'influence jusqu'au lac de Constance et au Rhin suivant une politique d'expansion vers le nord-est.

Lorsque, entre 1451 et 1454, les Confédérés conclurent de nouvelles alliances avec l'abbaye (1451), les Appenzellois (1452) et la ville de Saint-Gall (1454) et qu'ils les admirent parmi eux au titre de pays alliés, à cette époque encore, l'abbaye jouissait de plus d'influence que la ville de Saint-Gall et le pays d'Appenzell. Dans les années 1458 à 1460, les Appenzellois obtinrent par arbitrage confédéral que leur fût donnée une frontière définitive avec l'abbaye. En 1490 toutefois, ils furent contraints de rendre à la Confédération le bailliage du Rheintal qu'ils avaient acquis par achat en 1460, mais que l'abbé ne leur avait finalement cédé qu'en 1486. Aussi cette région, qui était en quelque sorte le prolongement naturel du territoire d'Appenzell, repassa-t-elle sous domination confédérée. Toujours est-il qu'au lendemain de la guerre de Souabe, les Confédérés accordèrent au pays d'Appenzell une part au gouvernement sur le Rheintal (dès 1500). Ce n'est qu'en 1513 qu'aboutirent les démarches d'Appenzell pour une adhésion pleinement légitime à la Ligue.

Appenzell fut donc le treizième canton de la Confédération. Au moment de la Réforme, Appenzell, comme Glaris, procéda à la parité confessionnelle afin de résoudre la question de la foi, en vertu de quoi la *Landsgemeinde* de 1525 instaura le *Kirchhöreprinzip*, autrement dit l'obligation de fréquenter l'église de sa commune. A Appenzell, la plus grande partie des réformés occupait les Rhodes-Extérieures, tandis que les catholiques se regroupaient dans les Rhodes-Intérieures.

Dans une campagne qui n'avait pratiquement pour seul moyen de subsistance que l'élevage du bétail, le travail à façon du textile s'imposa bientôt comme une source de revenus complémentaires. Au 16e siècle, les vallées appenzelloises constituaient encore pour le commerce saint-gallois du textile un important arrière-pays producteur.

Dès la seconde moitié du 16e siècle, la parité confessionnelle céda le pas à une nouvelle Réforme ou Contre-Réforme, menée par les catholiques. Le parti catholique en profita pour affirmer son influence en politique intérieure, ce qui ne manqua pas de se ressentir sur les relations extérieures. Appenzell embrassa résolument la cause des cantons catholiques qui jouissaient à ce moment-là de la majorité politique au sein de la Confédération. Si à force de luttes l'unité confessionnelle dans la foi catholique fut rétablie dans les Rhodes-Intérieures, les réformés de leur côté parvinrent plus ou moins à déjouer les tentatives de restauration du catholicisme dans les Rhodes-Extérieures. C'était l'impasse. Intervint alors en 1597 un arbitrage confédéral qui décréta la séparation politique souhaitée. A la différence du cas glaronnais, la séparation territoriale d'Appenzell s'accomplit en termes clairs. Dès ce jour, les deux Etats — Rhodes-Intérieures et Rhodes-Extérieures — connurent des destinées indépendantes. Tous deux continuèrent dans la tradition de l'ancienne Constitution à *Landsgemeinde*, sauf que les Rhodes Intérieures conservèrent la Constitution de 1585, et que les Rhodes-Extérieures formulèrent de nouvelles lois fondamentales. La petite localité d'Appenzell demeura le chef-lieu du pays intérieur.

Rhodes-Intérieures

Depuis la séparation du pays (1597), des évolutions politiques distinctes présidèrent au développement économique et social des deux Appenzell.

Dans les Rhodes-Intérieures, l'activité agricole eut une influence dominante sur les siècles qui suivirent. C'est à peine si l'on put noter l'apparition de démarcations sociales ou la formation d'une aristocratie, quand bien même quelques familles sortaient nettement du gros de la population par l'état de leur fortune. Dans cette partie de pays, la classe supérieure ne tirait pas, comme celle de Schwyz ou d'Uri, l'essentiel de son revenu du service étranger, de même qu'elle ne produisait pas autant d'entrepreneurs que celle des Rhodes-Extérieures. Aux 16e et 17e siècles, les grades d'officier étaient encore pratiquement réservés aux magistrats et à leur famille, tandis qu'au 18e siècle, un cercle plus large put y accéder. A cette époque, un tiers des postes d'officier était tenu par des familles aucunement représentées aux plus hautes charges d'Etat. Conseillers et officiers constituaient, selon la fortune, la classe moyenne-supérieure. Reste que, même dans les Rhodes-Intérieures, la puissance politique n'excéda pas un cercle restreint de magistrats. De fait, cette situation sociale se prêta mal aux formes particulières d'expression du rang.

Rhodes-Extérieures

Les Rhodes-Extérieures connurent un développement économique très différent. Dans cette partie du pays, l'industrie textile avait mis sur pied depuis longtemps un réseau de travail à domicile qui contribuait fort à l'amélioration du niveau de vie. Outre la filature et le tissage du lin (les travailleurs à domicile vendaient le fil ou la toile à des commissionnaires appelés *Fergger*), l'industrie cotonnière s'imposa avec force sur le marché dès 1750. Apparut alors le rôle capital de l'entrepreneur ou *Verleger*, celui qui importait le coton, distribuait le travail à domicile et vendait le produit fini. L'état de *Verleger* permettait à certaines familles du pays d'accéder à la classe — mieux considérée — des marchands occupés au trafic international. Il faut dire que la ferme position des marchands saint-gallois ne facilita pas l'épanouissement des entreprises appenzelloises. Ils ne furent que quelques toiliers, dont les Zellweger, à pouvoir se hisser au niveau du commerce européen. Néanmoins, le fabricant parvenait toujours par sa condition et sa richesse à tenir dans le pays un rôle politique et économique convenable.

Un vote destiné à nommer un nouveau chef-lieu fit apparaître au grand jour des rivalités au sein des Rhodes-Extérieures entre Trogen, Herisau et Hundwil. C'est pourquoi, lorsqu'en 1597 Trogen fut désigné pour être le chef-lieu du pays, on décida que la *Landsgemeinde* se tiendrait alternativement à Urnäsch, Herisau et Hundwil. En réalité, la rotation se limita à Trogen et Hundwil. Le Petit Conseil en revanche siégeait tour à tour dans les Hôtels de Ville d'Herisau, Hundwil et Urnäsch, rétablissant le nécessaire équilibre politique. Avec la mise en place d'une organisation politique, les tâches gouvernementales furent toujours davantage déléguées au double *Landrat* (80 à 100 membres) et, plus précisément à un comité de trente membres appelé Grand Conseil. Celui-ci se composait des plus hauts fonctionnaires du pays; ainsi y avait-il le *Landammann* et son lieutenant (*Statthalter*), le trésorier, le capitaine général, le banneret, le secrétaire d'Etat (*Landesschreiber*) et le *Landesweibel*. La fonction du *Landammann* était très importante tant économiquement que politiquement, car c'est lui qui présidait les conseils et avait charge de représenter l'Etat devant les nations étrangères.

FLAACH

Le château

En plein vignoble zurichois, là où la Thoure suit son cours inférieur, se trouvait, jadis, une toute petite seigneurie de peu de profit, portant le nom de Flaach-Volken. La basse juridiction appartint d'abord et dès 1298 à l'Autriche, puis au couvent de Rheinau qui en délégua l'exercice à différents nobles lignages de la contrée — les von Fulach, von Waldkirch, Peyer et Rink von Wildenberg. En 1694, Zurich en acquit les droits. Dans un premier temps, elle en fit un haut bailliage qu'elle administra elle-même, puis l'annexa en 1779 à Andelfingen. De la ville de Zurich, la propriété du château et des bâtiments passa à la commune de Flaach, puis aux Tobler von Fehraltorf, une famille d'industriels du textile qui garda le domaine jusqu'au 20e siècle.

Grâce à quelques rares documents et à l'observation de l'état du bâtiment, on est en mesure de reconstituer le déroulement des travaux: le château de Flaach fut construit au 16e siècle pour le compte d'une famille de seigneurs justiciers, les Peyer de Schaffhouse (Peyer *mit dem Wecken*). Fait significatif en cette époque de hobereaux, Tobias Peyer commanda «non pas à la façon d'autrefois» une maison seigneuriale aux allures de château fort à douves, mais une confortable résidence campagnarde tout à découvert. De par une architecture de transition annonçant les Temps modernes, le château de Flaach incarne le règne de la bourgeoisie et de l'aristocratie. Comme il était d'usage pour les maisons seigneuriales du 16e siècle, le périmètre du château était marqué par un mur à hauteur d'homme. Les documents ne mentionnent que la campagne de 1612 au cours de laquelle le bâtiment fut agrandi. Reste, l'authentifiant, une date apposée au linteau de porte de l'annexe. Les deux ailes latérales remontent probablement à cette époque.

Différents styles d'aménagement indiquent que des transformations eurent lieu vers la moitié du 17e siècle, puis aux 18e et 19e siècles. En 1925, les propriétaires aménagèrent un logement dans l'aile orientale qui n'avait abrité jusqu'à ce jour que des entrepôts et une grande salle. En 1949, au cours d'un grand projet de rénovation, la façade fut entièrement décrépie sous l'influence du style local, tandis que la chambre seigneuriale du corps central remplaça ses boiseries de style baroque primitif par de nouveaux lambris.

L'état de la construction au 18e siècle nous est révélé par des vues de l'époque prises côté cour. Depuis, le bâtiment n'a plus connu d'importantes modifications de volume. Un jardin de plan carré, tenu dans une enceinte, fut encore établi à l'est du bâtiment. A l'endroit où pousse maintenant un tilleul se tenait autrefois, semble-t-il, un bâtiment supplémentaire. Le château sut, malgré une construction composite, garder son caractère primitif de résidence de hobereau. Le noyau du bâtiment — l'actuel corps central — était jadis une construction à colombages de plan presque carré avec, à l'étage supérieur, une enfilade de fenêtres éclairant la chambre seigneuriale. C'est probablement en 1612 que l'ouvrage devint une construction articulée en trois ailes, d'un style composite tenant du postgothique et du 18e siècle. Au toit en bâtière du corps central se raccordent deux pignons traversants découpés en redans. Le fenestrage ne se rallie — signe du temps — à aucun système déterminé. Des groupes de petites fenêtres échelonnées côtoient des croisées à meneaux. Le plan semble lui aussi le fruit du hasard; les pièces étaient modifiées et rénovées au gré des transformations. L'intérieur se signale par un hall d'entrée paré d'un plafond à solives peint (malheureusement mal restauré en 1949). Notons aussi la tour d'escalier polygonale avec sa couronne de meurtrières et son toit en pavillon. Le rez-de-chaussée a conservé une niche

WALTALINGEN

Le château de Schwandegg

Comme d'autres châteaux perchés au sommet d'une colline, Schwandegg doit son existence à un contrat de service conclu en pleine féodalité entre un seigneur et ses ministériaux. Ces édifices tiennent généralement moins de l'ouvrage défensif que de la tour d'habitation, plus modeste d'allure et destinée aux vassaux de grandes dynasties. Pour la première fois en 1288, un document rapporte le nom d'un membre des von Schwandegg, famille de noble lignage. Il s'agissait du chevalier Heinrich, homme lige des Habsbourg. Au 15e siècle, le château fut d'abord tenu par des bourgeois et des nobles de Constance, dont les von Schönau et les von Roggwil.

Menaçant ruine, la tour fut rasée en 1546, puis reconstruite en 1553 par Thomas Blarer de Constance. Elle s'orna alors de pignons à redans et s'adjoignit sur l'ouest une nouvelle résidence seigneuriale. Puis, jusqu'en 1640, les propriétaires — venant de Constance, Schaffhouse ou du sud de l'Allemagne — défilèrent au point qu'en moins de cent ans le château passa entre huit mains différentes. En 1617, un négociant originaire de Kempten, Tobias

En haut. Waltalingen, le château de Schwandegg. Côté couchant.
Ci-dessus. Le portail de la salle de fêtes baroque.
Page de gauche. Flaach, le château. Façade nord-ouest.

vitrée (1670 environ) enjolivée de stucs à la manière de Samuel Höscheler. On fit récemment réapparaître, à l'étage supérieur de la façade, des peintures architecturales datant de la même époque.　　　　　　　*Ch. O. / Ch. R.*

Schmelz, développa la propriété en y ajoutant au sud-est une aile destinée à abriter une grande salle peinte de motifs décoratifs. Plus tard dans la succession des propriétaires, un jour de 1640 que les fils de l'avoyer de Winterthour Johannes Steiger connaissaient des difficultés financières pour cause d'opérations spéculatives malheureuses, Zurich prit en paiement de dettes le château et le domaine attenant. En 1677 déjà, la ville vendit Schwandegg à l'un de ses bourgeois, le *Statthalter* et futur bourgmestre Hans Kaspar Escher. Pas plus tard qu'en 1715, Hans Kaspar Escher fils céda le château au hobereau zurichois Hartmann Edlibach. De 1770 à 1788, succédant à trois bourgeois de Schaffhouse, Hans Konrad Bürkli, capitaine de cavalerie zurichois, figure en l'état de propriétaire et de maître de l'ouvrage de Schwandegg. En 1890, la collection historique du château fut remise au Musée national suisse. Depuis 1974, l'Etat de Zurich est propriétaire du domaine.

Bien en vue au sommet de la colline, le château de Schwandegg domine le village viticole de Waltalingen. Presque rhombique en plan, la tour se contente d'une faible élévation. Le faîte de la tour s'aligne sur l'axe nord-est/sud-ouest et coupe d'équerre la ligne d'un relief vallonné. De part et d'autre de la tour, longeant l'arête de la colline, se tiennent, à l'est, une longue aile de deux étages occupée par la grande salle et, à l'ouest, une maison d'habitation de même hauteur. La maison de maître et l'aile abritant la grande salle, dressées dos à dos, occupent un seul axe et se terminent l'une et l'autre par une façade couronnée d'un pignon à redans. La grande salle et la tour ne s'alignant pas au cordeau, un membre de bâtiment oblique rachète le décrochement. Avant l'incendie de 1933, la maison de maître était détachée du reste de l'ouvrage, seule une aile basse permettait de rejoindre la tour. Aujourd'hui, la nouvelle maison de maître de 1935 appuie son toit en bâtière au droit de la façade occidentale de la tour.

L'intérieur du château subit de profonds remaniements, raison pour laquelle nous ne mentionnerons que la salle des chevaliers, une salle de fêtes baroque que l'intérêt historique de sa décoration rend unique en son genre. La salle de fêtes est étonnamment étroite. Six fenêtres géminées lui apportent le jour sur les longs côtés, tandis qu'une seule fenêtre perce le mur frontal. Une porte richement travaillée et encadrée d'un arrangement de colonnes peint en trompe-l'œil orne le mur opposé. Aux parois, un programme de personnages antiques, peints grandeur nature, orne des niches cintrées — fictives — disposées à intervalles réguliers entre les fenêtres. L'exécution de l'œuvre date vraisemblablement de 1617. L'artiste, qui s'inspira des peintures du Titien réalisées en 1537–1538 dans le palais ducal de Mantoue, s'autorisa quelques adaptations dans le goût local.   *Ch. O. / Ch. R.*

WÜLFLINGEN

Le château

En 1634, le bourgeois zurichois Hans Hartmann Escher acquit conjointement la seigneurie de Wülflingen et le château d'Alt-Wülflingen. Plus tard, dans les années 1644–1645, il fit construire dans la plaine une troisième résidence seigneuriale, plus confortable, qui n'est autre que l'actuel château de Wülflingen. Des mains de sa famille, le château et le droit de juridiction qui lui était attaché passèrent aux Meiss de Zurich. En 1725, le beau-fils de Hartmann Meiss, Salomon Hirzel (1672–1755), futur général au service hollandais, reçut la propriété de Wülflingen ainsi que les pouvoirs de juridiction sur la seigneurie. Malheureusement son fils, le colonel Salomon II Hirzel (1719–1791), fut contraint d'aliéner une part du vaste domaine. Voilà comment, en 1760, le château revint à la ville de Winterthour, puis en 1767 à son avoyer Johannes Sulzer (1705–1796), le beau-frère du colonel Hirzel, lequel rénova les bâtiments de fond en comble.

Pendant une grande partie du 19e siècle, Wülflingen servit d'auberge, après quoi, en 1906, le domaine fut racheté par un consortium qui nourrissait le projet de s'enrichir en réalisant le superbe mobilier. Prévenue de ce dessein, une société coopérative, créée dans ce seul but, entrava l'affaire. Elle racheta le bien-fonds et partagea avec la Fondation Gottfried Keller les droits de propriété sur l'édifice historique. En 1911, la ville de Winterthour prit la

Page de droite. Wülflingen, le château. Façades sud et ouest.
Ci-dessus. La salle du tribunal avec poêle de faïence de Nehrach et peintures exécutées par Christoph Kuhn.

succession de la société coopérative, tandis que la Fondation Gottfried Keller conserva sa part de propriété (trois salles dites *Gerichtsstube*, *Herrenstube* et *obere Gaststube*).

Le portail ouvre sur un hall qui s'étend jusqu'au cœur du bâtiment. De là un escalier mène aux étages supérieurs. Un vestibule dessert à gauche et à droite les deux salles principales, la salle du tribunal et la salle de séjour. A ces deux pièces correspondent, un étage plus haut, la chambre seigneuriale et la salle des hôtes. La cuisine, les chambres et pièces secondaires tiennent l'arrière du bâtiment. La salle du tribunal *(untere Gaststube)* possède un lambris moulé de 1646, peint en 1757, avec un socle et une fine corniche s'étirant sous le plafond. La pièce opposée — anciennement chambre de Salomon Landolt — est également peinte. Ces deux pièces sont l'œuvre de Christoph Kuhn de Rieden, un peintre-décorateur de l'époque très sollicité. L'angle sud-ouest de l'étage supérieur est occupé par la *Herrenstube*, de plan presque carré. Ses lambris architecturaux sont comparables à ceux de la Lochmannsaal au Langer Stadelhof de Zurich (aujourd'hui transférés au Musée national suisse). Cette pièce garde le souvenir de la somptuosité première du château.

Ch. O. / Ch. R.

ELGG

Le château

Elgg est un fief noble dont l'origine va se perdre dans la nuit des prémices féodales. La constitution de ce fief en une juridiction seigneuriale est, en revanche, le résultat d'un lent processus d'arrondissement qui ne prit fin qu'au terme du 15ᵉ siècle. C'est au 12ᵉ siècle qu'apparaissent pour la première fois aux côtés de Walter von Elgg des ministériaux saint-gallois. Dans un contexte de féodalité agonisante marquée par d'inlassables querelles politiques et des changements de mains successifs, la seigneurie d'Elgg appartint d'abord, vers la moitié du 14ᵉ siècle, aux Landenberger; ensuite de quoi le domaine fut toggenbourgeois et habsbourgeois avant d'entrer en 1442 dans la famille Hinwil qui attendit jusqu'en 1494 pour réunir définitivement tous les droits seigneuriaux sur la juridiction. Pour mettre fin à un certain nombre d'incertitudes juridiques, le droit seigneurial d'Elgg fut codifié en 1535. Lorsqu'en 1576 les héritiers de la famille Hinwil vendirent la seigneurie au riche marchand et banneret zurichois Hans Heinrich Lochmann, ils mirent un terme à ce qu'on pourrait appeler l'époque féodale d'Elgg.

Entre le 16ᵉ et le 17ᵉ siècle, Elgg vit se succéder les propriétaires. Après les hobereaux d'Augsbourg, Heinzel von Tägernstein, le banquier Bonaventura von Bodeck et les Sulzer de Winterthour, la seigneurie et le château restèrent deux ans en possession de l'abbaye de Saint-Gall, avant de passer — à l'instigation de Zurich — à Herkules von Salis-Marschlins et enfin en 1712 à Hans Felix Werdmüller (1658–1725), major général au service hollandais. Depuis ce jour, la propriété que Werdmüller avait fondée en patrimoine inaliénable (ou fidéicommis) resta aux mains des héritiers. D'origine artisane, la famille Werdmüller s'éleva grâce au négoce jusqu'aux rangs de l'aristocratie régente.

Des parties entières de la construction moyenâgeuse furent intégrées à l'actuel château, voire transformées. La plus importante et la plus vieille est assurément l'ancienne tour d'habitation qui vit le jour au lendemain de 1200. En 1666, elle s'écroula partiellement puis fut reconstruite et enfin rabattue en 1793 jusqu'à la limite inférieure du toit du château. On peut encore deviner, à l'angle sud-ouest, le palais moyenâgeux en forme de tour. Depuis la fin du Moyen Age, le château fut rénové et transformé maintes fois. C'est en 1580, sur l'initiative de Hans Heinrich Lochmann, que débutèrent d'amples travaux ayant pour objet le château lui-même et son aménagement; ils se poursuivirent sous les von Bodeck, puis avec Herkules von Salis et surtout Hans Felix Werdmüller. En 1791, la famille entreprit un vaste assainissement du bâtiment et de la cour de service, qui se prolongea avec quelques interruptions jusqu'en 1810. On en profita pour démolir le sommet de la tour, rénover partiellement la toiture (1793), raser les murs d'enceinte (1806), remblayer les fossés retranchants (1810) et planter une allée de vingt châtaigniers. En 1903, la *Gerichtsstube* de 1583 fut reconstruite et, en 1907, les tentures restaurées. La cour intérieure fut réaménagée en 1924–1925 par l'architecte Richard von Muralt d'après les études qu'il avait lui-même menées en vue de reconstruire la tour.

Les dépendances, établies en avant de l'entrée du château, sur la hauteur, furent construites à différentes époques s'échelonnant entre le 16e et le 18e siècle: on trouve le pressoir à vin, la grange, la remise, le lavoir et la métairie. Herrliberger donne une représentation du domaine avec tour et cour de service, jadis intégrée, dans l'état de 1750. Dressées sur un éperon rocheux, à quelque distance du plateau qui se déroule derrière elles, les ailes du château sont rassemblées sous un toit d'un seul tenant, tout autour d'une cour intérieure. Seule l'ancienne tour avec ses arêtes vives fait saillie sur l'alignement régulier des façades. Les deux étages supérieurs, que Hans Heinrich Lochmann avait remodelés en 1580–1583 et partiellement aménagés, présentent un fenestrage régulier. Les pièces, posées en enfilade, sont également accessibles par un corridor longeant la cour. Une suite de chambres s'enjolive de stucs précieux, exécutés à diverses époques. Au rez-de-chaussée se tient l'ancienne salle de fêtes à qui la restauration a rendu son ancienne grandeur. Des tentures en grand nombre donnent à chaque pièce une note particulière. Les unes sont des tissages en laine (gobelins), d'autres des broderies de laine ou des peluches, enfin une tapisserie exécutée au point hongrois, toutes créées entre 1670 et 1725. La salle la plus prestigieuse du second étage est sans nul doute la salle des chevaliers que transforma le major général Werdmüller. Il décora la pièce d'un lambris de noyer mortaisé et la plafonna de caissons portant des armoiries sculptées dans le trilobe central. Le poêle octogonal date de 1607. Il fut exécuté par le maître poêlier Wilhelm II Pfau de Winterthour et orné de scènes de l'Ancien Testament réalisées par Stimmer et Ammann. L'arrangement de la salle des chevaliers donne l'impression que l'architecture d'intérieur du début du 18e siècle zurichois fut retardée en son développement par une stricte observance de la tradition. La cuisine, au premier étage, illustre à merveille ce qu'était une cuisine de château au 18e siècle. Pour le reste, la maison s'enrichit de quantités de meubles et de portraits provenant des diverses branches de la famille Werdmüller et qui — pour autant qu'ils n'appartiennent pas à l'inventaire du château, tel le lit à baldaquin du major général dans la chambre tapissée — s'ajoutent, depuis le 18e finissant, au fidéicommis.

Ch. O. / Ch. R.

UITIKON

Le château

Le château d'Uitikon est l'exemple typique d'une résidence de seigneur justicier transformée selon le goût baroque. A l'origine, le bailliage d'Uitikon était placé sous l'autorité de la maison de Habsbourg, mais après la conquête de l'Argovie par les Confédérés, les droits de souveraineté sur la juridiction furent accordés à Zurich. Le bailliage se transmit comme un fief héréditaire entre nobles prétendants, parmi lesquels figuraient au 14e siècle les von Schönenwerd, puis les Glentner de Zurich et, au 15e siècle, les Schwend, comme héritiers des précédents. Au 16e siècle, c'est à titre de dot que la seigneurie alla aux Escher vom Luchs dont Wilhelm I (1542–1602) passe pour être le maître de l'ouvrage du château. Son fils céda biens et droits en 1613 à son beau-frère, Konrad Zurlauben, un bourgeois de Zurich. Cependant, le Conseil zurichois s'opposa au transfert: il ne voyait pas d'un

Ci-dessus. Uitikon, le château. Façades nord et est.
Page de gauche, en haut. Elgg, le château. Face au midi.
Page de gauche, en bas. Lit à baldaquin dans la chambre blanche.

très bon œil qu'une basse juridiction de son territoire passât à un prétendant catholique. Il s'ingénia donc à faire acquérir la seigneurie par le Zurichois Hans Peter Steiner (1571–1623). Ce fut chose faite en 1614. Depuis ce jour et jusqu'en 1798, les Steiner restèrent les seigneurs justiciers d'Uitikon. En 1894, le château fut transformé en institut de travaux forcés. Enfin, depuis 1882, l'édifice abrite la direction cantonale de l'éducation de la jeunesse.

Sitôt après avoir acquis la seigneurie en 1575, le hobereau Wilhelm Escher entreprit d'arrondir le domaine avoisinant la colline par l'achat systématique de nouveaux territoires. En 1576 déjà, il fit bâtir une ferme — la future maison féodale — qu'il compléta en 1586 par une résidence seigneuriale de fière allure. Malheureusement, Escher épuisa ses ressources dans la construction, au point qu'il dut vendre. Mais en 1602 Wilhelm Escher fils racheta la propriété et parvint à la conserver jusqu'en 1613. La famille Steiner qui lui succéda au titre de propriétaire, entreprit, semble-t-il, des travaux d'agrandissement et d'aménagement entre 1624 et 1626. Et c'est probablement vers 1650 que le bâtiment adopta ce style baroque avec oriel surgissant du toit. A ce point de la construction, il apparaît clairement que la *Gerichtsstube*, la petite *sala terrena* du rez-de-chaussée et le bel étage avec sa grande salle étaient largement achevés. Le château répondait au goût de l'époque. Toutefois, les transformations reprirent en 1720. Au 19e siècle, le château épura ses formes au contact du style Biedermeier, mais en 1874 il fallut repenser la conception du bâtiment en vue de sa nouvelle affectation en institut de travaux forcés. Le 20e siècle poursuivit l'œuvre de la fin de siècle précédent jusqu'à ce qu'enfin, en 1980, on se décidât à faire marche arrière et à rendre à la résidence son allure baroque. La restauration permit de sortir de l'oubli et d'abriter de toute dégradation quelques remarquables peintures murales qui font tout le caractère de la pièce.

La maison seigneuriale dresse, sur plan transversal, deux étages d'élévation qu'elle abrite sous un tout nouveau toit à croupe faîtière. Le versant nord-est, côté mur gouttereau, est traversé par un encorbellement coiffé d'une flèche qui dresse au-dessus d'un fût rectangulaire son habitacle octogonal. Le fenestrage manie différentes formes et tailles de baies: au rez-de-chaussée, les fenêtres sont à meneaux, certaines grandes, d'autres plus petites et massives, tandis qu'à l'étage supérieur deux groupes de trois hautes fenêtres à meneaux jumelées côtoient un alignement de quatre croisées plus basses. La façade portant pignon est essentiellement éclairée par des fenêtres à meneaux et des croisées géminées simples. Le portail d'entrée se tient en amont, légèrement désaxé. Le linteau cintré porte la date de 1650 avec les armoiries de la seigneurie. La peinture baroque qui décorait la façade a complètement disparu. *Ch. O. / Ch. R.*

HERRLIBERG

Schipf

Dès la fin du 14e siècle, le Schipf de Herrliberg fut aux mains de bourgeois zurichois. Vers 1550, c'est une famille de vignerons du village, les Wymann, qui figure comme propriétaire du vaste domaine viticole à la frontière d'Erlenbach et d'Herrliberg. En

Herrliberg, Schipf. Vue sur le vignoble depuis le jardin.

Ci-dessus. Herrliberg, Schipf. Détail de l'orgue baroque.
Page de droite. La salle de fêtes avec fresques de Jacopo Appiani.

1582, les propriétaires, endettés, cédèrent le domaine au principal créancier, David Werdmüller, riche drapier du Seidenhof à Zurich qui y fit bâtir une résidence de campagne seigneuriale. La propriété resta dans la famille pendant quatre générations, soit jusqu'en 1723, puis les héritiers la vendirent, décorée de tous ses tableaux, à Hans Conrad Escher-Pestalozzi, un vendeur de textiles qui avait repris le fonds de commerce du Seidenhof. Le Schipf resta jusqu'en 1859 en possession de la famille Escher vom Glas, une lignée dont sortit, entre autres illustres propriétaires, Hans Caspar Escher, fondateur des ateliers de constructions mécaniques Escher-Wyss à Zurich. Après une formation de commerce, Escher manifesta très rapidement une forte prédilection pour l'architecture et l'art qui le poussa à entreprendre entre 1794 et 1797 un voyage culturel en Italie, à Rome notamment, où il fit la connaissance de Tischbein et Weinbrenner. De toutes les études visant à remanier complètement le Schipf dans le style classique, aucune ne vit le jour. A la mort d'Escher, le bien échut par héritage à son beau-fils, Friedrich von May-Escher, puis, toujours par héritage, à la fille de celui-ci, épouse du sculpteur Victor von Meyenburg de Schaffhouse. Aujourd'hui, le superbe domaine rural et viticole est aux mains des descendants qui mettent grand soin à l'entretenir. La maison seigneuriale fut restaurée en 1970, la grande salle en 1984–1985.

Actuellement, la propriété du Schipf comprend, longeant la rive du lac, une maison d'habitation seigneuriale dont il ne reste du jardin que deux charmantes tourelles d'angle; un peu plus haut se tient la maison féodale avec sa cave à vins et la salle de fêtes, ainsi qu'un bâtiment classique à destination de remises qui se dresse à front de rue bordant la cour d'entrée par le sud. La grange domaniale enfin se dissimule sur la terrasse, dominant un vignoble escarpé. Partant de la salle de fêtes, puis liserant la pente, une allée couverte descend jusqu'à une petite maison de plaisance du 18e siècle ressemblant à un belvédère. Parmi

les nombreuses représentations historiques du domaine du Schipf, il en est deux riches d'informations; l'une est un dessin à la plume de Melchior Füssli datant de 1700 environ, la seconde est une vue d'ensemble réalisée en 1771 par Johann Hofmann. La maison seigneuriale telle que nous la connaissons remonte au 17e siècle (1648), mais elle recèle de toute apparence des éléments plus anciens datant de 1577, voire de la première construction des Werdmüller en 1617. En 1723, Hans Conrad Escher s'occupa de transformer la maison féodale. La dernière main fut mise en 1733 avec l'achèvement de l'exceptionnelle salle de fêtes.

Aux deux étages supérieurs de la maison d'habitation, un long corridor central allant dans le sens du faîte distribue chambres et antichambres en deux enfilades. Les parois n'ont gardé que des fragments de peintures du 17e siècle. La salle à manger de l'étage supérieur, aménagée en 1745, présente un poêle cylindrique de Heinrich Bleuler dont les faïences, bleues et blanches, reproduisent des vues de forteresses, châteaux et résidences de la campagne zurichoise. La maison féodale est un long bâtiment de trois étages, placé transversalement à la pente. Au rez-de-chaussée se tiennent les pièces de service et le pressoir à vin; l'appartement du métayer occupe le premier étage, tandis qu'au deuxième se trouvent les pièces réservées aux maîtres et, sous un toit perpendiculaire au faîte principal, une salle de fêtes occupant toute la largeur du bâtiment.

Le Schipf se signale encore par une colossale cave à vins voûtée en berceau, qui fonctionne encore comme telle. Dans la salle de fêtes, les médaillons d'angle et le vaste panneau central qui ornent un plafond de stuc extraordinairement riche présentent des fresques allégoriques de la main du Lombard Jacopo Appiani: au centre, les dieux dans l'Olympe et aux angles, les quatre Muses — du Théâtre, de la Science, de la Musique et de la Peinture. La cheminée, recouverte de stuc imitation marbre, est surmontée d'un miroir de verre fort rare pris dans un encadrement de stuc façon marbre également. L'orgue domestique exécuté par Jakob Mesmer en 1694 fut transformé par Johann Conrad Speisegger en 1732. Les deux corniches du buffet sont surmontées de putti, battant la mesure et jouant de la trompette. La pièce prend le jour par de grandes fenêtres à meneaux avec vitrage en cul de bouteille. Une salle de plus petites dimensions et une pièce secondaire jouxtent la grande salle côté lac. On y admirera également un riche plafond de stuc paré de caissons peints. A l'angle rentrant, entre la grande et la petite salle, fut aménagée quelque temps plus tard une loggia de bois ouverte reposant sur trois arcades. En 1984–1985, elle fut rénovée et le stuc restauré. Une fresque au plafond illustre la chute des Titans. Au long des siècles, le Schipf a accumulé d'innombrables tableaux se rapportant à la maison ou ayant appartenu à l'ancienne collection d'art que Werdmüller avait constituée au Seidenhof. On trouvera

dans la cour une fontaine en forme d'urne, de style classique primitif datant de 1793, sans oublier dans le jardin une statue de fontaine exécutée vers 1880 par Victor von Meyenburg.

Ch. O. / Ch. R.

KÜSNACHT

Seehof

Le Seehof, ainsi nommé depuis le 19e siècle seulement, appartint dès le début du 17e siècle et jusqu'en 1790 à une grande famille d'officiers nommée Lochmann. Selon une étude faite par des historiens de l'architecture, la maison devait déjà exister au 16e siècle, cependant elle doit son architecture à Hanspeter Lochmann (1627–1688) qui était commandant d'un régiment allemand et d'une compagnie de la garde en France. Le bâtiment d'origine bas moyenâgeuse subit plusieurs agrandissements en direction du lac. Qui sait si, à l'origine, le Seehof ne longeait pas la rive, s'il n'était pas ce qu'on appelait une *Hinderfürhuus* qu'illustre bien le Schipf à Herrliberg. Actuellement, la maison seigneuriale — comme d'ailleurs la plupart des maisons riveraines du lac de Zurich — se présente mur-pignon face au lac. C'est d'ailleurs la meilleure marque du rang. Un séjour du poète C.F.

Meyer et de sa sœur Betsy au Seehof dans les années 1868–1872 acquit à l'édifice une renommée bien au-delà de Küsnacht. Aujourd'hui, le Seehof s'associe au nom de C. G. Jung, puisqu'au lendemain des transformations de 1979, l'édifice accueillit l'Institut C. G.-Jung.

Bien que construit par étapes, le Seehof garde intact un caractère postgothique qui lui vient de l'alliance architectonique d'une maison viticole et d'une résidence seigneuriale et citadine. C'est un trait propre aux maisons zurichoises construites sous l'Ancien Régime par des maîtres de l'ouvrage fortunés que de combiner à une ornementation extérieure économe un goût prononcé pour l'aménagement intérieur. Utilisée comme cave au 19ᵉ siècle, puis rendue à sa forme initiale en 1979, la *sala terrena* passe, au regard de la typologie architecturale, pour une création spatiale absolument unique. La découverte, lors de la rénovation, des niches vitrées d'origine ornées de peintures et de colonnes de grès sculptées, permit une reconstitution minutieuse de la pièce.

L'accès aux deux étages supérieurs se fait par un corridor central occupant l'axe du fronton, tandis que l'entrée principale prend place sur le mur gouttereau. Le rez-de-chaussée surélevé a gardé la marque de quelques peintures sur colombage très colorées qui remontent à la campagne du baroque naissant, cependant que l'étage supérieur, traité à la façon d'un bel étage, abrite les principales pièces seigneuriales. Entre 1650 environ et 1660, les propriétai-

Page de gauche, en haut. Küsnacht, Seehof. Maison de maître au sud-ouest.
Page de gauche, en bas. Détail du poêle de Pfau.
Ci-dessus. Pièce d'angle à l'arrière de la maison avec poêle de faïence.

res aménagèrent sur toute la largeur du bâtiment côté lac une salle de fêtes avec un plafond de stuc caissonné du plus parfait baroque primitif. C'est dans cette même période qu'il faut replacer l'arrangement du vestibule et de la chambre d'angle au fond de la maison.

Arrêtons-nous quelques instants à cette pièce d'angle pour admirer la richesse des lambris et le poêle de faïence peint, qui, de facture contemporaine, permettent une datation précise. Les très précieux lambris de noyer présentent une ordonnance architectonique qui correspond parfaitement à ce qui se fit après 1650. Il y a tout lieu de croire que l'ouvrage fut exécuté par des ébénistes de la région.

Ch. O. / Ch. R.

HORGEN

Bocken

La maison de campagne Bocken, construite sur les hauts de Horgen, est assurément la plus belle résidence dont le haut baroque orna les bords du lac de Zurich. C'est aussi l'une des rares résidences construites sur la rive gauche du lac. Celle-ci fut bâtie aux environs de 1675 pour Andreas Meyer-Werdmüller, un fabricant de soie qui devait être plus tard

élevé à la charge de bourgmestre de Zurich. Il arrêta l'emplacement au Horgenberg «im Arn». C'était un terrain dégagé, laissant la vue libre. Il faut dire qu'auparavant Andreas Meyer s'était rendu systématiquement acquéreur de plusieurs terres agricoles des environs, parvenant à se constituer un domaine seigneurial considérable qu'il faisait exploiter par un métayer. Bocken resta jusqu'en 1736 dans le patrimoine de la famille Meyer, après quoi il fut démembré et aliéné. En 1751, un paysan du nom de Conrad Wymann acquit la maison pour la revendre en 1763 à un abbé de Zurich, Johann Heinrich Reutlinger. Ce dernier la garda moins longtemps encore, puisqu'en 1769 Bocken passa au chirurgien Johannes Stokker. En 1775, le maître de maison transforma le Bocken en établissement de cures et de bains qu'il baptisa «Zum Bären». Et pendant toute

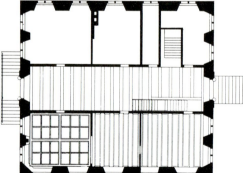

la première moitié du 19e siècle, le Bocken s'acquit une renommée considérable grâce à la vertu de ses bains de petit-lait et d'eau minérale. Seulement le jour où, vers 1850, on eut la preuve irréfutable que l'eau miraculeuse n'était autre qu'une banale eau de source et eau de puits, c'en fut fait de la réputation

Ci-dessus. Horgen, Bocken. Façades sud et est.
Ci-contre. Le plan du rez-de-chaussée.
Page de droite, en haut. La salle de fêtes avec poêle de faïence.
Page de droite, en bas. Détail du plafond de stuc.

thermale et curative de Bocken. Néanmoins, l'auberge exista encore jusqu'en 1911 sous le nom de «Bären». On peut voir l'enseigne classique sur un bâtiment voisin où elle fut transportée. Lors de la guerre de Bocken («Bockenkrieg») en 1804, paysans insurgés et troupes du gouvernement de la Médiation se livrèrent ici même une lutte sans merci.

En 1911–1912, à la demande de la famille Schwarzenbach-Wille, Johann Rudolf Streiff et Gottfried Schindler rajeunirent la résidence baroque en une maison de maître dans le goût de l'époque. C'est alors que fut

construite l'annexe latérale. Cependant, le caractère baroque de la résidence et des pièces ne subit pratiquement aucune altération. Actuellement, le domaine de Bocken appartient au canton de Zurich.

Construction équilibrée avec toit en bâtière élevé, Bocken se présente comme une version raffinée et seigneuriale de la maison traditionnelle à pignon. Deux étages complets, maçonnés et crépis, prennent appui sur un large socle où s'abritent les pièces d'une cave voûtée. Aux deux étages, un couloir central traverse la maison en longueur. De part et d'autre viennent s'aligner les différentes pièces d'habitation et pièces secondaires. Au rez-de-chaussée, le corridor mène à chaque bout à deux portails ornés, ouvrant l'un et l'autre sur un escalier de façade. Les fenêtres géminées sont toutes identiques. A l'intérieur, elles s'accompagnent de profondes niches cintrées qui révèlent l'ouvrage de maçonnerie.

L'escalier intérieur à double volée, exécuté en 1911–1912, reste dans la ligne des modèles baroques. L'étage supérieur est traité à la façon d'un bel étage. Une chambre lambrissée et la salle de fêtes habillée de stucs constituent la suite seigneuriale du côté oriental de la maison. La chambre à l'angle sud-est tire son charme d'un somptueux buffet baroque et d'une porte de noyer — tous deux contemporains de la construction — qui sont deux ouvrages d'ébénisterie d'un art parfait combinant les riches bandes de vagues et les panneaux à coussinets sculptés dans la loupe. La longue pièce jouxtante est la salle de fêtes, pièce principale et la mieux ornée. Le plafond stuqué est divisé en vingt-cinq panneaux absolument géométriques avec un motif central armorié et quatre médaillons dans les axes. Son décor luxueux use de l'acanthe et multiplie les ornements emblématiques — dans le panneau central, les armoiries timbrées de la famille portant la roue de moulin et le petit pain reposent sur un lit de trophées martiaux et quelques sentences. Les niches vitrées sont ornées de stucs également et, au niveau de l'allège, d'ornements de bois ciselés. L'ensemble du stucage est l'œuvre d'un admirable stucateur de l'époque, Samuel Höscheler de Schaffhouse, qui réalisa aussi le décor intérieur du Pelikan, une maison de maître que les Ziegler firent bâtir à la même époque dans la campagne zurichoise.   *Ch. O. / Ch. R.*

MEILEN

Seehalde

Meilen était avec Küsnacht, sa voisine, l'emplacement préféré des résidences seigneuriales qui venaient s'établir sur les rives du lac de Zurich. Au 16ᵉ siècle déjà, des bourgeois de la ville y tenaient un parchet et, de fait, quelques-unes des résidences connues et existantes recèlent au cœur de leur maçonnerie des bâtiments antérieurs; ou alors elles entremêlent des décors du 17ᵉ à des ornements du 18ᵉ siècle, comme c'est le cas au Grüne Hof des Ziegler von Sax ou à la maison Zum Sommervogel des Meiss et Kitt. S'il nous fallait donner d'extraordinaires exemples du goût que manifestaient les Zurichois pour l'ornementation rococo, nous citerions les deux résidences de campagne Seehof et Seehalde. Toutes deux furent construites ou transformées la même année 1767–1768, apparemment pour le compte du même propriétaire, un riche commerçant du nom de Félix Oeri-Lavater (1716–1774) dont la sœur fit construire la maison Zur Krone (Rechberg) à Zurich. On s'accorde à voir dans l'architecte l'échevin des maçons, David Morf. Tandis qu'il faisait bâtir le Seehof face au lac, sur l'emplacement de deux fermes qui occupaient le centre d'une rangée de maisons à Meilen, Oeri entreprit de remanier de fond en comble la maison seigneuriale de la famille Meiss qu'il avait achetée à la Seehalde, au nord du village, et rénova complètement l'aménagement intérieur. On est donc en droit de penser que la Seehalde trouve ses origines bien plus loin que ce que son caractère actuel pourrait laisser supposer.

Dès le 16ᵉ siècle, la propriété apparaît entre les mains des Holzhalb, une famille zurichoise de bonne renommée et de belle fortune. On donne à Heinrich Holzhalb (1564–1637) l'initiative de la maison seigneuriale. Par la suite, le domaine échut par voie d'héritage au fils aîné de chaque génération jusqu'à ce qu'en 1725 un mariage ramène la propriété dans la

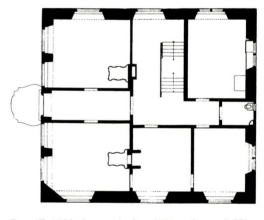

Ci-dessus. Meilen, Seehalde. Côté route du lac.
Ci-dessus, à droite. Le plan du premier étage.
En haut. Portail de ferronnerie.
Page de droite. Pièces principales avec poêles de faïence.

famille von Meiss. En 1767, la propriété se trouva entre les mains de Félix Oeri-Lavater, fabricant de mousseline de son état. Au mariage de sa fille, Oeri remit la Seehalde et le Seehof en dot à son gendre, le major Heinrich Schulthess, seigneur justicier de Griessenberg. La Seehalde resta dans le patrimoine des Schulthess jusqu'en 1827. Elle fut ensuite vendue au maître tisserand Jakob Wüst et plus tard encore à son beau-fils Heinrich Ernst. Le 7 avril 1832, le secrétaire d'Etat Conrad Hirzel-Wunderli entra en possession du domaine qui depuis n'est plus sorti de la famille.

La Seehalde est une fière architecture avec pignon et murs crépis. Son faîte coupe transversalement l'escarpement de la rive, de sorte que la façade principale regarde le lac. A l'étage supérieur, un balcon-nacelle bordé d'une riche ferronnerie accentue la symétrie des cinq axes de fenêtres. Deux portes grillagées, d'un aussi fin ouvrage que la balustrade, flanquent le bâtiment. L'une mène par un sentier à une petite cour creusée dans la pente. Elle possède encore une fontaine murale ainsi que deux viviers encastrés datant de la construction du bâtiment. De la cour, un beau portail offre un accès de plain-pied à l'intérieur. Au vestibule d'entrée fait suite la cave à vins voûtée qui garde encore un tonneau de 1770 gravé aux armoiries d'Oeri. De tout

temps, le jardin était coupé de la maison par le chemin riverain. C'est la raison pour laquelle une balustrade de ferronnerie rococo clôture le jardin côté rue. Dans l'axe, l'entrée se fait par le troisième des trois somptueux portails datant de la transformation baroque. C'est à cette époque également qu'il convient de restituer l'ancienne métairie de style français. Elle se tient sur la rive, un peu à l'écart, en aval et tournée vers la maison voisine Zum Sommervogel. Au moment des transformations commandées par Félix Oeri, l'intérieur du bâtiment perdit quelques anciennes peintures, dont un plafond enfoncé orné d'arabesques de feuillage vert sur fond blanc. Il semblerait d'autre part que la rampe d'escalier, réutilisée en 1768, soit de facture plus ancienne. Pour le reste, la décoration intérieure des deux étages d'habitation et d'apparat date de 1767–1768, année même de l'aménagement de la Seehalde. C'est notamment le cas des quatre grandes pièces regardant le lac, dans lesquelles on peut admirer — outre quatre poêles cylindriques de la manufacture Bleuler à Zollikon tout enluminés par Jakob Kuhn de scènes de genre et de paysages idéalisés — des parquets précieux, des lambris d'appui et des portes de bois rares, également des tapisseries de soie fabriquées à Lyon (aujourd'hui des copies ont remplacé les originaux) variant de couleur dans chaque pièce, et enfin des plafonds de stuc rococo d'une grande richesse qui passent pour être l'œuvre des Moosbrugger.

En 1959–1960, l'intérieur de la Seehalde fut remanié de manière à tirer de l'unique appartement de quatorze pièces trois appartements distincts. Ce fut fait sans contrevenir à l'ancienne conception architecturale, avec tout le respect dû à la valeur historique et culturelle des pièces. La cage d'escalier et sa rampe de ferronnerie sont restées en place et les pièces principales n'ont subi aucune altération.

Ch. O. / Ch. R.

Ci-dessus. Winterthour, la maison Zur Pflanzschule. Façade sur jardin.
Page de droite, en bas. Winterthour, la maison Zum Balustergarten. Façades sud et ouest.
Page de droite, en haut. Salle peinte de paysages imaginaires.

WINTERTHOUR

La maison Zur Pflanzschule

C'est à Winterthour, St. Georgenstrasse, que l'on peut voir la maison Zur Pflanzschule; elle fut bâtie en 1771–1772 pour Heinrich Biedermann zum Steinadler (1743–1813), futur membre du Petit Conseil, d'après les plans de l'architecte Heinrich Keller. Ceux-ci d'ailleurs existent encore. L'édifice resta aux mains des descendants jusqu'en 1888 puis échut à Eduard Hasler et à ses héritiers qui, en 1930, la vendirent au marchand Harro Fromm. En 1962, le bâtiment fut restauré.

Au 18e siècle, on vit apparaître à l'extérieur des murs de Winterthour de nombreuses résidences seigneuriales, Zum Sulzberg, Zum Lindengut, Zum mittleren Brühl, Zum Schanzengarten... De toutes celles qui s'établirent hors de la vieille ville, la maison Zur Pflanzschule présente sans nul doute la plus remarquable architecture rococo. Elle se distingue fondamentalement de l'ancienne résidence campagnarde zurichoise et de son inséparable toit à pignon par un plan massé et transversal recouvert d'un toit en croupe mansardé. Le frontispice s'ordonne autour d'un axe central d'une grande beauté par lequel la Pflanzschule se raccroche à une conception toute récente faisant école en France. L'édifice présente deux étages séparés par un cordon, portant sept ouvertures sur le grand front, trois sur le petit. Le cintre est de rigueur et les chaînes harpées aux angles comme un liséré. L'ocre clair des chaînes et du ressaut en pierre de taille tranche sur fond de briques rouges. En ce 18e siècle alémanique, l'usage alterné de briquetage nu et de la pierre de taille constitue une exception qui évoque la France ou l'Angleterre. Côté jardin, le ressaut central paraît plus large que les axes de fenêtre latéraux. Cette partie médiane se constitue à la verticale d'une succession d'éléments plastiques, saillants ou rentrants: en bas, l'escalier de façade concave à degrés profilés et la porte d'entrée à deux vantaux, retirée dans un profond cadre cintré; au-dessus un balcon ventru aux courbes rompues, bordé de ferronnerie et agrémenté d'un riche jeu de volutes; derrière, les portes du balcon dans un cadre profilé, surmontées d'une corniche doucement chantournée et, couronnant la composition, un fronton à volutes bordé d'un cadre moulural avec, au centre, un cartouche légèrement renflé.

En plan, en revanche, l'édifice ne suit pas le modèle français qui préconise de placer le vestibule et le salon en enfilade dans l'axe central. Ici, l'axe est tenu, selon l'usage local, par un couloir complété toutefois d'un vestibule à chaque étage et d'un escalier à triple montée.

Ch. O. / Ch. R.

WINTERTHOUR

Balustergarten

La date d'édification du Balustergarten n'est pas connue; tout au plus sait-on que le bâtiment figure déjà sur un plan de Winterthour de 1755. Certains motifs stylistiques nous la feraient situer aux environs de 1740. La maison, qu'à Winterthour on appelle aussi «Barockhäuschen», fait modeste figure parmi les grands arbres du jardin public. C'était autrefois, en bordure de ville, la résidence d'été du constructeur. De toute apparence, elle était à l'origine une ancienne maisonnette de jardin ou de vigne, de celles qui préfigurèrent les véritables résidences campagnardes du rococo et du classicisme et qui recouvrirent bientôt les collines au voisinage de la ville. La petite maison, qui appartenait à Heinrich Steiner (1703–1753), membre du Conseil, fut vendue en 1782 par Mme Steiner au juge de Winterthour Heinrich Reinhardt (1739–1813) et lui servit de résidence d'été. Comme le nouveau propriétaire habitait à la Marktgasse dans la maison Zum Balusterbaum, l'édifice reçut le nom de Balustergarden. En 1887, le fils de la sœur cadette d'Heinrich Reinhardt, le Dr Johann Jakob Sulzer, céda la maison à Heinrich Rieter, de la famille duquel la ville l'acquit en 1919 ainsi que le Merz-Rieter-Gut.

Construit sur un étage de cave, le bâtiment dresse encore deux étages pleins sous un

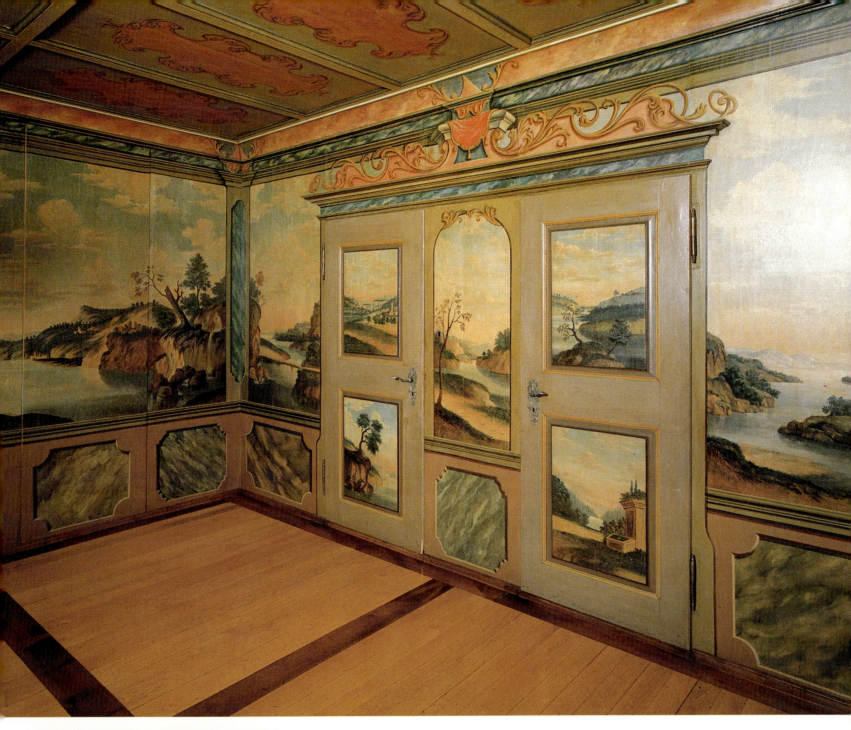

toit en bâtière brisé, d'où son air légèrement collet monté. Des rangs de quatre fenêtres éclairent la façade à intervalles réguliers. Les angles sont marqués de chaînes crépies. Sur le mur de long pan, les deux fenêtres centrales sont couronnées de coquilles dont se déploient en symétrie des feuilles d'acanthe. Le même motif, quoique légèrement simplifié, revient à l'étage supérieur. Les formes ornementales moulurées, qui portent l'accent sur le milieu d'une façade principale dépourvue de tout autre décor, incarnent la sensibilité plastique un peu compassée du haut baroque. Au levant, un escalier extérieur monte par double volée aux deux portes d'entrée.

Une salle toute parée de peintures fastueuses constitue le morceau d'apparat de l'édifice. S'y reflètent le goût et le plaisir de la décoration auxquels s'adonnait l'ambitieuse Winterthour de jadis. Elle fut créée en 1763 — peut-être par Hans Conrad Kuster. Ici, les peintures architecturent les parois. De faux pilastres marmoréens, reposant sur un socle de même façon, encadrent des panneaux peints en trompe-l'œil. Des paysages imaginaires — comme animés du jeu de l'ombre et de la lumière — engendrent sous le regard une profondeur illusoire qui transforme la pièce en décor de théâtre. Des contrées qu'on dirait étrangères avoisinent des paysages familiers, comme aux environs de Winterthour... Ici des ruines héroïques, là des maisons à colombages et une de ces tours si typiques qu'on appelle *Käsbissenturm*; plus loin, une vue idéalisée de Winterthour parmi les coteaux et les vignes. Quelques rares silhouettes humaines apparaissent çà et là. A la manière baroque, la bigarrure du trompe-l'œil atteint un effet de consistance, soutenu encore par le riche encadrement — non moins illusoire — de la double porte.

Ch. O. / Ch. R.

ZURICH

Stockargut

En 1645, Zurich s'entoura d'un nouveau mur d'enceinte qui intégra les vignobles dominant le Hirschengraben. Du même coup, elle fit entrer plusieurs clos seigneuriaux à l'intérieur du nouvel arrondissement urbain, notamment l'Oberen Schönenberg et le domaine Zum Oberen Berg. Ce dernier possédait depuis 1630 environ une maison seigneuriale construite à la demande d'un membre du Conseil du nom de Rudolf Waser. C'était une construction jumelée à double pignon, logeant l'une le maître, l'autre le fermier. En 1691, Joseph Orelli, fabricant de burettes au commerce fructueux, en fit l'acquisition. Désormais abritée derrière les récentes fortifications, elle tenait lieu simultanément de résidence campagnarde — de par le cadre magnifique — et de maison d'habitation — de par la proximité de la ville. Apparemment, Orelli retoucha peu l'extérieur du bâtiment. Tout au plus débarrassa-t-il la corniche, côté mur-pignon, des vases, obélisques et sphères qui l'ornaient jadis — si l'on en croit d'anciennes représentations. En 1692, le nouveau propriétaire fit aménager un jardin en terrasses à l'avant de la maison. Hans Kaspar Gossweiler-Werdmüller, le successeur d'Orelli, maître juré de la corporation, transforma la terrasse en jardin d'agrément. Aux environs de 1720, il l'orna d'un ravissant pavillon, véritable pièce d'apparat qui prit place à l'extrémité ouest du

jardin. Le corps central, de plan polygonal, renferme une petite salle inondée de lumière. Un plafond dans le style Régence dispose des motifs de stuc blanc et gris sur fond coloré. Au centre, une fresque octogonale montre Jupiter et Mercure accompagnés de l'Abondance et de personnages figurant les quatre Saisons. Une porte-fenêtre surhaussée donne sur le jardin. Le mur opposé est occupé par une cheminée de stuc marbré, rouge et flammé; deux putti blancs se tiennent de part et d'autre du manteau qui, orné d'une représentation d'Amour et Vénus, s'élève jusqu'à la gorge du plafond. Unique à Zurich, le pavillon du Stockargut se rattache à un genre issu de France qui agré-

En haut. Zurich, Stockargut. Maison seigneuriale côté nord.
Ci-dessus. Pavillon à l'extrémité occidentale du jardin.
Page de droite. La salle de fêtes dans le pavillon de jardin.

menta surtout des châteaux allemands du rococo. Faisant pendant au pavillon, un beau portail de ferronnerie (1770 environ) marque l'extrémité opposée de l'axe du jardin.

Derrière une façade plutôt modeste pour une ville comme Zurich, l'édifice abrite, à l'angle ouest de l'étage supérieur, un exemple véritablement unique de salle de fêtes de style

haut baroque. Enchâssé dans une frise d'acanthes, le plafond aligne deux rangs de quatre médaillons (autrefois peints), le cadre formé d'abondantes couronnes de feuillage aux reliefs vigoureux. Sur le petit côté est de la pièce, un vaste arc en anse de panier ménage un petit espace, retranché de la salle, qui mène à la grande porte prise dans un superbe chambranle avec entablement de stuc et pilastres. Il se peut que cette salle abritât les gobelins flamands (transférés au Musée national suisse) qui devaient appartenir à Mme Elisabeth Oberkan-de Saint-Delis Hencourt, propriétaire du Obere Berg de 1688 à 1691.

Une première mutation en 1731 plaça le Stockargut en possession de la famille Escher du Seidenhof, puis une seconde en 1824 se fit en faveur des Stockar, après quoi la propriété du Berg passa à l'Etat de Zurich qui en est l'actuel propriétaire.

H. B. / Ch. R.

ZURICH

Beckenhof

Vers 1740, le hobereau Hartmann Grebel (1700–1765) et son épouse Anna Elisabeth Grebel-Bodmer firent construire à l'Unterstrasse, dans un quartier nord de Zurich, un ensemble baroque comprenant une maison de maître avec jardin et pavillon de jardin. Vint encore s'ajouter, peu après 1718, une petite maison seigneuriale. La petite et la grande maison seigneuriale ainsi qu'un édifice prêté en fief (17e siècle) se regroupaient autour d'une cour. D'après un plan établi par Johannes Müller (1788–1793), la propriété du Beckenhof s'étendait à l'est jusqu'à la Bsetzte Gass (aujourd'hui Beckenhofstrasse), tandis qu'à l'ouest elle descendait en pente douce presque jusqu'à la Limmat. L'étendue du domaine laissa tout loisir d'imaginer une vaste composition avec parterre principal dans l'axe de la maison, prolongé par une allée de haies et un verger. Voilà comment prit forme un immense jardin à la française — simple de tenue mais dans le goût du temps.

L'extérieur de la maison de maître est on ne peut plus simple: deux rangs de sept fenêtres rectangulaires soulignent la dimension horizontale d'un long bâtiment recouvert d'un élégant toit en croupe. L'axe central, élargi à trois fenêtres, marque un léger ressaut.

En revanche, quant à la disposition des pièces et à la magnificence des décors intérieurs, le Beckenhof réalise de la manière la plus parfaite les idéaux du baroque. Abandonnant l'usage local pour se tourner vers les modèles français, l'architecte plaça les pièces de parade au rez-de-chaussée, ouvertes sur le

Ci-dessus. Zurich, Beckenhof. Chambre à l'étage supérieur avec poêle cylindrique et décor de grotesques.
Page de gauche. Zurich, Stockargut. Stucs Régence dans le pavillon de jardin.

jardin. Elles communiquent par des portes à doubles vantaux toutes alignées sur un même axe. Entre l'entrée, côté cour, et le salon, côté jardin, s'interpose un vestibule avec escalier latéral ralliant l'étage supérieur. Du salon, des portes à battants communiquent avec le vestibule, les chambres attenantes et le jardin. Le reflet des panneaux de porte contre le vestibule fait naître des effets de lumière qui intensifient l'atmosphère solennelle de cet intérieur baroque tardif. A l'instar de la Galerie des Glaces à Versailles, le miroir devient un élément essentiel du façonnage de l'espace. Des cheminées de stuc marbré noir se plient aux angles de la paroi orientale. Au-dessus, ainsi qu'aux angles opposés, des grisailles garnissent les coins rabattus de la chambre. Entourées de cadres stuqués d'un puissant effet plastique, ces grisailles calquent leurs motifs sur les cartons de broderie des *Groupes d'enfants* de François Boucher. La moulure souple des stucs Régence donne au plafond un doux relief. Des éléments naturalistes s'entremêlent aux ornements de rubans. La pièce jouxtant le vesti-

bule par le sud a conservé, en forme de panneaux muraux peints, des vues prises dans le parc du château de Versailles. On les doit à un peintre réputé de l'époque, du nom de Christophe Kuhn. L'étage supérieur était exclusivement réservé à l'usage privé, d'où plus de simplicité dans le décor. On notera toutefois le charmant revêtement de la chambre à l'angle ouest du bâtiment. Au-dessus d'un lambris d'appui en noyer, les parois sont couvertes de toiles sur panneaux, peintes de grotesques Régence ou de scènes galantes sur des thèmes mythologiques exécutés d'après des cartons de broderies dans le goût français et dans le style de Watteau ou Guillot.

De la grande composition de verdure d'autrefois, il ne reste que l'allée transversale qui s'arrête au pied d'un pavillon de jardin. Celui-ci est d'une splendeur rare, voire inégalée à Zurich. Tranchant avec l'apparence modeste de la maison seigneuriale, la charmante petite construction déploie, sous un toit en croupe, une ordonnance de façade bien plus fastueuse. Des pilastres bordent les façades et les ressauts. Amortissant l'avant-corps central, un fronton fait retour en saillie sur la corniche. Estival et solennel, le caractère de la salle du pavillon reflète à merveille la joie de vivre de cette époque. Un fin ouvrage de stuc Régence forme un cadre autour des fenêtres cintrées et garnit les appliques éclairant la cheminée de stuc marbré. Un cadre de stuc, qui devait autrefois présenter un miroir, couronne encore la cheminée. Au plafond, le stuc se fait treillage, oiseaux, branchages, prête vie à la gorge et enserre un milieu de plafond peint.

A l'ouest du parc, lorsque fléchit la pente, une fontaine garnie d'urnes est enclavée dans un mur, comme une grotte. Rien ne la relie

intimement à l'ancien jardin. Sa forme la rattache à l'aube du classicisme, 1775 environ, alors que la fontaine murale de la cour et son bas-relief de vases, putti, dauphins, ne doit pas être antérieure à 1790.

Le Beckenhof abrite à présent le Pestalozzianum.
H. B. / Ch. R.

En haut. Zurich, Beckenhof. Façade ouest.
Ci-dessus. Peintures de Christoph Kuhn d'après des vues du palais de Versailles.
Page de droite. Détail d'un panneau mural.

ZURICH

Rechberg

Le Rechberg au Hirschengraben est sans nul doute le plus élégant bâtiment profane de tout le 18ᵉ siècle zurichois. Le palais baroque ne reçut le nom de Rechberg qu'en 1839, de ses nouveaux propriétaires, Friedrich Adolf et Carl Gustav von Schulthess-Rechberg de la maison Zum Rech. A cet endroit précisément, devant la porte du Neumarkt sur la route de Winterthour, se tenait jusqu'au 18ᵉ siècle une auberge de style gothique tardif, Zur Krone, que Hans Kaspar Oeri (1690–1758), marchand enrichi dans le commerce de la mousseline, reçut en épousant l'héritière de la propriété. C'est par dot à nouveau qu'en 1752 le domaine passa au marchand Johann Caspar Werdmüller (1711–1773) qui prit pour femme Anna (1718–1800), fille d'Oeri. L'autorisation leur fut accordée en 1759 de construire une nouvelle résidence sur l'emplacement de la Krone.

L'endroit, déjà fort urbanisé, ne se prêtait pas particulièrement à une composition libre. La parcelle butait de front contre la rue du Hirschengraben, de côté contre le chemin Zur Kronenporte, tandis qu'à l'arrière le talus s'arrêtait au pied des murailles. Malgré ce lot d'entraves, la volonté créatrice du baroque fit sortir de terre un édifice seigneurial dans le style français de l'«hôtel entre cour et jardin»

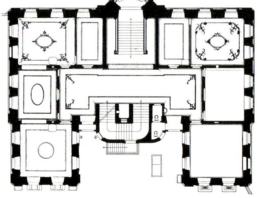

— à cet artifice près toutefois qu'il fallut inverser la disposition: la façade principale, plate, avec ressaut central, est tournée contre le Hirschengraben, alors que les deux avant-corps encadrant une petite cour et le renflement du corps de logis regardent le coteau. C'est ici que, derrière un parterre rectangulaire, le jardin d'agrément grimpe, d'un escalier à l'autre, terrasse par terrasse, comme à sa création. Au 19ᵉ siècle pourtant, il avait été remodelé à la manière romantique, mais en 1936–1937 il retrouva partiellement son ordonnance primitive.

L'arrangement architectural de l'escalier-fontaine est l'un des plus beaux exemples du genre en Suisse. De même d'ailleurs que les portails de ferronnerie placés des deux côtés de la maison. S'agissant des architectes du palais Zur Krone, des restes d'esquisses nous permettent de nommer David Morf (1700–1773),

Obmann des maçons, qui dota Zurich de grands édifices baroques dont les maisons corporatives Zu Schuhmachern (1742–1743) et Zur Meise (1752–1757).

L'édifice, construit en pierre de taille, dresse sous un toit à la Mansart trois étages d'ordonnances variées. Fait d'un socle lisse, le rez-de-chaussée est séparé des deux étages supérieurs par un cordon. L'ordre de pilastres (chaînes ioniques et plates longeant les angles et les ressauts) se dresse d'un seul tenant depuis les chaînes à refends du rez-de-chaussée jusqu'à la corniche du toit. Le ressaut central — les angles adoucis — se détache à peine de la façade. Large de trois axes de fenêtres, il est symétriquement encadré de deux corps à trois baies. En revanche, il brise la ligne du toit en imposant sur un plein étage un fronton en façon de lucarne. A l'aplomb d'un portail en plein cintre, remarquable par la richesse de ses vantaux sculptés, un large balcon de ferronnerie prend appui sur des pilastres. La couronne à la clé remémore le premier nom de l'édifice. Les façades latérales présentent six fenêtres groupées par deux. Les ailes du bâtiment, dont la naissance est marquée par une chaîne centrale, s'avancent sur la longueur de deux axes de fenêtres élaborant un plan carré. Là encore, des pilastres forment l'encadrement. Côté cour, le corps central courbe les angles; on notera qu'il s'agit du seul élément crépi de la construction. A l'intérieur, il est entièrement occupé par une cage d'escalier à triple volée.

Page de gauche, en haut. Vue sur la cour d'honneur depuis la terrasse du jardin.
Page de gauche, au milieu. Le plan du rez-de-chaussée.
Ci-dessus. Zurich, Rechberg. Escalier de jardin et fontaine au dauphin.

Toutes les fenêtres du bâtiment sont surmontées d'un cintre à clé et de meneaux de bois entièrement refaits en 1936–1937. Le toit s'éclaire par une rangée de lucarnes cintrées garnies d'une couverture de tôle voûtée.

Les pièces d'apparat tiennent — comme le veut l'hôtel français — les deux étages supérieurs. Une décoration originale fait qu'il n'en est pas deux semblables. Au second étage, une salle de fêtes couvre la longueur des cinq fenêtres centrales du front principal. Au-dessous précisément se tient le grand salon qui ouvre sur un balcon. Il dessine un plan carré et s'accompagne sur le côté d'étroits cabinets. Le principal ornement de ces pièces est leur plafond stuqué. Ils sont l'œuvre de maîtres tyroliens venus à Zurich sur recommandation du marchand bâlois Lucas Sarasin et qu'on vit également à l'œuvre à la Meise (à la Mésange). Les caissons peints des plafonds et les dessus de porte des différentes pièces furent créés par un élève de Tiepolo, le maître d'art zurichois Johann Balthasar Bullinger (1713–1793). Deux chambres des avant-corps, l'une au premier, l'autre au second, sont recouvertes de tentures peintes empruntant leurs motifs — scènes pastorales, cascades et paysages idéalisés — à des cartons de broderie de l'époque. On suppose que l'exécution en revient à des représentants du cercle de Bullinger. Différentes boiseries et battants de porte en noyer sculpté ainsi que de remarquables poêles cylindriques peints, sortant de manufactures zurichoises, complètent ce précieux décor.

En 1899, le Rechberg passa des mains des Vogel de Zurich à l'Etat de Zurich qui, tout récemment, y transféra des instituts universitaires.

H. B. / Ch. R.

ZURICH

Freigut

En 1772, le commerçant Johann Heinrich Frey entrait en possession d'une propriété à la Brandschenke à l'ouest de Zurich. Il confia à l'architecte Johannes Meyer le soin d'y élever une maison de campagne de style français, dans une architecture qui laisse déjà poindre des indices d'un classicisme naissant. Le décor intérieur en revanche s'en tient encore strictement au rococo. Au moment de l'édification, le pan de colline s'allongeant devant la maison fut transformé en jardin d'agrément. Il s'échelonne vers l'ouest en deux terrasses recouvertes de parterres, divergeant légèrement de l'axe de la maison. Vingt-et-une statues de pierre, une balustrade dorée de la plus fine ferronnerie, une fontaine murale ciselée avec art, un bassin et son jet d'eau orné de coquilles trilobées parachevaient le décor. Partant de l'est de la maison, une allée de verdure longeait la pente. Au sud-ouest, c'était encore une volée de terrasses jusqu'à un pavillon servant de point de vue.

Ci-dessus. Zurich, Freigut. Salle de l'étage supérieur tendue de tapisseries.
Page de gauche. Façade sur jardin.

Le Freigut est un bâtiment de deux étages, sis transversalement à la pente. La façade principale s'ordonne en cinq axes de fenêtres alternant avec des chaînes. Les trois croisées centrales sont rassemblées en un ressaut avec fronton qui, de son étage supplémentaire, outrepasse la corniche d'un toit mansardé. Simple rectangle grillagé, le balcon s'avance au-dessus de la porte du jardin, dans l'axe central. Sur la façade opposée, une porte d'entrée richement sculptée s'abrite sous un même balcon. Toutes les fenêtres s'arquent en cintre. Meneaux de bois et traverses reproduisent le même mouvement cintré.

Les deux étages d'habitation reprennent très exactement la même distribution. Quant au sous-sol, il est occupé par une cave à double vaisseau et voûte d'arête. Deux grands salons superposés prennent le centre de la façade sur jardin. En bas, une porte à double vantail permet de passer du salon à la terrasse et au jardin. Le salon communique avec deux chambres, presque carrées, par des portes d'enfilade.

263

A l'arrière de la maison enfin se trouve le vestibule avec, de côté, un escalier à rampes alternées. La disposition des pièces correspond encore dans l'ensemble aux principes de l'arrangement baroque. Quant au décor, il est, par comparaison au contexte zurichois, d'une grande préciosité. Des lambris de noyer et des poêles cylindriques aux tons de bleu rappellent le style d'habitation locale. Les deux salons font exception, qui reçurent un aménagement dans le goût français. Le salon du rez-de-chaussée est doublé de damas de soie bleue, cependant qu'au premier étage on peut voir encore de précieux gobelins — peut-être d'Aubusson — tendus dans des cadres dorés et sculptés. Tenues dans une harmonie de bleus, verts et ocres, les tapisseries racontent des scènes galantes et rustiques sur fond de paysages antiques et de fragments d'architecture.

Depuis plus de cent ans, le Freigut appartient aux Landolt, famille originaire de Zurich.

H. B. / Ch. R.

Ci-dessus. Zurich, Freigut. Statue dans le jardin. Page de droite. Gobelin: scène galante. Salle de l'étage supérieur.

WEINFELDEN

Schwärzihof

Lorsque l'on quitte le village de Weinfelden par l'ouest, on croise une robuste bâtisse. C'est le Schwärzihof, ou, comme tout le monde ici l'appelle encore, Schwerzi ou Schwärzi. Rien ne permet d'affirmer avec certitude que le domaine des seigneurs von Schwarzach — une lignée originaire de Constance — était déjà bâti. Un document datant du 23 avril 1319 mentionne un champ qui jouxtait la vigne de la maison. Il figurait alors sous le nom de «In den Swerzon» et appartenait au couvent de Magdenau qui se servait de la maison comme d'un bâtiment administratif affecté à la gestion de ses biens. Le nom de quelques propriétaires nous est parvenu: il y eut un Lutz von Ulmer de Weinfelden, Kaspar Muntprat et Gideon Scherb, bailli de la seigneurie d'Altenklingen. Puis, jusqu'en 1834, le Schwärzihof appartint à la ville de Zurich qui, cette année-là, aliéna toutes les terres qu'elle possédait à Weinfelden. Le Schwärzi revint en mains privées.

On avance, concernant l'édification, la date de 1555. Des travaux de restauration avaient permis de découvrir, inscrite sur le cintre de la porte, la date de 1409. Ce millésime semble pourtant pouvoir difficilement correspondre à l'année de construction, du moins si

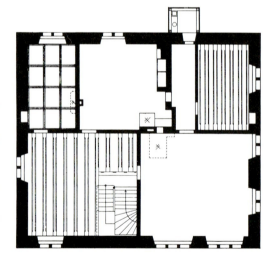

l'on en croit la chronique de Keller qui fait état, cette même année précisément, d'une donation de champs et de vignes à Schwarzach. Naturellement, il n'est pas exclu qu'un bâtiment plus ancien précédât l'actuel édifice. Les colonnes de pierre de la cave, parfaitement gothiques, seraient peut-être un indice. Le bâtiment est fait d'une maçonnerie massive pour le rez-de-chaussée et le premier étage. L'étage supérieur, légèrement saillant, est exécuté en colombages. Une lourde toiture à demi croupe faîtière recouvre l'ensemble. Le cadran solaire qui, au premier étage, interrompt la suite de fenêtres, a été nouvellement repeint.

Un plan de 1695 montre qu'à l'origine le Schwärzi s'entourait de fossés et de murs derrière lesquels se retranchaient encore d'autres bâtiments pour les besoins de la culture de la vigne et des champs. Le Schwärzihof servait donc tout autant de noble résidence que de ferme cossue. A l'intérieur, toutes les pièces sont basses et dépouillées d'ornements. Les combles, très vastes, ont conservé les anciens réas des poulies.

Ch. O.

MÄRSTETTEN

Le château d'Altenklingen

Lorsqu'on se rend de Märstetten à Uetwilen, on peut voir surgir, à l'extrémité du versant nord, dominant toute la vallée du Kemmenbach, un imposant groupe de bâtiments du 16e siècle finissant. Aux environs de 1200, les seigneurs von Klingen abandonnèrent la forteresse d'Altenburg à Märstetten qu'ils habitaient depuis plusieurs générations pour une résidence qu'ils firent construire sur l'emplacement de l'actuel château. Au 13e siècle, la famille von Klingen se sépara en deux branches. Ulrich von Altenklingen fit construire le château du même nom et conserva les armoiries ancestrales ornées du lion. Walter alla s'établir sur les hauteurs au-dessus de Stein am Rhein et se fit appeler von Hohenklingen. Depuis ce jour, il porta le chêne sur ses armoiries. Or, la lignée des von Altenklingen s'éteignit vers 1395 et le château connut les aléas des transferts successifs de propriété. En 1585, après les Bussnang, Muntprat et Landenberg, le hobereau saint-gallois Leonhard Zollikofer acheta le château et les droits de juridiction. Deux ans plus tard, il entreprit de bâtir une nouvelle construction.

Le nouveau château se dresse sur un éperon rocheux à base triangulaire, séparé du plateau à l'arrière par un fossé retranchant. Seul ce côté est accessible, les autres se dressent trop abrupts. Malgré une position nettement défensive, le château du seigneur justicier Zollikofer est une pure construction d'apparat, une de ces résidences de hobereau qui, dès le 16e siècle, tentèrent de renouer avec la tradition de l'architecture seigneuriale, quoique dans une optique nouvelle. Conformément à cette conception, l'ouvrage se compose de deux maisons maçonnées avec pignons à redans par lesquelles le propriétaire entendait manifester son statut social. Le mur d'enceinte tend au même but. Il fut conçu à l'origine comme un ajout plaisant, muni de meurtrières et de cabinets de tir saillants — ce qu'il en reste depuis 1812 est bien peu de choses. Les deux édifices à pignons sont disposés à angle droit. L'un, désigné du nom de Petit Château, est en réalité une tour-porte habitable, renforcée de quatre encorbellements d'angle arrondis et d'un lanternon; l'autre, précédé d'une cour,

Page de gauche, en haut. Weinfelden, Schwärzihof. Frontispice avec cadran solaire.
Page de gauche, au milieu. Le plan du premier étage.
Ci-dessus. Märstetten, le château d'Altenklingen. Bâtiments seigneuriaux, pendant la restauration de 1984.

est dit le Grand Château. Son axe central, côté mur gouttereau face à la cour, se prolonge sur le grand toit en bâtière par un pignon à redents passant. En bas se trouve l'entrée. Une tour ronde sert d'articulation entre les deux corps de bâtiment. Son architecture primitive, simple, est enluminée dans le style gothique tardif, de multiples encorbellements arrondis à toits pointus, de cheminées bizarres et de girouettes. Des meurtrières font croire à une défense qui n'existe pas, des pierres d'angle peintes en gris rehaussent le caractère précieux des bâtiments. Tout récemment, on rendit à la lumière des peintures en trompe-l'œil exécutées dans la cour intérieure exécutées au moment même de la construction.

Le château des Zollikofer n'a jamais connu de transformations extérieures notables. Depuis la restauration de 1983–1985, il trône à nouveau de toute sa blancheur au sommet de la colline. Le décor intérieur d'origine a malheureusement disparu, mais il semble toutefois qu'il n'atteignit jamais la somptuosité d'autres châteaux. Le Grand Château se signale cependant par la salle des ancêtres et la salle des chevaliers.

Déclaré par le premier propriétaire fidéicommis des Zollikofer, le château d'Altenklingen s'enrichit à nouveau, depuis une centaine d'années, d'un décor intérieur qui lui vient d'acquisitions ou de propriétés de famille, tant et si bien qu'en 1864 il se constitua en musée familial. Il possède désormais une importante collection de portraits d'ancêtres, peintures, tapisseries et vitraux armoriés des 16e, 17e et 18e siècles. Des poêles de faïence peints, exécutés à Zurich, Winterthour et Steckborn, complètent la décoration. Le Petit Château servit de résidence aux baillis des Zollikofer chargés d'administrer jusqu'en 1798 la juridiction seigneuriale de Märstetten-Illhart-Wigoltingen. Plusieurs fermes domaniales s'installèrent sur le plateau à l'arrière du château, ainsi qu'une chapelle au vocable de sainte Wiborada faite d'une grande salle simple à chœur treflé entièrement remaniée depuis sa construction. Le château d'Altenklingen passe, en Suisse orientale, pour être la réalisation la plus imposante d'une espèce de romantisme du château fort postgothique qui prévalut au 16e siècle.   R. A. / Ch. R.

STETTFURT

Sonnenberg

Mentionné pour la première fois en 1242, le château fort de Sonnenberg était, en ce 13e siècle, aux mains du couvent de Reichenau qui possédait en outre les bailliages de Matzingen et de Stettfurt. A maintes reprises, le château fut la proie des assauts et des flammes. En 1499 par exemple, le château fut mis à sac par les Confédérés, en représailles du serment de fidélité que Bernhard von Knöringen, le châtelain, avait juré à l'empereur. En 1560, le Sonnenberg accéda en mains bourgeoises: la famille du maître monnayeur Gutensohn y vécut vingt années, soit jusqu'en 1580, après quoi elle le céda à Jost Zollikofer. En 1595, un nouvel incendie ravagea l'édifice. Aussitôt l'an d'après, Zollikofer chargeait Matthias Höbel de construire sur les vestiges de l'ancienne bâtisse l'édifice que nous connaissons. Le 12 août 1678, le couvent d'Einsiedeln prit possession du château où il transféra le vicariat d'Einsiedeln.

Le château domine le Lauchetal et le village de Stettfurt au cœur d'un superbe panorama. Mur-pignon en façade principale, l'édifice se dresse sur la langue de terre que forme, vers l'ouest, le plateau d'Immenberg. Un bâtiment en U vient s'adosser dans l'exact prolongement du flanc occidental du pignon, de façon à former une cour intérieure. Cette espèce de lice terrassée que la nature formait à cet endroit protégeait le château sur trois de ses flancs. Des cinq tours rondes hors œuvre, il ne reste plus que la tourelle à l'angle sud-ouest; la tour au nord-ouest servait de prison. L'arceau de porte ciselé au millésime de 1623 est le dernier des trois portails du pont qui, d'est en ouest, gardait l'accès au château. A l'avant du complexe principal, sur l'est, viennent encore s'ajouter quelques anciennes appartenances, la forge, le pressoir à vin et le lavoir, ainsi que la maison d'habitation du bailli et celle du secrétaire. Une succession de fléaux — incendies et ravages — n'a plus laissé grand-chose du groupe de bâtiments moyenâgeux.

Le château de Sonnenberg est l'un des derniers ouvrages nobles à avoir pris place sur une éminence. Construit dans le style dit de Zollikofer (cf. Altenklingen), il se range parmi

Ci-dessus. La salle d'apparat avec peintures et stucs d'Anton Greising.
Page de gauche, en haut. Stettfurt, Sonnenberg. Façade orientale avec oriels.
Page de gauche, en bas. Détail du plafond de stuc.

les maisons patriciennes relevant du gothique tardif. La façade principale dresse son pignon à redans par-delà la ligne du toit. On perçoit le baroque naissant au travers des tourelles d'angle, de l'ajout d'oriels et des pignons latéraux. Au levant, la décoration en forme de pignon lobé est partiellement dissimulée derrière un oriel montant de fond. Couronnant le tout, une petite construction hexagonale en forme de tour dresse une lanterne à quatre pans surmontée d'un dôme bulbeux. La façade principale est flanquée au midi d'une tour ronde à dôme, culminant au-dessus de la base du toit, et, au nord, d'une tour à plan carré et d'axe oblique à celui du bâtiment. Côté vallée, la façade à pignon s'ordonne autour d'un encorbellement en forme de tour.

Le rez-de-chaussée du bâtiment, formant cour au sud, est ajouré sur toute la longueur d'une arcade surbaissée, dont la dernière voussure à l'ouest est murée. Avançant sur la cour, une cage d'escalier mène aux étages supérieurs. L'escalier, coupé de paliers, s'enroule autour d'un noyau central. Une salle d'apparat (1757) se tient à l'angle sud-est du bâtiment principal. Les stucs et les peintures sont l'œuvre d'Anton Greising. Les moulures se répandent jusqu'à la corniche en haut des murs et retombent sur les pilastres. Dans le caisson central, l'artiste a représenté à la manière d'une védute Notre-Dame trônant au-dessus du cloître d'Einsiedeln. Des stucs d'une étonnante richesse et chargés de symboles encadrent le motif central. Des épis en ronde-bosse surgissent d'une tête de mort; plus bas sont représentés une pioche, une pelle et un serpent tenant en sa gueule une pomme d'or. Ce motif rappelle que si l'être humain est éphémère, la vie germe éternellement neuve. Mais à cause de ses péchés, l'homme doit sans répit l'arracher à la terre.

Ch. O.

HAUPTWIL

Le château

Sous l'impulsion d'une famille de marchands du nom de Gonzenbach, Hauptwil devint au 17e siècle un *Leinwanddorf* (village toilier) de vaste réputation. Ayant eu maille à partir avec le Conseil et les corporations de la ville de Saint-Gall, les Gonzenbach avaient transféré leur siège commercial à Hauptwil. En 1664, Hans Jakob et Bartholomä Gonzenbach entreprirent la construction d'un vaste bâtiment qui devait servir tout à la fois de résidence, comptoir et magasin. Le négoce connut des temps prospères jusqu'à la fin du 18e siècle. Hans Jakob Gonzenbach, qui, en 1798, avait ouvert la voie à la libération de la Thurgovie aux côtés du teinturier Enoch Brunschweiler, renonça au commerce de la toile pour celui du vin. Puis, lentement, la prospérité de la famille Gonzenbach déclina au point qu'en 1879, les descendants de la fière lignée de marchands durent renoncer au château. L'édifice est actuellement en possession de la société thurgovienne d'intérêt public et accueille depuis 1953 un foyer pour personnes âgées.

L'édifice de style baroque primitif se dresse au pied du versant sud du Bischofberg. En ronde autour de lui, ateliers et entrepôts délimitent une sorte de cour. Le bâtiment est encaissé dans une terrasse sur trois de ses flancs — seul le côté sud est dégagé, permettant aux trois voûtes de la cave, aménagées de plain-pied, de recevoir un éclairage direct. Au levant, une charmante petite porte gouverne

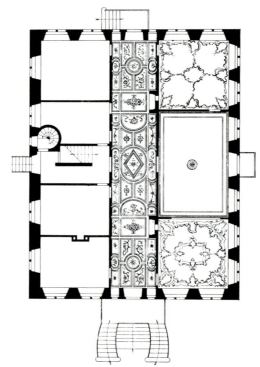

En haut. Hauptwil, le château. Domaine côté sud.
Ci-dessus. Corridor avec plafond de stuc et cheminées.
Ci-contre. Le plan du rez-de-chaussée.
Page de droite. Gachnang, le château et la chapelle.

l'accès au domaine. Porte du château, elle servait aussi de porte du village. Fichée sur le toit en bâtière, une horloge monumentale recouverte de tavillons tourne ses cadrans colorés aux quatre coins de l'horizon. Le chemin passe d'abord devant une grande fontaine hexagonale, puis atteint le portail occidental du château. Les angles du bâtiment sont marqués de pierres de taille peintes. Hormis un cordon qui court au-dessus du socle, la façade se passe de tout artifice structurant. Les ouvertures de fenêtres obéissent à une disposition régulière, par rangs de sept sur la façade méridionale, de cinq pour le reste. C'est donc aux volets flammés, noirs et blancs, que revient pour l'essentiel la tâche d'animer la façade. Un pignon transversal, haut et étroit, se hisse à travers un toit en bâtière légèrement brisé. Au levant, côté mur-pignon, un escalier à double volée conduit à un portail cintré. Il est flanqué d'étroites fenêtres et s'abrite sous un balcon. Deux autres entrées sont pratiquées à même hauteur sur les façades est et nord. Sur le flanc sud, un portail à linteau droit ouvre sur la cave. Les consoles du balcon se déroulent en double volutes avec un motif d'acanthe. Au midi, des fruits et des masques léonins s'ajoutent au décor.

Chaque étage est traversé dans l'axe du faîte, soit d'est en ouest, par un long couloir. Celui du rez-de-chaussée se signale par un plafond paré d'un somptueux décor de stuc où se mêlent rosettes, branches, fruits et têtes d'anges. La rencontre du plafond et des parois est amortie au moyen de croupes. On attribue le stucage à un maître de l'atelier de Samuel Höscheler à Schaffhouse. Mentionnons aussi, aux deux bouts de la paroi sud du couloir, deux cheminées aux chambranles formés de doubles pilastres ouvragés. Les chambres du rez-de-chaussée, côté sud, présentent un fin ouvrage de stuc rococo, alors que la pièce centrale renonce à l'abondante richesse plastique du rococo pour un style Louis XVI plus classique.

Ch. O.

GACHNANG

Le château

Au 15e siècle, le village de Gachnang possédait déjà un château appelé Neu-Gachnang. En 1562, il fut acquis par Kaspar von Heidenheim qui, quelques années plus tard seulement, le céda à son beau-fils Hektor von Beroldingen, des mains de qui il passa le 27 novembre 1623 au chapitre d'Einsiedeln. D'après une védute exécutée en 1721, on constate que le château se rangeait parmi les maisons de style gothique tardif avec pignon à redans et colombages sur les murs de long pan. Le bâtiment s'entourait d'un mur d'enceinte bas derrière lequel s'abritaient en outre la chapelle du château, érigée par Beroldingen, et quelques annexes.

En 1767, alors qu'il servait de dépendance au couvent d'Einsiedeln, le château fut reconstruit sous la conduite de Kaspar Braun, un frère originaire de Bregenz. Le nouveau château fut un bâtiment de quatre étages avec neuf axes de fenêtres sur les grands côtés et un volumineux toit mansardé recouvrant la maçonnerie. Versant sud, deux chaînes imposent un axe central de la largeur d'une seule fenêtre, répartissant le reste de la façade principale en deux corps latéraux de quatre fenêtres. Un parterre surélevé et deux étages pleins se dressent au-dessus d'un socle qui, aménagé en cave, s'ouvre par de larges portes. Un perron rectangulaire à ressaut précède un portail d'une grande beauté de travail. Il est enchâssé dans un ouvrage de pierres de taille équarries et disposées de façon à simuler un effet de perspective. Un double cartouche rococo orné du lion thurgovien apparaît sous l'entablement chantourné. C'est encore le rococo qui a imaginé les caissons ovales, légèrement resserrés, des vantaux de porte en noyer.

Passons à l'intérieur du bâtiment et arrêtons-nous, après avoir vu l'escalier de grès avec sa balustrade et la cave arquée en berceau, auprès de trois poêles de Steckborn provenant tous trois des ateliers de Daniel et Johann Heinrich Meyer. Construite en 1605, puis maintes fois rénovée, la chapelle du château se présente dans un très bon état. Elle fut jadis le foyer des tendances contre-réformatrices qui cherchaient à regagner leur canton acquis à la nouvelle doctrine. C'est une construction de plan rectangulaire fermée sur trois côtés seulement; l'angle droit de la chapelle, face au château, reste ouvert. Au nord se dresse la tour hors d'œuvre du chœur, coiffée d'un dôme ainsi qu'une petite sacristie en annexe. L'accès à la tour se fait par un escalier extérieur. La porte septentrionale est surmontée du millésime 1840 inscrit dans le grès et des armoiries du prince-abbé d'Einsiedeln, Cölestin Müller. C'est lui qui fit élargir le bâtiment de huit pieds vers le nord. Une voûte en éventail à cinq éléments, ornée d'un lacis de stuc, se déploie au-dessus du chœur. Son niveau est surélevé d'une marche par rapport à la chapelle. Les fonts baptismaux de base octogonale (1605) sont marqués aux doubles armoiries des Beroldingen-Heidenheim.

Ch. O.

EGELSHOFEN

La maison Zur Rosenegg

La maison Zur Rosenegg est un imposant bâtiment de l'aube classique. Il borde la route principale d'Egelshofen par un jardinet et présente de ce côté-là sa façade la plus récente, datant du 18e siècle. La façade opposée propose des éléments d'architecture plus anciens, visibles seulement depuis les côtés ou le dos du bâtiment. Les circonstances liées à leur construction sont pratiquement inconnues. On suppose qu'ils remontent au 17e ou à la moitié du 18e siècle. On ignore aussi l'identité de l'architecte qui, entre 1774 et 1784, édifia pour le compte de Johann Jakob Bächler (1733–1801) les éléments les plus récents de l'édifice Louis XVI. Bächler, négociant en vins, avait épousé une Appenzelloise d'Herisau, fille de très bonne famille, du nom d'Anna Magdalena Wetter. Les Bächler — dont la fortune n'était pas des moindres — firent élever plusieurs maisons seigneuriales au voisinage de Kreuzlingen. Dans l'environnement paysan qui est le sien, le Rosenegg illustre à merveille — par ses riches façades et sa décoration intérieure raffinée — un type de maison de maître destiné à une classe rurale en pleine ascension sociale en cette fin d'Ancien Régime.

Bächler joua un rôle politique important pendant que dura la République helvétique. Peu de temps avant sa mort, son commerce de vins fut liquidé, et sa maison passa en d'autres mains. En 1858, elle devint propriété du Dr Ammann qui la transmit en 1874 au négociant en vins Bächler-Dahn. Enfin, en 1885, l'école communale d'Egelshofen fit l'acquisition du bâtiment.

La propriété se compose de la maison de maître, face à la rue, et d'un bâtiment sur cour du 17e siècle, construit en colombages. Entre deux se tient une troisième construction remontant à 1750 environ. Deux longs bâtiments destinés à servir de dépendances encadrent une cour de service. Sis transversalement avec deux étages d'élévation, le bâtiment présente sept groupes de trois fenêtres à meneaux perpendiculaires; l'ensemble est coiffé d'un toit à la Mansart orné d'une lucarne. La façade principale, côté rue, s'ordonne en trois travées marquées par des pilastres montant du fond jusqu'au comble. Les mêmes pilastres bordent les angles. Aucun bandeau ne vient interrompre l'élévation. Les trois axes centraux sont rassemblés en un ressaut qui dresse à hauteur de toit un fronton armorié sur deux ailerons à volutes. On accède par les sept marches d'un perron à un portail d'entrée dont les deux vantaux s'inscrivent parfaitement dans l'axe central. L'ensemble de la porte et de la fenêtre au même aplomb forme une riche pièce d'architecture que rehausse encore une importante ornementation rococo en haut relief. La composition encadrant l'entrée est surmontée d'urnes aux deux extrémités. Une troisième s'inscrit dans l'axe central, trônant sur la fenêtre centrale du premier étage. Les hauts-reliefs de stuc viennent de l'atelier des Ahorn à Constance. Les chaînes de la façade prennent la forme de pilastres à peine saillants qui se dressent depuis le socle sur la hauteur des deux étages. L'ordonnance de la façade laisse paraître des ressemblances évidentes avec la cure de Fischingen. Un portail de ferronnerie dans le plus pur style Louis XVI, calé entre deux jambages ornés de vases, marque l'accès à la propriété depuis la rue.

R. A. / Ch. R.

SALENSTEIN

Le château d'Arenenberg

Le château d'Arenenberg se campe sur une éminence, entre Ermatingen et Mannenbach. La construction de cette résidence de hobereau remonte aux années 1546–1548: c'était une commande du bourgmestre de Constance, Sebastian Gaissberg. Une construction l'y avait précédée, un pavillon de vigne peut-être, menaçant ruine, qui se situait sur le domaine de l'ancien Bauhof (domaine du château) du château moyenâgeux de Salenstein. Au 16e siècle, Arenenberg portait le nom d'Ahrenshalden ou encore de Narrenberg. En 1585, les cantons confédérés à qui revenait alors la souveraineté sur Arenenberg muèrent la résidence seigneuriale du hobereau Konrad von Schwarzbach en une résidence noble ou baronnie munie des droits de basse juridiction. Après plusieurs transferts de propriété au cours du seul 17e siècle, le château fut acheté par le baron Anton von Rupplin von Kefikon und Wittenwil qui l'offrit aussitôt à son gendre, le baron Anton Prosper von Streng. Du baron, le château passa en 1817 à l'ex-reine Hortense, épouse du roi Louis de Hollande. C'est elle qui prit l'initiative de transformer le château dans le style que l'époque avait mis à l'honneur. Il faut préciser toutefois que l'édifice avait déjà partiellement perdu son caractère moyenâgeux d'origine.

Le fils d'Hortense, le prince Louis et futur empereur Napoléon III, fut élevé dans cette maison. En 1832, il obtint la bourgeoisie d'honneur du canton de Thurgovie. Il habita le château jusqu'en 1837, puis le vendit en 1843 pour le racheter en 1855. A la mort de

Napoléon III en 1873, Eugénie, veuve, se retira à Arenenberg. En 1874, elle suréleva l'annexe sud d'un étage. En 1905 enfin, elle en fit don au canton de Thurgovie. Aujourd'hui, le château d'Arenenberg est un lieu dédié à la mémoire de Napoléon.

Un dessin de 1745, conservé à la Bibliothèque centrale de Zurich, reproduit encore la résidence noble dans sa conception primitive, postmoyenâgeuse. La construction se dresse, haute et étroite, sur une terrasse; sa forme l'apparente à une tour fortifiée. Un mur crénelé l'abrite de toutes parts. Sise parallèle à la pente, la maison seigneuriale est faite d'une maçonnerie avec deux pignons à redans et des chaînes d'angle apparentes. Le premier étage est traité à la façon d'un socle aveugle, ne ménageant qu'une ouverture pour l'entrée. Au-dessus s'élèvent deux étages d'habitation, percés de deux fenêtres sur la longueur des murs-pignons et trois sur les murs gouttereaux.

L'actuelle maison de maître reçut le titre de «château» comme d'ailleurs, non loin de là, les deux résidences de campagne d'Eugensberg et de Louisenberg. De base presque carrée, le corps de bâtiment recouvre ses trois étages d'un toit en croupe brisé dont le faîte s'allonge dans le sens de la vallée. L'entrée se fait en amont. C'est un portique monté sur quatre colonnes doriques au sommet duquel règne un fronton. Les façades de la maison sont dépourvues d'éléments structurants. Cette absence fait apparaître l'édifice classique comme une architecture transparente dont les lignes claires ne sont interrompues que par les deux étages de la véranda qui viennent se raccorder sur l'ouest du bâtiment. La façade occidentale de l'annexe reçut un traitement plus riche. A ses pieds s'étend une terrasse et un étang circulaire.

La décoration intérieure du château est constituée de chambres richement aménagées dans les styles Napoléon Ier (Empire) et Napoléon III (Second Empire) comprenant nombre de précieux meubles d'époque, documents historiques, tableaux et sculptures. La chapelle domestique, à quelques mètres de là, fut construite en 1820 dans le style néogothique de la première époque. Des travaux de restauration furent menés en 1949. C'est dans cette chapelle que fut transférée de Paris la tombe de la reine Hortense. Les bâtiments de service (1817) sont

Page de gauche. Egelshofen, la maison Zur Rosenegg. Frontispice est.
En haut. Salenstein, le château d'Arenenberg. Vue du sud.
Ci-dessus. Chambre aménagée dans le style du 19e siècle.

occupés depuis 1906 par l'école d'agriculture qui, en 1969, s'est agrandie d'un bâtiment supplémentaire.   R. A. / Ch. R.

APPENZELL

Le château

Mieux que partout ailleurs en Appenzell, les Rhodes-Intérieures ont su préserver leur ancien caractère agricole et alpestre. C'est ce qui ressort aussi de l'observation des maisons paysannes de bois et d'architecture simple. Seul Appenzell, le chef-lieu du canton, présente ici ou là des velléités d'architecture bourgeoise, sans pour autant s'éloigner trop du style traditionnel. Le château d'Appenzell constitue l'exception. Il relève du type élégant de la maison bourgeoise, rappelant en plan les maisons de maître ouvertes et régulières qui n'ont déjà plus vocation de défense. La maison fut construite en 1563 pour le riche médecin Antoni Löw. Elle compte, avec l'église paroissiale de Sankt-Mauritius et l'Hôtel de Ville, parmi les plus importantes constructions en pierre d'Appenzell.

Antoni Löw fut un très énergique chef de file des réformés en Appenzell. Il fut d'ailleurs accusé par le parti catholique adverse et condamné à mort le 19 décembre 1584 pour avoir

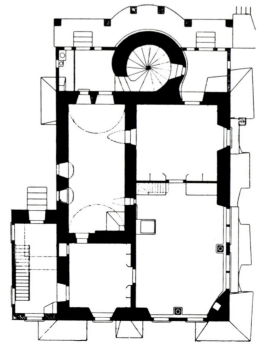

tenu des propos diffamatoires à l'égard d'un prêtre. Une chronique rapporte que le bourreau aurait crié, jubilant, au moment de l'exécution: «On peut condamner un fripon, mais pas un honnête homme!» Le château échut à l'Etat qui le remit aux religieuses en guise de maison d'habitation. Les franciscaines occupèrent donc le château jusqu'en 1682, date à laquelle elles purent enfin s'installer dans le nouveau couvent Maria zum Engel. Puis le château revint à Antoni Speck qui y résida jusqu'à sa mort en 1708. Après quoi il passa entre les mains de Johann Baptist Fortunat Sutter et, depuis cette date, ne quitta plus le patrimoine des Sutter. Le 15 février 1875, le médecin Anton Alfred Sutter reçut la propriété exclusive de la maison. Le docteur, homme de bien et de grande réputation, avait installé son cabinet de consultations dans le château, c'est pourquoi on parle parfois en Appenzell de la «Doktorhaus».

Le bâtiment mêle, en une harmonieuse composition, un ensemble gothique et des architectures particulières empruntées à la Renaissance. La maison dresse quatre étages de plan carré et protège le gros œuvre sous un toit à double bâtière croisée. Les façades soulignent la dimension horizontale par plusieurs corniches et auvents. Une tour d'escalier ronde est venue occuper le milieu de la façade ouest, à l'avant de laquelle s'établit un portique. Marquant irrégulièrement les étages, la tour d'escalier accentue encore l'effet de hauteur. L'annexe au flanc sud provient d'une époque plus récente. Notons encore les groupes de fenêtres de style gothique tardif séparées à l'intérieur par des colonnes de pierre Renaissance. Au premier étage, un jambage de fenêtre porte la date de 1570. *Ch. O.*

TROGEN

Le double palais In der Nideren

Jadis, Trogen était le chef-lieu des Rhodes-Extérieures d'Appenzell. Elle fut, elle aussi, une cité seigneuriale placée sous le signe d'une dynastie, celle des Zellweger, qui entre le 17e et le 19e siècle occupa les plus hautes charges d'Etat et se donna, grâce au commerce de la toile, les moyens d'assouvir un irrépressible désir de construction. Le double palais des Honnerlag appartient au hameau sis au lieu dit in der Nideren.

L'édifice fut construit en 1763 déjà — si l'on en juge par les dates portées en chiffres romains sur chacun des deux portails — pour les deux frères marchands Johann Conrad Honnerlag-Zellweger (1738–1818) et Sebastian Honnerlag-Zellweger (1735–1801), futur major du pays. L'architecte est présumé être Johannes Grubenmann de Teufen, si telle est bien l'interprétation des initiales liées et entrelacées JHGMB (?) (où l'on peut décrypter Johannes Grubenmann Baumeister) qui sont visibles au-dessus des blasons du double por-

Ci-dessus. Trogen, le double palais In der Nideren. Façade sud.
Ci-contre. Double portail avec arrangement de colonnes.
Page de gauche, en haut. Appenzell, le château. Façade sud.
Page de gauche, en bas. Le plan du rez-de-chaussée.

tail. Entre les Honnerlag et les Zellweger, les relations d'affaires se doublaient de liens de parenté. En 1774, Johann Conrad Honnerlag devint l'associé de la maison des frères Zellweger. Il partit à Lyon diriger une succursale, puis en 1784 revint à Trogen chargé d'une grosse fortune. Entre-temps, en 1770, il avait épousé Anna Zellweger, qui était fille du *Landammann*. Il prit soin, avant que d'emménager dans sa maison In der Nideren en 1786, de la décorer de stucs, faisant probablement appel à Peter Anton Moosbrugger et à son fils Joseph Anton. Il fit par ailleurs aménager un somp-

tueux parc avec pavillon de jardin et petite maison de plaisance. Le fils de Johann Conrad Honnerlag, un collectionneur d'art, fit construire un bâtiment indépendant destiné à recevoir des galeries de tableaux. A sa mort en 1838, la moitié du bâtiment portant le n° 116 fut vendue avec le parc. L'autre moitié, au n° 117, resta jusqu'en 1843 en possession des héritiers.

Le bâtiment superpose avec une rigueur toute classique quatre étages de maçonnerie sous un toit en croupe légèrement brisé. Les volets à motifs rococo (seuls ceux du n° 117 furent restitués lors de la rénovation de 1970–1971) dissipent un peu cette sévérité. Deux portails ont pris place dans un ouvrage de colonnes sur l'axe central de la façade commune. C'est là le principal ornement de l'édifice. Ils sont ornés d'un semblable décor rococo. Les dessus-de-porte — combinaison d'un fronteau triangulaire et d'un fronteau avec ailerons à volutes interrompu — portent des écus où l'on reconnaissait jadis les armoiries des Honnerlag-Zellweger. Les chambranles rectangulaires des portails, taillés dans le grès, portent une tête de lion à la clé. Les grilles d'imposte ressortissent également au style rococo. On notera, à propos de l'intérieur du bâtiment, que la moitié de l'édifice portant le n° 116 présente dans l'ensemble une ornementation plus riche que le n° 117. Des caissons peints entourés de guirlandes, des stucs rococo, des représentations des quatre saisons et des védutes idéalisées de châteaux forts décorent le plafond de l'ancienne salle de fêtes.

Ch. O.

ZUCKENRIET

Le château

Le village et le château de Zuckenriet se situent entre Wil et Niederhelfenschwil. L'ancienne seigneurie fut déjà mentionnée en 782. Depuis le 12e siècle, la résidence féodale revint à des familles de ministériaux de l'abbaye. Après les von Zuckenriet au 13e siècle, le château abrita entre 1355 et 1445 les von Rosenberg, une famille de haut lignage qui aurait prit souche au nord-est d'Herisau. Leur succédèrent jusqu'en 1478 les Landenberger et enfin la famille Muntprat de Constance. En 1543, l'abbaye accapara les droits de juridiction qui étaient attachés à la seigneurie. En 1618, le château apparaît en possession d'un noble lignage du nom de Giel von Gielsberg qui détenait un grand nombre de fiefs nobles en Suisse orientale. En 1735, Benedikt Giel, dernier représentant de la lignée, transmit le domaine de Zuckenriet au couvent de Saint-Gall qui le garda jusqu'au jour où ses biens furent sécularisés. Le château échut alors en 1807 à des paysans et aujourd'hui le bâtiment loge trois familles.

Zuckenriet est une construction seigneuriale typique de l'époque féodale qui combine un soubassement haut moyenâgeux avec une construction supérieure datant de la fin du Moyen Age, l'ensemble formant une habitation seigneuriale digne d'un hobereau: de nombreuses résidences nobles des 15e et 16e siècles répondent à cette description. A Zuckenriet,

Ci-dessus. Zuckenriet, le château. Façade côté village.
Page de droite, en haut. Thal, le petit château de Greifenstein. Côté sud avec dépendances.
Page de droite, au milieu. Le plan du rez-de-chaussée.

un socle maçonné d'un étage surélevé sert d'appui à deux étages supérieurs, légèrement saillants, qui alignent en ordre régulier des «bonshommes» alémaniques avec étais au pied et à la tête. Ces espèces de superstructures à claire-voie furent imaginées aux environs de 1500 pour répondre aux exigences nouvelles de l'habitat. Les châteaux thurgoviens de Frauenfeld, Hagenwil et Mammertshofen connurent un pareil sort. Le toit rabat, comme d'usage à l'époque, deux demi-croupes. Le fenestrage régulier résulte de transformations ultérieures. Toutefois, il se peut que les groupes de fenêtres jumelées soient contemporains de la construction. L'hypothèse la plus vraisemblable serait d'attribuer aux Muntprat, grande famille de Constance, les remaniements bas moyenâgeux. C'est sans doute à cette époque aussi que l'annexe accueillit une chapelle recouverte d'un plafond à poutrelles de style gothique. En l'absence de toute indication de date, on est réduit à des suppositions. Son bon état de conservation et la poursuite de l'exploitation du domaine agricole valent au Zuckenriet de passer pour une des raretés architectoniques de la région.

R. A. / Ch. R.

THAL

Le petit château de Greifenstein

«Thal» désigne la dépression qui s'intercale entre le Buchberg et le Lutzenberg, région viticole du haut Rhin dont la renommée n'est plus à faire. Du haut des coteaux, le regard trouve libre cours jusqu'à l'embouchure du Rhin et jusqu'au lac de Constance. La beauté, la fertilité de la région déterminèrent des siècles durant les riches bourgeois saint-gallois à acheter des clos et à y établir une maison où passer l'été et l'automne.

Le castel de Greifenstein repose sur le flanc nord du Buchberg. Pour en connaître l'histoire, il faut remonter à la famille Watt de Saint-Gall, plus précisément au célèbre Vadian. Celui-ci remit le domaine en dot au marchand toilier Laurenz Zollikofer qui épousa sa fille Dorothea. Aux environs de 1560, Dorothea fit aménager le château en résidence de campagne seigneuriale. Comme elle portait un griffon (Greif) noir sur ses armoiries, elle appela son château «Greifenstein». En 1665, le domaine seigneurial, grossi d'importants biens ruraux, passa à la famille grisonne Salis-Soglio. Le hobereau Rudolf von Salis, ancien commissaire à Chiavenna et premier propriétaire foncier de sa lignée, entreprit de transformer la maison seigneuriale dans le goût baroque du temps. L'ornementation fut en partie complétée par d'autres Salis. Ainsi

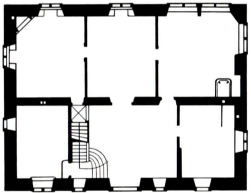

attribue-t-on à Ludwig von Salis-Soglio l'ajout des armoiries sculptées au-dessus de l'entrée avec l'écu en bannière des Salis portant le saule ou marsault *(marem salicem)*.

La composition d'ensemble se modèle sur le type du carré de cour fermé. Etablies en axes parallèles au dos de la maison de maître, deux dépendances, une tour-porte et la maison des domestiques réunies par un mur crénelé — sorte de braie — créent l'espace d'une esplanade. Greifenstein montre dès lors une conformité évidente avec l'architecture des résidences nobles ou baronnies des 15e et 16e siècles. Le bâtiment principal est une construction de deux étages sur plan légèrement rectangulaire avec toiture en bâtière à faîtes croisés. Au point d'intersection des deux pannes faîtières se dresse un lanternon octogonal à dôme bombé sur lequel est juché un joli campanile, lui-même en forme de lanterne. Les murs de maçonnerie massive des façaces sont percés sans ordre particulier de grandes fenêtres simples, jumelées par deux et plus, avec meneaux et vitrage en cul de bouteille. La façade septentrionale regarde la terrasse du jardin et le lac au loin par des fenêtres couplées, ouvertes à l'extrémité orientale de chacun des deux étages, éclairant les deux pièces principales.

L'accès de la cour au hall d'entrée est commandé par un portail cintré se composant de deux vantaux à chevrons. Les armoiries des Salis règnent sur l'ensemble. Une disposition intérieure, dite double en profondeur, identique à chacun des deux étages, répartit six pièces sur deux rangées. Côté cour, le vestibule, incluant l'escalier intérieur, est flanqué de deux chambres, tandis que côté lac, la rangée compte trois pièces d'habitation de dimensions semblablement identiques. L'aménagement de type seigneurial remonte pour l'essentiel au 17e siècle; on notera cependant au rez-de-chaussée un beau poêle de faïence de 1792 orné de peintures au manganèse. Le grand vestibule central aménagé sous les combles sert actuellement de salle de concerts.

R. A. / Ch. R.

BERG

Kleiner Hahnberg

L'ancien domaine rural de Hahnberg se situe à mi-chemin entre Saint-Gall et Arbon, au cœur d'une contrée riante où les vignes prospéraient. Dès le 16ᵉ siècle, elle attira les riches bourgeois de Saint-Gall qui vinrent y passer l'été. En 1421, l'abbaye remettait en fief la propriété d'Hahnberg aux Hör, une famille de Saint-Gall riche et considérée. En 1529, tous leurs biens furent vendus à Jakob I Zollikofer. Dix ans après sa mort, son fils, Jakob II, reprit le domaine. En 1612, il décéda et Hahnberg fut partagé entre fils et neveux.

Une maison existait déjà qui prit le nom de Kleiner Hahnberg lorsqu'en 1616 fut construite la résidence du Grosser Hahnberg. En 1684, le Grosser Hahnberg passa à la famille

Schlumpf puis connut maints propriétaires pendant les deux siècles qui suivirent. Quant au Kleiner Hahnberg, il fut successivement propriété des Schlumpf en 1649, puis des Fels, Schaffner et Spengler, et se retrouva finalement en 1751 entre les mains du haut-commissaire de la principauté abbatiale Ferdinand Joseph von Bayer. Jusqu'en 1880, la résidence de campagne resta dans cette grande famille de Rorschach, après quoi la ronde des propriétaires reprit à nouveau.

Le Kleiner Hahnberg porte encore mémoire des remaniements successifs. Jadis, au 16e siècle, modeste maison de vigneron, beaucoup plus petite et rayée de colombages rouges, elle devint plus tard une construction seigneuriale à colombages gris et escalier en vis enfermé dans une cage de maçonnerie ajourée. On suppose que cela se passa au temps des Zollikofer — assurément avant 1649. L'aménagement intérieur, de style baroque primitif, remonte aussi à cette époque. Pendant la seconde moitié du 17e siècle, les Fels complétèrent l'aménagement dans un style plus récent. Après eux, Ferdinand Joseph von Bayer et son fils Franz Anton procédèrent à de profonds remaniements internes, le premier dès 1751, le second vers 1770.

Le Kleiner Hahnberg se dresse perpendiculairement à la pente, sur une terrasse que le relief forme en cet endroit. C'est une maison à pignons avec deux étages de colombages sur un étage de socle maçonné. L'entrée occupe le centre du mur gouttereau sud. Elle est surmontée de la date de 1751 et d'un panneau de stuc portant deux écus ovales armoriés. Les angles de la maison s'assortissent de chaînes factices, peintes. A l'angle sud-est de chacun des deux étages, des fenêtres jumelées traduisent la présence de pièces seigneuriales.

L'intérieur du château recèle des pièces et des éléments de décoration d'époques diverses. Ainsi voit-on des plafonds à solives du 16e siècle, des peintures sur colombages et des portes parées de riches ferrures datant du 17e siècle, des stucs enfin, exécutés pendant la seconde moitié du 18e siècle. On notera encore une *sala terrena* du 17e siècle et la chapelle domestique construite à la moitié du 18e siècle.

R. A. / Ch. R.

BERG

Pfauenmoos

La propriété de Pfauenmoos se tient non loin de la route qui va de Saint-Gall à Obersteinach. La maison seigneuriale est dissimulée dans un vaste parc à l'est du village de Berg. A partir de 1400, le domaine passa successivement entre les mains de différentes grandes familles saint-galloises. En 1525, Dorothea Grüblin vend le domaine, les vignes et toutes les appartenances au hobereau Leonhard Zollikofer (1494–1544), trésorier saint-gallois. Des mains de son frère, le bien passa en 1564 au neveu de Leonhard — du même nom que son oncle — qui fut le premier propriétaire et fondateur du fidéicommis d'Altenklingen. Jusqu'à sa mort en 1587, Leonhard Zollikofer garda et la propriété viticole de Pfauenmoos qui lui servait de manoir et la seigneurie d'Altenklingen sur laquelle il disposait des droits de juridiction. Après avoir arrondi sa propriété par l'achat de terrains avoisinants, il l'établit en fidéicommis au profit de l'aîné *(senior)* de chaque génération à venir. La disposition ne fut abrogée qu'en 1839 et le domaine vendu en faveur de la propriété familiale d'Altenklingen. Pendant les dix années qui suivirent, le domaine appartint à Jakob Benedikt Germann, puis dès 1849 au baron Cornelius von Heyl zu Herrnsheim de Worms qui en fit à son tour une fondation familiale incluant le Kleiner Hahnberg à Berg.

On présume que le noyau de la résidence campagnarde remonte à 1564. Quant à l'édifice actuel, il fut créé pour l'essentiel au 18e siècle. En effet, de 1760 à 1762, la maison seigneuriale subit de sérieux remaniements. Deux vues relevées par Herrliberger nous informent de l'état primitif du bâtiment. Nous avons par ailleurs connaissance d'une rénovation qui se fit en 1812, mais nous ignorons tout de son importance. L'édifice sied sur un terrain en pente douce. Ses trois étages de plan longitudinal prennent abri sous un toit au faîte perpendiculaire à la pente. Plus tard, une annexe de moindre élévation vint s'adosser à l'arrière, sur une demi-largeur de façade.

Page de gauche, en haut. Berg, Kleiner Hahnberg. Vue du sud.
Page de gauche, en bas. Panneau de stuc surmontant la porte d'entrée avec doubles armoiries et banderole.
Ci-dessus. Berg, Pfauenmoos. Façade sur jardin et portail de ferronnerie.

A l'intérieur, le bâtiment est double en profondeur, autrement dit présente deux rangées de pièces et se répète, presque identique, à chaque étage. Ce double alignement de trois pièces le long des grands côtés fait place, face au lac, à deux grandes pièces presque carrées. Côté sud, on trouve, légèrement en amont de l'axe transversal, le hall d'entrée où donne un portail ajouré d'une lunette. Du hall d'entrée, on pénètre dans la salle de l'angle sud-est du bâtiment. Au plafond, une fresque allégorique peinte par Joseph Wannenmacher au cours de la campagne de 1760 représente le fondateur du domaine occupé à planter un arbre.

Plus bas, un peu en retrait de la maison de maître, sont regroupés les communs, la métairie et la grange, qui donnent à la résidence un caractère mi-seigneurial mi-agricole.

R. A. / Ch. R.

RHEINECK

Löwenhof

L'édifice monumental aux allures de palais qui surgit à la sortie de Rheineck, au bord de la route principale, constitue l'une des plus belles résidences baroques de toute la Suisse orientale. Réunissant sous un même toit une habitation seigneuriale — avec pièces d'apparat pour les besoins du négoce — des bureaux et des entrepôts, ce palais est parmi les plus beaux exemples de résidence rurale à destination de siège commercial jamais construit en Suisse orientale. Le Löwenhof est dû à une famille de riches négociants en textiles du cru, du nom de Heer. Non moins que les Custer d'Altstätten, les Heer surent tirer profit des très favorables conditions économiques dont jouissaient les pays princiers, sujets des abbayes, et s'attirèrent de cette façon fortune et renommée. Une hypothèse récente donne à Lorenz Heer, *Ammann* de Rheineck, le titre de maître de l'ouvrage, auquel cas la date de 1746 inscrite au-dessus du portail d'entrée se référerait à la construction. Bernhard Anderes attribue le plan et l'exécution des façades à Johannes Grubenmann, architecte de renom. On ne saurait en effet nier l'influence architecturale du sud de l'Allemagne. C'est probablement Johann Jakob Haltiner qui, dans les années 1758–1759, subordonna à l'édifice deux ailes, faisant du Löwenhof un ensemble en U.

Une initiative commerciale — davantage que le hasard sans doute — permit aux Custer de prendre la succession des Heer au Löwenhof. En 1749, Sara, fille de Lorenz Heer, épousa le commerçant Jakob Custer et quitta le Reburg pour l'installer à Altstätten. Leur fils, Jakob Laurenz Custer, homme public très respecté de ses concitoyens, fit, nombre d'années plus tard, le chemin inverse. En 1776, il prit pour épouse l'héritière de l'entreprise commerciale des Heer, Anna Magdalena, épouse de feu Johannes Heer, son aînée de peu, et reprit la direction de la maison fondée par son aïeul. En 1791, Jakob Laurenz, qui était fin commerçant, entra en possession du château de Grünenstein ob Balgach — transformé peu auparavant dans le goût baroque — et en fit sa résidence estivale. La maison de famille et de commerce Zum Löwenhof resta propriété de la famille Custer jusqu'en 1869. Après quoi l'édifice passa à une autre famille d'entrepreneurs, les Bärlocher, qui la destinent aujourd'hui encore à son affectation première.

A l'origine, le Löwenhof se constituait d'un bâtiment unique de plan transversal. Le premier étage comprenait les locaux commerciaux, les deux étages supérieurs étant réservés à l'habitation. Le plan veille à la stricte concordance axiale des façades. Deux couloirs centraux, d'équerre, permettent d'accéder à chacun des quatre quartiers ainsi délimités, lesquels sont encore subdivisés en deux bureaux ou magasins. Toutes les pièces du rez-de-chaussée sont recouvertes de voûtes d'arête. Le couloir principal, largement ouvert, rallie le portail d'entrée à la porte du jardin. La cage d'escalier occupe l'extrémité nord du couloir transversal. Deux colonnes toscanes flanquent un escalier à rampes alternées.

Le Löwenhof séduit le regard par l'effet architectonique des façades. La façade sur rue ou façade d'entrée — et par conséquent le frontispice — est traitée avec grand soin. Six pilastres la structurent selon le rythme 2-2-3-2-2. La couleur impose aussi son ordonnance: des éléments d'architecture gris — socle, pilastres, bandeaux et chambranles — bordent les surfaces de crépi blanc. Mais le point de mire de la façade est évidemment la porte d'entrée avec en couronnement le balcon grillagé et la porte vitrée. Au-dessus du portail, une imposte est ornée de ferronnerie; les pilastres flanquants se coudent sous la plate-forme du balcon. La porte vitrée s'entoure d'un chambranle mouluré enrichi de deux lions tenant un cartouche ovale. La dimension horizontale de la façade est donnée par un étage de socle rustique aux fenêtres grillagées et deux étages supérieurs crépis dont la surface unie imprime un léger retrait. La zone inférieure du toit en croupe mansardé aligne un rang de lucarnes cintrées au même rythme que les croisées. Sur chacune des quatre façades, un ressaut central dresse, par-delà la base du toit, un fronton ogival monté sur volutes. Les petits côtés de l'édifice présentent des rangs de cinq croisées auxquelles un ressaut central impose le rythme 2-1-2. Couronnement du volumineux toit à la Mansart, une tour carrée aux angles adoucis que surmonte un dôme abaissé, coiffé d'un bulbe.

A l'origine, la façade sur jardin reprenait la même ordonnance que la façade antérieure, mais par la suite deux ailes latérales allongées vinrent s'accrocher à ses deux membres extérieurs. Leur faîte ne dépasse pas le chéneau du toit principal. Leur façade extérieure — à l'alignement du bâtiment principal — présente trois étages ramassés. Sur la face rentrante, une galerie de bois bordée d'une balustrade, faite au tour, court le long de l'aile et se poursuit au premier étage de la construction principale.

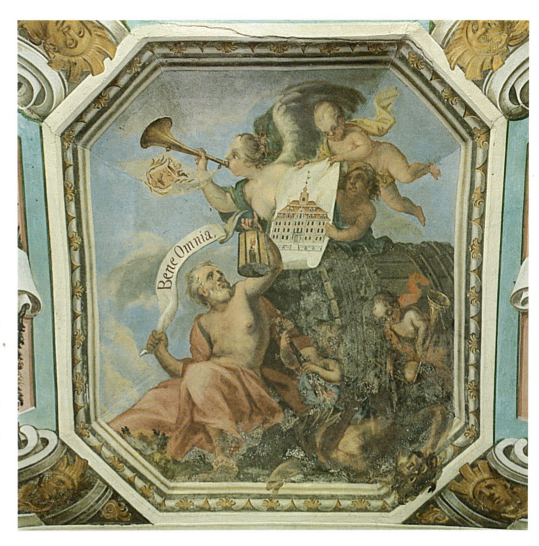

Page de gauche, en haut. Rheineck, Löwenhof. Frontispice sur rue.
Page de gauche, en bas. Pavillon à l'arrière du jardin.
Ci-dessus. Caisson peint au plafond de la cage d'escalier du bâtiment principal. Diogène *et plan de l'édifice.*

Un mur, rejoignant les extrémités des deux ailes et percé dans l'axe d'un portail, sépare la cour pavée du jardin à la française aménagé à l'avant de l'édifice. Le parterre, traversé en croix de deux allées, est bordé de plates-bandes de buis. Un jet d'eau marque le rond-point. L'allée principale aboutit à un pavillon adossé au mur de clôture du jardin. Un autre bâtiment est venu se ranger à angle droit sur le côté du jardin: c'est l'orangerie. Le pavillon de jardin dessine un plan transversal légèrement renflé au niveau de l'axe central. Un perron accompagné d'une balustrade rococo de ferronnerie conduit à un rez-de-chaussée surélevé, à l'intérieur duquel se cache une salle ravissante, toute tarabiscotée de stucs et parée d'un plafond peint en forme de huche. Le jardin est muré mais se prolonge de côté par un vaste potager. Le jardin d'agrément a su préserver son caractère primitif, rigoureusement français de forme et de nature. Des plantes méditerranéennes — en pleine terre ou en pots — lui prêtent des allures de paradis méridional.

R. A. / Ch. R.

SCHAFFHOUSE

Belair

En 1551, il est fait état pour la première fois du domaine de Belair, sis à la Randenstrasse. Le bourgmestre Heinrich Schwarz s'en porta acquéreur en 1618. Après lui viendront y séjourner pendant plus de cent ans les Ziegler von der «Färbi» qui donnèrent à la propriété le nom de «Färbigut». En 1808, la maison passa aux mains d'un Hollandais, Johann Georg Rausch von Berbice et prit alors le nom de «Belair». La maison de campagne réside dans un jardin — presque un parc — à l'ombre de grands arbres. Des bâtiments attenants prirent place au sud de l'édifice, délimitant l'espace d'une cour fermée.

Au fil des siècles, la maison s'agrandit jusqu'à devenir un édifice proche du château. On suppose que la transformation nécessita trois étapes; la partie occidentale du bâtiment constitue le noyau le plus ancien. Elle porte un toit en bâtière qui s'allonge dans l'axe nord-sud. Plus tard, une aile s'ajouta d'équerre côté levant de l'édifice; elle s'aligne au nord sur le mur-pignon du premier bâtiment, cependant qu'au sud elle marque un léger retrait. La seconde moitié du 18e siècle reste marquée dans l'histoire de Belair comme l'époque d'un vaste agrandissement. Un plan, tracé en 1797 de la main du professeur Melchior Hurter et actuellement conservé dans les archives de la maison, reproduit cet état intermédiaire de la construction. L'aile la plus récente expose vers l'est une jolie façade à pignon. Elle est flanquée de deux tourelles pentagonales à coupole bulbeuse. Le rez-de-chaussée est un socle aveugle, tandis que les deux étages supérieurs sont pourvus de fenêtres en plein cintre, identiques à celles que porte le corps du bâtiment. L'accès se fait par une porte en plein cintre au front sud de l'aile; la façade opposée présente une tour d'escalier à trois faces recouverte d'un dôme bombé. Il n'est rien resté de la décoration intérieure.

Ch. O.

SCHAFFHOUSE

Vorderer Stokarberg

Sur la gravure de Schaffhouse qu'il exécuta en 1644, Merian reproduit déjà, à l'angle nord-est du versant du Stokarberg, un pressoir à vin parmi les vergers et les vignes. En 1740, le pressoir s'agrandit d'un bâtiment au levant, de sorte que les deux constructions mises bout à bout produisirent un bâtiment allongé, une résidence rurale confortable qui resta jusqu'en 1946 en possession de membres de la famille Stokar von Neunforn. La maison se tient à la Kometssträsschen et jouit d'une vue magnifique sur le Rhin. Autrefois la maison ne possédait qu'une seule porte d'entrée, côté sud, ouvrant sur un jardin qui s'incline en pente douce. Si le rez-de-chaussée ne laisse place qu'à de petites fenêtres grillagées, l'étage supérieur, quant à lui, ouvre de grandes croisées montées dans des chambranles ornés de crossettes. Quant au toit en bâtière, il présente des lucarnes ordinaires ou à croupe. A l'ouest, le toit se rabat en demi-croupe faîtière. A l'extrémité occidentale du faîte se dresse un clocheton: la cloche porte la date de 1740. Le pignon oriental donne lieu à un oriel de bois polygonal.

La salle qui loge dans la partie orientale de la maison est le morceau d'apparat. Du sol au plafond, les parois sont tendues de toile

En haut. Schaffhouse, Belair. Façade sur jardin avec pignon oriental flanqué de tourelles.
Ci-dessus. Schaffhouse, Vorderer Stokarberg. Façade au sud.
Page de droite. Salle avec tentures de toile peintes et motif central de plafond, peint également.

peinte. S'y déroulent, entre deux colonnes torses et blanches, des scènes de chasse, de pêche, et des paysages imaginaires. On notera, pour son intérêt historique, une reproduction des chutes du Rhin où figure encore l'ancienne petite église Sankt Notburga de Neuhausen. Au bas des peintures, au premier plan, deux putti entourent une coquille. Par un effet de relief factice, leurs petits pieds paraissent déborder la moulure de bois. Des socles ornés de motifs floraux occupent le bas du mur. Le plafond de stuc rassemble l'intérêt sur un caisson central où l'on voit Apollon siégeant parmi les Muses. Des stucs forment autour du tableau une guirlande de gerbes, fleurs, rubans et lacis grillagés.

Ch. O.

GRISONS ET TESSIN

GRISONS

L'histoire des Grisons est intimement liée à la configuration du canton: pays de cols alpins, très morcelé, il développa en chacune de ses innombrables vallées des formes de culture et des structures politiques particulières. Cette situation territoriale incroyablement enchevêtrée qui prévalait dans l'ancienne Ligue était imputable à une bipolarisation antagoniste du pouvoir entre d'une part une formation paysanne à tendance libérale (dont les Walser, alliés) constituée d'un noyau de communes et de juridictions à l'organisation démocratique, de l'autre une formation seigneuriale à régime féodal (dont les sires de Vaz, de Rhäzüns, de Sax-Mesocco, von Werdenberg-Sargans ainsi que Werdenberg-Heiligenberg, de Belmont et les comtes étrangers de Toggenbourg) à qui les multiples seigneuries de la Rhétie — petites et grandes — devaient leur existence. Seigneur d'une grande part de la Rhétie, l'évêque de Coire fut nommé prince d'Empire en 1170.

Une succession d'événements politiques aux 14e et 15e siècles aboutit à l'établissement de trois ligues. Créées à une époque mise à feu et à sang par d'innombrables querelles, ces ligues devaient jouer le rôle de protections juridiques. Il y eut la Ligue de la Maison-Dieu en Engadine (1367), la Haute Ligue ou Ligue grise dans la région du Rhin antérieur (1424) et la Ligue des Dix-Juridictions dans le Prättigau et les environs de Churwalden (1436). A la différence de leurs voisins confédérés, les Grisons ne surent pas réaliser l'union de leurs Etats fédérés en un corps étatique cohérent. L'antagonisme confessionnel qui avait pris au 17e siècle les traits d'un conflit politique empêcha toute intégration jusqu'au terme du 18e siècle. La structure fédéraliste des institutions de l'alliance s'opposait à toute coalition durable, puisque les votes au sein de ces institutions s'effectuaient sur instruction des différentes communautés et juridictions. Quant à leurs rapports avec l'Alliance helvétique, les Grisons se montrèrent, entre 1497 et 1498, un pays allié d'une sensibilité politique très proche de celle des Confédérés, et ne manquèrent jamais d'avoir recours à leur protection. Juridiquement parlant en revanche, il n'existait que des alliances partielles liant la Haute Ligue et la Ligue de la Maison-Dieu aux sept premiers cantons (sans Berne).

En matière de politique territoriale, la proximité de la toute-puissante Maison d'Autriche fut de première importance. Des siècles durant et jusqu'à l'accord de 1649, les Habsbourg tentèrent de faire valoir leurs prétentions d'hégémonie sur les Grisons, portant des assauts répétés contre les régions limitrophes. Dès le 15e siècle, la politique des Grisons se ressentit nettement de l'intérêt porté par la constellation des trois grandes puissances — soit l'Autriche, Venise et la France — sur la propriété de Milan. Au début du 16e siècle, les trois Ligues achetèrent la seigneurie de Maienfeld (1509), puis conquérirent lors de la campagne de Pavie en 1512 la Valteline et Bormio. Ces territoires furent soumis aux trois Ligues qui en confièrent la gestion à des représentants plébiscités dans les rangs de leur classe dirigeante (*Podestà*, capitaine du pays). De ce fait, les trois Ligues assuraient largement la sécurité des cols et contrôlaient les très fructueuses relations commerciales. Le transport marchand fut un gagne-pain pour maints foyers des vallées et constitua même pour quelques familles dirigeantes — les Salis par exemple — la plus abondante source de revenus (ferme des douanes ou *Zollpacht*) après les rentes. Par son activité politique et économique, l'aristocratie grisonne assuma dans le cadre des échanges transalpins un très grand rôle de médiation culturelle qui se manifesta avec évidence dans son architecture.

A la fin du Moyen Age, les principales familles des vallées et les lignées de ministériaux qui, sans avoir jamais reçu de lettres de noblesse, s'étaient acquis puissance et influence dans les services administratifs et féodaux, investirent les droits de la noblesse agonisante. Au 16e siècle, presque tous les membres de l'aristocratie montante — les Salis, Planta, Travers, Sprecher, Hartmannis, Buol ou Capol — tirèrent profit de cette relève du pouvoir pour réaliser une ascension sociale et financière qui les mena à la tête des vallées et des trois Ligues. On comprend mieux, dès lors qu'on considère l'histoire des deux plus grandes lignées grisonnes — les Salis et les Planta — comment une hégémonie régionale put mener, au cours des siècles, à la conduite d'un parti aligné sur les plus grandes puissances étrangères et devenir la clé d'une véritable souveraineté. Au moment de la Réforme et des luttes confessionnelles — véritable guerre civile — puis pendant la guerre de Trente Ans, l'une après l'autre, chacune des deux familles, et les familles alliées, dominèrent les événements politiques: côté catholique, les Planta-Sprecher, chefs de file d'un parti hispano-autrichien, plus tard austro-vénitien; côté réformé, les Salis, dirigeant un parti français. A n'en pas douter, si les trois Ligues jouirent de quatre siècles d'indépendance, ce ne fut en aucun cas par la force d'une unité politique — puisqu'il n'y en avait pas — mais bien grâce à leurs très stratégiques cols alpins qu'ils protégeaient unanimement et pour lesquels chacune des trois grandes puissances manifesta un intérêt considérable jusqu'au 18e siècle. Par d'habiles louvoiements, les familles dirigeantes des Ligues rattachées à un parti tirèrent profit de cette situation à des fins économiques et politiques qui

A gauche. Vitrail armorié de Johannes Guler, Bundeslandammann *de la Ligue des Dix-Juridictions, 1602.*
Ci-contre. Blasons des baillis sur la façade du Palazzo del Pretorio à Lottigna.

indirectement servaient la souveraineté du pays. A tout cela enfin, il convient d'ajouter que les importants privilèges attachés aux cols et au commerce étaient protégés par des capitulations et des alliances avec Milan et Venise.

TESSIN

Avant de former un canton, le Tessin était une région politiquement très hétérogène qui, même sous tutelle confédérée, partageait encore largement le destin de l'Italie du Nord. Culturellement parlant, les différentes vallées, voire les différentes juridictions et communes, suivirent chacune une évolution propre; politiquement, elles n'entretenaient aucune relation, abstraction faite de la haute administration baillivale. Depuis le haut Moyen Age, une grande partie du Tessin était incorporée au territoire seigneurial de l'évêque de Côme; bien que dépouillé aux 12e et 13e siècles de la plupart de ses droits de souveraineté sur la ville de Côme, celui-ci garda cependant ses biens fonciers. Par ailleurs, le chapitre de Milan détenait des droits de seigneurie sur le Blenio, la Léventine et la Riviera. Outre ces grandes seigneuries — pas toujours très homogènes, il faut le dire — le Tessin se morcelait en une quantité de plus petites seigneuries ecclésiastiques ou laïques.

Au 12e siècle, les villes de Côme et de Milan obtinrent de haute lutte l'hégémonie sur le nord de l'Italie. Au 13e siècle, le conflit se mua en une rivalité entre le parti des Guelfes et celui des Gibelins, puis s'étendit aux familles qui les soutenaient, les Vitani et Torriani (parti des Guelfes), les Rusco et Visconti (Gibelins). En 1335, après l'incorporation de Côme à Milan, les Visconti reçurent le titre de seigneur des territoires tessinois, titre qu'ils gardèrent jusqu'à la conquête du Tessin par les Confédérés.

Les Confédérés tentèrent une première intrusion dans le territoire seigneurial de Milan par le nord: ce fut l'occupation de la Léventine par Uri et Unterwald en 1403, suivie de la prise par les seigneurs de Sax-Mesocco de Bellinzone, Blenio, ainsi que de la rive gauche de la Riviera.

La conquête du Tessin par les Confédérés fut le fruit d'une politique d'outre-monts menée depuis le 15e siècle par les cantons forestiers — Uri en tête — et dont l'objectif était de faire main basse sur la clé naturelle du Saint-Gothard, autrement dit Bellinzone. Survenant après l'occupation de la Léventine (1403), puis du val Maggia et du val Verzasca (1410–1416), la défaite d'Arbedo en 1422 ramena à nouveau la frontière de Milan jusqu'au Saint-Gothard. Mais l'heure du déclin n'allait pas tarder à sonner pour l'hégémonie milanaise sur le Tessin, puisqu'en 1439 la Léventine fut une nouvelle fois occupée et cédée définitivement à Uri en 1480. Entre 1495 et 1522, toutes les vallées septentrionales jusqu'à Brissago devinrent confédérées. Tandis que la Léventine relevait exclusivement d'Uri, Bellinzone, Blenio et la Riviera formèrent trois bailliages rattachés à Uri, Schwyz et Nidwald, et les quatre bailliages de Mendrisio, Lugano, Locarno et val Maggia passèrent sous la coupe des douze cantons. L'ensemble de ces territoires sujets correspondait grossièrement à l'actuel canton. Au Tessin, comme en Thurgovie d'ailleurs, l'administration baillivale n'incarnait en réalité que la souveraineté foncière. Les baillis confédérés, nommés alternativement par un des cantons concernés, étaient des représentants de l'autorité étatique. Mais la vénalité des charges faisant craindre un mauvais usage du pouvoir (amendes et impôts), voire la corruption, un organe de contrôle fut placé au-dessus du bailli. C'était le syndicat, constitué de membres du Conseil des cantons dirigeants.

La population tessinoise jouissait d'une situation supportable par comparaison à ses voisins de Lombardie accablés par les impôts et les guerres. Le peuple sujet continuait à jouir d'une entière autonomie dans l'administration de son économie et se régissait suivant ses us et coutumes. Son statut de pays sujet lui laissait par conséquent une grande marge de liberté. Les villages avaient leurs propres autorités et les villes leurs conseils. Même la basse juridiction restait aux mains des sujets. Si le Tessin ne connut pas la formation d'une classe supérieure, unie dans une volonté partagée d'ascension sociale, ni par conséquent l'élaboration d'une architecture seigneuriale, cela s'explique par le morcellement de ses structures politiques, par sa soumission à des seigneurs étrangers et la situation des propriétés foncières. Malgré ce contexte défavorable, plusieurs familles aisées, habitant les villes et les grandes localités, remplacèrent leurs résidences et villas des rives du lac par des palais à l'image de leur rang. De riches familles de Côme, aimant y passer l'été, laissèrent aussi quelques remarquables constructions profanes dans le sud de la Suisse.

MALANS

Le château de Bothmar

Le château seigneurial de Bothmar pointe au-dessus du village de Malans. Depuis la propriété Bodmer, en seigneurie grisonne, la vue, splendide, s'ouvre vers le sud à mesure que s'ouvre la vallée. La partie la plus ancienne, qui forme du reste le noyau de l'édifice, fut construite pendant la première moitié du 16e siècle pour la famille Beeli. Il reste de cette époque des lambris au premier étage. En 1575, le capitaine Ambrosius Gugelberg von Moos (1547–1591) se porta acquéreur de la propriété et y entreprit des aménagements intérieurs.

Par suite d'un mariage, le château se retrouva en possession de Gubert von Salis-Maienfeld (1664–1736), capitaine général *(Landeshauptmann)* de la Valteline et bailli de Maienfeld. Le nouveau propriétaire décida de transformer le bâtiment à son idée, lui ajoutant une aile au sud et faisant bâtir un pressoir (daté de 1716). C'est cependant Gubert Abraham von Salis (1707–1776) qui donna au château Bothmar la silhouette que nous lui savons. G. A. von Salis cumulait les charges de *Bundeslandammann* de la Ligue des Dix-Juridictions, capitaine général de la Valteline et bailli de Maienfeld, en plus de quoi il était juge de Malans. En 1739 — s'il faut en croire la date inscrite au rez-de-chaussée — il mena à bonne fin la construction de l'aile sud entreprise par son

Ci-dessus. Malans, le château de Bothmar. Corps principal du château et ailes d'époques diverses. Au premier plan, remarquable jardin baroque.
Page de droite. Maienfeld, Salenegg. Façade d'aval.

père et fit bâtir vers les années cinquante l'aile ouest et la serre. Simultanément, la tour d'escalier fut surhaussée. L'édifice — une maison d'habitation seigneuriale avec pignon à redans, deux ailes pliées dans le creux du relief et tour d'escalier sous un bulbe baroque — emprunte ses éléments à diverses époques et les fond en un ensemble harmonieux. On ne manquera pas de voir, à l'intérieur du château, les beaux plafonds de stuc Régence.

La Suisse a gardé à Malans un de ses plus beaux jardins baroques. Il fut aménagé ultérieurement à l'édifice, entre 1740 et 1750. Depuis le portail, l'axe principal du jardin longe en pente douce l'aile occidentale du château, au lieu de prolonger l'axe de l'édifice comme l'entend l'école française du jardin baroque. Une terrasse surélevée permet seule d'embrasser d'un regard les parterres et leurs jets d'eau, les plates-bandes et les grands buis taillés. «Nulle part mieux qu'ici on réalise que le jardin français est une œuvre d'architecture et de nature; donc qu'il représente une vie figée. On perçoit immédiatement que le jardin se développe en deux dimensions, l'horizontale et la verticale; on notera enfin l'alliance de motifs anciens et d'éléments récents. Tout laisse à supposer que l'effet recherché était moins la claire ordonnance d'une terrasse que l'illusion d'un labyrinthe.» (Hans-Rudolf Heyer) *H. B.*

MAIENFELD

Salenegg

La résidence seigneuriale de Salenegg a pris place hors des murs de Maienfeld, parmi les vignobles.

Vespasian von Salis et sa femme Anna von Schauenstein acquirent le domaine de Prestenegg en 1594. Après l'avoir transformé, ils lui donnèrent le nom de Salenegg. Le salon, orné en son motif central des armoiries des Trois Ligues et des quarante familles grisonnes, remonte à la construction de l'annexe sud-est entreprise par Anton von Molina, le gendre de Vespasian von Salis. En 1654, Johann von Moos, dit Gugelberg, acheta le château de Salenegg. A ce jour, le domaine est encore propriété de la famille.

Aux 17e et 18e siècles, les agrandissements se succédèrent à tel point qu'il fallut un homme doué d'un véritable sens architectural comme le commissaire Ulysse (1756–1820) pour restituer un peu de cohérence dans une architecture élaborée au fil des siècles. Cette marque d'unité s'exprime aussi bien dans le plan de l'édifice que dans sa splendide façade. Les travaux eurent lieu entre 1782 et 1784. Le corps principal, d'aspect massif, fut allongé. Il était, depuis 1754 déjà, flanqué d'une tour au levant. Des pilastres et deux ressauts au relief à peine accusé imposent à la façade d'aval une ordonnance symétrique et l'enrichissent de tout un jeu de formes. L'économie plastique des ressauts fait déjà pressentir l'esthétique d'un classicisme naissant. Les plans de Sigmund Hilbi — certainement la même personne que celle travaillant à Dornbirn sous le nom de Sigismund Hilbe — prévoyaient d'ailleurs une ornementation classique primitive qui ne transparaît pratiquement plus qu'à travers la tour d'escalier surmontée d'une calotte. L'attrait du rococo est encore agissant: prenant des libertés avec les plans, des cartouches rocaille accrochés aux pendentifs de la coupole et des putti s'ébattant autour des corniches brouillent l'ordonnance claire et géométrique prônée par le classicisme primitif.

Dans l'axe central d'amont, une tour d'escalier raccorde deux corridors, longs et clairs, qui donnent accès aux chambres du premier et second étage. La pièce dite «salle des fleurs» *(Blumensaal)* au deuxième étage plonge le visiteur dans l'univers folâtre du rococo. Le motif central du plafond de stuc, au cœur de la pièce, s'orne d'une représentation stuquée de Maienfeld, tandis que les cartouches d'angle présentent des vues de villages et châteaux environnants. *H. B.*

ZERNEZ

Le château de Wildenberg

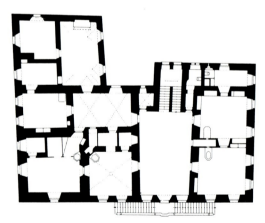

Seul le nom de Wildenberg ranime encore le souvenir des premiers propriétaires, les seigneurs de Wildenberg, qui occupèrent le château à l'époque de sa première mention officielle, soit vers 1280 et jusqu'en 1290. Après avoir été propriété épiscopale au 14e siècle, Wildenberg devint vers 1400 le château de famille des Planta von Wildenberg et le resta jusqu'en 1850.

La première description du château nous est donnée par Ulrich Campell dans l'ouvrage volumineux (achevé en 1582) qu'il consacra à l'histoire rhétique. La tour massive correspond encore à l'ouvrage primitif dont Campell dit qu'il était inabordable et tout entier conçu pour la défense. Si le soubassement remonte effectivement au Moyen Age, les étages supérieurs en revanche, percés d'archères-canonnières, ne furent élevés qu'après que le château avait été pillé et détruit pendant les troubles des Grisons en 1618. Le châtelain d'alors, le chevalier Rudolf von Planta et son frère Pompejus, tous deux affiliés au parti hispano-autrichien, avaient été propulsés au cœur des luttes politiques. Les armoiries de Johann Planta von Steinsberg — de la branche des Planta von Ardez — et de sa femme Maria Jecklin (1649), ainsi que celles d'Hartmann von Planta et de Flandrina von Planta (1650 environ) attestent que la première moitié du 17e siècle fut une période d'intense activité architecturale.

Tel que nous le connaissons, le château remonte, pour l'essentiel de sa construction, à une phase de remaniements et d'agrandissements entreprise au cours de la seconde moitié du 18e siècle. L'imposante tour d'angle, surmontée depuis le 18e siècle d'une espèce de flèche renflée, forme avec les deux maisons d'habitation un ensemble d'équerre. Un mur clôt le jardin communiquant par un portail d'appareil rustique. Des ajouts ornementaux dans le goût du 18e siècle — tel l'accent porté sur les angles par l'imitation de chaînes en pointes de diamants — parviennent à amortir la rigueur de la façade. Des ferrures travaillées de main de maître doublent les fenêtres du rez-de-chaussée et forment la balustrade du balcon au premier étage.

Une cage d'escalier relie les deux halls qui, au rez-de-chaussée comme à l'étage — les plans étant identiques — occupent toute la profondeur de la maison. Le hall de l'étage possède une superbe voûte en baquet ornée de stucs et de peintures, œuvre d'un classicisme naissant qui avait élevé l'art de la voûte à un

Page de gauche, en haut. Zernez, le château de Wildenberg. Vue générale.
Page de gauche, au milieu. Le plan de l'étage principal.
Ci-dessus. Hall voûté, au premier étage.

très haut degré de perfection. L'Engadine pratiquait cet art depuis la moitié du 17e siècle et il arrive même d'en voir dans des édifices plus modestes.

Aujourd'hui, le château de Wildenberg — sis en contrebas de la route principale — est occupé par les bureaux administratifs de la commune de Zernez. H. B.

ZIZERS

Le château supérieur

Contrairement au château inférieur, le château supérieur de Zizers se tient en retrait, invisible à qui le chercherait des yeux depuis le centre du village. La surprise n'en est que plus grande lorsqu'on débouche sur une vaste propriété avec annexes, toute magnifiée de surprenantes peintures de façade. L'ensemble de la décoration fut soumis à une vaste rénovation entre 1976 et 1980.

Autant le château inférieur s'entend à marier les influences françaises et l'architecture traditionnelle, autant le château supérieur se rattache essentiellement à l'architecture des palais italiens. La tradition italienne se manifeste par un corps cubique et massif, un toit en croupe, un étage noble où se tiennent les salles d'apparat et, sous le toit, une mezzanine. Les peintures de façade (18e siècle) s'ingénient à rehausser l'étage noble par un traitement très somptueux des chambranles de croisées.

Le maître de l'ouvrage du château était Simon von Salis (1646–1694), de la branche italienne des von Salis originaires de Tirano. Il avait pour oncle le maréchal Johann Rudolf von Salis, maître de l'ouvrage du château inférieur. Le fils de Simon, Rudolf Franziskus von Salis (1687–1738), mais aussi son petit-fils Simon II (1736–1827) entretinrent d'étroits contacts avec l'Italie, contacts non seulement familiaux, mais professionnels aussi. Le premier revêtit la charge de capitaine général de la Valteline, le second servit dans les rangs siciliens. On comprend mieux dès lors pourquoi, lorsqu'au 18e siècle le maître de maison fit entreprendre des travaux de modernisation, l'extérieur de la résidence de campagne reçut une ordonnance gouvernée par des membres d'architecture peints, à l'image des peintures de façade fort répandues dans le nord de l'Italie. Pendant la Renaissance, la Suisse entière décorait ses façades de peintures, mais à l'âge baroque cette pratique se limita — sauf exceptions — aux territoires situés dans la sphère d'influence italienne, le Tessin, plus sporadiquement les Grisons. Un faux parement de pierre de taille recouvre le bâtiment: par-dessus se détachent, par la force du trompe-l'œil, des colonnes peintes à fresque (al fresco) en tons clairs, ainsi qu'un luxe d'ornements peints autour des fenêtres et de la porte d'en-

En haut. Zizers, le château supérieur. Façades sud et ouest.
Ci-dessus. Façade d'entrée.
Page de droite, en haut. Plafond peint en trompe-l'œil au sommet de l'escalier.
Page de droite, en bas. Le plan du premier étage.

trée. Le rez-de-chaussée est flanqué de colonnes non moins irréelles qui font mine de soutenir une corniche entre l'étage noble et le rez-de-chaussée. Des chaînes d'angle cernent l'es-

pace mural occupé par l'étage noble (dit aussi *piano nobile*). Vient ensuite une mezzanine: selon les préceptes de l'architecture ornementale italienne, le plat déroulement de cet étage bas est mis en valeur par des motifs peints sur les panneaux entre les fenêtres.

Un corridor central traverse le château de part en part. Il est rattaché à un escalier monumental, d'équerre au corridor et au faîte, tout paré de trompe-l'œil. Car si en cette seconde moitié du 18ᵉ siècle la France se passait déjà largement des services des fresquis-

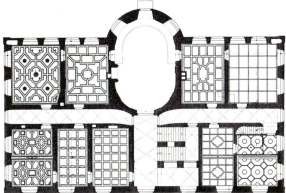

tes, le trompe-l'œil restait encore l'élément ornemental favori des Italiens. Elevé aux environs de 1680 déjà, le château supérieur inaugure à Zizers cette conception architectonique. L'architecture feinte libère l'espace là où l'architecture réelle est acculée au donné, elle fait passer de la sphère terrestre au supraterrestre, où règnent les visions célestes. Les parois sont ornées de niches peintes habitées de prophètes. Un attique règne au haut des parois, projetant des balcons peuplés de putti musiciens et, par-dessus encore, le large débord d'une corniche fortement découpée. C'est au fils du maître de l'ouvrage, Rudolf Franziskus von Salis, que revient l'idée de décorer la fameuse «salle» et la bibliothèque. Les somptueux stucs Régence dont il para les deux pièces s'apparentent stylistiquement à ceux de l'Altes Gebäu de Coire. Le château supérieur est actuellement en mains privées. *H. B.*

ZIZERS

Le château inférieur

«...Il n'y aura pas plus bel édifice dans tout le pays...», écrivait le 26 juin 1682 Johann Rudolf von Salis (1619–1690) à son épouse Emilie Johanna von Schauenstein und Ehrenfels zu Reichenau. Le désir du maître de l'ouvrage s'incarna dans une architecture seigneuriale d'une magnificence encore jamais égalée aux Grisons.

Johann Rudolf von Salis, fils du chevalier Rudolf Andreas von Salis (1594–1668), entreprit à vingt-deux ans une talentueuse carrière d'officier au service du roi de France. En 1668, sous Louis XIV, il obtint le grade de «maréchal de camp et des armées du Roi». En 1664, Johann Rudolf von Salis habitait encore avec sa famille le Schlössli paternel (construit en 1620), lorsqu'il fit graver à Zurich une pierre à ses armoiries. L'architecte français Cléber ne leva les plans du château de Zizers qu'en 1670, puis assuma pendant deux ans la direction des travaux. Ces renseignements et d'autres nous sont fournis par la vaste correspondance que le maître de l'ouvrage entretenait avec son épouse. Après une interruption des travaux de plusieurs années, la construction fut confiée à Domenig, un maître du cru qui mit fin au gros œuvre en 1678.

En plan, le château de Zizers présente certaines affinités avec le château de Vaux-le-Vicomte, œuvre capitale de l'architecture baroque construite à Melun par Louis Le Vau (1612–1670). D'ailleurs, aux termes d'une de ses lettres, Johann Rudolf von Salis aurait connu Le Vau.

La façade principale, structurée de pilastres, observe une stricte symétrie. Une pergola s'allonge devant le rez-de-chaussée. L'édifice campe son corps transversal face à la vallée:

dans l'axe central se dresse une puissante tour à coupole bulbeuse. Selon une tradition locale, la tour — symbole désormais du village — permettait au propriétaire d'exprimer tout le prestige de son rang. La forme polygonale des trois étages de tour se rattache à certains exemples d'architecture sacrée baroque, celle notamment que l'on rencontre au Tyrol (Walther Sulser). Le bas de la tour constitue le corps central d'une composition symétrique: hémicycle en débord sur le jardin, il renferme le salon ovale et par cette fonction précisément s'apparente au pavillon central du château de Vaux-le-Vicomte.

Depuis les travaux de restauration en 1980–1982, l'extérieur du bâtiment a retrouvé toute sa splendeur et, pour l'essentiel, sa forme initiale; l'intérieur quant à lui a cédé ses précieuses chambres lambrissées au Musée d'Art et d'Histoire de Genève.

Le château inférieur abrite à présent la maison de retraite de Sankt Johannes. *H. B.*

FLIMS

Schlössli

Avec son portail orné d'une pierre gravée aux armoiries des Capol-Schorsch et de la date 1682, le petit château de Flims fournit dès le pas de porte toutes les informations sur le constructeur et la date d'achèvement des travaux. Johann Gaudenz von Capol (1641–1732) revêtit les plus hautes magistratures des Grisons, celle de député notamment et à ce titre parcourut l'Angleterre et séjourna à Vienne et Venise. Le naturaliste Johann Jakob Scheuchzer (1672–1733) relate à la suite d'un séjour à Flims que «la dignité de chevalier fut accordée au très illustre seigneur Gaudenz von Capol en souvenir glorieux du pieux et puissant roi Wilhelm d'Angleterre». Comme le maître de l'ouvrage mourut sans laisser d'enfants, le Schlössli revint à sa nièce Maria, épouse d'Her-

Page de gauche. Zizers, le château inférieur. Façade d'aval.
En haut. Flims, Schlössli. Façade au couchant avec tour d'habitation.
Ci-dessus. Pierre frappée aux armoiries des Capol-Schorsch surmontant le portail principal.

kules Dietrich von Salis-Seewis (1684–1755).

Le Schlössli repose en partie sur les murs d'une construction antérieure. Excepté l'annexe contre la façade septentrionale et le pignon au sud — deux ajouts du 19e siècle — l'édifice fut achevé en 1682. La maison d'habitation montée sur quatre étages doit ses airs de château à la tour qui se dresse le long du flanc occidental. Le bulbe baroque qui, depuis la rénovation de 1980–1983, a recouvré sa forme première et sa couverture de bardeaux, apporte un accent «moderne» au bloc massif de maçonnerie. Au 17e siècle, les tours étaient très répandues aux Grisons, car l'architecture locale en avait fait les marques extérieures et visibles de la dignité. Cette allure de château est encore renforcée par la décoration de façade qui place des cordons entre les étages et des chaînes de crépi gris-noir aux angles. L'emploi d'ornements baroques, de membres d'architecture en relief, se limite à l'arrangement artistique de l'entrée. Soutenu par deux pilastres rustiques avec chapiteaux à feuilles d'acanthe, le fronton du portail contient une plaque richement armoriée de deux blasons timbrés. Le premier ayant pour meuble une flèche dressée est celui des Capol, le blason à la tour fortifiée, celui des Schorsch. De part et d'autre, des motifs de plantes portent des initiales.

D'aspect extérieur plutôt simple, l'édifice surprend par l'éclat de son aménagement intérieur: qu'il nous suffise de rappeler que les très précieux lambris de bois d'époque furent vendus en 1906 au Metropolitan Museum of Art de New York. En 1730, Herkules Dietrich von Salis-Seewis fit aménager la salle des chevaliers et la pièce attenante dans le style Régence. Actuellement, le château est occupé par la mairie de Flims.

H. B.

COIRE

La maison Schwartz auf dem Sand

Au commencement du 18ᵉ siècle, Otto von Schwartz (1652–1725) fit élever devant les murs de Coire, sur les berges de la Plessur, une résidence de campagne qui lui permettait, à la chaude saison, de fuir l'exiguïté de la ville et l'atmosphère étouffante des chambres richement lambrissées de l'hôtel particulier qu'il avait fait construire à Coire à la même époque. Les pièces, claires et chargées d'une opulence de stucs, traduisent l'aspiration à un nouveau style d'habitat, en même temps qu'une prétention de prestige, bien légitime chez un maître de l'ouvrage qui, en tant que bourgmestre, assumait la dignité suprême de sa ville.

Avec ses grandes fenêtres, distribuées en ordre régulier, légèrement structuré, avec ses pilastres simples, marquant les angles, avec enfin la corniche moulurée de profils saillants où repose un toit en croupe, l'édifice, massif et de plan transversal, fait l'effet d'une construction bien équilibrée et paisible. Un jardin en terrasses avait été ordonné à l'avant de la maison, sur la berge de la Plessur, mais fut plus tard largement amputé par le tracé d'une route. La simplicité de l'architecture extérieure est animée avec art par l'encadrement du portail qui forme un décor d'entrée baroque plaisant. Les armoiries apposées au linteau portent un aigle bicéphale, et, dans l'écu en cœur, un ange tenant un rameau.

Au rez-de-chaussée, un salon paré des plus riches stucs accueille le visiteur. Dans le motif central du plafond sont rapportées les armoiries des maîtres de l'ouvrage Schwartz-Davatz. La décoration de stuc se poursuit dans la cage d'escalier pour aboutir dans les somptueuses pièces de l'étage supérieur. De part et d'autre du pallier, des statues nichées personnifient la Guerre et la Paix. Dans la décoration de stuc de la maison Schwartz, l'usage de formes lourdes et gonflées de reliefs, directement issues du baroque italien, se révèle de fait en faveur d'un plus grand raffinement et d'un surcroît d'élégance. Il est vrai toutefois que l'organisation du plafond à l'aide de corps d'architecture puissants et énergiques et que le mouvement qui ressort des représentations figuratives sont ressentis comme relevant du haut baroque. Le panneau central de la pièce d'angle, au sud-est du premier étage, illustre Eos ravissant le berger Céphale; on verra une même représentation du thème à l'Unteres Spaniöl de Coire. Un motif d'acanthes posé à plat dans des encadrements moulurés et, aux angles, des représentations peintes des quatre saisons s'allient aux coquilles et aux masques pour orner le caisson central d'un cadre magnifique. De tout ce vaste décor, le plafond de stuc de la chambre au nord-est se rapproche le plus de l'esthétique Régence. Les puissants éléments qui structurent tout un plafond ont fait place à une décoration délicate où les espaces nus ont aussi une valeur esthétique. Le regard s'attardera avec ravissement sur un David jouant de la harpe. Il se tient sur l'ébauche d'un listel, le pied comme sortant de l'estrade. Une volute — plus ornement qu'architecture — soutient son lutrin. Cette même pièce, parée d'un riche encadrement sculpté dans le style des pilastres de noyer qui rythment les parois, possède un lave-mains réalisé par le fondeur d'étain Johannes Walser (1681–1730). Arrêtons-nous encore dans une petite pièce de l'étage supérieur dont les parois sont tendues de précieuses tentures de cuir,

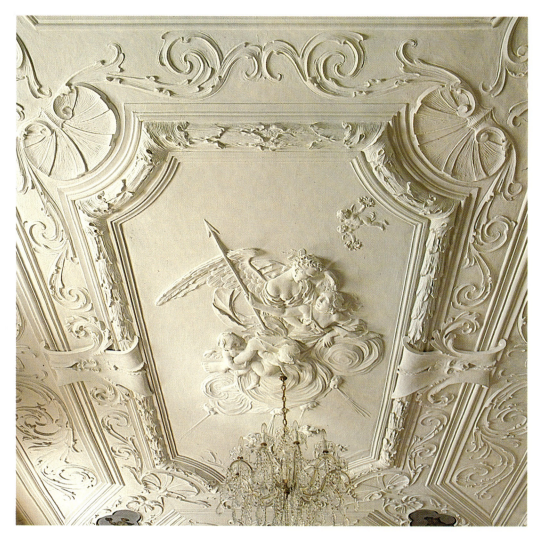

En haut. Coire, la maison Schwartz auf dem Sand. Plafond de stuc recouvrant la chambre à l'angle sud-est de l'étage supérieur et représentant Eos enlevant le berger Céphale.
Ci-dessus, à gauche. Cage d'escalier. Personnification de la Paix dans une niche.
Ci-dessus. Détail du plafond de stuc dans la chambre nord-est de l'étage supérieur: David jouant de la harpe.
Page de droite. Tenture de cuir avec motif de fleurs d'or.

gaufré et velouté, où se déploie un motif de fleurs d'or d'influence orientale.

La maison Schwartz auf dem Sand est encore propriété privée.

H. B.

COIRE

Altes Gebäu

«N'oublions pas ce que Coire a de plus rare, je veux dire le somptueux palais et, tout aussi rare et beau entre tous, le jardin d'agrément du sieur Envoyé von Salis. Ce jardin réserve des rencontres avec mille et une raretés qui ravissent d'admiration: ce ne sont pas seulement les plus belles allées aux espèces variées, garnies de toutes sortes d'arbres nains et de sous-arbrisseaux, mais encore des grottes telles qu'à l'ancienne, des grandes eaux de toutes variétés et multiples jeux d'eau; et là encore une fontaine taillée au cœur d'un parterre de fleurs, laquelle n'est pas sur, mais sous terre, et remplie d'eau afin d'arroser toute cette végétation. Tout à l'entour de ce vaste jardin fleuri se pressent des pots de terre en grand nombre, desquels chacun contient une espèce unique de fleurs rares, des buissons étrangers à nos terres, de surcroît des fruits et des arbustes de pays lointains, des citrons, des limons, des bigarades, figues, olives, etc. Mais c'est assurément le jardin d'hiver qui renferme les plus rares d'entre les raretés, une abondance des plus rares plantes rapportées des Indes et des Amériques...»

Ces lignes enthousiastes, Nicolin Sererhard les rédigea dans sa *Délinéation de l'ensemble des communes des trois Ligues*, ouvrage publié en 1742. Elles nous racontent l'antique splendeur du jardin de l'Altes Gebäu que seuls nous rappellent encore le tracé géométrique des allées se déployant en étoile à partir d'un bassin, et là une grotte recouverte d'une mosaïque polychrome pour laquelle le maître de l'ouvrage avait fait appeler tout spécialement un *«virtuoso di Morbegno»*. L'ensemble était à l'origine une composition qui respectait rigoureusement les idéaux esthétiques des jardins à la française, inspirés de l'architecture; cet effet fut cependant compromis par les grands arbres ajoutés ultérieurement dans l'esprit des jardins anglais. Le riche jardin aux plantes lointaines — que les chroniqueurs louaient et que relataient dans leurs lettres les seigneurs étrangers — en dit long de l'ouverture au monde dont fit preuve le maître de l'ouvrage. Peter von Salis (1675–1749) était colonel de la Ligue de la Maison-Dieu et à ce titre l'un des plus illustres hommes d'Etat des Grisons. Il fut député à Londres, La Haye et Utrecht et se vit octroyer en 1748 le titre de comte de l'Empire. Selon des sources écrites, la première pierre de l'Altes Gebäu fut posée en 1727, et en 1729 les travaux de menuiserie, stucage et peinture touchaient à leur fin.

De l'extérieur, l'Altes Gebäu se présente comme un édifice simple, rythmé par un fenestrage régulier. L'axe central de la façade porte l'accent sur l'entrée au moyen d'une composition ornementale qui s'achève sur un balcon. Si l'architecture extérieure se fait peu l'interprète de grands soucis de parade, les pièces à l'inverse font montre d'un plus généreux déploiement de luxe. Le plan ne répond pas à une symétrie logique. Faisant honneur aux préceptes des théoriciens contemporains, les grandes salles tournées vers le jardin tiennent le centre du plan. La cage d'escalier qui, dans l'architecture baroque d'influence allemande, connaît déjà une mise en scène monumentale, est ici encore reléguée hors de l'axe central. S'étirant d'une colonnette à l'autre, des arcades légères donnent l'impression d'espace et d'échappée. Sculptées dans le noyer, elles contrastent agréablement avec le clair décor de stuc. La riche ornementation de l'ensemble correspond aussi à la nouvelle fonction de prestige que le baroque fit assumer à la cage d'escalier. Les motifs décoratifs — entrelacs et treillages — ne sont pas seuls à témoigner des adaptations que l'esthétique du sud de l'Allemagne imposa aux ornements de stuc Régence. L'organisation même du plafond ainsi que les rinceaux agrémentés de vases, arrangements fruitiers, draperies, animaux et masques paraissent étroitement inspirés par les projets de plafond de Paulus Decker. La contradiction entre le désir — propre au baroque italien — d'une illusion d'espace ouvert et l'utilisation concomitante d'entrelacs — motif «neuf» qui revalorise la surface pleine — trouve une tentative de résolution dans l'insertion d'un motif central et de cartouches peints. Les représentations mythologiques et allégoriques au plafond des chambres ainsi que les paysages exécutés dans le goût vénitien peuvent, sur la foi de documents, être attribués à Pietro Ligari (1686–1752), originaire de Ligari près de Sondrio. Précisons que les peintures ornant le

Ci-contre. Coire, Altes Gebäu. Façade sur jardin.
En bas. Le plan du rez-de-chaussée.
Page de droite. La cage d'escalier.

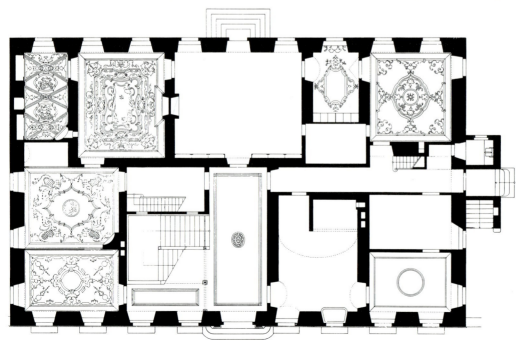

plafond de la grande salle de l'étage sont des copies réalisées au 20ᵉ siècle, l'original de Ligari ayant été détruit vers la moitié du 19ᵉ siècle par une infiltration d'eau. Plusieurs pièces préfèrent, pour leur décoration de stuc, l'entrelacs aux feuilles d'acanthe qui ornent si abondamment la cage d'escalier. Des grappes de raisin, des oiseaux exotiques et même de véritables cristaux de roche sertis sur les motifs de stuc — en écho à l'exaltation de la nature qui régnait à cette époque — ajoutent à la beauté enchanteresse des pièces. L'admiration que témoignait le 18ᵉ siècle pour tout ce qui touchait à la Chine se manifeste ici dans les papiers peints de la chambre nord-ouest de l'étage principal. Pour motifs, des représentations de plantes et d'oiseaux et, dans les socles, des paysages peints sur lesquels sont collés des figurines humaines et animales découpées dans du papier.

Actuellement, l'Altes Gebäu est mis à la disposition du Tribunal cantonal. *H. B.*

Page de gauche, en haut. Coire, Altes Gebäu. Tentures chinoises au premier étage.
Page de gauche, en bas. Détail de la tenture chinoise.
En haut. Détail de la tenture chinoise.
A droite. Détail de la décoration de stuc dans la chambre bleue.

SOGLIO

Casa Battista

De sa terrasse, très haute et très étroite, au-dessus d'un bois de châtaigniers, le village de Soglio domine tout le fond du val Bregaglia et fait face, majestueusement, aux cimes blanches du massif du Bondasca. Celui qui a emprunté l'ombre étroite des ruelles enchevêtrées débouche soudain devant une fière rangée de palais. Ces édifices d'apparat, caractéristiques des 17e et 18e siècles, dont l'édification nécessita qu'on rasât tout un pan de village, disent bien l'opulence, l'ouverture sur le monde des maîtres de l'ouvrage, de cette famille von Salis qui grossit les rangs des services étrangers et fréquenta les princes. Au 13e siècle, la famille von Salis quittait l'Italie pour se fixer aux Grisons. Au 15e siècle, elle habitait encore au milieu du village. Mais dès 1524, la Casa Alta apparaît au nord de Soglio, légèrement en bordure. D'après la date figurant côté cour, le commissaire Baptist von Salis (1664–1724) aurait fait agrandir la Casa Battista en 1701. Quant à la date d'édification du premier bâtiment, dont une partie est encore absorbée dans l'angle sud-ouest du nouvel édifice, on la situe peu avant 1650. La Casa Battista forme avec la Casa Max, élevée peu après à l'est de la première, une cour fermée au nord par des écuries qui eurent l'honneur de jouir d'un riche parti motivé par le prestige dû au rang. La Casa Battista et la Casa Antonio, à l'est de la Casa Max, font tout le cachet de la place.

Une architecture massive, monolithique, caractérise ce *palazzo* à l'italienne. Des chaînes d'angle bordent un corps de bâtiment recouvert d'un toit en croupe plat. Un bandeau d'étage, une disposition de fenêtres indépendante et le portail d'entrée concourent à isoler fortement le rez-de-chaussée des autres étages. L'ornementation des fenêtres, variant selon les étages ou les axes, la dimension horizontale soulignée par une corniche ainsi que l'intensité artistique concentrée sur l'axe central prêtent à la façade, plate au demeurant, une animation toute baroque. Au deuxième étage, deux portes-fenêtres rapprochées, hautes et étroites, surplombent le portail de leur petite balustre arrondie. Elles suffisent à donner une apparence d'ouverture à un édifice d'aspect fermé, à établir un lien avec le monde extérieur et la vie de la place. Ces deux fenêtres sont conjuguées sous un fronton interrompu par un ornement héraldique. Il n'y a pas à proprement parler d'unité entre le portail et le traitement artistique de l'axe central. Flanqué de pilastres, le portail présente les armoiries familiales dans le fronteau curviligne. Elles portent un saule *(salix)* dans la moitié supérieure et une quintuple partition dans l'inférieure.

La Casa Battista s'accompagne au nord d'un jardin baroque. Un pont les rattache qui enjambe l'ancienne ruelle du village qu'on avait convenu de garder au moment de lever les plans. Le jardin planté jadis de plantes étrangères — certaines exotiques — tire tout son charme du «dépassement des formes alpestres les plus sauvages» (E. Poeschel).

Un hall d'entrée voûté accueille le visiteur. De là, un escalier le mène au deuxième étage au cœur même de la maison. C'est un

Ci-dessus. Soglio, Casa Battista. Frontispice regardant la place.
Page de droite. Décoration de stuc, salon du premier étage.

hall tenant les deux étages supérieurs sur lequel s'ouvrent toutes les pièces. Une balustrade de bois placée à la hauteur de la mezzanine ajoute au hall une façon d'opulence spatiale qui marque sa fonction d'accueil. Exception faite de quelques lambris et encadrements de porte sculptés, le décor de style Louis XVI remonte essentiellement aux années 1780–1790 pendant lesquelles furent entrepris des travaux de modernisation. Les médaillons de stuc sont l'expression même de l'esprit d'un temps nourri des modèles antiques. Entre autres profils, on reconnaîtra ceux d'Alexandre, Homère, Aristote, l'empereur Joseph II, William Pitt l'Ancien et Frédéric le Grand — ce dernier jouissant en Suisse d'une grande faveur. La Casa Battista est aujourd'hui transformée en hôtel.

H. B.

BONDO

Palazzo Salis

Le comte Hieronymus von Salis (1709-1794), fils unique de Peter von Salis (1675-1749) qui avait entrepris la construction de l'Altes Gebäu à Coire, se fit bâtir un élégant *palazzo* à la lisière du village de Bondo dans le val Bregaglia. Actuellement encore, la propriété appartient à la branche britannique de la famille von Salis.

L'édifice seigneurial fut élevé dans la tradition architecturale des palais italiens. Presque dépourvue de tout ornement, la façade reçut comme unique enrichissement plastique un encadrement de portail traité en support d'armoiries. Le *palazzo* fut conçu pour servir de résidence d'été à la famille d'Hieronymus von Salis et sa femme, la comtesse anglaise Mary Fane de la Maison d'Earl of Westmoreland. À la différence du palais Salis à Soglio, l'emplacement du *palazzo* tout au fond de la vallée de Bergell permit d'aménager un jardin baroque comme il était d'usage au 18e siècle pour toute résidence de campagne. En intime union avec la maison et le jardin, la porte du salon ouvre sur un perron et une terrasse, ornée de sculptures, d'où la vue se

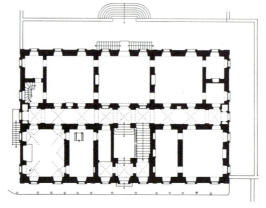

déroule superbement dans la vallée. Il suffit d'un escalier pour entrer dans un jardin ordonné en parterres.

La correspondance d'Hieronymus von Salis avec son fils Peter, qui était chargé de surveiller la construction, nous livre le détail de l'avancement des travaux — de l'aménagement intérieur notamment — ainsi que des problèmes rencontrés lors de la construction. L'édifice fut construit entre 1765 et 1774 sur des plans de Pietro Martocco et Martino Martinojo.

Le *palazzo* s'ouvre sur une vaste cage d'escalier. En termes enthousiastes, Peter von Salis disait à son père qu'elle excitait l'admiration de tous les visiteurs et qu'à son avis il ne s'en trouvait pas de plus belle, même en Angleterre — hormis au British Museum qui à l'époque occupait la Montague House. Il ne tarissait pas d'éloges quant à la balustrade qu'il avait fait exécuter en pierre comme c'était l'usage dans les palais lombards, alors qu'en Angleterre la balustrade de ferronnerie était plus courante. En haut se tenaient les appartements. Les pièces d'apparat occupaient l'axe central et donnaient sur le corridor par des portes vitrées. Là, dans le val Bregaglia, parmi un univers de cimes grandioses, retranchée derrière les murs épais du *palazzo*, se déploie une très élégante décoration. La splendeur des stucs réalisés par la main de Domenico Spinelli, un artiste de la région de Côme, reflète l'art ornemental du 18e lombard. On y admire la rencontre, charmante entre toutes, des éléments du haut baroque italien avec le monde enjoué du rococo et les motifs d'un classicisme à l'aube de son ère. Si l'on observe attentivement les éléments — dont certains en relief — qui structurent les parois et la décoration du plafond avec effets de trompe-l'œil, on reconnaîtra l'influence encore agissante du haut baroque dans la Lombardie du 18e siècle. Simultanément, sacrifiant au plus récent courant que la mode se prit à suivre en cette époque charnière entre le rococo et le classicisme naissant, le *palazzo*

Page de gauche, en haut. Bondo, le palais Salis. Façade sur jardin orientée au nord-ouest.
Page de gauche, au milieu. Le plan du rez-de-chaussée.
Ci-dessus. La chambre japonaise.

redresse les encadrements, qui s'étaient laissés aller à de délicates courbes, et contre-courbes et structure de pilastres cannelés les parois du salon au premier étage.

Les chambres lambrissées d'arole révèlent les attaches que gardait cette famille — souvent en déplacement — pour la culture de sa patrie. Les élégantes boiseries dans le goût français sont l'œuvre d'un certain maître Biret, peut-on lire dans les lettres de Peter von Salis. Celle que l'on appelle la chambre japonaise — un petit cabinet au premier étage à l'extrémité de l'enfilade — devait ravir quiconque les contemplait dans l'univers tant admiré au 18e siècle de l'Extrême-Orient. En Angleterre — où Hieronymus von Salis eut l'occasion de séjourner — la vogue était aux panneaux de soie et aux papiers peints de motifs chinois, comme on peut en voir aux murs du cabinet de Bondo. A l'intérieur des cartouches, les décorations de stuc livrent au regard des paysages dont l'atmosphère est rendue par des pavillons, des pagodes et des personnages exotiques et colorés. Sertis dans une décoration de stuc richement chargée de guirlandes de fleurs et de rubans, ils évoquent un monde de rêves, étrange. Ce genre de chinoiserie dans le style de Watteau et de ses disciples fut souvent repris dans le Milan des années soixante-dix et connut une large diffusion grâce aux estampes réalisées entre autres par Andrea Appiani (1754–1817) et Giuseppe Levati (1739–1828).

H. B.

BRIONE

Castello dei Marcacci

Avec ses quatre tours d'angle et son mur d'enceinte, l'édifice donne l'impression d'être fortifié. C'est pourtant une maison seigneuriale plus qu'un véritable *castello*. L'édifice est situé à l'écart du village. Son édification remonte à la seconde moitié du 17e siècle, mais une partie du décor intérieur date du 18e siècle. Les maîtres de l'ouvrage furent les Marcacci, famille qui au cours des 17e et 18e siècles revêtit à plusieurs reprises la charge de *podestà*. En 1677, Giovanni Antonio Marcacci fut élevé au rang de baron par le roi de Pologne. Les Marcacci venaient au *castello* passer les jours d'été.

Le plan montre un corps central rectangulaire aux angles renforcés de quatre tours: par souci de symétrie, l'enceinte présente aussi quatre pavillons d'angle. Le corps principal superpose deux étages. Cinq fenêtres symétriques structurent la façade en longueur, cependant qu'au rez-de-chaussée deux fenêtres accompagnent le portail de part et d'autre. Le corps principal est recouvert d'un toit en croupe habillé de dalles. Les tours, quant à elles, ont trois étages d'élévation coiffés d'un toit pyramidal; chaque étage ouvre une fenêtre au même aplomb. Une des tours possède

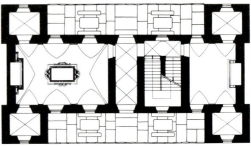

un escalier qui commande l'accès au grenier. Les petits côtés du corps principal sont aveugles. Entourant les fenêtres et les portes d'entrée, des peintures en forme de cadres rectangulaires font croire à des linteaux et des allèges travaillés en corniche.

Le rez-de-chaussée abrite deux grandes salles voûtées en berceau avec cheminée. La plus grande des deux possède un caisson central peint à fresque et encadré de stuc. La décoration date de 1745. On verra dans la même pièce, surplombant la cheminée, un aigle fait de riche stuc: ce n'est autre que l'emblème du roi de Pologne placé ici en souvenir de l'attribution par le monarque à Marcacci du titre de baron. Une cage d'escalier conduit à l'étage supérieur où prennent place trois pièces de grandeurs diverses ornées de plafonds caissonnés. D'autres pièces encore occupent les tours d'angle.

Dans l'ensemble, le bâtiment fait croire à un ouvrage défensif sorti du Moyen Age. A l'intérieur pourtant, c'est le règne de la frivolité des formes baroques. Actuellement, une auberge occupe l'édifice. *R. A.*

CEVIO

Casa Respini

On se trouve ici en présence de l'ancienne résidence du bailli. La famille Franzoni la fit construire pendant la seconde moitié du 17e siècle. Par la suite, l'édifice échut à la famille Respini. Les peintures furent exécutées près d'un siècle plus tard, soit en 1775. La Casa Respini se rattache au type architectural de l'édifice à pignons perpendiculaires. En d'autres termes, l'édifice comprend deux corps de bâtiment, d'équerre et contigus, dont l'un, le plus large, est la maison d'habitation et se présente par le mur-pignon, tandis que le second, plus étroit et dont on voit le mur de long pan, enferme l'escalier — le plan de l'ensemble dessinant un rectangle. La maison possède trois étages; l'entrée se fait à l'avant du corps contenant l'escalier.

La façade du bâtiment principal présente aux premier et deuxième étages des rangs symétriques de quatre fenêtres. Le rez-de-chaussée ne possède que deux fenêtres décalées, quant à l'étage mansardé, il se contente de trois ouvertures. Le toit est recouvert d'ardoise. La façade s'orne de pierres d'angles peintes en blanc et de bandeaux, blancs également, marquant les étages. Blancs de surcroît les chambranles des fenêtres. Une Madone peinte et les armoiries des Franzoni s'intercalent entre les fenêtres du premier étage. Depuis sa construction, le bâtiment subit quelques remaniements intérieurs. La disposition des pièces est guidée par de vastes corridors et de larges escaliers voûtés. Le premier étage, comme le second d'ailleurs, est réparti entre quatre grandes pièces qui toutes portent un plafond caissonné.

Le mur de cour tel qu'il se présente face à la place constitue un autre élément important de cet ensemble architectural. Au centre s'ouvre un portail de parade, les angles tenus

Page de gauche, en haut. Brione, Castello dei Marcacci. Façade principale.
Page de gauche, en bas. Le plan du rez-de-chaussée.

En haut. Cevio, casa Respini. Détail du portail.
Ci-dessus. Mur de cour avec portail. A l'arrière-plan, maison d'habitation et aile attenante contenant la cage d'escalier.

par des tours. Le portail, flanqué de colonnes à chapiteau composite, présente une ouverture polygonale. La frise de l'entablement est divisée en plusieurs panneaux ornés de motifs classiques. Au-dessus de la corniche, un fronton interrompu soutient deux personnages en tenue martiale. Occupant la béance du pignon, deux lions arborent un médaillon ovale où est peinte Marie à l'Enfant Jésus dans une nuée d'anges. Le couronnement du portail est constitué d'un petit toit saillant dans la gorge duquel apparaissent les armoiries des Franzoni. *R. A.*

Ci-dessus. Castagnola, Villa Favorita. Façade sud.
Page de droite. Echappée sur le lac de Lugano.

CASTAGNOLA

Villa Favorita

La commune de Castagnola couvre le pied du Monte Brè. Elle se distingue par la beauté du lieu, en dépit de certains dommages que lui infligea ces dernières années l'activité spéculative et irraisonnée du bâtiment. La Villa Favorita s'est installée sur la rive du lac de Lugano, au cœur d'un parc subtropical. La situation de l'édifice, la vue sur le lac, tout est incomparablement beau. La résidence seigneuriale fut construite en 1687 pour le compte de Konrad von Beroldingen. Originaire du canton d'Uri, la famille Beroldingen était titulaire du poste de chancelier dans le bailliage de Lugano. En 1732, la villa passa à la famille Riva dont les armoiries ornent le balcon face au lac. Deux siècles plus tard très exactement, soit en 1932, le baron Heinrich Thyssen-Bornemisza entrait en possession de la villa. Dans une aile de l'édifice, il dressa une très remarquable collection de tableaux (ouverte au public).

La villa Favorita est de plan rectangulaire. Le corps central aligne des rangs de cinq ouvertures sur trois étages d'élévation variable. Deux ailes lui furent rattachées au 20e siècle. La façade principale, conçue pour la parade et tournée vers le lac, présente au rez-de-chaussée trois arcs dits à la Palladio, parce que leur portée est plus ample que le modèle classique. Vient, au-dessus, l'étage principal avec ses cinq ouvertures; la croisée centrale projette un petit balcon avec une balustrade de ferronnerie où s'enchevêtrent les armoiries des Riva. Les linteaux, les chambranles, les couronnements de fenêtres et de portes sont rehaussés de riches peintures en trompe-l'œil et d'éléments en relief. Les couronnements peints sont des fronteaux alternativement triangulaires et curvilignes. Les fenêtres du second étage sont plus petites, presque carrées. Elles arborent également des peintures illusoires: les couronnements ont pris ici forme de fronteaux droits. Une belle corniche s'allonge sous le toit avec des consoles en guise de complément plastique. Les étages sont soulignés horizontalement par d'étroits cordons, au relief léger, ainsi que les angles par des chaînes à peine saillantes.

Dans une salle du rez-de-chaussée, de somptueuses mosaïques enluminent les parois et le plafond. Sur la voûte apparaissent en grand les armoiries des Beroldingen-Zwyer von Evibach, tandis qu'au sol sont rapportées une fois encore celles des Riva.

C'est au 18e siècle que fut aménagée la partie occidentale du parc avec, à l'entrée, un portail de ferronnerie monté entre deux colonnes flanquantes, portant couronnement de vases. C'est à cette même époque encore que se rattache le portail du parc ouvrant sur le lac auquel il mène par un escalier à volée double. Deux lions trônent sur les deux piliers flanquants.

R. A.

CASTEL SAN PIETRO

Palazzo Turconi (villa di Loverciano)

Autrefois, Castel San Pietro faisait partie de la propriété de l'évêque de Côme. Le village s'épand au flanc de la montagne comme une belle grappe. Le long des ruelles, vieilles, étroites, se tiennent quelques rangées de maisons.

Aujourd'hui, le palazzo Turconi est le siège de l'Institut San Angelo. De toutes les maisons de campagne baroques du Mendrisiotto, celle-ci est assurément la plus grande. Le regard est agréablement ravi par l'architecture claire de la façade, la richesse de la décoration intérieure et les vastes jardins. Le *palazzo* où les comtes Turconi de Côme séjournaient l'été fut construit au 18e siècle — probablement par l'architecte Carlo Francesco Silva. Les remaniements qui furent récemment entrepris sur des parties de l'édifice n'altérèrent nullement la conception primitive du groupe central. L'édifice s'agrippe à la pente. Des terrasses soutenues par de forts murs de soutènement ordonnent le jardin en différents niveaux.

Le plan forme un rectangle avec deux ressauts d'angle face à la vallée. En amont, l'édifice ne comprend que deux étages, alors qu'il en élève trois côté vallée. Une galerie

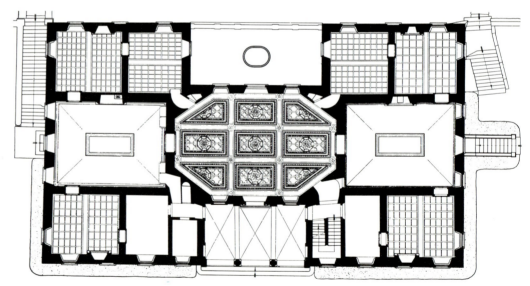

d'arcades aménagée en terrasse s'étend d'un ressaut à l'autre. L'élévation en amont présente des alignements réguliers de onze fenêtres. L'entrée s'accompagne d'un portique monté sur trois arcs. Les pieds-droits de porte et les rebords de fenêtre sont de marbre. Les fenêtres du rez-de-chaussée portent des fronteaux droits peints; à l'étage, les encadrements sont plus simples, rectangulaires. Aux angles, des chaînes peintes décorent les bordures de façade. Côté vallée, chaque corps d'architecture prend le jour par des rangs de trois fenêtres. Une galerie de trois arcs s'avance entre les deux avant-corps latéraux. La balustrade

qui règne au-dessus de l'architecture borde une terrasse. Le traitement décoratif de la façade correspond à celui de la façade postérieure, à cette seule différence que le troisième étage implique un alignement supplémentaire de croisées à fronteau droit.

Le centre de l'édifice est occupé par le grand salon en forme d'octogone allongé et dressé sur la hauteur de deux étages. Le plafond est superbement orné de neuf caissons profondément creusés avec, au centre, une rose à plusieurs pétales cernée de motifs géométriques. A l'intersection des solives, des médaillons s'ornent de rosettes aux pétales spiralés.

Page de gauche, en haut. Castel San Pietro, Palazzo Turconi. Façade côté vallée et jardin en terrasses.
Page de gauche, au milieu. Le plan du rez-de-chaussée.
Ci-dessus. Plafond à caissons peints de la salle centrale.

Deux ouvertures de fenêtre furent pratiquées juste au-dessous du plafond, dans l'axe longitudinal, parées d'un petit balcon de fer forgé sur console de marbre. Jouxtant le salon dans l'axe longitudinal se tiennent deux grandes salles avec voûte à pan sur plan carré. Les chambres d'angle sont, comme le salon, plafonnées à caissons. Certaines sont ornées de frises dont l'une présente des paysages idéalisés, une autre des vues de Rome.

Mentionnons encore le corps de bâtiment au dos de l'arcade, côté jardin. Il s'agit en réalité d'une grotte de tuf: au cœur, un jeune Bacchus trône au-dessus d'un bassin en coquille où jaillit l'eau d'une fontaine. La grotte s'avance jusqu'à la terrasse inférieure, qu'un mur délimite. A l'est du palazzo Turconi se tient la chapelle privée de San Carlo, une construction baroque de plan rectangulaire qui fut restaurée en 1975.

R. A.

MENDRISIO

Palazzo Pollini

C'est à Mendrisio, entre la via Pontico Virunio et la via alle Torre, qu'on peut admirer l'un des plus splendides palais baroques du Tessin, le palazzo Pollini qui, depuis de récents et très importants travaux de restauration, renaît à sa beauté d'antan. Ses façades surtout sont remarquablement décorées de peintures en trompe-l'œil. Cette vaste composition architecturale et son morceau de jardin ont pris forme entre 1719 et 1720. On avance, concernant l'identité du maître de l'ouvrage, le nom d'Aurelio Nicolo Torriani. En 1792, le palais passa au comte Gaetano Pollini de Mendrisio.

Le plan est complexe, puisqu'il agence deux ailes à plan en L sur un axe discontinu. De la rupture des ailes naît, face à la via alle Torre, une esplanade (piazza Carrobbiello). Derrière, la façade est désignée à un rôle d'apparat. Elle se dresse sur deux étages et demi, concentrant l'accent sur le rez-de-chaussée où s'ouvrent deux portails en plein cintre surmontés de balcons de ferronnerie. En relief sur le plan du mur, l'encadrement du portail s'enroule en volute: derrière se profile un second chambranle ou relief fictif qui projette au-dessus de la volute un faisceau d'armes de guerre, masse et hache d'arme, bannières, cor, canons et lances. Une fontaine de tuf nichée occupe l'intervalle entre les deux portails. Les encadrements de fenêtres sont eux-mêmes richement peints. Accompagnant le portail, une fenêtre s'entoure d'un cadre de pierre peint et

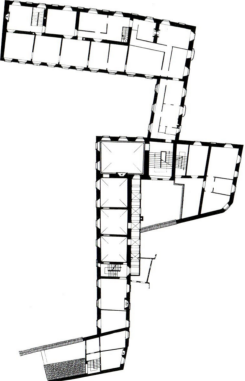

Page de gauche. Mendrisio, Palazzo Pollini. Mur de cour jouxtant l'aile nord-ouest avec portique peint en trompe-l'œil.
Ci-dessus. Façade sur jardin de l'aile nord-est: sur la gauche, cour avec portique.
Ci-contre. Le plan du premier étage.

mouluré. Le linteau s'incurve en trois courbes concaves. L'artiste a laissé entrevoir les extrémités d'un second linteau, également profilé, dépassant de part et d'autre du premier et s'ornant de vases. Quant à la courbure centrale, elle est couronnée d'un cartouche ovale dans un encadrement de feuilles et de volutes. La seconde façade sur rue, plus longue, borde la via Pontico Virunio, légèrement inclinée. Après un premier étage avec portail, traité à la manière d'un socle, s'élèvent deux étages et demi percés de rangs symétriques de treize fenêtres. Sur ce front également, les chambranles de fenêtres peints développent une grande diversité de motifs.

La façade postérieure de la première aile, côté cour, dissimule à l'angle du bâtiment un portique toscan. La façade sur cour, comme celle sur rue d'ailleurs, aligne dix fenêtres sur ses deux étages et demi. Sur le modèle des encadrements de fenêtres et de portes, la voussure du portique se prête à une riche décoration en trompe-l'œil, faite de membres d'architecture, de volutes, coquilles, médaillons et festons — encore faut-il dire que les motifs architecturaux prédominent: ainsi voit-on à plusieurs reprises des fragments de corniches, des moulures chantournées recourbées en volutes et des cartouches. La cour se ferme sur un portique fictif, peint contre un mur, qui, développé sur deux étages, reproduit le motif du portique toscan qui lui fait face. Régnant au-dessus de fines colonnes et des vastes cintres plats qui s'étirent de l'une à l'autre, une balustrade peinte distribue alternativement des colonnettes et des vases fleuris. Le regard s'échappe à travers cette peinture en perspective et va se perdre, au-delà d'une seconde arcade ajourée, dans un ciel brumeux.

Passons à la seconde aile et plus particulièrement à sa façade sur jardin. Bâtiment à

BRISSAGO

Palazzo Branca

La Pieve Brissago constitua dès le Moyen Age une espèce de république en miniature au bénéfice de privilèges politiques. Sous l'Ancien Régime, la famille Orelli revêtit plusieurs charges de *podestà*. Mais l'instauration de la République helvétique mit un terme aux privilèges et la Pieve fut rattachée au district de Locarno.

Le palazzo Branca est un des plus beaux édifices seigneuriaux de style baroque de la région du haut lac Majeur. Malheureusement, il est en très mauvais état. L'ombre la plus complète règne autour de l'histoire de la construction et de l'identité de l'architecte. En ses parties les plus anciennes, le bâtiment remonte aux environs de 1680, tandis que la face qu'il présente au lac prit forme entre 1710 et 1720. L'architecture s'inspire de la tradition locale. On suppose que les frères Branca furent les maîtres de l'ouvrage.

L'édifice se compose de deux bâtiments mis d'équerre et provenant sans doute de deux campagnes différentes. Le plus ancien, en amont, se poursuit par une cour. On notera que l'alignement des deux façades n'est pas parfaitement régulier et que la façade latérale accuse un renflement. Le second édifice, face au lac, est un corps de bâtiment à plan allongé de forme rectangulaire. Plus tard, d'autres adjonctions suivirent dont une partie sera appelée à disparaître bientôt. La façade principale regarde le lac; elle aligne des rangs de sept fenêtres et portes qui tracent des axes réguliers sur le socle, les trois étages supérieurs et la mezzanine. La façade porte sur toute la largeur du premier étage (dit aussi *piano nobile*) un balcon bordé d'une balustrade de ferronnerie. Au second étage, une fresque de l'Annonciation encadre la fenêtre centrale. On reconnaît avec peine l'archange Gabriel à gauche sur un nuage et à droite, dans un manteau bleu, Marie, remplie d'une crainte respectueuse. La sérénité de la scène est produite par le jaune lumineux du fond. On s'accorde à voir en l'artiste Baldassare Antonio Orelli et à fixer à 1724 ou 1725 la date de la réalisation de l'œuvre, car à cette époque Orelli peignait justement la coupole de l'église. Le troisième étage attire le regard sur une loggia où se déroulent cinq arcs en plein cintre avec volutes, colonnes toscanes et balustrade. A droite et à gauche de la loggia, deux fenêtres avancent un petit balcon renflé garni d'une balustrade de ferronnerie et soutenu par une console travaillée en volute. L'étage de mezzanine n'est pas moins richement orné, avec sa suite d'ouvertures rectangulaires et de puissantes consoles à l'extrémité desquelles sont sculptés des mascarons à faces humaines ou animales. Entre les fenêtres apparaissent des figures peintes et des allégories qui n'ont jusqu'à pré-

En haut. Mendrisio, Palazzo Pollini. Façade regardant la Piazza Carrobbiello.
Ci-dessus. Détail du portique toscan à l'angle des deux ailes.
Page de droite. Brissago, Palazzo Branca. Frontispice face au lac et façade latérale ouest.

l'architecture seigneuriale, établi en avant de la première aile, il dresse trois étages percés de six ouvertures de porte ou de fenêtre symétriques. Au rez-de-chaussée, l'axe central est rehaussé par deux portails en plein cintre garnis de volutes sculptées ou peintes et ornées d'une coquille à la clé. En amortissement de l'axe central, une construction percée de deux fenêtres fait saillie au-dessus du niveau du toit. Deux pavillons subordonnés de la largeur de deux axes de fenêtre flanquent le corps central. Ici aussi, tous les encadrements de fenêtre sont peints avec opulence.

L'intérieur de l'aile est occupé par une enfilade de quatre chambres aux voûtes peintes. Exécutées vers 1800, les fresques empruntent leurs thèmes à la mythologie, tels Hercule et Cérès portés par la nue. Le belvédère porte un somptueux plafond de bois où l'on retrouve, peints, des motifs empruntés à la décoration de façade, volutes, coquilles, fleurs, feuilles et moulures.

R. A.

sent jamais fait l'objet d'études attentives. Ce pourrait être des incarnations des saisons, des putti ou encore des couples d'amoureux. Exécutées en monochromie, ces représentations sont dites *grigioverdastri*. Remarquons en passant deux gargouilles qu'un artiste a façonnées en gueules de dragon. Les portes et fenêtres s'accompagnent de plates-bandes rectangulaires et peu saillantes. Quant aux angles du bâtiment, ils sont renforcés de pierres équarries qui varient d'étage en étage de matériau et de taille.

Le petit côté du bâtiment, face au couchant, montre un portail en plein cintre d'une belle exécution, surmonté d'une fenêtre avec balcon. Comme pour faire pendant à la loggia de la façade antérieure, le petit côté du bâtiment s'orne de fenêtres en plein cintre couplées par une colonnette. On retrouve, sous le toit, les ouvertures de la mezzanine, prises dans un bandeau de pierre rectangulaire qui s'arque en cintre surbaissé, les angles chanfreinés. La façade postérieure présente trois étages le long desquels s'alignent quatre ouvertures de portes ou fenêtres. Le portail s'inspire de celui qui orne la façade latérale avec jambages moulurés, arcs modulant des courbes et contre-courbes, également moulurés. L'étage supérieur enfin porte un cartouche avec une inscription latine où figure une mention de la famille Branca et la date 1666.

En dépit de son triste état, l'ensemble architectural, actuellement aux mains de la commune, porte encore, en façade comme à l'intérieur, des marques de sa splendeur d'antan. L'intérieur du bâtiment, toutefois, ne saurait être apprécié à sa juste valeur qu'après une soigneuse remise en état.

R. A.

COMOLOGNO

Palazzo della Barca

Le village de Comologno pointe tout en haut du val Onsernone, accrochant au flanc de la montagne une surprenante collection d'édifices seigneuriaux. Dans la vallée, Loco, Berzona, Mosogno, Russo, Vergeletto, tous possèdent quelques maisons seigneuriales qui parlent encore de la richesse de certains habitants de la vallée aux 17e et 18e siècles. Le *palazzo* qui nous occupe est redevable à la prospérité de l'industrie du chaume dont les produits se vendaient essentiellement en Italie (Piémont, Lombardie, Toscane).

Le palazzo della Barca a pris place au sommet du village. En aval, la propriété avance une terrasse artificielle retenue par un mur de soutènement. Le palais fut construit en 1770 par Carlo Francesco Remonda. Originaire de Comologno, la famille Remonda est authentifiée au cours de la seconde moitié du 18e siècle comme étant une famille de négociants. On raconte à propos du nom *Palazzo delle Barca* l'anecdote que voici: au cours d'une vente aux enchères, la famille se rendit acquéreur d'un bateau qu'on disait naufragé. Or, il regagna le port contre toute attente, et lourdement chargé! Par la suite, l'embarcation allait permettre à la famille Remonda d'amasser une fortune considérable. Voilà pourquoi les Remonda portent un bateau sur leurs armoiries. Le palazzo della Barca est, de toutes les maisons construites par la famille Remonda à Comologno, celui qui affirme le plus pleinement un caractère seigneurial.

L'édifice de plan rectangulaire possède trois étages sous un toit en croupe. Une tour d'escalier dressant encore deux étages au-dessus du toit vient se placer à l'arrière de la maison, face à la montagne. Un balcon s'enroule autour de l'étage supérieur. Le sommet de la tour est occupé par un toit en pavillon au bout duquel pointe un lanternon. La façade principale — face au village — compte des suites symétriques de trois fenêtres. L'axe central reçoit au rez-de-chaussée un portail en plein cintre, surmonté aux deux étages supérieurs d'une porte-fenêtre pareillement voûtée, à l'avant de laquelle quatre fortes consoles de pierre portent un balcon arrondi liseré de ferronnerie. Les fenêtres flanquantes sont rectangulaires et s'ornent d'appuis et de linteaux droits, saillants et moulurés. Le petit côté de l'édifice répète les trois axes, si ce n'est qu'au rez-de-chaussée l'ouverture centrale manque. La forme des fenêtres correspond à celle de la façade principale, avec des appuis et des linteaux droits et saillants. Les ouvertures centrales présentent aussi un balcon assis sur de fortes consoles. Un léger avant-toit laisse apparaître les chevrons de la charpente. Notons enfin les chaînes peintes rehaussant les angles du bâtiment.

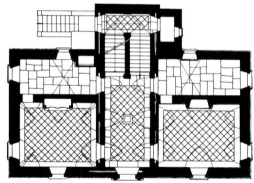

Ci-dessus. Comologno, Palazzo della Barca. Le palais avec terrasse et mur de soutènement vu du village.
Ci-contre. Le plan du rez-de-chaussée.
Page de droite. Comologno avec l'église et la Casa Enrico Barbaglia bâtie en 1767 par Carlo Francesco Remonda. A l'arrière-plan, sur la droite, le Palazzo della Barca se dresse sur sa terrasse.

Le palazzo della Barca s'inspire d'une tradition architecturale du cru qui prévoit d'aménager sur le devant des édifices en pente une terrasse contenue par un puissant mur de soutènement, car le système de la terrasse permet en effet de gagner une portion de jardin non négligeable. Le portail est une ouverture en plein cintre formée par deux colonnes arquées prolongées de chapiteaux qui se rejoignent et se fondent en un ornement continu. On retrouve autour de l'arc le même motif travaillé d'une fine moulure. L'étroite clé de voûte porte la date de 1770. Sur la face extérieure de l'arc, les deux extrémités du double chapiteau sont couronnées d'un vase; il en sort une couronne de feuillage qui se déroule autour de l'arc.

L'aménagement intérieur — meubles, ustensiles, bibliothèque — ainsi que certains éléments de décoration intérieure et extérieure furent apparemment importés de France. C'est en effet tout un riche décor de lambris marquetés, de parois et plafonds peints ainsi que des plafonds à caissons. Le premier étage est partagé entre trois grandes pièces à l'avant — deux transversales flanquant une troisième pièce en long — et, à l'arrière, quatre pièces de moindres dimensions. L'escalier est aménagé dans une tour séparée qui contient elle-même deux chambres. L'ensemble de la composition force l'adhésion par la clarté et la retenue de ses formes.

R. A.

INDEX DES NOMS DE PERSONNES ET DE LIEUX

A

A Pro 43, 48, 91, *218*, 219
A Pro, Jakob 12, 48, 218
A Pro, Peter 43, 218
Aarau 38
Aazheimer Hof 28
Abeille, Joseph 53, 130, 132
Aberli, Johann Ludwig 33
Ab Yberg *215*
Ab Yberg, famille 42, 215
Ab Yberg, Caspar Alois 215
Ab Yberg, Conrad Heinrich 215
Ab Yberg, Hans 208
Ab Yberg, Johann Sebastian 208
Ab Yberg, Sebastian 44, 211
Achermann, Johann Melchior Fidel 203
Achermann, Louis 203
Adams, Robert 62
Aeby, Wolfgang 128, 156, 158, 167
Aesch 53
Affry, Louis d' 52, 101
Affry, Lucie d' 101
Affry, Nicolas Alexandre d' 101, 103
Alberswil *186*
Albertis de, famille 30, 32
Albini, Joachim 29
Allmendingen 50, 53
Altenklingen 11, 44, 231, *266*, 267, 268, 279
Altes Gebäu 46, 292, *296*, 299
Altishofen 15, *180*, 182
Altishofen, famille 174
Altisholz 33
Antoine, J. D. 52
Anzillon de Berville, François Louis 153
Appenzell 43, *274*
Appiani, Andrea 303
Appiani, Jacopo 245
Arare 14
Aregger, Jakob 52
Arenenberg 13, 23, 47, 231, *272*, 273
Arnold, Paul 219
Aschmann, Johann Jakob 31, 35, 41, 43, 48
Asper, Hans 231
Atzenholz, Johann Jakob 47
Aubonne 12
Auvernier 14, 81
Avry-sur-Matran 16, 101, 103

B

Bächler, Johann Jakob 272
Bachofen, Martin 173
Bachtobel, domaine 23, 47, 49, 232
Bad Ragaz 27
Baldegg von, seigneurs 144
Balliswil *92*, 94, 97
Balustergarten 40, *252*
Bang, Theodor 128
Bär, Johann Jakob 151
Barbaglia, Enrico 314
Barca, palazzo della 314
Bardonnex 13
Bärlocher, famille 281
Bary de, famille 117
Bâle, évêque de 6, 26, 27, 116, 146
Battista, casa 300
Bäumlihof 21, 22, 53, *166*
Bayer, famille 30, 32
Bayer, Franz Anton von 279

Bayer, Ferdinand Joseph von 279
Beaulieu 38, *76*
Berchem van, famille 74
Beckenhof *256*, 257, 258
Beeli, famille 286
Belair *282*
Bellelay 22, 27
Berg am Irchel 14, 26
Berneck 22
Bernoulli, famille 117
Beroldingen 27, 43, 90, *218*
Beroldingen, famille 9, 28, 231
Beroldingen, Andreas von 218
Beroldingen, Hektor von 271
Beroldingen, Johann Konrad von 9
Beroldingen, Josua von 218
Beroldingen, Konrad von 306
Beroldingen, Sebastian von 281
Beromünster 186
Berseth, famille 22, 24
Berseth, Anna Katharina 140
Berseth, Humbert-Louis 76
Berthier, Alexandre 58, 88
Besenval, Johann Viktor 49, 154, 157
Béthusy 38
Betschart, Johann Franz 208
Betschart, Johann Dominik 210
Bettini, Giovanni 208
Beuggen 26
Bevaix *82*
Bied, Le 34, 35, *84*, 85
Biedermann, Hans Heinrich 40, 252
Biel, Jakob zum 219
Bilgeri, famille 22
Billieux, Conrad 91
Binningen 12
Bischofszell 15, 28, 231
Bitzius, Joder 25
Blarer, Thomas 237
Blarer von Wartensee, famille 9, 26
Blarer von Wartensee, Christoph 59, 90
Bleicherain 39, *150*
Bleuler, Heinrich 224, 245
Blondel, Jean-François 52, 62, 72
Blumenstein *160*, 161
Blumer, famille 30
Blumer, Cosmus 224
Blumer, Heinrich 223
Blumer, Johann Jakob 223, 224
Blumer, Peter 25
Bocken *248*
Bodmer, Balthasar 108
Bodmer, Christian 108
Bodmer, Hans Konrad 6
Bodmer, Peter 108
Bolligen 32, 33, 49, 52
Bonaparte, Joseph 67
Bondo 302
Bonstetten, famille 25, 114
Bonstetten, Ulrich von 118
Bordier, Daniel-Aimé 64
Bordier, Jean 64
Bossard, famille 192
Bosset-Deluze, Abraham 41
Bothmar *286*
Bottmingen 12, *165*
Böttstein 15

Bovet, Jean-Louis 52, 74
Boucher, François 257
Bouvier, Ferdinand 71
Boxler, Benedikt 28
Branca, palazzo *312*
Brandenberg, Johann 130
Braun, Kaspar 271
Breitenhaus *203*
Bremgarten près de Berne 16
Brione 304
Bruckgut *172*
Brugg 148
Brüglingen 21, 33, 34
Brun, Rudolf 230
Brunschweiler, Enoch 270
Brütel, Etienne 34, 144
Bubenberg, seigneurs de 9, 22, 96
Buch am Irchel 27
Buch, Urs 152
Büchel, Daniel 168
Büchel, Emanuel 25, 39, 48, 50, 53
Büchel, Johann Ulrich 31
Buchen 26
Bucher, Bonaventura 29, 147
Bühler, Josef Anton 189
Bullinger, Johann Balthasar 47, 261
Bümpliz 16, 25
Buol, famille 284
Buona 9
Burckhardt-De Bary, Johann Rudolf 31
Burckhardt-Merian, Christoph 21
Burckhardt-Merian, Johann Rudolf 26
Burckhardt-Parcus, Samuel 21, 166
Burckhardt-Zäslin, Samuel 22, 41, 166
Burghalde 37, *150*, 151
Burgistein 11
Bürglen TG 11, 232, 233
Bürglen UR 219
Bürkli, Hans Konrad 238
Burmann, Gaspard 17, 75
Buschor, Hans Jörg 193, 215
Buttisholz *182*, 183
Byron, lord 68

C

Campell, Ulrich 288
Cannac, Pierre-Philippe 72
Cartierhof 16
Capol, famille 284
Capol, Johann Gaudenz von 292
Castell, château 47
Castella, famille 92, 94
Castella, Antoine de 53
Castella, Charles de 53, 105
Castella, Jean-Antoine de 102
Castella, Jean-Pierre de 102
Castion, Johann de 15
Ceberg, Ignaz Anton 46
Cevio 305
Chambrier, David-François 86
Chambrier, Frédéric 82
Champvent 67, 75
Chandieu, famille 83
Chandieu, Charles de 50, 66, 67
Charrière, famille 38, 66

Charrière, Jean François de 66
Chateaubriand, François René de 68
Châtillon *107*
Châtillon-Larringes, Guillaume de 107
Cheseaux 17
Chevron, seigneurs de 43
Clais, Johann Sebastian von 40
Clausner, J. J. 33
Clavel, Alexander 167
Clerc, Jean 81
Cochet, Donat 72
Collombey 66, 107
Colombier 14, 84
Comologno 314
Confignon de, famille 60
Conod, Moyse 76
Constant, famille 38
Constant, Benjamin 68, 79
Coppet 16, 67, *68*, 70, 72
Corbières *92*, 101
Corbière, André de la 60
Cormoret 25
Cossonay, seigneurs de 67
Cotti, Franz 92
Courten de, maison 112, *113*
Courten, Jean Antoine de 113
Courten, Jean-Etienne de 112
Courten, Jean-François de 113
Crans 17, 52, 53, 67, *74*
Cressier 14, 15, 57, *80*, 81, 84, 89
Cressier-sur-Morat *96*, 97
Creux-de-Genthod 52, *62*
Crousaz, Rodolphe de 76
Cugy 99
Custer, famille 30, 32, 280
Custer, Hans Jakob 32, 281
Custer, Jakob Laurenz 281

D

Dachselhofer, Vinzenz 25
Dahm, Helen 272
Dardagny 15, 16, 46, *60*
Decker, Paulus 296
Delagrange, Gabriel 76
Delley 101, *102*, 103
Delémont 27
Deluze, Jacques 34, 35
Deluze, Jean-Jacques 84, 85, 86
Desjobert, Louis Charles Félix 130
Deucher, Johannes 12, 165
Diesbach von, seigneurs 57, 67, 114, 124
Diesbach, Ferdinand von 96, 97
Diesbach, Jean-Frédéric de 92, 94
Diesbach, Jean-Joseph de 80
Diesbach, Jost von 14, 75
Diesbach, Sebastian von 21
Dohna, Frédéric de 68
Dolder, Johann Rudolf 34, 151
Dölling, Bernhard 145
Donatz, Conradin 46
Du Bois, Abraham 71
Dufour, Joseph 112
Du Pasquier, Jean-Pierre 52
DuPeyrou, hôtel *86*, 87, 88, 89

DuPeyrou, Pierre-Alexandre 87, 88
Duquesne, Henri 12
Durrer, Robert 203
Durrer, Valentin 203

E

Eaux-Vives, les 23, 34, 50
Ebenrain 53, *173*
Echandens 14
Edelstein, Daniel 124
Edlibach, Hartmann 238
Effinger, famille 9, 10, 25, 34
Egelshofen 272
Eggert, Fridolin 29
Eggmann, Melchior 102
Einsiedeln 28
Elgg 8, 231, *240*
Elysée 38, *78*, 79
Emmenegger, Josef 198
Emmenegger, Oskar 198
Emmenholz 16, *152*, 153
Eppishausen 12, 22, 28
Erb, Johann Melchior 152
Erlach von, seigneurs 22, 114
Erlach, Abraham von 36
Erlach, Albrecht Friedrich von 118, 135
Erlach, Burkhart von 118
Erlach, Hieronymus von 9, 12, 53, 130, 132
Erlach, Johann Ludwig von 11, 144, 145, 165
Erlach, Karl Ludwig von 119
Ernst, Heinrich 250
Ernst, Johannes 40
Escher, famille 9, 241
Escher, Hans Caspar 23, 238, 244
Escher, Hans Conrad 23, 244, 245
Escher, Hans Hartmann 238
Escher, Hans Jacob 26, 36
Escher, Heinrich 9
Escher, Johann Heinrich 35
Escher, Wilhelm 241
Eselmätteli *220*, 221
Esperlin, Joseph 171
Esslinger, David 35
Ettiswil 182
Eugensberg 273
Eugénie, impératrice de France 273

F

Faber, Jean-François 91
Fatio, famille 30
Fatio, François 64
Faur de Pibrac, Guy de 81
Favorita, villa *306*
Favre, Antoine 52, 66
Favre, Daniel 60
Favre, François 63
Favre, Jonas 124
Fay de Lavallaz, famille du 107
Fazy, Antoine 34
Fechter, Johann Jakob 31, 168, 170
Feer, Leopold 182
Feer, Petermann 182
Féguely, famille 105

Fellenberg, Philipp Emanuel von 36, 37
Fenin *81*
Feuchtmayer, Josef Anton 128
Fez, Georg du 38
Finguerlin, Jean-Henry 64, 65
Firmenich, André 62
Fisch, Hans Ulrich 38, 39, 41
Fischer, Beat 119, 125, 128, 135, 137
Fischer, Henry Berchtold von 100, 167
Flaach 17, *236*
Fleckenstein, Heinrich von 184, 188
Flims 45, *292*, 293
Fögeli, Wolfgang 266
Fontaine de Cramayel, Maurice 79
Fontenais *91*
Fouquet, Nicolas 51
Fraisse, Abraham 78, 79
Franque, François 71, 72
Franzoni, famille 305
Frauenfeld 6, 11, 231, 276
Freienbach 28
Freigut *262*, 263, 264, 266
Freudenfels 22, 28
Freuler, Kaspar 45, 226
Freuler, palais 44, 45, 224, 225, *226*, 227, 228, 229
Frey, Johann Heinrich 262
Fries, Hans 226
Frisching, famille 25, 52, 171
Frölich, Johann Jakob 148
Frölicher, Johann Peter 154
Frölich, maison *148*
Fromm, Harro 252
Fröwis, Johann Martin 171
Funk, Johann Friedrich 171
Funs, Adalbert 28
Furttembach, Joseph 12
Füssli, Johann Melchior 24, 245

G

Gachnang 18, 22, 27, 28, 48, *271*
Gaissberg, Sebastian von 23, 272
Gardelle, Robert 16
Gasparini, famille 32
Geigy-Merian, Johann Rudolf 22
Geissenstein 191, 203
Gelfingen 184
Germann, Jakob Benedikt 279
Gernler, Hans Heinrich 48
Gernler, Lucas 150
Gessner, Abraham 18
Giel, Benedikt 276
Giorgioli, Francesco Antonio 184
Gisler, Peter 219
Givisiez 14, 92, *101*, 103
Glaris *223*
Glaser, Johann Heinrich 12
Glutz-von Reding, famille 204
Goldenberg 11
Goldschmid, Johann Jakob 26

Gonzenbach, Bartholome 31, 270
Gonzenbach, Hans Jakob 31, 270
Gonzenbach, Heinrich 31
Gossweiler, Hans Caspar 254
Gottrau, maison *102*
Gottrau, François-Pierre-Nicolas de 102
Graf, Hans Heinrich 205
Grafenort 29, *202*
Graff, Anton 27
Graffenried von, famille 25
Graffenried, Emanuel von 36
Grand Clos *71*
Grandcour 17
Grange, La 34, 50, *63*, 64
Grange-Verney 16
Grebel, Hartmann 256
Greder, Lorenz 160
Greifenstein 91, *277*
Greising, Anton 269
Greng 34, 53
Greuter, Bernhard 34
Grubenmann, architecte 31, 32, 33, 223
Grubenmann, Johannes 274, 281
Grün, Johann Christoph von der 12, 165
Grundacher *198*
Grünenstein 224
Güder, famille 21, 25
Guiguer, famille 9
Guiguer, Louis 67
Guillard, Abraham 71
Guillard, Jean 71
Guler, Johannes 285
Gümligen, domaine 122, *137*, 139
Gümligen, château 53, 104, 128, *135*, 136, 137
Gundeldingen 12, 33, 46, 48, 162

H

Hagenwil 276
Hahnberg *278*
Haimb, Gerold 147
Haldenstein 15
Hallwyl, Hans Friedrich von 144
Hallwyl, Walther von 144
Halter, Franz Josef 198
Haltiner, architecte 32, 33
Haltiner, Johann Jakob 281
Haltli *244*, 255
Hänggi, Johann 152
Hard 23
Hartmann, Johann Joseph 130
Hartmannis, famille 43, 284
Hasler, Eduard 252
Hauptwil 15, 31, 32, *270*
Hauteville 17, 71, *72*, 73
Heer, famille 30, 32, *280*
Heer, Johannes 32
Heer, Lorenz 281
Hegel, Georg Wilhelm Friedrich 140
Hegner, famille 40
Heidegg *184*
Heidegger, Andreas 33, 179
Hemeling, Johann Carl 22, 53, 166, 167
Hendricks, Wybrand 76
Herdern 11, 22, 27, 28
Herrliberg 23, 26, 31, 242
Herrliberger, David 8, 10, 21, 23, 47, 241, *242*
Hertenstein von, seigneurs 9
Heyl, Cornelius von 279
Hilbi, Sigmund 287
Himmelrich 29, 53, *189*
Hindelbank 17, 46, 53, 119, *132*, 133, 135, 136, 137
Hirzel, Johann Kaspar 35

Hirzel, Salomon 26, 27, 238
Höbel, Mattias 11, 266, 268
Höchhaus 44, *199*, 201
Hoffmann, Jakob 121
Hoffmann-Müller, Emanuel 31
Hofgut 104
Hofmann, famille 32
Hofmann, Johann 245
Hofmannsthal, Hugo von 167
Hofmatt 16
Hofmeister, Johann Jakob 35
Hofwyl 37
Hölderlin, Friedrich 270
Holländer, Tobias 234
Holligen 13, 14
Holsteinerhof 22, 41
Holzhalb, Heinrich 250
Holzhalb, Johann Rudolf 53
Honnerlag, famille 30, 32, 274
Horben 27, 29, *147*
Horburg 53
Hortense, reine de Hollande 272, 273
Höscheler, Samuel 236, 250, 271
Huge, Georg 90
Hünerwadel, famille 39
Hünerwadel, Gottlieb 40, 150
Hurter, Melchior 282
Hüttlingen 14

I J

Ilanz 45
Imfeld, Just Ignaz 198
Imfeld, Kaspar 198
Imfeld, Marquard 43, 198
Imfeld, Niklaus 28, 198
Immenfeld, maison Im *208*, 209, 210
Isle, L' 17, 50, 52, *66*, 67
Istein 21
Ital-Reding, maison 43, 45, 48, *204*, 205, 208

Jacquet, Jean 70
Jeanjaquet, famille 82
Jegenstorf 11, 12, 16, *118*, 119, 135
Jenner, Abraham 130
Jenner, Samuel 52, 125
Jordan, Uli 108
Juillerat, David 27

K

Käs, Mathias 219
Kastelen (Alberswil) *186*, 191
Kastelen (Oberflachs) 12, 44, 48, 49, *144*, 145, 146, 165
Kauw, Albrecht 15, 21
Kehrsatz 16, 36, *142*, 143, 147
Keller, Heinrich 252
Kesselbach, Karl 180
Keyser, Nikolaus 196
Kiesen 25
Kilchsperger, Heinrich 24
Kirchberger, famille 21
Kirschgarten 31, 41
Klauser, Anton 47
Knoblauch, Louis 121
Knopflin, Jost 192
Knutwil 33
Königshof 16
Krauchthal, Peter von 118
Kretz, Sebastian 196
Küchler, Jakob 29, 203, 221
Kuhn, Christoph 18, 27, 238, 258
Kuhn, Jakob 27, 251
Kuhn, Rudolf 148
Kunkler, famille 279

Küsnacht 22
Kuster, Conrad 253

L

Labhard, famille 32
Labram, Jean 34, 35, 84
Laconnex 13
Lamartine, Alphonse de 70
Lambelet, Henri 85
Landeron, Le 22, 57
Landolt, famille 266
Landshut 12
Lanthen-Heid, Franz Philipp von 49, 99
Lattigen 27
Laué, Friedrich 34
Lavater, Johann Kaspar 41, 42
Léchelles 102
Lect, famille 60
Le Grand, famille 130
Leissler, Achilles 31, 168
Le Nôtre, André 50, 51, 66, 130
Lenzbourg, château de *104*
Lenzbourg, Simon-Nicolas de 104, 105
Lenzbourg 37, 115, 150
Lesdiguières, duc 68
Levati, Giuseppe 303
Le Vau, Louis 51, 74, 292
Liebenfels 11, 28
Ligari, Pietro 296
Lindtmayer, Daniel 23
Livron, Michaud de 60
Lochmann, Hans Heinrich 240, 241
Lochmann, Hanspeter 246
Löffel, Alexander 21, 33
Lohn, résidence *142*, 143, 146
Louisenberg 273
Löw, Antoni 274
Löwenberg 21, 47
Löwenhof 31, 32, *280*, 281
Lullin, Amédée 62
Lullin, Gabriel 64
Lullin, Marc 63
Lüscher, Jean-Jacques 163
Lussy, Melchior 43, 44, 48, 175, 199
Luternau von, famille 114, 182

M

Mäder, Hans 147
Maihof *212*
Malacrida, Jacobinus 43
Malans 43
Mallet, Gédéon 62
Mammern 28
Mammertshofen 11, 231, 276
Marcacci, Giovanni Antonio 304
Marchand d'Hauteville, famille 60
Marschlins 15, 16, 37
Martinojo, Martino 302
Martocco, Pietro 302
Mathod 17, *75*
Matten, Urs zu 25
Matter, Heinrich 14
Matthisson, Frédéric 71
Mauensee 180, 182, 221
Mauensee, famille 174
Maur 11
May, famille 21
May, Bartholomäus 121
May, Carl Friedrich von 52, 146
May, Glado 146
Medell, Adalbert de 28
Meijl, Balthasar 163
Meilen 23, 49
Meiss, famille 22

Merian, famille 34
Merian, Isaak 165
Merian, Johann Jakob 22
Merian-Kuder, Samuel 22
Merian-von der Mühll, Johann Heinrich 169
Merz, famille 22
Mesmer, Jakob 245
Mestral, famille 70
Meuron, Maximilien de 88
Mex 66
Meyenburg, Victor von 244, 245
Meyer, Andreas 248
Meyer, Conrad 25
Meyer, Conrad Ferdinand 246
Meyer, Daniel 271
Meyer, Johann Heinrich 45, 148, 271
Meyer, Johann Rudolf 40, 52
Meyer, Johannes 262
Meyer von Knonau, famille 10
Meyer von Knonau, Ludwig 35
Michel, Wolfgang 25
Middes 18, 53, 105
Miletto, Johann Baptist 108
Mingard, Gabriel-Jean-Henri 38, 76
Molina, Anton von 287
Mollins, Henri de 38, 78, 79
Mollins, Samuel de 79
Montagny 23
Montbeney 23
Montenach, Beat Jakob von 92
Montet 99
Montilier 16
Montmollin, maison 67
Montmollin, Georg de 39
Moor, famille 42
Moos, Ambrosius von 286
Moos, Johann von 287
Moosbrugger, architecte 32, 33, 207, 224, 275
Moosbrugger, Caspar 28
Morf, David 250, 260
Mülinen, famille 114
Mülinen, Beat Ludwig von 120
Mülinen, Berchtold von 144
Müller, Augustin 29, 186
Müller, Carl Franz 220
Müller, Cölestin 271
Müller, Franz 151
Müller, Johannes 21, 34
Müller, Johannes von 68
Muntprat, famille 23, 232, 276
Muntprat, Kaspar 266
Muralt, famille 30
Muralt, Richard von 241
Musée Alexis Forel 66

N

Nader, Johann Paulus 104, 105, 137
Näf, famille 32
Nägeli, Hans Franz 23
Nahl, Johann August l'Ancien 135
Napoléon III 272
Necker, Jacques 68
Neftenbach 27
Neuchâtel 23, 41
Neuhof 35
Neurone, Giacomo 128, 208
Nideren, In der 32, *272*, 273
Niederöst, Franz Leodegar 46, 212
Nigg, Johann Jost 218
Nothnagel, famille 172
Nötzli, Johann Conrad 41
Nuoffer, Jean Baptiste 94
Nüscheler, Kaspar 30

Nüscheler, Mathias 30
Nüscheler hof 29

O

Oberdiessbach 17, 25, 49, 50, *124*, 125
Obergfell, Hans Rudolf 122
Oberkan, Elisabeth 256
Oberlöchli *190*, 191, 203
Obermeyer, Franz 165
Oberneunforn 14
Oberried 50, 53
Obersteg, Martin 29, 203
Oeri, Felix 250, 251
Oeri, Hans Kaspar 260
Oeschgen 15
Oesenbry, Jodocus 26
Orelli, famille 10, 30, 312
Orelli, Baldassare Antonio 312
Orelli, Joseph 42, 254
Orelli-von Reding, famille 204
Orsonnens 15
Ortenstein 11
Ortmann, Jeremias 48
Osterrieth, Johann Daniel 40, 52
Ott, Johann Jakob 36
Ott, Johannes 36
Ougsburger, Michel 21, 23

P

Palladio, Andrea 75, 99, 100
Pancrace de Courten, maison 112, *113*
Parpan 43, 45
Passet, Jean 34
Perret, Gédéon 71
Pesme, Henri de 37
Pestalozzi, famille 30
Pestalozzi, Heinrich 35, 36
Petit, Jean Philippe 34
Petit-Saconnex 23
Peyer, Rainer Maria 167
Peyer, Tobias 236
Pfaffnau 29, *186*, 187
Pfau, David 45, 207, 229
Pfau, Heinrich 207, 229
Pfau, Wilhelm 241
Pfauenmoos 22, *297*
Pflanzschule, maison Zur *252*
Pfyffer, Heinrich Ludwig 190
Pfyffer von Altishofen, famille 9, 174, 190
Pfyffer von Altishofen, Anton Rudolf 182
Pfyffer von Altishofen, Franz Heinrich 184
Pfyffer von Altishofen, Ludwig 15, 174, 180, 182
Pfyffer von Heidegg, Ludwig 184
Pictet, Isaac 22
Pictet, Jacques 22
Pillier, famille 32
Plan-les-Ouates 16
Platea de, famille 43, 106
Planta, famille 42, 43, 284
Planta, Rudolf von 288
Planta, Sophie 11
Platter, Thomas 162
Platter, Felix 8, 162
Plepps, Joseph 39
Pollier, famille 38
Pollini, palazzo 311
Pollini, Gaetano 311
Pourtalès de, famille 88
Poya, La 49, *99*, 100
Prangins 16, 53, *67*, 68, 72
Prangins, baron de 25
Pratteln 12
Preux de, château 43, *106*
Püntener, Karl Leonz 219

Purtschert, famille 29
Purtschert, Hans Josef 186
Purtschert, Jakob 186
Purtschert, Niklaus 203
Python, Pancraz 96

R

Räber, Hans Ulrich 182
Racle, Léonard 52, 74
Raimontpierre 25, 26, 27, *90*, 91
Ramsteinerhof 22, 41, 167
Rauch, Franz Josef 198
Rausch von Berbice, Johann Georg 282
Récamier, Julie 68, 69, 79
Rechberg 42, *260*, 261
Reding, maison 207
Reding, famille 9, 42, 43, 44, 204, 211
Reding, Augustin 202
Reding, Ital 45, 204
Reding, Karl 208
Reding, Rudolf 45, 204, 207
Reichenbach 14, 18, 119, *125*, 128, 135
Reinhard, Franz 16
Reinhardt, Heinrich 252
Remonda, Carlo Francesco 314
Respini, casa *305*
Reutlinger, Heinrich 248
Rey, Hans 147
Rey, Josef 214, 215
Rey, Vit 214, 215
Reynold, Gonzague de 97
Reynold, Marie-Françoise de 102
Reynold, François de 97
Rheineck 38
Riancourt 49
Ridinger, Johann Elias 148
Riedholz 27
Rieter, famille 40
Rieter, Heinrich 252
Rigot, domaine 22, *64*
Rigot, Amédée 64
Rilke, Rainer Maria 167
Rilliet, Isaac-Robert 63, 64
Rilliet-Fatio, famille 22
Ringier, Beat 29, 186
Ritter, Erasmus 24, 41, 53, 87, 89, 141
Ritter, palais 45
Riva, famille 306
Rive, Jean de la 63
Rockhall 39, 67, *128*, 130
Roggenbach, Johann Konrad von 128
Roll, Johann Ludwig von 25, 80, 152, 153
Roll, Johann Peter von 9, 28
Rösch, Ulrich 232, 233
Rosenburg 43, 48, *196*, 197
Rosenegg Zur *272*
Roset, Michel 60
Rothpletz, Abraham 40
Rougemont, Denis de 88
Rousseau, Jean-Jacques 6, 87
Rusco, famille 285
Rüfenacht 27
Ryhiner, Emanuel 34, 35

S

Sager, Hans Rudolf 25
Saint-Aubin 15
Saint-Christophe 14
Saint-Saphorin 14
Saladin, Antoine 74
Salenegg 23, 45, 49, *287*
Salis, palazzo 302
Salis, famille 43, 45, 46, 284, 300
Salis, Baptist von 300
Salis, Gubert von 286

317

Salis, Herkules von 240
Salis, Herkules Dietrich von 292, 293
Salis, Hieronymus von 46, 302, 303
Salis, Johann Rudolf von 45, 290, 292
Salis, Ludwig von 277
Salis, Peter von 46, 296, 302, 303
Salis, Rudolf von 277
Salis, Rudolf Franziskus von 292
Salis, Simon von 290
Salis, Ulysse von 15, 36, 287
Salis, Vespasian von 287
Salvini, famille 32
Salzmann, Leodegar 203
Sandegg 28
Sandgrube 31, 53, *168*, 169, 170
Sarasin, famille 30, 117
Sarasin, Lucas 261
Sarnen 201
Satgé, Valentin de 79
Saussure, Horace Bénédict de 62
Schaffhouse 18, 234
Schafisheim 34, 115, *144*
Schangnau 20
Schärer, Hans 219
Schellenberg, Johann Ulrich 27
Scherb, Erhard 266
Scherb, Gideon 266
Scheuchzer, Johann Jakob 292
Schiess, Bartholomäus 44
Schindler, famille 30
Schindler, Gottfried 249
Schindler, Konrad 224
Schipf 23, 24, 31, *242*, 244, 245
Schlappritzi, Jakob 41
Schlossrued *146*
Schlosswil 11
Schlumpf, famille 279
Schmelz, Tobias 237
Schmid, famille 9
Schmid, Johann Anton 45
Schmid, Johann Jakob 45
Schmid, Lorenz 272
Schmiedgasse *207*
Schmutziger, Friedrich 146
Schmutziger, Louis 146
Schöftland 15, 115
Schönau, Junker von 15
Schönbrunner, Heinrich 43
Schönenwerd, famille 22
Schopfer, Peter 23
Schue, Mathias 122
Schulthess, Heinrich 250
Schulthess-Rechberg von, famille 260
Schumacher, Franz Plazidus 189
Schumacher, Xaver 189
Schwaller, famille 33
Schwaller, Benedikt 33
Schwaller, Franz Josef 33
Schwaller, Georgius 27
Schwandegg 11, *237*, 238

Schwartz, maison *294*
Schwartz, Otto von 46, 294
Schwarz, Heinrich 282
Schwarzbach, Konrad von 272
Schwärzihof 13, 47, *266*
Schwyz 43, 44, 46, 176, 177
Scolar, Johann Franz 220
Scolar, Johann Jakob 220
Seeburg 47
Seedorf *105*
Seehalde *250*, 251
Seehof *246*, 247, 250
Segesser, Ulrich Franz Josef von 26
Seiler, Samuel 151
Sererhard, Nicolin 296
Silva, Carlo Francesco 308
Singer, Jakob 16, 203
Sinner, Carl Ahasver von 24, 37, 40, 52, 53, 142, 146, 147, 150
Smeth, Gaspard de 68
Socin, famille 10, 30, 117
Soglio 300
Soler, Peter 28, 29
Soleure 16, 21, 153, 158, 160
Sonnenberg 11, 22, 27, 28, 231, *268*, 269
Sonnenberg, Franz von 186
Sonnenberg, Heinrich von 186, 188
Sonnenberg, Johann Thüring von 188
Sonnenhof 32
Speck, Antoni 274
Speisegger, Johann Conrad 245
Spengler, Johann Jakob 150
Spielmatt, maison In der *219*
Spiez 11
Spinelli, Domenico 302
Sprecher, famille 9, 284
Sprüngli, Niklaus 24, 36, 53, 140, 173
Staal, Hans Jakob von 91
Stadelhofen 41, 42
Städler, famille 30, 32
Staël, Germaine de 68, 70, 78
Stäffis-Mollondin, Franz Heinrich von 160
Stans 201, 203
Steffisburg 14
Stehelin, Johann Jakob 22, 167
Steiger, famille 27, 75
Steiger, Christoph 20, 24, 140
Steiger, Hans Rudolf 120
Steiger, Johannes 237
Steiger, Karl Friedrich von 140
Steinach 11
Steinbrugg 16, 21, 50, 52, *158*
Steiner, Hans Georg 40
Steiner, Hans Peter 241
Steiner, Heinrich 40, 252
Steinhof 186, *188*
Stickelberger, Emanuel 199

Stockalper, Kaspar Jodok 59, 108
Stockalper, palais 44, 66, 106, 107, *108*, 112
Stockar, famille 256
Stockargut 42, *254*
Stocker, Johannes 248
Stokar, famille 234, 282
Stokarberg 282
Strättligen, seigneurs de 22
Streiff, famille 30
Streiff, Johann Heinrich 33, 223
Streiff, Rudolf 249
Streng, Anton Prosper von 272
Stürler, famille 137
Stürler, Albrecht 53, 136
Stürler, Anton Ludwig 119
Stürler, Daniel 132, 136
Suidter, famille 190
Sulser, Walther 292
Sulzberger, Conrad 31
Sulzer, famille 40, 240
Sulzer, Johann Jakob 252
Sulzer, Johannes 238
Supersaxo, Georg 43
Sury, Johann Jakob von 50
Sury, Johann Josef 158
Sury, Johann Wilhelm 158
Sury, Peter le Jeune 152
Susenberg 47
Sutter, Johann Baptist Fortunat 247

T

Tägerwilen 12
Tannenfels 18
Tavel, Anna Katharina von 36
Tavel, Rudolf von 119, 121, 122, 124
Tavernier, Jean Baptiste 12
Teufen 14
Thellung, Johann Franz 39, 128
Thomann, Heinrich 38
Thomas-Platter, maison *162*
Thorberg 22
Thormann, domaine 22
Thunstetten 17, 27, 53, *130*, 132, 137
Thurberg 15
Thurmann, famille 75
Thyssen-Bornemisza, Heinrich 306
Tillier, Ludwig 34
Tillier, Samuel 137
Tobler, famille 236
Toffen 14, *121*, 122
Torriani, Aurelio Nicolò 311
Torriani, famille 285
Travers, famille 284
Truns 28, 29
Tscharner von, famille 137
Tscharner, Beat Emanuel von 142
Tscharner, Karl Emanuel von 143

Tscharner, Ludwig 34
Tscharner, Niklaus Emanuel von 36
Tschiffeli, Johann Rudolf 36
Tschudi, Aegidius 178
Tschudi, Bartholome Heinrich 224
Tschugg 20, 22, 23, 24, 49, 87, *140*
Tugginer, Wilhelm 8
Tunberg, Martin 219
Turbenthal 15
Turconi, palazzo *308*
Turrettini, famille 10, 30
Tüscherz 22
Twann 22

U

Überstorf 14
Uitikon 15, 48, *241*
Ulmer, Lutz von 266
Umher, Jacob 172
Urban, Johann Georg 26
Ursellen 53
Uster 11
Utenberg 16
Utzigen 17, 18, 49

V

Vadian 277
Valangin 81
Valency 38
Vallamand 16
Vallier, Jacob 80
Varembé 22, 63, *64*
Varnbühler, Ulrich 23
Vasserot, Daniel 34
Vasserot, David 70
Vasserot, François-Auguste-Maurice 70
Vasserot, Jean 15, 70
Vaucher, Jean-Jacques 74
Vaudijon 52, 84
Vautravers, Jean-Rodolphe de 128
Vaux-le-Vicomte 74
Velschen von, famille 22
Vennes 16, 38
Venthône, seigneurs de 43
Versailles 17, 50, 51, 100, 167, 224, 257, 258
Vésenaz 13
Vidy 38
Vigier, résidence 16, 153
Vigier, Franz Josef Diethelm 153
Vigier, Johann 21
Villa, château *106*
Viney 70, 71
Vinelz 22
Vischer, famille 117
Visconti, famille 285
Vitani, famille 285

Vogel, famille 22, 261
Vogelsang, Benedikt Michael 101
Vogelshus *104*, 105
Voltaire 67
Vullierens 16, 17, 27, 53, 70
Vully 15

W

Waldegg, maison 44, 45, *211*
Waldegg, château 16, 47, 49, 50, 52, *154*, 156, 157
Waldmann, Hans 230
Wallier, Jakob 25, 80
Wallier, Philipp 153
Walser, famille 30
Walser, Johannes 294
Wannenmacher, Joseph 279
Wanner, Wolfgang 16
Wartegg 14
Wartenfels 25
Wartensee 180, 182
Waser, Johannes 196, 197
Waser, Rudolf 254
Watteau, Antoine 38, 76, 258
Wattenwyl von, famille 25, 87, 124
Wattenwyl, Albrecht von 50, 124
Wattenwyl, Niklaus von 118, 124
Weber, Joachim 208
Weber, Josef Anton 214
Weber, palais *214*
Wegmühle 33
Weid, Nicolas-Joseph-Emmanuel von der 105
Weiermannshaus 21, 25
Weinfelden 23, 231, 232, 266
Weinstein 23
Weiss, Marcus 172
Welti, Friedrich Emil 143
Wenk, Martin 165
Wenkenhof 22, 50, 53, 166, *167*
Werdmüller, famille 10, 23, 24, 29, 30, 31, 33, 41, 231
Werdmüller, David 244
Werdmüller, Hans Felix 231, 240
Werdmüller, Johann Caspar 260
Werdmüller, Leonhard 8
Werdt, Anna Margaretha von 137
Werdt, Georg von 52
Werdt, Georg Samuel von 122
Werdt, Johann Georg von 122
Werdt, Samuel von 36
Werenfels, Samuel 53, 172, 173
Werlin, Theobald 28
Werner, Joseph le Jeune 119, 122
Wetter, famille 30, 31

Wettstein, Johann Rudolf 162, 163
Wettsteinhäuser *162*, 163
Wies, maison In der 223
Wildegg 10, 11, 34, 115
Wildenberg 288
Wildenstein 11, 25, 26, 37
Wildrich, famille 22
Wildt, Jeremias 21, 26, 170
Wildt, maison 41, 169, *170*, 171
Willihof 16, 21
Willisau 191
Willomet, Pierre 53
Winkelried 43
Wittenbach, famille 21
Wittigkofen 13, *120*, 121
Wocher, Marquard 50
Wolf, Caspar 29, 147, 148
Wolfsberg 13, 47
Worb 11, 14
Wülflingen 14, 26, 27, *238*, 239
Wüorner, Johann Sebastian 211
Wurstemberger, Christoph 120
Wurstemberger, Hans Rudolf 121
Wurstemberger, Johann Ludwig 121
Wüst, Jakob 250
Wutterini, famille 32
Wyher, château 12, 174, *182*
Wymann, famille 242
Wymann, Conrad 248
Wyss, Caspar 11

Z

Zäslin, Johann Heinrich 167
Zellweger, famille 30, 31, 32, 274
Zellweger, Jakob 32
Zellweger, Johannes 32
Zernez 42, 288
Zeyher, Johann Michael 166
Ziegler, famille 30, 31, 282
Zizers 17, 18, 45, 46, 49, 52, *290*, *292*
Zollikofer, famille 9, 10
Zollikofer, Jakob 278
Zollikofer, Jost 11, 268
Zollikofer, Laurenz 277
Zollikofer, Leonhard 11, 15, 266, 279
Zollikon 23
Zuchwil 152
Zuckenriet 13, *276*
Zumbrunnen, Hans 219
Zurlauben, Gerold 28
Zurlauben, Konrad 192, 241
Zurlauben, Plazidus 147
Zurlaubenhof 49, *192*, 193, 194, 198
Züwy, Abraham 122
Zwyer von Evibach, Sebastian Peregrin 44, 177

BIBLIOGRAPHIE

ARCHITECTURE DE L'ANCIENNE
CONFÉDÉRATION

Aspects économiques et sociaux

BÄCHTOLD, K., *Wandlungen der Zunftverfassung im Zeitalter des Absolutismus. Beiträge zur Vaterländischen Geschichte.* Publié par le Historisch-Antiquarischen Verein des Kt. Schaffhausen, cahier 38, 1961.
BODMER W., *Der Einfluss der Refugianten-Wanderungen von 1550-1700.* Zurich, 1946.
CAPITANI, F. DE, *Adel, Bürger und Zünfte im Bern des 15. Jahrhunderts.* Schriften der Berner Burgerbibliothek. Berne, 1982.
FEHR, H., *Der Absolutismus in der Schweiz.* Zeitschrift der Savigny-Stiftung für Rechtsgeschichte, vol. 69, Weimar, 1962.
GUYER, P., *Die soziale Schichtung der Bürgerschaft Zürichs vom Ausgang des Mittelalters bis 1798.* Revue suisse d'histoire, 2e année, 1957.
HANDBUCH DER SCHWEIZER GESCHICHTE. 2 vol., Zurich, 1972-1977.
HERMANN, L., *Der thurgauische Gerichtsherrenstand im 18. Jahrhundert.* Thurgauer Beiträge zur Vaterländischen Geschichte, vol. 99, 1962.
DICTIONNAIRE HISTORIQUE ET BIOGRAPHIQUE DE LA SUISSE. 8 vol., Neuchâtel, 1921-1934.
IMHOF, U., *Vom Bern des «Ancien Régime» und vom Bern der Aufklärung.* Archiv des Historischen Vereins des Kantons Bern, vol. 42, cahier 1, 1953, p. 291 ss.
JOLLET, J., *Die Entwicklung des Patriziats in Freiburg i. Üe.* Thèse de droit, Fribourg, 1926.
MERKEL, H. R., *Demokratie und Aristokratie in der Schweizerischen Geschichtsschreibung des 18. Jahrhunderts.* Bâle, 1957.
MÜLLER, A., *Die Ratsverfassung der Stadt Basel von 1521 bis 1798.* Basler Zeitschrift für Geschichte und Altertumskunde, vol. 53, 1954.
PEYER, H. C., *Die Anfänge der Schweizerischen Aristokratie.* In: Messmer, K., Hoppe: *Luzerner Patriziat.* Luzerner Hist. Veröffentlichungen, vol. 5, Lucerne, 1976.
SCHLÜER, U., *Untersuchungen über die soziale Struktur von Stadt und Landschaft Zürich im 15. Jahrhundert.* Thèse de philosophie, Zurich, 1978.
SCHMID, B., *Die Gerichtsherrschaften im alten Zürich.* Zürcher Taschenbuch, 1965.
SCHULTHESS, H., *Die Regimentsfähigkeit, ein obsoleter Rechtsbegriff.* Kulturbilder aus Zürichs Vergangenheit, 3e série, Zurich, 1942, p. 139 ss.
SCHULTHESS, H., *Die Gerichtsherrschaft (Seigneurie) in der Schweiz.* Kulturbilder aus Zürichs Vergangenheit, 3e série, p. 132 ss.
STADLER, P., *Vom eidgenössischen Staatsbewusstsein und Staatensystem um 1600.* Revue suisse d'histoire, vol. 8, 1958.
USTERI, E., *Die finanziellen Hintergründe der Adelsbriefe für Benedikt Stokar und Caspar Pfyffer.* Beiträge zur Vaterländischen Geschichte. Publié par le Historisch-Antiquarischen Verein des Kt. Schaffhausen, cahier 16, 1939.
WEISZ, L., *Die Bedeutung der Tessiner Glaubensflüchtlinge für die deutsche Schweiz.* Zurich, 1958.
ZAHND, U. M., *Die Bildungsverhältnisse in den bernischen Ratsgeschlechtern im ausgehenden Mittelalter.* Schriften der Berner Burgerbibliothek.

Architecture générale

DAS BÜRGERHAUS DER SCHWEIZ. Publié par la SIA, 30 vol., Zurich, 1909-1937.
HAUSWIRTH, F., *Burgen und Schlösser der Schweiz.* Kreuzlingen, 1964.
HEYER, H. R., *Historische Gärten der Schweiz.* Publié par la Société d'Histoire de l'Art en Suisse, Berne, 1980.
HOFER, P., *Architektur vom Bauherrn aus.* In: *Fundplätze, Bauplätze. Aufsätze zur Archäologie, Architektur und Stadtplanung.* Bâle/Stuttgart, 1970, p. 112-129.
DIE KUNSTDENKMÄLER DER SCHWEIZ. Publié par la Société d'Histoire de l'Art en Suisse. Bâle, 1927.
KUNSTFÜHRER DURCH DIE SCHWEIZ. 5e/6e édition, 3 vol., Wabern, 1971-1982.
LÜTHI, M., *Bürgerliche Innendekoration des Spätbarock und Rokoko in der Schweiz.* Zurich/Leipzig, 1927.
REINLE, A., *Kunstgeschichte der Schweiz,* vol. 3, Frauenfeld, 1956.
SCHMID, A. A., *Burgenromantik im 16. Jahrhundert.* Festschrift Martin Sperlich. Tübingen, 1981.

RÉGIONS

(Titres récents, qui contiennent des bibliographies plus complètes.)

Suisse romande

ABBONDIO, G. V., *Die Stukkaturen im Château de la Poya.* Zeitschrift für Schweiz. Archäologie und Kunstgeschichte, vol. 34, cahier 2, 1977.
BIRCHLER, L., *Das Stockalperschloss in Brig.* Schweiz. Kunstführer Nº 51, Berne, 1962.
BURNAT, A., *Le Château de L'Isle.* Revue historique vaudoise, Lausanne, 1930.
CARLEN, L., *Das Stockalperschloss in Brig.* Brigue, 1976.
CASTELLANI-STÜRZEL, E., *Striptease einer Stadt oder: Wenn die Hüllen fallen. Zum Verhältnis von Natur und Stadt am Beispiel Neuenburgs.* Unsere Kunstdenkmäler, 1985, Nº 2, p. 126-138.
CLOTTU, O., *Les propriétaires du château de Cressier.* Der Familienforscher, 1960, p. 82 ss.
CORBOZ, A., *Néo-palladianisme et néo-borromisme à Fribourg. L'énigme du château de la Poya.* Zeitschrift für Schweiz. Archäologie und Kunstgeschichte, 1977, 34, Nº 3, p. 187-206.
CORDEY, P., *Madame de Staël et Benjamin Constant sur les bords du Léman.* Lausanne, 1966.
COURTEN, E. DE, *Famille de Courten, les origines, les maisons de Sierre.* Sion, 1942.
COURVOISIER, J., *L'hôtel DuPeyrou à Neuchâtel.* Schweiz. Kunstführer Nº 120, Berne, 1970.
DONNET, A., BLONDEL, L., *Les châteaux du Valais.* Martigny, 1982.
GESCHICHTE DES KANTONS FREIBURG. Publié par la Kommission zur Publikation der Freiburger Kantonsgeschichte. Fribourg, 1981.
GRELLET, P., *Un Versailles vaudois.* Versailles Nº 27, 1966, p. 38-44 (conc. Hauteville).
GROS, J., *Histoire du château de Dardagny.* Genève, 1931, 1977 (2e éd.).
JULMY, M.-T., *Notice sur les manoirs fribourgeois du XVIIIe siècle.* Unsere Kunstdenkmäler, 1974, Nº 4, p. 196-201.
MARTIN, P. E., *Les dates de la construction de Varembé et de la Grange.* Bulletin de la Société d'Histoire et d'Archéologie de Genève, vol. VIII, 1946, p. 226-232.
MARTIN, P. E., *Varembé. Histoire d'un domaine genevois.* Genève, 1949.
MÜLLER, C. A., *Remontstein. Kulturgeschichtliche Bilder um ein Bergschlösschen im Berner Jura.* Bâle, 1942.
PÉLICHET, E., *Le château de Grand Clos à Rennaz.* Revue historique vaudoise, LXXIe année, 1971, p. 41-50.
RAPP, G., *La seigneurie de Prangins du XIIIe siècle à la chute de l'ancien régime. Etude d'histoire économique et sociale.* Lausanne, 1942.
RODARI, F., *Maison et musée de l'Elysée à Lausanne.* Schweiz. Kunstführer, 1981.
SCHÖPFER, H., *Fribourg, Arts et monuments.* Publié par la Société d'Histoire de l'Art en Suisse, Fribourg, 1981.
VEVEY, B. DE, *Châteaux et maisons fortes du canton de Fribourg.* Archives de la société du canton de Fribourg, 24, 1978.

Nord-Ouest

ACKERMANN, H. Ch., *Haus «Zum Kirschgarten», Basel.* Schweiz. Kunstführer, 1981.
BAUMANN, E., *Der Garten des Schloss Waldegg.* Jurablätter 28, 1966.
BAUMANN, E., *Der Solothurner Garten des 17., 18. und 19. Jahrhunderts.* Jurablätter 1962, p. 73 ss.
BINGGELI, V., *Schloss Thunstetten – eine Stätte der Begegnung.* O. O. und J., publié par die Stiftung Schloss Thunstetten.
CARLEN, G. et al. *Das Türmlihaus in der Hofmatt zu Solothurn.* Unsere Kunstdenkmäler, année XXXIV, 1983, cahier 3, p. 332-345.
CLAVEL-RESPINGER, A. et F., *Das Buch vom Wenkenhof.* Bâle, 1957.
CLAVEL-RESPINGER, A. et F., *Zwanzig Berner Schlösser.* Berne, 1980.
EHRENSPERGER, I., *Ehemaliger Landsitz Rockhall, Biel.* Schweiz. Kunstführer, 1980.
FETSCHERIN-LICHTENHAN, W., *Von Erlach, H. L., Generalmajor.* Berner Taschenbuch, 1961, p. 1-96.
VON FISCHER, H., *Zur Restaurierung des Schlosses Hindelbank.* Unsere Kunstdenkmäler, année XV, 1964, cahier 2, p. 95-98.
VON FISCHER, H., FRÖHLICH, M., *Das Landgut Lohn in Kehrsatz.* Schweiz. Kunstführer Nº 208, Berne, 1982.
GANZ, P. L., *Das Wildtsche Haus zu Basel.* Bâle, 1955.
GOENS, E., *Die Sandgrube.* Bâle, 1961.
GRASS, O., *Der Ebenrain und seine Bewohner.* Baselbieter Heimatbuch, vol. 9, Liestal, 1962.
HAEBERLI, H., *Die Bibliothek von Tschugg und ihre Besitzer.* Festgabe Hans von Greyerz zum 60. Geburtstag, Berne, 1967, p. 731 ss.
HERZOG, G., *Schloss Jegenstorf.* Schweiz. Kunstführer, 1983.
HEYER, H. R., *Schloss Bottmingen.* Schweiz. Kunstführer, 1967.
HEYER, H. R., *Kunstführer Kanton Basel-Landschaft.* Berne, 1978.
KOELNER, P., *Bäumlihof Klein-Riehen.* Bâle, 1953.
LOERTSCHER, G., *Sommersitze am Stadtrand von Solothurn.* Publié par B. Läderer, Genève, 1966.
LOERTSCHER, G., *Schloss Blumenstein.* Hist. Museum der Stadt Solothurn. Schweiz. Kunstführer, 1972.
MAURER, F., *Kunstführer Kanton Basel-Stadt.* Berne, 1980.
MAYNC, W., *Bernische Wohnschlösser, Ihre Besitzergeschichte.* Berne, 1979.
MAYNC, W., *Bernische Campagnen, Ihre Besitzergeschichte.* Berne, 1980.
MAYNC, W., *Kleine Berner Landsitze, Ihre Besitzergeschichte.* Berne, 1983.
MEYER, E., *Das Sommerhaus Vigier und seine Geschichte.* Jurablätter 40, 1978.
MÜLLER, C. A., *Binningen und St. Margrethen.* Schweiz. Kunstführer, 1960.
MURBACH, E., *Schloss Ebenrain.* Schweiz. Kunstführer, 1965.
NEUES WETTSTEINHAUS IN RIEHEN. Publié par l'Öffentlichen Basler Denkmalpflege, Bâle, 1976.
REINHARDT, U., *Riehen.* Schweiz. Kunstführer, 1978.
REINHARDT, U., *Das Bruckgut in Münchenstein.* Jahresbericht der Freiw. Basler Denkmalpflege 1947/1949, Bâle, 1950.
SIGRIST, H., *Johann Viktor von Besenval, Der Erbauer der Waldegg.* Jurablätter 28, 1966.
SIGRIST, H., *Die Besenval und ihr Palais.* Jurablätter 39, 1977, p. 65-74.
STETTLER, M., *Die Burghalde in Lenzburg.* Lenzburger Neujahrsblätter, 1950, p. 3-11.
STUDER, Ch., *Solothurner Patrizierhäuser.* Soleure, 1981.
SURY, Ch., VON et al. *Schloss Waldegg.* Derendingen, 1966.
TATARINOFF, E., *Das Emmenholz.* 1974, p. 37 ss.
DAS THOMAS PLATTER-HAUS. Publié par l'Aktionskomitee für die Erhaltung des Thomas Platter-Hauses, Bâle, 1971.

Suisse centrale

AMSTAD, E., *Die Höflirestauration.* Nidwaldner Kalender 180, 1979, p. 113-115.
BAMERT, M., WIGERT, J., *Das Ital Reding-Haus in Schwyz.* Schweiz. Kunstführer, 1984.
DAVATZ, J., *Freulerpalast Näfels.* Schweiz. Kunstführer, 1974.
DAVATZ, J., *Der Freulerpalast in Näfels.* Schweizer Baublatt 102, 1983, p. 207.
DAVATZ, J., *Mollis.* Schweiz. Kunstführer, 1976.
EGGENBERGER, P., STÖCKLI, W., *Archäologische Bauuntersuchungen am Höfli in Stans.* Unsere Kunstdenkmäler 4, 1981, p. 482-489.
FÄSSLER, D., *Schloss Meggenhorn. Eine Monographie.* Geschichtsfreund 138, 1985 (première partie), p. 79-144; Geschichtsfreund 139, 1986 (deuxième partie).
HORAT, H., *Die Luzerner Landsitze Utenberg und Hünenberg.* Zeitschrift für Schweiz. Archäologie und Kunstgeschichte, 34, 1977, cahier 3, p. 220-226.
JUWEL VON ALTISHOFEN. Vaterland, 12 juillet 1983.

MUHEIM, H., *Schloss A Pro bei Seedorf*. Schweiz. Kunstführer, 1970.
MÜLLER, A., *Der Oberlochhof mit Herrenhaus*. Luzerner Neuste Nachrichten, 27 juin 1953.
PURTSCHERT, W., *Der Pfarrhof zu Pfaffnau 1765-1965*. Geschichtsfreund 119, 1966, p. 250 ss.
WIRZ, Z., *Das Grundacherhaus in Sarnen*. Obwaldner Haushaltungsbuch, 1973, 62e année, p. 4-9.

Nord-Est

ANDERES, B., *Der Kleine Hahnberg im Spiegel der Restaurierung*. Rorschacher Neujahrsblatt, 1979, p. 61-68.
BALSIGER, H., *Der Beckenhof. Ein Zürcher Baudenkmal*. Bâle, 1924.
BAMERT, V., *Das Schlösschen Kleiner Hahnberg*. Rorschacher Neujahrsblatt, 1979, p. 55-60.
BINDER, G., *Altzürcherische Familiensitze am See*. Zurich, 1930.
BON, H., *Haus zum Balustergarten, Winterthur*. Schweiz. Kunstführer, 1981.
DRACK, W., *Die Restaurierung des ehemaligen Gerichtsherrenschlosses in Uitikon 1980/81*. Weihnachts-Kurier Uitikon, 1981, p. 21 ss.
DRACK, W., *Zu den Malereien des 17. und 18. Jahrhunderts auf Schloss Schwandegg*. Winterthurer Jahrbuch, 1985, p. 81 ss.
GONZENBACH, H., *Schloss Hauptwil und die Gonzenbach*. Thurgauer Jahrbuch, 1967, p. 62 ss.
GUBLER, H. M., *Schlösser Wülflingen. Hegi und Mörsburg bei Winterthur*. Schweiz. Kunstführer, 1974.
HOFMANN, H., *Das Haus «Zum Rechberg»*. Publié par la Direktion der öffentl. Bauten des Kantons Zürich, Zurich, 1953.
KNÖPFLI, A., *Die Rosenegg als Baudenkmal*. Beiträge zur Ortsgeschichte von Kreuzlingen, vol. 6, 1952.
KNÜSLI, E., *Das Haus «Zum Sunnezyt» in Diesbach*. Neujahrsblatt für das Glarner Hinterland, 1972, p. 7 ss.
MEYENBURG, H. VON, *Die Schipf in Herrliberg*. Zurich, 1957.
RENFER, CH., *Zur Anlage und Architektur zürcherischer Landsitze*. Unsere Kunstdenkmäler, 25e année, 1974, No 2.
RENFER, CH., *Der Seehof in Küsnacht und die stadtbürgerliche Landsitzarchitektur am Zürichsee. Seehof Küsnacht. Festschrift zur Eröffnung des restaurierten Seehofs am 8. Juni 1979*. Stäfa, 1979.
RENFER, CH., *Hirschengraben und Talacker. Die barocke Erweiterung der Stadt Zürich*. Unsere Kunstdenkmäler, 30e année, 1979, No 2.
SCHNEIDER, J., *Schloss Wildegg*. Schweiz. Kunstführer, 1968.
ZOLLIKOFER, E., *Zur Geschichte der Herrschaft Altenklingen*. Manuscrit 1979, Stadtbibliothek, Saint-Gall.
ZOLLIKOFER, E., *Das Fideikommiss Pfauenmoos 1587-1839*. Manuscrit 1980, Stadtbibliothek Saint-Gall.

Grisons et Tessin

ANDERES, B., *Kunstführer Kanton Tessin*. Publié par la Société d'Histoire de l'Art en Suisse, Wabern, 1977; 1980.
BASSI, C., *Opere Ligariane in Coira*. ZAK 1939, p. 99.
BEERLI, A., *Palazzo Pollini a Mendrisio*. Unsere Kunstdenkmäler 10, 1959, No 1, p. 19.
DONATSCH, R., *Malans in der Bündner Herrschaft*. Coire, 1982.
FRAVI, P., *Die Capol und ihr Schlösschen in Flims*. Bündner Jahrbuch, 1982.
FRAVI, P., *Das Haus Schwartz in Chur und seine Bewohner*. Bündner Monatsblatt, Zeitschrift für bündnerische Geschichte, Heimat- und Volkskunde, Coire, Nos 7/8, 1975.
IL CASTELLO DEI MARCACCI A BRIONE VERZASCA. Terra ticinese, 44, 1983, No 3, p. 10-11.
SCHMID, M. et al. *Graubündens Schlösser und Paläste*. 2 parties, Coire, 1969-1974.
SULSER, W., *Das Untere Schlösschen zu Zizers*. Unsere Kunstdenkmäler 20, 1969, p. 294-305.
URECH, O., *Historische Gärten in Graubünden*. Terra Grischuna 39, 1980, No 4, p. 242-238.

SOURCE DES ILLUSTRATIONS

Toutes les prises de vue des résidences sont dues à Eduard Widmer, à l'exception de la photographie de la page 172 (en bas), qui a été fournie par le Denkmalpflege Baselland, à Liestal.

Les illustrations de l'introduction générale ainsi que des introductions aux différentes parties proviennent des sources suivantes:

Bernisches Historisches Museum, Berne: pages 27, 49, 54, 114.
Bibliothèque nationale suisse, Berne: page 7.
Bundesbriefarchiv, Schwyz (prise de vue Staatsarchiv Schwyz): page 175.
Collection privée: pages 8, 14, 50, 51, 53.
Historisches Museum, Bâle: page 115.
Historisches Museum, Lucerne: page 174.
Historisches Museum des Kt. Thurgau, Frauenfeld: page 174.
Kant. Hochbauamt, Zurich: page 230.
Kunstmuseum, Bâle (photo Hinz, Allschwil): page 8.
Kunstmuseum, Bâle, cabinet des estampes: pages 25, 51.
Kunstmuseum, Berne: page 33.
Musée d'art et d'histoire, Fribourg: page 54.
Musée national suisse, Zurich: pages 7, 19, 29, 47, 55, 231.
Museum Allerheiligen, Schaffhouse: pages 18, 22, 175, 231.
Museum Blumenstein, Soleure: page 115.
Museum des Landes Glarus, Näfels: page 175.
Fernand Perret, La Chaux-de-Fonds: page 55.
Punktum AG, Zurich: pages 13, 174, 285.
Pius Rast, Saint-Gall: page 230.
Rätisches Museum, Coire: pages 15, 285.
Christian Renfer, Zurich: page 28.
Staatsarchiv Vadiana, Saint-Gall: page 231.
Stadmuseum Alt-Aarau, Aarau: page 38.
Eduard Widmer, Zurich: pages 14, 16, 19, 26, 44, 49, 55, 174.
Ernst Zappa, Langendorf: page 9.
Zentralbibliothek, Zurich: pages 9, 10, 11, 12, 17, 20, 21, 22, 23, 24, 26, 29, 30, 31, 32, 34, 35, 36, 39, 40, 41, 42, 43, 45, 46, 48, 52.